本书由现代服务业河南省协同创新中心
与河南财经政法大学政府经济发展
与社会管理创新研究中心共同资助出版

河南省
旅游业融合与创新
发展研究

薛玉莲　等◎著

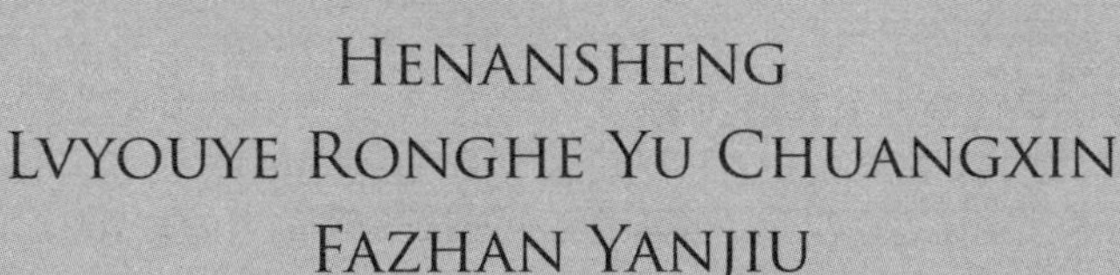

北京

图书在版编目（CIP）数据

河南省旅游业融合与创新发展研究／薛玉莲等著.
—北京：中国经济出版社，2017.11
ISBN 978-7-5136-4976-6
Ⅰ.①河… Ⅱ.①薛… Ⅲ.①地方旅游业—经济发展—河南Ⅳ.①F592.761
中国版本图书馆 CIP 数据核字（2017）第 271325 号

责任编辑　杨　莹
责任印制　巢新强
封面设计　久品轩

出版发行　中国经济出版社
印 刷 者　北京建宏印刷有限公司
经 销 者　各地新华书店
开　　本　710mm×1000mm　1/16
印　　张　22
字　　数　324 千字
版　　次　2017 年 11 月第 1 版
印　　次　2017 年 11 月第 1 次
定　　价　58.00 元
广告经营许可证　京西工商广字第 8179 号

中国经济出版社 **网址** www.economyph.com **社址** 北京市西城区百万庄北街 3 号 **邮编** 100037
本版图书如存在印装质量问题，请与本社发行中心联系调换（联系电话：010-68330607）

编委会名单

前　言

产业融合是在经济全球化、高新技术迅速发展的大背景下产业提高生产率和竞争力的一种发展模式和产业组织形式，是指不同产业或同一产业不同行业相互渗透、相互交叉，最终融合为一体，逐步形成新产业的动态发展过程。产业融合已成为国际产业发展的业态创新趋势之一。随着我国旅游业的高速发展，当前旅游业出现了与相关产业融合发展的新态势，也成为旅游业发展不可逆转的潮流。旅游业被称为“无边界产业”和“世界第一大产业”，超越一二三产，又涵盖一二三产。旅游业由于其产品的综合性、旅游资源的扩展性及产业的高关联性，使其成为产业融合发展的排头兵。旅游业正在向其他产业“融合渗透”，在各个层面与其他产业对接，在产业边缘地带激发出各种新的旅游产品和服务方式，旅游业正在以行业实践丰富着产业融合的内容。旅游产业融合正成为中国旅游业转型时期促进旅游业发展方式转变、推动旅游业结构优化升级的引擎力量。

河南旅游业融合与创新发展具有良好的资源条件、坚实的产业基础、旺盛的市场需求、宽松的政策环境。结合河南省旅游业发展的现状和条件，应着力推进旅游业与工农产业、文化产业、信息产业、城乡建设、生态文明建设等方面的融合与创新发展。力争到 2020 年，河南省旅游业融合与创新发展总体水平明显提高，旅游业竞争力明显提升，业态更加丰富，功能更加齐全，产业面得到扩大，产业链更加完善，产业群基本形成，利益联结更加紧密，与相关产业全方位、深层次、宽领域的融合与创新发展格局基本建立。这正是本书写作的主要目的和意义。

本书根据河南省现行旅游业融合发展的实际情况和未来发展目标架构

全书。从旅游业的融合与创新基础理论引入，围绕着旅游业和与之融合的农业、工业、文化产业、信息产业、美丽乡村建设、特色小镇建设、城市发展、生态文明建设等多个产业或领域展开论述，并以区域旅游融合高级形式——全域旅游发展做结尾，力图以丰富的案例、通俗的语言，为读者呈现出旅游业与其他行业融合创新发展的相对完整、科学、合理的架构体系。适合从事旅游行业、旅游专业的人员，尤其是关心关注河南旅游业发展的各类人士阅读。

本书在写作过程中注重理论联系实际，着力在借鉴、研究与实践考察的基础上进行融合、提炼与创新。同时，紧跟现代服务业发展的时代脉搏，选取了大量河南旅游业融合与创新发展的典型案例，具有很强的时代感与时效性。

本书在写作过程中，参考了旅游业融合与创新发展领域相关专家及同行的论著，从中汲取了非常宝贵的知识和经验，相关内容已在参考文献中一一列出，在此一并表示衷心的感谢。

由于作者水平有限、写作时间仓促，书中难免出现错误和不当之处，恳请得到专家、同行以及读者的批评指正。

编　者

2017年10月

目　录

第一章　旅游业融合与创新基础理论

产业融合作为一种经济现象，是指为了适应产业增长而发生的产业边界的收缩或消失。产业融合目前已成为全球经济发展的潮流，并正在重塑着产业的结构形态和产业边界。20 世纪 70 年代，随着以信息技术为核心的高新技术的快速发展和扩散，以及消费者需求变化的引领和拉动，原来基于工业经济时代大规模生产分工的产业边界逐渐模糊，在产业边界处出现产业融合进而产生新型业态[1]。

产业融合是当今国际产业发展的业态创新趋势之一，也是我国旅游业在发展过程中不可逆转的潮流。旅游业号称无边界产业和世界第一大产业，超越一二三产业，又涵盖一二三产业。目前，旅游业正在向其他产业“融合渗透”，在各个层面与其他产业对接，在产业边缘地带激发出各种新的旅游产品和服务方式，以行业实践丰富着产业融合的内容。产业融合正成为在中国旅游业转型时期促进旅游业发展方式转变、推动旅游业结构优化升级的引擎力量。

第一节　旅游业融合概念模型及系统结构

旅游业的定义方法不同于传统产业。传统产业从生产的角度出发，将生产相同产品或者提供相同服务的企业定义为一个产业。旅游业则从消费的角度定义，即与旅游消费相关的企业属于一个产业[2]。因此，旅游业是一个分散在社会经济各个层面又高度关联的特殊行业，旅游活动也就是联系各相关行业的纽带。产业界限不清恰恰是旅游业的特点。

（一）从基础旅游学的角度界定

1. 旅游业的消费性定义

旅游业的消费性定义是从旅游者消费物质产品和服务的角度定义的。1971年联合国旅游大会最早给出定义："旅游业是指为满足国际国内旅游者消费，提供各种产品和服务的工商企业的总和"；鲍威尔在1978年提出："旅游业包含了产业和满足社会需要的双重责任，其生产包括满足旅游者需求和旅游经历的各种服务的要素"；勒帕尔也于1979年提出："旅游业包括一切为满足旅游者需求的各种公司、组织和旅游设施"；田里在其主编的《现代旅游学导论》中提出："旅游业是为旅游者进行旅行游览活动提供各种产品和服务而收取费用的行业，它以旅游资源为凭借，以旅游设施为物质条件，为旅游者提供各种商业和劳务服务的一系列相关联的行业。"[3]

2. 旅游业的功能性定义

旅游业的功能性定义是按照向旅游者提供产品和服务的程度来定义旅游业。日本学者土井厚提出："旅游业是为国内外旅游者服务的一系列相互有关的行业。旅游关联到旅客、旅行方式、膳宿供应设施和其他各种事物"；我国学者刘伟、朱玉槐认为："广义的旅游业是指以旅游资源为凭借，以旅游设施为条件，为人们的游览提供服务，从中取得经济效益的所有行业和部门，包括旅馆业、旅行社业、交通运输业、轻工业、商业、邮电通讯、金融保险业和餐饮业等"[4]。

（二）从产业经济学的角度界定

学术界对于旅游业是否属于产业一直存在着分歧和争议。国内学者在这个问题上的主流观点认为旅游是一项产业，之所以把旅游称为一项产业，一是在当时社会背景下为了得到重视的需要而延续至今；二是把旅游当作一项产业来研究便于分析统计旅游行业相关数据，并可以同其他产业做出比较分析；三是可以利用产业经济学原理、方法来评价旅游业并预测其发展；四是为了容易识别和便于区分的需要，也是为了所谓的"名正才能言顺"的需要[5]。以下为比较有代表性的学者观点，张凌云指出"从满足同一类需求方面来考察，凡是生产或提供满足旅游消费者在旅游过程中所需要的食住行游购娱等方面的产品和劳务的部门或企业的集合称之为旅游业。"[6]宁泽群认为："虽然我们认为旅游应当作为产业来看待，但是旅游业的构成并不是一个单一的产品，更准确地说应该是一组产业群。"以张广瑞为代表的专家学者则认为旅游不应该是一个产业，这里不作过多阐述。因为无论如何，"旅游"在实际中已然作为一项产业在被人们使用了。笔者认同前一种观点，即旅游业可以作为一项产业来研究。本文引用张辉对旅游业的界定：旅游业是以旅游活动为中心而形成的配置行业，凡是为旅游活动提供直接或者间接服务的行业和企业，都成为这个配置产业的组成部分[7]。但应把握好旅游业的两个行业规定性：首先，旅游业是一个跨地区、跨行业的产业；其次，旅游业实质上是一个以旅游活动为中心而形成的配置产业。旅游业的边界缺乏明显的规定和划分，产业涉及的范围是根据旅游形式的演化进行的，凡是为旅游活动提供直接或间接服务的行业都是这个产业的组成部分[8]。

第二节　产业融合

在研究产业融合的诸多文献中，出现比较频繁而且大家普遍接受的一个提法就是产业边界的"模糊、收缩和消失"，这也可能是"融合"的直观含义。产业融合作为一个名词讲，指的是一种状态，意为相互作用的两个或两个以上产业之间达到水乳交融的状态。作为一个动词来讲，指的是一种过程，意为两个或两个以上的产业主体相互渗透、相互延伸以及相互介入的过程。

一、产业融合的概念

与产业融合的实践相反，产业融合的定义至今无法"融合"。早在 1978 年，麻省理工学院传媒实验室的尼古路庞特（Nicholas Bally）用三个重叠的圆圈来描述计算、印刷和广播三者的技术边界，认为三个圆圈的交叉处将成为成长最快、创新最多的领域[9]。进入 20 世纪 80 年代后，哈佛大学的欧丁格（Anthony Oettinger）和法国作家罗尔（Nora）与敏斯（Mince）分别创造了 Compunctions 和 Tdemetriqu 两个新词来试图反映数字融合的发展趋势，并把信息转换成数字后，将照片、音乐、文件、视像和对话透过统一终端稽核网络传送及显示的现象称为“数字融合”[10]。此外，根据欧洲委员会绿皮书的定义，融合是指“产业联盟和合并、技术网络平台和市场等三个角度的融合”；而尤弗亚（Yoffie）将融合定义为“采用数字技术后原来各自独立产品的整合[11]。”日本产业经济学家植草益则从产业融合的原因和结果两方面来揭示产业融合的意义，他认为产业融合就是通过技术革新和放宽限制来降低行业间的壁垒，加强行业企业间的竞争合作关系[12]。

根据产业融合概念的提出、发展过程和现实实践，本文认为产业融合是产业分工内部化的过程和结果，而产业融合的过程实质则是打破了原来产业间或产业内的分工界限，形成一种新的分工链条，通过产业分工链条的重新组合建立起的一种更加合理有序的产业间或产业内的分工体系，行业间相互渗透、相互交叉，最终融为一体，逐步形成新产业的动态发展过程。产业融合往往能促进全新的产品、功能、组织形态、制度政策及市场需求的实现。

二、产业融合的前提

无论是产业内部各行业间的融合，还是产业间的融合，进行产业融合需要满足以下几点前提。

（一）融合产业之间有一定的关联

在能够进行融合发展的产业之间一定存在着关联，这种关联可以来自于资源的相似互补性，也可以来自于共同的有效消费需求市场，还可以来自于使用创意和技术手法上的相似性以及由一定的产业链所关联等。通过产业融合发展，能够将其中的相互关联部分融合在一起产生更大的市场效应，推动两大产业共同发展。

（二）融合产业之间有共同的市场契合点

对于产业内的各个市场主体——企业来讲，企业之间在市场中不可避免地存在一定的市场竞争。市场竞争的表现形式主要有规模的竞争、差异的竞争和特色的竞争，而要实现在市场竞争中的优势，旅游业的融合就为确立竞争优势提供了一个很好的途径。产业融合发展可以来自于政府的行政推动，但更重要的力量是来自市场这只无形的大手，即融合产业之间有共同的市场契合点，推动企业从竞争走向合作，产业由独立发展走向融合发展，以融合后形成的新业态满足旅游市场的最新需求。

（三）产业融合是动态发展过程

产业之间的融合并不是简单的在某个特定时间和空间上将两个产业叠加在一起实现一定的规模经济，而是要在充分研究两大产业的优势、融合动力机制等的基础上有选择地进行融合发展，并且产业的融合，能够随着产业的发展需要和市场的需求变化灵活地掌握融合发展的进度，以实现融合的乘数效果。

三、产业融合的基本规定性

尽管目前理论界或政府研究部门提及“产业融合”的并不多见，但在偶尔使用这一概念时，却明显暴露出对其基本规定性并没有很好的把握，从而很容易引起认识和思想上的混乱。例如，有一种观点把产业融合与产业分工对立起来，认为融合正好是分工的反义词。我们认为与产业融合相对立的是产业分立，产业分立是传统工业化中分工形成的产业边界固化的一种特殊形式。固然，产业分立作为传统工业化分工的产物，与分工有密切的关系，但它并不等同于产业分工。产业融合只不过是改变了传统分工形成的产业边界固定化形式，是对传统工业化的产业分立的一种扬弃，从而它并不是对一般意义上的产业分工和专业化的否定。恰恰相反，它是代表着一种新型产业分工模式，即新的分工混业的形式。为了避免对产业融合这一概念理解上的误导，我们给出以下三方面的基本规定。

（一）产业融合并不是产业“同一”

所谓产业“同一”，是指没有分工的统一。这是生产力极其低下的自然经济时代的典型产物。与此不同，产业融合是有分工的统一。也就是，产业融合是在工业经济时代高度产业分工的基础上发展起来的，是以产业部门日益细化、产业关联复杂化、部门间交易规模庞大且交易量大增为前提条件的，并对在此基础上形成的产业固定化边界进行一定程度调整的结果。这种调整打破了各种产业边界，导致产业之间更多的相互渗透与融合，并使与买卖双方密切相关的市场区域的概念已转变为市场空间的概念。与此同时，传统厂商观念中的“有明确范围的竞争”，也将被一个纵横相交的更加广泛的概念所替代。这些相关活动的协调，既有竞争，又有合作；既在传统市场之内，又在传统市场之外。

（二）产业融合并不是产业重叠

产业融合主要表现为产业边界的相互交叉与部分重叠，形成一种与以往完全不同的新型产业。这种新型产业不是原有产业的简单组合或归并，也不是对原有若干产业的简单替代，而是一种在原有产业有机整合基础上的重新分工。

（三）产业融合并不是唯一的产业分工模式

在整个产业经济中，产业融合的空间范围是有其规定性的。它只是在与相关的产业部门及产业关联环节有可能进一步拓展，而不是可以无限制地拓展到所有领域及物质产品方面。在纯粹物质产品生产方面，至少在现阶段并不会发生所谓的融合。从这个角度讲，在整个产业经济中，都发生产业融合是不可能的。因此即使在产业融合过程中，分工混业也并不是唯一的产业分工模式，而是与其他不同的产业分工模式并存。然而，可以大致地说，在传统的经济部门中产业分立模式起着支配作用，而在新兴经济部门，特别是以创意和技术为基础内容的产业则产业融合模式占据统治地位。

对产业融合作一较为严格的界定，一方面是为了研究的针对性，另一方面是为了结论的准确性。本书立论的基础，就是建立在符合产业融合概念并呈现典型的产业融合特征的产业融合现象上。

第三节　旅游业融合

一、旅游业融合的概念

在日趋激烈的市场竞争中，旅游业为了谋求发展，在不断扩大生产经营范围，在追求范围经济的驱动下，旅游业试图通过跨产业、多元化经营降低服务成本，通过业务融合形成差异化产品和服务而提升竞争能力。需要注意的是，并不是几个旅游企业为了追求范围经济效益而进行多元化经营就意味着产业融合的发生。当个别企业的跨产业多元化经营的经济效益显著时，产业内的其他企业才会跟进，因此，只有当旅游业内的大多数企业都出现内容趋同的跨产业多元化经营时，企业边界才会逐渐模糊化，融合发展才能实现。

根据对产业融合理论的总结，着重考虑旅游业的产业特性及研究目的，本书所理解的旅游业融合可以表述为：在市场需求、技术进步和创意引领等因素的推动下，旅游业内外各企业为了实现更好的发展，旅游业和其他产业相互交叉、相互渗透，逐步形成新的产品形式或新产业的动态过程。

二、旅游业融合的概念模型

旅游业的融合以协作和联合为主导，进行资源优化配置，通过赋予原有产业新的附加功能和更强的竞争力，形成融合型新体系。根据旅游业的融合条件及融合过程，笔者构建了旅游业融合的概念模型（见图 1-1）。

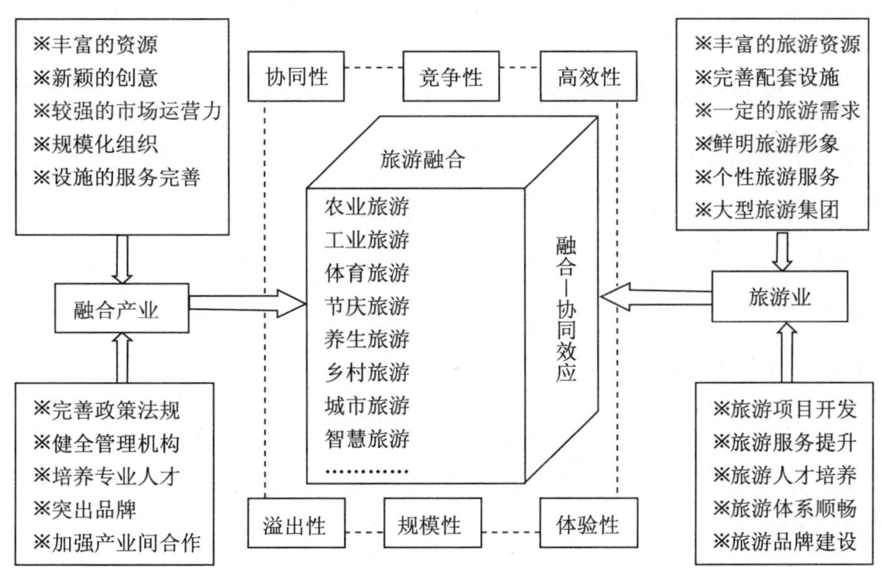

图 1-1 融合的概念模型

在旅游需求的引领下，在创意和技术的支撑下，当融合产品功能与旅游产品功能重叠时，旅游业融合就开始发生了。随着旅游业的发展，越来越多的产业部门被拉入进来，他们相互关联，相互影响。受产业融合动力的影响，对经济利益、社会利益的追逐使各产业部门逐渐融为一体，旅游业与其他产业的互相依赖增强，融合趋势会更加明显。

三、旅游业融合特征

在融合过程中，旅游业依托地区丰富的旅游资源、鲜明的旅游形象、完善的基础设施以及齐全的配套服务设施等因素，为旅游者提供服务。融合形成的旅游业在产业融合—协同效应的作用下，带动区域旅游经济的发展。融合后的旅游产业具有如下特征：

（一）竞争性与协同性并存

融合后形成的旅游业内部，是由原属于不同产业门类的部门组成，它们在业务上相互配合，相互促进，协同相处，但新产业也面临激烈的竞争。由于旅游较大的收益，必将出现大量同类型企业参与分割市场“蛋糕”，尤其在产业形成初期，市场格局不稳定，竞争尤其激烈。

（二）综合性和专业性同在

新产业融入了传统分类下的多个产业部门，它们共同为旅游者提供一系列服务，是一项综合性系统工作。同时这些工作专业性较强，每一个环节都需要专业工作人员才能出色完成，整个过程需要考虑到市场、法律、消费习惯等一系列要素。

（三）主题性强

融合形成的旅游业不同于普通的观光旅游，而是以文化为主题和内涵，使旅游者在游览过程中，能深入体验文化。每一项旅游活动都是有目的、有主题的，旅游者消费该产品的目的性十分明确。

（四）具有高效性

既提高了旅游资源的价值，也更好地满足了旅游者的体验需求，旅游效果提升，经济效益和社会效益都得到充分实现。

（五）具有多要素特征

旅游业融合形成需要多种要素投入，其投入的主要是“软体”要素，而且各要素所起的作用也不同（见图 1-2）。

文化是融合型旅游业发展的基础要素。不管是作为生产要素的文化资源，还是作为产出的旅游产品和服务以及旅游体验，都以文化为基础。资源是否具有文化内涵决定着其能否作为旅游资源，没有文化的资源不可能成为旅游业融合的开发、创造、生产加工的对象。文化含量高低决定着旅游产品和服务的使用价值和生命力，决定着其生命周期，没有文化内涵的产品和服务就没有价值和生命力。

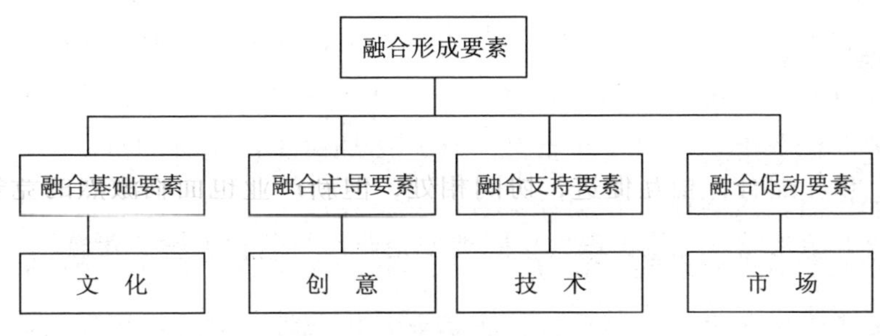

图 1-2　旅游业融合投入要素

创意是旅游业融合的主导要素。旅游业是一个知识密集性产业，从生产要素、生产过程到产出都以文化为对象，通过创意等对文化内容和形式进行创造、生产的过程。创意是提高文化生产力、促进旅游业价值形成的过程，是旅游业融合的首要环节和主要动力。

技术是旅游业融合的支持要素。当今技术的发展以及与旅游的整合，使旅游设计、建设、服务、体验及其各个环节的联结方式不断革新、完善，传统旅游业不断改造、升级，旅游业融合范围扩大、程度加深，新的业态不断出现。因此，旅游技术成为旅游生产力的重要组成部分。

第四节　旅游业融合与创新发展动力

旅游业融合，就是在社会经济发展到一定水平之时，产业分工不断细化导致的产业要素的路径依赖降低、游弋性加强，旅游业要素不断突破边界与外界产业要素进行交流、整合、协同发展的动态过程，是原有的产业结构被打破、新的产业结构形成的过程，是系统从平衡态到非平衡态再到平衡态的发展历程。

系统具有普遍存在性，以系统、要素与环境三者的关系为研究对象。从系统论角度出发，旅游业融合是旅游业系统与外界环境、尤其是与外界其他产业系统多方协作的结果，其动力要素系统可以从三方面入手：其一，旅游业融合是宏观经济环境下产业的一种适应性发展行为，宏观环境对旅游业融合的促进和影响作用不可小觑。从某种意义上说，旅游业融合具有必然性，但是这个必然性的发生需要具备一定的基础条件。这是引发旅游业融合动力系统运作的宏观环境条件。其二，旅游需求对企业的产品生产具有引导作用，企业是市场的主体，其产品是其参与市场行为的结果。因此，旅游需求和旅游企业是这一子系统的主要研究对象。针对企业进行分析时，要考虑企业的自身属性，即追求利益最大化是其一切行为的源头；同时，企业在追求利益最大化的同时，与其他企业间存在竞争与合作的关系。就此而言，内力子系统应包含旅游需求要素的引导力、企业逐利的根本属性动力、企业间竞合关系的主导力等三个方面。其三，从旅游业系统的外部微环境出发，旅游业融合不仅仅是自身主动的结果，还包含着自身发展的压力而主动向对方靠拢的结果。此外，技术进步的支撑力、政策环境的助力以及创意的引发作用等都是旅游业融合的外部动力子系统的构成要素。从以上分析可以看出，旅游业融合的动力系统可以人为地分为动力引发子系统、内力子系统和外力子系统三部分。

在动力系统中，内力子系统起着关键作用，可以看作是旅游业融合的序参量；外力子系统是旅游业融合发生的重要作用力，二者都是在动力引发子系统条件满足之后开始发挥功能。这三个子系统占据着旅游业融合动力系统的三个角，共同构成了旅游业融合动力三角形。其中内力子系统决定了此三角形的高度，外力子系统和引发子系统决定了三角形的底边长，三角形的面积决定了旅游业融合动力的大小。因此，三者关系如图 1-3 所示。

图 1-3 旅游业融合动力系统

一、引发动力

总体而言，旅游业融合是在一定的社会经济基础上产生的，其动力引发子系统由三部分构成：其一，强关联性和战略匹配性是其融合的基础；其二，产业知识能力或能力要素的积累；其三，产业升级发展的需要。

（一）强关联性和战略匹配性是其融合的基础

旅游业关联性强，与融合对象的互补性、服务对象的统一性、依赖环境的同质性等构成其产业融合的基础条件。在此基础上，旅游业融合逐渐发生。旅游业的强关联性可以说使其具有融合发展的天然需求。如旅游业以文化为底蕴，促进文化资源的资本化与产业化；文化产业以旅游为重要载体，展示文化的内涵和魅力，实现文化的经济价值。

旅游业融合时，企业经营者总会权衡其与企业战略的匹配程度，甚至很多情况下，企业进行融合创新往往是由于企业自身战略所驱动。旅游企业以战略为导向，再思考自身的价值创造活动、运管方式以及管理流程等，通过自身资源的扩张，产业边界的跨越和产业间的融合，最终突破原有的商业模式，形成更具盈利能力和经营能力的新的商业模式。可以看出，适应战略和所处的环境的融合能够给企业带来竞争优势，反之，与战略和所处环境不匹配的融合会妨碍企业的进一步发展。值得指出的是，战略本身并不会直接催生突破性的融合，它是一种隐性的驱动因素。

（二）产业知识能力或能力要素的积累

当一个产业或企业系统地进行知识管理并有效地运用这些知识时，可以形成一种新的能力，具备对原有商业模式和业态进行改造和革新的条件。而产业或企业内的知识，如知识产权、核心技术、市场拓展能力、资源整合能力等，大多数为产业或企业在长期的经营活动中积累下来的经验，具有不可模仿和不可转移的特性。产业或企业的知识在积累的过程中，其所反映出的资源调配能力和整合能力会相应提高，与利益相关者如关联产业（也可能是旅游主题的关联）、顾客等之间的信息也会增加，经营网络和产业边界也会不断拓展。当知识的积累到达一定的临界点，原有的商业模式则很难跟上产业运营的步伐，甚至会阻碍产业的进一步发展，因此推动产业或企业商业模式进行创新，就成为了产业或企业最迫切的发展需要。从这个角度上说，知识积累既是原有商业模式的破坏因素，也是通过融合形成新商业模式的驱动力之一。

（三）产业升级发展的需要

随着我国社会经济进入到一个新的发展阶段，旅游业所处的环境和面临的形势都发生了深刻而重大的变化。我国旅游业已经进入了重大战略调整期，旅游业的转型升级成为战略调整的重中之重。当前和今后一个时期，促进旅游业的转型发展和升级换代，是我国旅游业发展面临的一个关键任务。旅游业的转型升级，就是要转变旅游业的发展方式、发展模式、发展形态，实现我国旅游业由粗放型向集约型方向转变，由注重规模扩张向扩大规模和提升效益并重转变，由注重经济功能向发挥综合功能转变。因此，旅游业业态创新是实现我国旅游业转型升级的必由之路。旅游业态创新的形式是多种多样的，融合是旅游业业态创新的最主要形式和发展趋势。随着创意产业的日益兴起，创意产业的思维方式和发展模式对重塑旅游业的产业体系将会产生革命性的影响。旅游业融合所表现出的创新性、渗透性、高增值力、强辐射力和高科技含量的特征，将为旅游业注入持续发展的生机和动力。

二、内生性动力

在内力子系统研究方面，旅游供需矛盾是研究的着眼点，旅游需求的引导力和企业行为的主导力是内力子系统的重要方面。

（一）市场需求拉动是融合的逻辑起点

尽管推动旅游业融合的驱动力是多元的，但满足消费者需求则是内核。派恩和吉尔摩在其《体验经济》一书中提出了体验经济的概念。将体验经济定义为“企业以服务为舞台，以商品为道具，以消费者为中心，创造能够使消费者参与，使得消费者回忆的活动”，认为随着时代的发展，人们开始并不完全在意能够得到什么产品，而更在意是否能得到可以使他们留下难忘、美好回忆的体验、经历，并愿意为之付出更高的代价[13]。

如今的旅游消费需求发生了巨大变化，消费者变得越来越难以对付，而旅游企业只有很好地洞察并预测需求变化的特点与趋势，才能更好地满足消费者的需求。当前，人们的旅游消费需求大致呈现以下几大特点：①多元化。由于个体存在差异性，以及外部环境与自身社会条件的变化，人们对旅游消费需求的目标、时间、空间、内容等均提出了不同要求；人们在关注产品的同时，也关注其他附加功能，消费需求渐趋多元化、细分化与复杂化。②组合化。虽然人们的闲暇时间较之以前增加明显，但工作压力的有增无减导致现代人的休闲时间变得弥足珍贵，因此，人们日益渴求一次旅游消费可以购买一组产品，同时满足多种需求。③情感化。在消费升级时代，旅游消费者情感化需求显著，单一化的产品性能与质量已难以赢得顾客满意，只有在产品、服务、环境等方面全方位融入情感元素的企业才能为消费者提供满足感，构筑竞争优势，吸引并留住顾客。

信息共享是信息时代和体验经济时代的重要特征，由于旅游信息共享而引起的需求泛化是旅游需求多变性的表现之一。在网络信息化时代，信息共享已经成为影响旅游者行为和决策的重要因素。信息共享一方面源于旅游传播媒体的扩大，例如新媒体和自媒体的快速成长，使得旅游信息的生产和传播变得更加迅速，旅游者不仅仅是旅游信息的消费者，还是旅游信息的提供者（UGC—用户产生内容）。另一方面，信息共享还源于信息获取渠道的多样化。随着移动互联网时代的到来，旅游者获得和提供旅游信息的手段更加多样，包括微博与微信等互动平台、博客、攻略、达人、论坛、社区、旅游目的地网站信息、商业网站旅游信息等。信息共享触发了旅游者的瞬时消费需求，要求旅游信息服务的提供者快速整合信息服务资源，响应旅游者的瞬时需求[14]。

随着旅游活动的广泛开展，旅游者的逐渐成熟，越来越多的用户提出了差异化体验和综合服务，个性化旅游需求越来越显著。旅游者开始要求旅游产品的提供者能提供包括吃、住、行、游、购、娱等要素的“一站式”服务。在这些需求的拉动下，迫使旅游业融合发展。随着旅游业的发展，市场竞争也更加激烈，只有那些能够提供异质产品的，满足人们“个性化需求”和“一站式”服务需求的企业才能在竞争中成功。于是各旅游企业为了在竞争中获得成功，纷纷寻求相关企业的合作，这一过程推动了旅游业的融合。

正是这种不懈的需求或欲望，成了旅游业融合创新发展的原动力。可以说，旅游业融合正是为了适应人们日益提高的旅游需求而产生的，人们对旅游需求的不断提高是我国旅游业融合的根本原因。

（二）经济利益的驱使和追求是融合的内部原因

作为旅游业，无论其功能如何，但产业本身的经济性是其最重要特征。而旅游业是由一个个的企业组成的，对于企业本质，古典经济学认为：企业是以利润最大化为目标[15]。经济学认为：企业并不以最大化为目标，而是以其抱负水平（满意）为选择的依据。当竞争对手的创新行为影响到企业的抱负水平，会促进企业产生对新的或未知的选择进行搜寻的动机。企业能力理论对企业的认识是：企业在本质上是一个能力体系，积累、保持和运用能力开拓产品市场是企业长期竞争优势的决定性因素（Floss，Knudsen，1906）。可见，从能力理论看，企业进行跨产业的搜寻，一方面是企业为了获取能力以提升其核心竞争能力，另一方面又受到企业资源或核心能力的约束。因此，从经济学的角度来看，旅游业融合的根本原因，一方面是竞争力提升的需要，另一方面，也是最直接的原因，就是实现满意或者最大利润的目标需求。

旅游业的融合，旅游因为其他产业的注入提升了旅游品位和内涵、扩大了旅游产品的数量和种类，而增加了旅游收入并促进了旅游业的发展；旅游业的融合介入扩大了其他产业的市场空间，有效地实现了其他产业的价值增值。同时，旅游业融合能够产生范围经济并降低交易成本，这也构成了其他产业与旅游融合的狂热追求。

（三）企业的竞合行为是旅游业融合的主导力量

旅游业融合有人类需求和技术的因素，然而，起主导作用的还是企业的竞争与合作行为。企业的本能是追求最大化的效益，而最大化的效益来自于消费者最大化的满意度。为此，企业不断地探索技术的创新和新产品的开发，不断地谋求发展与壮大，不断地思考如何更好地满足消费者的需要，不断地在变化的环境中谋求持续的竞争优势。企业面对的环境日趋复杂，而企业自身的经营行为又使其环境更加复杂。旅游业融合就是这些在竞争中的企业互动发展的结果，企业之间改变了传统的竞争和行业观念，“竞合”和“跨界”的思想应运而生，形成了相互渗透、相互融合的关系。企业所有的行为都源自于消费者的需求，所以说，消费者旅游需求的提高而导致的竞争加剧是两大产业融合的根本原因，而没有企业为这些新需求所做的努力，深度融合也就无从谈起，因此，企业的竞争与合作行为是两大产业融合的主导力量。

三、外生性动力

外力子系统包含四个方面的要素：产业发展的压力、新技术发展的支持力、创意引起的融合契机、制度放宽的助力。

（一）其他产业发展的压力助推旅游业融合

目前，随着国家经济的发展和社会的不断进步，我国正处于经济转型发展时期，产业发展面临诸多压力。其他产业与旅游业融合，一方面是基于产业自身长期发展过程中累积的废弃资源的再利用，增加产值提升效益，另一方面，是谋求产业更广阔的发展空间和发展方向。其他产业基于自身发展需要而主动与旅游业进行要素的交流、整合，导致融合的产生。一些传统产业基于自身发展的需要，与旅游业联姻，实现了本产业的资源再利用，提升了本产业的附加值，使得产业链得以延长，从而使得本产业的功能置换和创新得以实现。旅游为其提供了一个新的发展方向和视角，这些产业依托旅游业的融合完成了自身的资源再开发，创造了新的价值，提升了产业本身的效益，同时，也丰富了旅游业态和旅游产品，延伸了旅游业链。其他产业与旅游业的功能置换与创新上的成功尝试有很多，比如，废弃的工业矿区进行环境整治后开发工业旅游，城市中心区老厂房改造成为旅游区。

（二）政策环境支持是旅游业融合的外部条件

产业分立、政策对产业要素的管制不利于产业要素的流动与整合。政府对经济管制的放松是产业融合的外部因素，是融合发展的重要助力，因为管制的放松降低了产业的壁垒，使产业或行业之间的渗透、交叉、融合成为可能，从而促进了产业融合的发展。我国旅游产业的发展尤其鲜明地体现了这一点。众所周知，我国一开始并不把旅游作为一个产业来看待，旅游实行的是“外事接待型”。后来，指导思想发生了大改变，政府将旅游作为一个经济产业的地位确立下来，对旅游业的管制有所放松，旅游业因此得到很大发展。现在，随着旅游业战略经济地位的确立，政府对旅游业的经济管制进一步放松，限制性条件减少，具体到微观层面，表现为更多民营、外资的力量已经介入到旅游业当中。这些旅游企业对旅游市场上的新需求有更加敏锐的把握，对新产品开发业更为灵活，它们成了催生旅游业融合的重要力量。

旅游业融合在一个良好的政治环境中发展，并且受到了政府的大力支持和重视。2009 年，文化部和国家旅游局共同发布了《关于促进文化与旅游结合发展的指导意见（文市发〔2009〕34 号）》。意见指出：通过丰富和拓展文化内涵，不断满足游客更高层次的精神需求，提升旅游业素质，借助旅游市场助推文化产业化发展，以旅游独特的宣传方式更好地传播中华文化。在该指导意见出台后，文化与旅游深度结合，形成有效的合作机制，使旅游业的发展进入一个全新的时期。

（三）技术进步的推动力是融合的催化剂

在其他产业融合中，尤其是狭义上的产业融合，产业融合现象产生的主要原因是技术创新，技术创新在不同产业之间的扩散导致了技术融合，技术融合使不同产业形成了共同的技术基础，并使不同产业间的边界趋于模糊，最终导致产业融合现象的产生。对旅游业来说，技术创新和技术融合不是其融合的内在原因，但却是其重要的催化剂。在现阶段旅游业的融合发展中，技术创新和技术进步的步伐不断加快，技术应用的范围也在显著扩大，技术融合的程度也在不断加深。技术的推动提升了旅游产品的创作力、凸显了旅游产品的表现力、拓展了旅游产品的传播力和强化了旅游的管理力。在技术进步的推动因素中，创意和创新的力量得到彰显。

新技术的发展主要体现为信息技术、数字技术等对旅游业融合的支持作用，主要表现在：一是出现了新型的旅游业组织，如携程网、去哪儿网等一批旅游在线营销商，改变了旅游业传统的营销方式，而旅游景点、旅游企业等也开始创建自己的营销网站，信息网站技术的发展和不断进步使得旅游业出现融合的新型组织结构。二是新技术的发展为增强旅游产品的体验性提供了不可或缺的支持。例如数字虚拟技术在旅游中的运用，使得旅游者在消费旅游产品的过程中，得到了全方位多触角的体验感受，加强了旅游体验的深度，促使融合的不断深化。

（四）创意是旅游业融合发生的契机

“创意”是生产力要素之一，它因推进经济增长和提升产品的最终价值的作用一直被经济学家所关注。创意产业促成不同行业的重组与合作，本身就含有产业融合的意蕴。创意产业的知识密集型、高附加值、高整合性，是把握新的核心要素，构建新产业结构的通道之一。

创意是旅游业融合的绝好契机。旅游业依赖一定的资源，通过将资源转化成产品投入市场进而传达给消费者，才达成了旅游业的功能。对不断扩容的旅游资源进行创新，加上新技术的支持，产品的融合创新得以实现。创意贯穿于整个产业经济的发展过程，促进了旅游业的融合。

四、融合动力模型

旅游业融合驱动机制是影响融合模式变化的各个要素通过一定的相互作用所形成的促进融合创新的协调互动的程序。这个驱动机制基于两个假设：一是外部环境的持续变化，二是存在已有的产业融合。在这个假设上，可以通过图 1-4 来阐释融合动力机制模型。

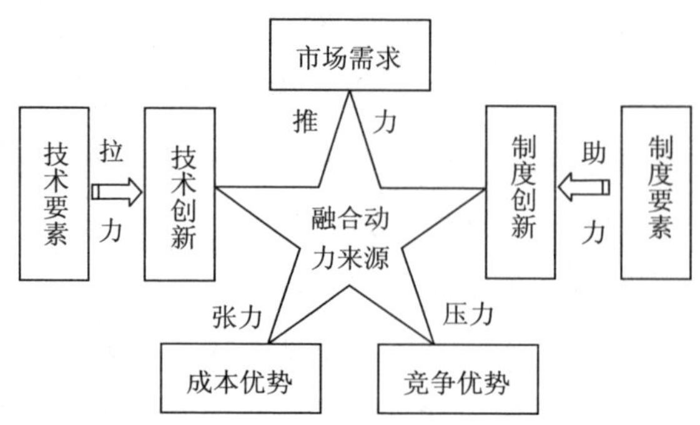

图 1-4　旅游业融合动力机制模型

首先，旅游竞争是持续变化的，在融合创新的驱动因素中，外部的因素即技术、需求、产业竞争是持续变化的，而内部因素战略匹配、知识积累则在一定时间内保持相对稳定。当外部因素的驱动还不够强烈的时候，融合模式会在一段时间内保持不变。如果旅游环境发生变化，外部的驱动因素足够大的时候，则内部因素也会配合外部驱动因素，促使旅游业原有融合模式进行变革。其次，在新融合模式创立的过程中，与原有融合模式的相关性会形成自催化剂，一方面，使旅游业加快了对知识和信息的利用，通过重新组合产生更多、更新的知识和信息，为旅游业进行融合模式创新提供更充分的基础。另一方面，原有融合模式的功能耦合加强了旅游业要素之间的联系，不但提高旅游业融合程度，也延展了旅游企业的资源和能力。其结果就是旧的旅游业融合模式被打破，通过一系列的分拆整合，更高层次的旅游业融合模式诞生。

第五节　旅游业融合与创新发展路径

旅游业各要素在流动交换的过程中为寻求比较优势和实现最佳组合，促使了旅游业融合的发生，而各要素在旅游业融合过程中往往具有不同的发展路径。本研究认为，旅游业融合在选择实现路径时，应考虑宏观和微观两个层面的融合方式。

一、宏观融合路径分析

（一）与国内外经济发展趋势相融合

旅游业融合不是独立发生的，作为日益受到重视的经济产业，旅游业融合也必然要遵循经济发展规律，符合国内经济发展的潮流与趋势。当前全球经济的一体化发展，促进各种生产要素在世界范围内的自由流动，知识、信息、技术等在各国快速传播与扩散，世界经济更加朝着知识化、信息化、休闲化的方向发展。因而，旅游业的融合发展，运用其先进的技术理念创新发展模式，借助其多样的资源产品丰富产业内涵，最终拓宽旅游业发展路径。

（二）与区域发展战略相融合

区域联动成为区域旅游业发展壮大的重大战略选择，在合理开发旅游资源、深化旅游产品体系、完善服务基础设施及增强旅游业整体竞争实力等方面发挥了重要作用。在市场驱动机制影响下，旅游业要素在一定区域内的自由流动，极大地推动了区域范围内旅游业的系统整合，加上逐步优化的交通条件以及人们日益增强的出行能力，使得跨区域、大规模、大尺度的旅游方式成为主流，区域间的旅游业要素流动性也进一步加强，区域旅游一体化程度也日益加深。事实说明，旅游业融合的实现方式只有与区域旅游发展战略相一致，才能成为区域旅游业发展的重要推动力量。

（三）与目的地形象及功能定位相融合

旅游业融合是在目的地现有的旅游业基础条件上的升级发展，它是将目的地现有的旅游要素进行系统整合，实现最优化效益，目的地整体形象的提升及功能定位的实现，则是旅游业融合系统发展的核心与目标。只有当目标与路径相匹配时，系统整体才能实现良好运行。

（四）与地区产业分工及产业结构相融合

产业融合是发生在产业要素自由流动的基础之上，各产业要素在市场和政策驱动下要寻求比较优势、要实现最佳组合、要形成新的分工链条。旅游业融合作为促使其产业实现转型发展的一种有效方式，就必须要在尊重现有产业基础条件的前提下，最大程度地促进产业要素的自由流动，促进产业要素之间的最佳组合，促进新型产业分工链条的实现，促进地区产业结构的调整与升级。那些不顾本地区产业实际状况，机械模仿其他地方旅游业融合发展经验的做法，不仅不会促进地方经济的发展，反而会给现有的产业结构造成一定程度的伤害。

二、微观融合路径分析

旅游业融合的发生根本上是基于产业要素的自由流动，因此，微观层面的旅游业融合路径主要有以下五种形式。

（一）基于资源优势的融合路径

基于资源优势的融合路径主要是指旅游业融合过程中，其资源要素相比其他产业要素更具比较优势，在其产业分工链条上具有主动融合的趋势，通过旅游业相关链条的创新性组合和开发利用，成为新型的资源并成功嵌入到旅游产品的价值链环节，形成基于资源优势的旅游业融合路径，促使资源的内涵不断深化，产品的类型更加丰富。

（二）基于技术优势的融合路径

基于技术优势的融合路径是指将其他产业之中处于相对优势地位的技术因素融入到旅游业的各项活动环节中，通过运用技术手段建立旅游业与其他产业间的联系，扩展旅游业的发展空间，尤其对于克服旅游业固有的产业特性方面具有重要意义。

（三）基于市场优势的融合路径

基于市场优势的融合路径是指在市场需求的强大驱动作用下，旅游业内部各企业或同对方产业的企业存在共同的市场开拓领域，为实现共同利益而采取并购、合作等多种形式的融合发展路径。当旅游业尝试开拓新兴市场但却涉及对方产业领域，在双向驱动力的作用下，企业之间就存在融合发展的价值契合点。

（四）基于区位优势的融合路径

基于区位优势的融合路径是指由于区位的客观存在和相对比较优势，促使众多旅游要素在同一区域内的融合，实现旅游业的聚集化和模块化发展。

当前产业分工不仅仅是纵向一体化和横向一体化的发展，模块化分工逐渐成为一种重要的分工方式。如国内众多知名的文化艺术品的生产、加工、销售基地在模块化分工的基础上通过与旅游业的融合发展而获得巨大的成功，既作为国内著名的旅游商品购物基地，同时又成为具有一定影响力的旅游景点，实现了巨大的旅游收益。然而，体现基于区位优势的旅游业融合发展路径最具代表性的就是当前发展如火如荼的乡村旅游，凭借其特有的距离中心城市的区位优势，汇聚了各种旅游业要素，实现多功能、多形态的融合发展。

（五）基于产业基础优势的融合路径

基于产业基础优势的融合路径是指根据产业的基础条件和发展特性，通过旅游业的融合发展，突破传统的发展模式或发展轨迹，实现递进式或跨越式的发展。产业的升级演变基本是按照一定的发展轨迹进行的，不同的发展时期体现不同的发展特征，然而旅游业融合则为产业实现递进式或跨越式发展提供了全新的路径（见表1-1）。

表1-1　旅游业融合路径及表现形式

融合类型	表现形式
基于资源优势的融合	旅游
基于市场优势的融合	研学旅游、宗教旅游
基于技术优势的融合	动漫旅游、旅游电子商务
基于区位优势的融合	乡村旅游、城市旅游
基于产业基础优势的融合	会展旅游、体育旅游

第六节　旅游业融合与创新发展模式

旅游业融合模式的探索和研究是新经济和新技术环境下的创新性探索，融合模式已成为旅游业融合的核心问题。本书从旅游业融合的主导力量、资源利用、融合要素等几个层面对旅游业融合模式进行研究。

一、旅游业的融合模式内涵

（一）模式内涵

“模式”一词，源于拉丁文，《辞海》中对“模式”的解释是：一般指可以作为范本、模本的式样。最初，模式的概念总是与“模型”相提并论，一般人们总是把模型与自然物体的客观实体相联系，后来人们的认识从实物客体模型进化而成理论模型或理想模型；进而模型不再单纯是客体或观念反映出来的本来的面貌，而是根据实践以及科学原理设计创造的新观念、新事物和新行为。也就是说人类社会中的各种管理制度和社会结构的存在形式都可以称之为模型或者模式。美国学者比尔和哈德格雷夫认为，模式的本质是现实的抽象概括，是基于理论比较简化的形式。

通常意义上的模式是指舍去具体细节的某种事物及其运动的基本结构或基本图式。作为一种分析方法或分析范畴，抽象的模式能够简明地表述事物体系的内在逻辑和运动规律，即事物的结构特征和运动特质。因此，模式可以看作是系统内部或系统之间各相关要素之间的组合方式以及运作流程的范式。模式主要包含三个要素：目标、功能及机制。目标是引导一个系统发展及内部各要素作用的方向，对于旅游业来说，就是将组织的长期战略目标分解为产业发展运营的战略；功能是通过各要素的相互联系作用，引起系统内部或者外界环境中某些事物的变化；机制就是各要素的相互作用和联系，在旅游业的融合中即为产业运营系统的设计。一般意义上来说，产业融合模式就是产业针对特定对象进行的具有某种特色的融合方式和融合特点的概括性描述。

（二）旅游业融合模式内涵

旅游业作为综合性行业，它所涉及的行业领域非常复杂，再加上它所处的宏观和微观经济环境处于不断变化的状态中，不能简单地将单一的特定业态模式应用于旅游业的所有行业，也不能保证某一特定的模式在各种条件下都能产生优异的价值结果。因此，旅游业如何设计适合自己的融合业态模式以形成核心竞争力显得尤其重要。旅游业最大的特点在于其经济性与社会性的双性并重，因此，研究其融合模式，不能以经济效益为唯一目的，而应该在追求经济效益的同时兼顾社会效益，如此才能准确把握旅游业融合模式。

旅游业融合，其最终的目的是为了获取最大利润，而融合模式往往受融合路径所影响，从而选择不同的融合过程和方式。在一定的市场环境下，旅游业融合的规模要受到本地发展能力的限制，同时也要受到市场机制和政府机制的制约，特别是受资源条件、消费市场要素、成本等因素的影响，因此，旅游业融合的基本模式有多种，由于融合动力要素、融合资源利用方式不同，促使不同融合模式会呈现出不同特征。

结合旅游业融合的特殊性，对旅游业融合模式定义如下：旅游业融合模式是指旅游业在明确外部条件和内部资源的前提下，在市场竞争与政府干预的双重调节下，如何创造价值、传递价值和获取价值，并最大限度地实现经济价值与社会价值的统一。旅游业的外部条件，指产业发展所处的社会大环境，包括国家和政府的政治、经济及文化政策导向；产业的内部资源，即产业能够用于产业化的旅游资源、人力资源和财力资源等。

二、旅游业的融合模式类型划分

旅游业的融合是一个动态的复杂过程，其实现受很多因素的影响和制约，从需求主体、供给主体之间的相互作用、组织实施的不同主体、不同组织方式等角度可以将其归结为不同的模式。

（一）根据融合形式划分

笔者根据旅游业的核心价值特征、融合互动方式和融合程度大小等，将旅游业融合的发展模式分为产业一体化融合模式、产业重组式融合模式、产业延伸式融合模式、产业渗透融合模式等四类。

1. 产业一体化融合

所谓产业一体化融合，是指旅游业在一定空间范围内，通过产业规划的一体化、发展的一体化、产品的一体化、服务设施的一体化、市场的一体化和管理的一体化等手段，实现产业你中有我、我中有你的一体化融合发展。

(1) 因地适宜化融合。在旅游业一体化发展的背景下，各地区要根据本区域的资源禀赋、地理区位和市场特征，充分考虑自身定位和旅游业布局，努力形成错位发展、优势互补的格局，走产业差异化优势发展道路。那么为了实现差异化的优势发展道路，需要确定旅游业的核心，产业的主体、产业的重点，通过制定科学的规划和制定有利的政策来促进一体化发展。

(2) 通过产业资源的融合，实现产业一体化的融合发展。为了在旅游业融合上取得积极成效，就需要在更大范围内、更高层次上优化要素配置，整合产业资源，加强产业对接，对优化投资、提升服务和产业升级、扩大旅游市场等都将产生积极意义。首先，需要从产业集群建设的角度出发，进一步提高产业的辐射力，形成和延伸上下游的产业链或扩大区域旅游的产业带，突破行政区域和管理体制的限制，以市场为导向，以产业为纽带，以企业为主体，最大限度地实现资源共享、优势互补、互利双赢。其次，以大的旅游项目为龙头，主动加强旅游业间的信息交流，实现产业之间的对接和融合，主动融入旅游业的一体化过程中，自觉接受融合产业的辐射力和带动力。通过龙头项目的发展，实现旅游业配套产业链的发展。再次，以创新为突破，实现区域旅游业的融合创新发展。深化产业之间的全面合作，联合建立创意创新平台，建设共享的产业公共服务平台与支撑体系，提升区域融合发展能力。最后，要以基础设施为保障，推动区域旅游业经济的一体化。在融合一体化的框架下，加强地区旅游业重大基础设施的合作，通过基础设施的一体化发展，形成组团式格局，促进信息的交流和共享，进一步强化融合效应。

(3) 通过产品的融合，构建区域统一市场。面对竞争日益激烈的产业内外形势，实现资源共享，要素整合，优势互补，合作共赢，离不开市场的统一。为此，要以融合一体化的规划为指引，优化体制机制，加强沟通与协作，消除不合理的行政干预和市场壁垒，共同构建一体化的人才、资本、技术、信息等要素市场，促进生产要素的自由流动和优化配置，有力推进区域市场对接融合。

2. 产业重组式融合

产业重组式融合是指发生在具有紧密关联的不同产业之间，使得原本各自独立的产品或服务在某一共同利益的刺激下，通过重新组合的方式融为一体的整合过程。产业重组式融合发展模式是将旅游业与其他产业的原有价值链解散，形成一种混沌的状态，然后通过新的价值构造通道将各自价值链中的核心环节重新组合，形成一条全新的价值链，实现产业的融合发展。

旅游业可以分为若干个子产业，各个子产业之间通过重组式融合可以产生新的不同于原有产品或服务的新型产品或服务。具体可从以下几方面进行产业融合：

首先，旅游业在内容上的融合。包括各子产业加大对前期原创、创意和策划促进融合的机制。比如针对影视城的设计、博物馆的艺术设计、节庆策划等领域，培育出一批新的独立、专业、具有很强原创能力的旅游产品。如浙江横店影视城，在设计之初就考虑影视旅游业的融合一体发展，通过布局、功能组合、配套等设计，实现了两大产业的重组融合。再比如某些文化特征十分鲜明且文化价值极高的遗址类博物馆，在设计中充分利用先进理念和技术，实现文化传播和旅游发展的统一，如浙江的良渚博物院和四川的金沙遗址博物院等。又比如一些节庆活动，通过活动内容、活动地点、活动管理等方面的综合筹划，也可实现旅游业的重组融合，如青岛的国际啤酒节、洛阳的牡丹花会等。

其次，旅游业在商业模式上的融合。旅游业由于有着共同的利益，并且有着共同的市场群体，那么，其投资、产品设计、产品的品牌管理、产品链的延伸、价格设计、市场营销等商业模式，完全可以实现融合统一，如旅游演艺、动漫游戏等产业领域的商业模式融合。

在高新技术高度发展的今天，产业重组融合更多地表现为以高新技术为纽带、以创意为动力的产业链上下游产业的重组融合，融合后生产的新产品表现出科技化、创新性和体验化的发展趋势，如在发展影视产业、音乐产业、创意产业的同时吸取旅游业的发展思路，通过产业间的密切融合，实现真正意义上的旅游业的融合发展。当下很流行的虚拟旅游、旅游影视等新兴旅游业的出现，正是这些相关联产业之间相互重组融合所取得的跨越式发展。通过这些产业融合，其实也是在实现产业链的延伸拓展。具体旅游业的重组融合模式可由图 1-5 表示。

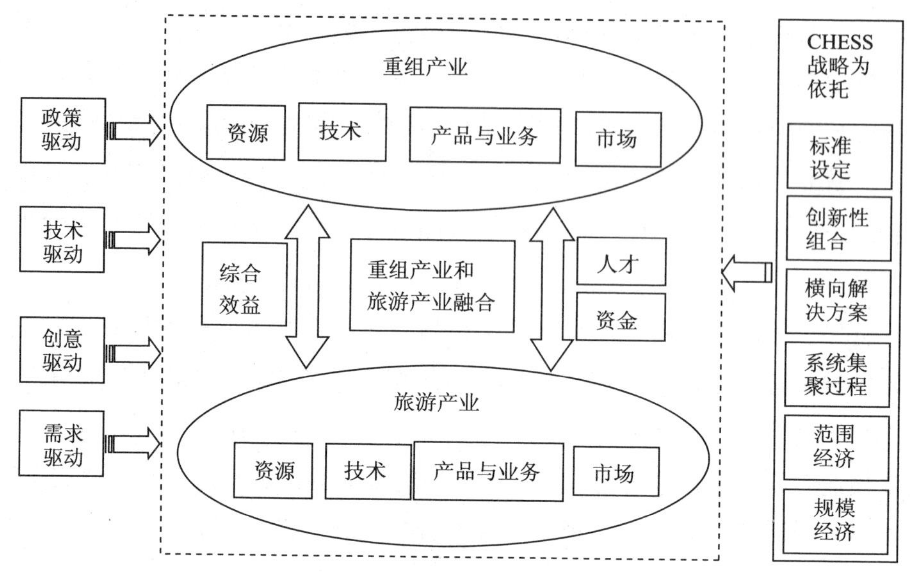

图 1-5　旅游业重组式融合模式图

这一发展模式是以具体的旅游活动或者旅游产品作为产业融合的纽带，通过产业活动重组的方式来实现融合。

3. 产业延伸式融合

产业延伸式融合是指在功能互补的产业之间通过延伸的方式实现产业之间的融合。通过延伸式融合，原有产业能够被赋予新的附加功能和更强的市场竞争力，以此形成新的融合型产业体系。旅游业的延伸式融合主要体现在旅游业向对方产业的延伸渗透，凭借创意和技术支持重新建造出具有强大吸引力的不同文化主题和形态的旅游产品。

旅游业的发展很多时候会受制于旅游资源的吸引力、旅游服务设施和市场规模。在旅游业融合发展的过程中，旅游业不仅需要在各自产业内部、各个产业之间不断融合、创新，而且需要在现有局限的基础上向外延伸和扩展。也就说我们不仅可以将目光投向旅游业所能覆盖的范围之内，还要尽可能多地向对方产业部门延伸拓展，以丰富旅游业的内涵，扩大旅游业的市场供给水平。因此，在实现旅游业更好发展的路径选择上可以根据旅游业的产业特殊性，不断寻求旅游业间的延伸融合发展。

4. 产业渗透融合

渗透型融合发展模式是借助技术创新或管理创新，将原本属于旅游业的价值链环节，部分或完全地渗透到另一产业中，促使它们相互交融，形成新旅游业形态。旅游业渗透型融合模式根据渗透的方向性，可以分为两种融合模式：其他产业向旅游业渗透融合模式和旅游业向其他产业渗透融合模式。

（1）其他产业向旅游业渗透融合模式。第一、第二或第三产业中，利用其产品的独特内容优势，借助技术和管理上的创新突破产业的边界，开发出各类富含旅游主题内涵的旅游产品，推动旅游业与本产业的融合发展。这一类发展模式是通过产业渗透的融合方式来实现两大产业融合的。主要是旅游业和其他产业企业采用特定的表现手法及技术，将其他产业元素渗透到传统旅游产品中，尤其是工业和农业领域，通过创意的嫁接和融合，从而使原属于本产业边界内的产业价值链活动互相渗透到对方的产业领域内，形成你中有我、我中有你的产业融合状态。

如网络动漫业是文化产业的组成部分，随着网络的兴起而发展起来，它使用动漫的制作技术、表现手法及虚拟现实技术，将真实的旅游景点（包括人文古迹和自然风景）加以虚拟化和动漫化，促使旅游与文化交互融合，旅游景点借助动漫业的传播方式获得更广泛的传播，动漫业则将真实的人文或自然景观作为游戏场景的现实载体。两者相互交融，取得了良好的效益：静态旅游产品的动态化和游戏化发展，使得景点产品的内容更加丰富、对游客更具吸引力；真实旅游景点的介入使得游戏产品更具真实体验性，同时也可借助旅游景点的市场知名度提高游戏的吸引力和传播效应。“全球首个以虚拟土地换回真实土地”的案例便是这一融合发展模式的典范。天畅科技网络公司在其《大唐风云》游戏的开发过程中，将浙江丽水地区一个旅游景点虚拟化做成一个网络游戏景点，融入到《大唐风云》的游戏中，这个前期已投资1300 万元、面积达到 3 万亩山林的旅游景点，便拿出 49% 的股份给天畅公司作为回报，成功地实现了网络游戏与旅游的融合。在这一案例中，旅游景点既可借助《大唐风云》的传播渠道而得以广泛传播，又可以将游戏中虚拟的世界予以真实的再现，增加旅游景点的吸引力，而《大唐风云》游戏则会因为真实景点内容的注入而增加其真实体验性和趣味性，这样两家企业都在没有额外增加一分钱投入的情况下，仅通过产业融合化的发展模式就实现了企业间的联姻，创造出了巨额财富。

（2）旅游业向其他产业渗透融合模式。旅游业向其他产业渗透融合模式是通过旅游业向其他产业进行渗透，赋予其他产业以旅游功能，通过两大产业功能的互补来实现两者的融合。目前，我国许多地区都积极进行全域旅游开发，以求加快地区经济发展和环境提升。采用旅游业向其他产业渗透融合化发展模式所形成的旅游产品，具有展示性和大众参与性的特点，通过旅游功能的导入，既可带来大量的游客，有利于前期人气的聚集和品牌效应的形成，又可促进本地服务的共享。

总之，旅游业的一体化、延伸型、重组型和渗透型四种融合发展模式，各自具有自身的特点。从开发的角度看，延伸型产业融合发展模式最容易实现，面临的障碍较小，也不需要太多的资金支持，但需要政府的政策推动；与之相对应，渗透型融合发展模式是最难实现的，需要新技术的支持、管理模式的创新和大量的资金支持，也需要大量懂旅游的复合型人才；重组型融合发展模式则介于两者之间。在旅游业的融合发展中，各地区要综合考虑自身的旅游资源状况、产业特征和经济实力等因素，因地制宜的选择产业融合发展模式。

（二）根据融合主导力量划分

因地域、经济与政策环境不同，各地的旅游业融合过程中主导因素的差异，从而选择不同的融合方式。

1. 市场主导的自发型模式

市场主导为主的自发型融合模式，通常以市场对旅游产品或服务的需求为传导机制，在一定区域内形成旅游业的融合。旅游业自发型融合模式的形成是由市场、创意和空间等阶段性因素，在市场需求的推动而发展的。如各地自发形成的旅游集聚区，在开始阶段，当融合性旅游产品和服务在旅游市场上的需求增大时，就会吸引专业企业和人才将创业空间集聚于此。那些文化底蕴较深、租金低廉的城区内老厂房和老仓库是艺术人才偏爱的创业区域，在这样特殊区域内形成文化集聚，能产生一种自我增强创新机制，并不断吸引更多的艺术人才来此聚集，从而引发文化产品和服务需求的扩大，最终形成具有创意特色的旅游产品和旅游服务消费市场。

2. 政府引导型模式

旅游业融合的决策导向，在一定程度上还要受到政府和企业主决策的综合影响，政府引导型旅游业融合主要指“自上而下”的人为培育而成的产业融合，它通常是政府战略规划的结果。这种类型的融合通常强调以政府配置作为资源配置的主要方式，由政府制定该产业的总体发展战略和规划，通过制定一系列产业政策引导与鼓励融合性旅游业优先、快速发展，旅游产业园区是典型的政府引导融合形式。例如，文化旅游产业园区是以政府为主导进行整体规划和引导下，借鉴经济开发区的成功模式，以区域文化旅游资源为载体，通过制度传导机制和产业政策的优惠，吸引各种旅游要素在园区内聚集融合。政府可以通过招商引资、招才引智，吸引地区内外的旅游产品经营者和旅游中介组织向园区集聚，逐步营造旅游氛围，形成旅游特色，打造旅游品牌，使之成为旅游业融合的孵化器和推进器。这类旅游业融合模式是政府起到主导作用，所以在对旅游产业园区进行规划时，政府从区域经济发展、产业结构升级、产业战略规划等方面选择一个具有潜力的旅游空间，并结合所选空间区域的固有特色，改造一个适宜于旅游消费的环境，以此来吸引各种旅游企业和旅游消费者。

3. 市场需求与政府引导协同型模式

在旅游业融合发展中，还有一部分融合是在市场需求、政府导向共同作用下形成的。这是一种多动力推动下，市场和制度机制共同作用、多指向的模式。目前，许多地区的乡村旅游发展都是社会各种力量的相互作用而形成的，这是旅游业发展到一定阶段后，更多社会力量对旅游业蕴涵的较大创新空间和高产出效应的认识。市场需求与导向协同型模式是市场、政府、投资商等多种社会力量之间建立的合作共赢的局面。

表 1-2 旅游业融合模式及其相关比较

融合主导模式	融合动力要素	融合资源利用方式	融合特征
市场主导	成本因素、消费市场、适宜环境因素	原有资源自发型	高专业化、市场灵活、根植性强
		原有资源的改造	
政府主导	高新技术、适宜环境因素	原有资源提升与改版	系统运作较强
		资源全新规划	
市场与政府导向结合	成本因素、适宜环境因素	原有资源改造	联动性较强、合作与竞争突出
		资源全新规划	

（三）根据融合中资源导向划分

资源的拉动是形成区域旅游业融合的重要拉力，自然优势（包括自然资源优势和自然环境优势）是资源禀赋型产业融合的关键力量，因而也是旅游业融合的重要模式。资源型产业融合中对于资源的利用方式，不仅对产业融合本身的成长有较大影响，对区域旅游的可持续发展也有重大影响。

1. 依托原有资源自发融合模式

依托原有资源自发融合是旅游企业基于一种市场选择的取向，对地域的社会环境或自然环境具有一致的认同感，自发聚集于某地而形成融合。如城市周边的乡村旅游，是基于城市居民这个庞大的市场。从旅游动机上看，大多数居民具有回归自然和怀旧心理，向往乡村田园意境；从旅游活动实现的客观条件看，城市居民具有一定闲暇和可支配收入，可以方便实现短程度假和观光需要。同时，城市周边乡村拥有良好的田园风光，也需要进一步提升农业附加值。乡村旅游以具有乡村性的自然和人文客体为旅游吸引物，依托农村区域的优美景观、自然环境、建筑和文化等资源，在传统农村休闲游和农业体验游的基础上，拓展开发会务度假、休闲娱乐等旅游项目和活动，就是典型的依托原有资源自发形成的模式。

2. 原有资源改造利用模式

原有资源改造利用模式是产业市场主体通过对原有资源，如城市历史文化街区等经过规划设计和改造建设，直接利用为旅游活动、休闲娱乐场所而逐渐实现融合发展。如成都宽窄巷子、田子坊、上海新天地等具有此类特征。

3. 原有资源提升模式

该模式是指区域已经具备了发展旅游业的主要条件，通过在原有资源中加入一种新的要素或依托原有资源拓展到旅游业领域，提升原有资源的利用价值，打造新的产业链条，形成旅游业的融合效应。

4. 政府引导的全新规划融合模式

政府引导的全新规划融合模式是由政府相关部门新划出一块区域进行规划，对某一类型旅游业进行重点发展，通过投资建设的基础设施、公共服务平台，实行招商引资特殊优惠政策，吸引行业内龙头企业入驻，最终形成旅游业的融合集聚区域。如浙江横店影视基地、云南楚雄彝人古镇，就属于全新规划融合模式。

（四）依据比较优势的融合类型划分

从系统论的研究视角来看，旅游业作为开放的产业系统，是由不同要素子系统相互协作而构成的有机整体，其内部不同要素子系统又包含产品、技术、市场、企业等众多复杂因素，不同子系统之间要素的相对比较优势构成了旅游业要素的相对比较优势，而旅游业要素的相对比较优势又包括资源优势、技术优势、市场优势、区位优势等众多方面。随着各生产要素在产业之间和产业内部流动加快，各生产要素基于相对比较优势而寻求最佳组合，客观上则导致了融合现象的发生。

1. 依托成本优势的融合

资本是所有生产要素中最具活力和穿透力的因素，在其他产业发展中，资本一直是薄弱环节。从交易费用理论可知，产业融合的网络治理结构避免了企业规模扩张所带来的组织成本上升，降低了市场交易成本。旅游业领域的空间一致和资源基础的一致，有助于降低资源整合和营销的成本。旅游业在产业特征差异和发展空间的制约下，往往会选择成本相对低廉且环境相对独特的区域进行融合。

2. 依托消费市场的融合

对市场较敏感的旅游业，为了灵活开展旅游服务活动，更倾向于在具有客源地和目的地双重性质的空间内进行融合，以保证较大的消费市场规模。

这种融合模式一般布局在城市中心区、热点旅游景区或经济发达地区。

3. 依托高新技术的融合

随着高新技术的不断发展，以及在新技术催生下而不断涌现的旅游新业态，旅游业越来越展现出新的亮点，高新技术为旅游业融合提供新的方法和途径。随着技术的渗透，作为一种发展潜力巨大的新型旅游业会率先在某个地方形成，在示范引领下，那么新技术就有可能在该地区旅游业内运用和传播，人才和服务也将陆续向该地区集中融合。

参考文献

[1] Alexander Christopher. Notes on the Synthesis of Form [M]. Cambridge, MA: Harvard University Press, 1964.

[2] 王乐鹏，王颖，李春丽. 基于SNS机制发展旅游电子商务的途径研究[J]. 电子商务，2011 (07): 19.

[3] 亚当·斯密. 国富论——国民财富的性质和起因研究 [M]. 谢祖钧，译. 北京：新世界出版社，2008: 48.

[4] (美) 保罗·罗默. 收益递增与长期增长 [J]. 政治经济学期刊，1986: 1002-1037.

[5] (日) 青木昌彦，安藤晴彦. 模块时代：新产业结构的本质 [M]. 周国荣 译，上海：上海远东出版社. 2003.

[6] Simon H. The architecture of complexity [J]. Proceedings of the American Philosophical Society, 1962, 106 (6): 467-482.

[7] Langlois R N. Robertson P L. Networks and Innovation in a Modular System: Lessons from the Microcomputerand Stereo Component Industries [J]. Research Policy. 1992 (21): 297-313.

[8] 苗东升. 系统科学精要 [M]. 北京：中国人民大学出版社，1998: 133. 150.

[9] Rappa. Managing the digital enterprise: business models on the web. http://digitalenterprise. org/models/models. html

[10] Mahadevan.（2000）. Business Models for Intenret-Based E - Commerce: An Anatomy. California. Management Review. 55-69.

[11] 娄永海. 基于 TRIZ 理论的企业商业模式研究 [D]. 吉林大学，2009.

[12] Chesbrough H. and Rosenbloom R. S.（2002）. The role of the business model in capturing value from innovation. Industrial and Corporate Change. 529-555.

[13]（美）派恩二世，（美）吉尔摩. 夏业良等 译. 体验经济 [M]. 北京：机械工业出版社，2008.

[14] 王乐鹏，王颖，李春丽. 基于 SNS 机制发展旅游电子商务的途径研究 [J]. 电子商务，2011（07）：19.

[15]（美）N. 格里高利·曼昆. 经济学原理 [M]. 北京：经济科学出版社，2012.

第二章　河南旅游业融合与创新发展战略思路

第一节　河南旅游业融合与创新发展条件

一、良好的资源条件

河南省是中华民族和华夏文明的重要发源地之一，历史文化悠久，自然旅游资源与人文旅游资源交相辉映。从整体来看，旅游资源丰度较好，种类齐全、品位优良、组合良好，旅游资源优势明显。旅游资源调查结果表明，河南省共有旅游资源单体39802个，其中自然旅游资源单体16249个，人文旅游资源单体10977个，涉及8个主类、28个亚类、171个基本类型，优良级旅游资源（三级以上旅游资源）高达68%。河南省拥有古都4个，世界文化遗产3处，世界地质公园4处，5A级景区12家，4A级景区134家，国家级历史文化名城8座，国家级文物保护单位344处，全国优秀旅游城市27个，全国生态旅游示范区5个，国家级旅游度假区1个，国家级全域旅游示范区26家，旅游业融合与创新发展资源条件得天独厚。

二、坚实的产业基础

2016年，河南省共接待海内外游客5.83亿人次，旅游总收入达5764亿元，旅游创汇9.2亿美元，同比分别增长12.37%、14.47%和8.3%，增幅均高于全国平均水平，旅游总收入相当于全省GDP的14.4%。A级旅游景区385家，星级酒店520家，旅行社1178家。旅游在建项目607个，投资总额5894.54亿元，实际完成投资574.7亿元，同比增长18%，比全省固定资产投资增幅高 3.4 个百分点。旅游业招商引资 1552.06 亿元，同比增长 27%。33 家旅游企业与金融机构签订了 170.9 亿元的授信协议，中青国际旅行社股份有限公司和清明上河园股份有限公司成功在新三板挂牌上市。

三、旺盛的市场需求

当前，国际经济形势虽然不容乐观，但是国内经济长期向好的基本面没有变。2016 年，河南省生产总值 40160 亿元，比上年增长 8.1%，人均生产总值 42247 元，比上年增长 7.6%，居民人均可支配收入为 18443 元，增长 7.7%，其中，城镇居民人均可支配收入为 27232 元，增长 6.5%，农村居民人均可支配收入为 11697 元，增长 7.8%。“十三五”时期，是河南省全面建成小康社会的关键时期，河南省委、省政府有信心通过采取一系列积极措施，确保“十三五”期间河南省经济保持中高速增长，全省人均 GDP 持续增加并有望达到全国平均水平。这期间，河南省国民经济持续增长，城乡居民收入持续增加，消费升级加快，高速公路、高铁和航空等交通基础设施不断改善，带薪休假制度逐步落实，休闲度假成为居民消费新趋势和社会消费新热点，旅游消费进入大众消费阶段。综合来看，河南省旅游业仍然具备良好的外部发展环境，旅游消费需求和能力将呈现出大幅度持续增长态势。

四、宽松的政策环境

河南省把旅游业作为经济社会发展的战略性支柱产业予以重点培育，作为实现中原崛起和河南振兴的优势产业、中原经济区建设的先导产业、改善民生的富民产业和促进经济发展方式转变的引领产业来打造。为此，河南省先后出台了《关于加快旅游产业转型升级的意见》《关于进一步促进服务业发展若干政策的通知》《关于加快发展乡村旅游的意见》《促进服务业发展若干政策》《贯彻落实国务院关于促进旅游业改革发展若干意见重点任务分工及进度安排表》《关于促进旅游消费拉动经济增长的意见》《内地游学接待服务规范》《河南省“十三五”旅游规划》和《河南省旅游产业转型升级行动方案》等文件。此外，国家“一带一路”战略和河南三大国家战略的实施等一系列政策红利的叠加效应，必将为河南省旅游业提供更大的发展空间。

第二节 河南旅游业融合与创新发展现状

产业融合是现代产业发展的重要趋势，是产业结构升级的深刻反映。当前，我国产业融合现象不断涌现，融合趋势不断增强。河南省旅游业顺应潮流，抓住机遇，积极推进旅游业与相关产业融合发展，呈现出融合发展达成共识、融合发展初显成效和融合发展瓶颈较多的特征。

一、融合发展达成共识

2009 年，国务院出台《关于加快发展旅游业的意见》，提出大力推进旅游与相关产业和行业融合发展。2009 年，文化部和国家旅游局联合出台了《关于促进文化与旅游结合发展的指导意见》。2015 年，国务院先后出台《关于促进旅游业改革发展的若干意见》和《国务院办公厅关于进一步促进旅游投资和消费的若干意见》。接着，国家旅游局起草了《旅游互联网行动计划》，积极推动互联网与旅游业的深入融合和创新发展。2017 年，交通运输部、中国民航局、国家铁路局、中国铁路总公司、国家旅游局和国家开发银行六部门联合引发《关于促进交通运输与旅游融合发展的若干意见》，这些都为旅游产业与相关产业的融合与创新发展提供了利好的政策。

在此背景下，河南省把旅游产业作为经济社会发展的重要支柱产业来培育，先后出台《关于加快旅游产业转型升级的意见》《关于加快发展乡村旅游的意见》《贯彻落实国务院关于促进旅游业改革发展若干意见重点任务分工及进度安排表》《关于促进旅游消费拉动经济增长的意见》《内地游学接待服务规范》《河南省旅游业转型升级行动方案》。建立了省政府分管领导牵头的河南省旅游工作联席会议制度，洛阳市和开封市成立了旅游委，焦作市和商丘市建立了旅游工作联席会议制度。中原经济区旅游城市联盟、大黄河旅游联盟、豫晋陕黄河金三角旅游联盟和鄂豫皖旅游联盟在推动区域旅游合作方面也取得了显著成效。由此可见，河南省各级政府对于旅游业融合和创新发展已达成共识。

二、融合发展初显成效

经过多年的发展，河南省旅游业基本形成了较为完善的产业体系，旅游业与相关产业融合与创新发展的雏形基本显现。旅游与乡村融合方面，全国生态旅游示范区 5 个，全国休闲农业与乡村旅游示范县 11 个、示范点 21 个，中国乡村旅游模范村 37 个、中国乡村旅游模范户 40 个、中国乡村旅游金牌农家乐 400 个。旅游产业与文化产业融合方面，推出了《禅宗少林·音乐大典》《大宋·东京梦华》《水秀》《功夫诗九卷》《天下洛阳》《大马戏》《千回大宋》和《铁塔光影秀》等一批优秀旅游演艺节目。旅游与信息融合方面，河南省旅游产业运行监测平台正式开通，实现了景区人流、酒店住宿和旅游车辆在线监测。旅游与科技融合方面，郑州市和洛阳市入选国家智慧旅游试点城市，开封市采用 PPP 模式率先在全省启动“智慧旅游”建设项目，许昌和驻马店等市的智慧旅游建设取得可喜成绩。

三、融合发展瓶颈较多

河南省虽然具备了旅游产业融合的外在条件，但是在融合的能力条件和融点条件方面表现不足。具体表现在：融合程度不够、融合主体不强和融合顶层设计缺位三个方面。

（1）融合程度不够。综合来看，河南省旅游业融合还处于初级融合阶段，主要表现为融合覆盖面窄、融合程度低、融合层次浅和融合主动性不够。河南省旅游产业与文化产业融合发展已经取得了可喜的成绩，但是在融合发展的过程中，产品结构单一，表现形式简单，旅游和文化强省的优势未充分体现。旅游与乡村融合发展，也是吃吃农家饭，住住农家屋，产业链条短，产品附加值低，同质化产品种类繁多，精品化产品严重不足。这说明河南省旅游业与相关产业的融合与创新发展还要加大力度和挖掘深度。

（2）融合主体不强。旅游业融合是一个主客多方面相互交融、借力使力的升级过程。旅游融合的发生，不仅需要适宜的外部环境，更需要融合主体自身具备过硬的素质和能力。全国 60 强酒店，河南省仅有中州集团一家（第 27 位），全省五星级酒店仅有 19 家，在全国处于落后位置。河南省 1178 家旅行社中，进入全国百强社名录的仅有 1 家，且位次逐年下滑。能参与国内竞争的大型旅游集团基本上没有。总体而言，河南省参与旅游产业融合的主体在整合资源、创造价值和抵御风险的能力方面较弱，市场竞争能力不强。

（3）融合顶层设计缺位。河南省虽然出台了一些促进旅游业融合的政策，但是缺乏对于河南省旅游业融合与创新发展的整体谋划，指导河南省旅游业发展的纲领性文件——《关于加快旅游产业转型升级的意见》几乎没有涉及旅游业融合发展的问题，直到近期出台的《河南省十三五旅游规划》和《河南省旅游产业转型升级行动方案》在谈论到全域旅游时才有一些笔墨提及。

第三节　河南旅游业融合与创新发展动因和障碍

一、河南旅游业融合与创新发展动因

旅游融合与创新发展动因是指驱动旅游融合与创新发生并朝一定方向和深度发展的动力性因素。旅游业融合与创新发展的动因是多方面的，这些因素相互作用使得旅游融合与创新得以发生。具体到河南省旅游业来看，这些因素主要包括旅游需求拉动、旅游企业的逐利性、技术创新推动和管制放松助力四个方面。

（一）旅游需求拉动

旅游消费需求的扩大以及呈现出多样化和个性化的特性是旅游业融合与创新的推动力。随着居民收入水平的提高与休假制度的提出，尤其是“黄金周”和“小长假”的推出，极大地释放了居民的旅游需求。随着我国带薪休假制度的落实，旅游消费需求进一步增长，这为旅游业融合与创新提供了源源不断的动力[1]。此外，随着社会的发展，人们的消费需求也由单一化向多样化、由物质向精神、由低层次向高层次的方向不断变化。旅游业的持续快速发展，旅游需求呈现多元化和个性化的趋势。初级传统的旅游项目已经不能满足游客的高级多样化需求，人们由初级层次的观光旅游转变为高级层次的深度体验旅游，由单一的产品（服务）需求倾向于复合型的旅游产品（服

务）。河南省为了适应旅游需求的变化，推出了以《禅宗少林·音乐大典》为代表的大型实景演出旅游项目，以栾川为代表的乡村旅游项目，以“中国一拖”为代表的工业旅游项目，极大地丰富了旅游业态，同时进一步推动旅游业与相关产业深度融合，满足旅游市场多样化、个性化和复合化的需求。

（二）旅游企业的逐利性

旅游企业是旅游融合的主体，对利润追求的特性，决定了旅游融合行为的发生。为了达到综合效益的最大化或者共赢的目标，各企业间突破产业之间的条块分割，加强产业间的竞争合作关系，减少产业间的进入壁垒，降低交易成本，通过整合各自的优势资源和优化资源配置的程中，促使了旅游融合现象的发生。随着旅游业竞争逐渐加剧，为了在竞争中谋求发展，旅游企业必须寻求新的增长点，通过与相关产业的进一步融合，拓宽了发展空间，获得范围经济和竞争优势，提升企业竞争力。以旅游业与文化产业融合与创新发展为例，随着旅游业竞争的加剧，旅游产业越来越重视文化内涵的竞争，旅游产业植入文化和创意元素，既丰富了旅游产业内涵，又延长了旅游产业链条，旅游企业可以以较低的成本提供更多的产品和服务种类，在获取利润的同时，保持持续竞争优势[2]。

（三）技术创新推动

技术创新扩散到相关产业，使其相互影响和相互渗透，或打破了原有产业分工的边界，或使原有产业边界变得模糊甚至消失，实现了产业融合。在某种意义上说，技术创新促进了产业融合与创新，技术创新是产业融合与创新的源泉。当技术被广泛应用于旅游领域时，一方面变革了经营者的管理方式，提高了管理效率；另一方面，促使旅游产品升级换代，适应了旅游者需求。如互联网技术的发展，催生了在线旅游服务商，重构了旅游产品的销售流程，为旅游产品的营销提供了便利，提升了旅游市场的拓展能力，使旅游企业获得竞争优势。高铁技术的进步，大大提高了旅游的可进入性，使得目的地（落后地区）的和客源地（发达地区）的地域障碍得以消除，降低了信息的不平衡性。

（四）管制放松助力

政府管制的放松是产业融合的外部条件，管制放松使得其他相关产业加入本产业的竞争中，从而逐渐走向产业融合。2004 年，河南省旅游局大力扶持“工业旅游示范点”，促进了旅游与工业的融合。2010 年，河南省旅游局在全省范围内扶持 100 个旅游村和 10000 户“农家乐”开展乡村旅游，促进了旅游与农业的融合。2011 年，河南省文化厅和河南省旅游局签订了《关于促进旅游与文化融合发展的合作框架协议》，从文化旅游项目、文化旅游产品和文化旅游上市企业等方面促进文化与旅游产业融合[3]。同时，在《国务院关于支持河南省加快建设中原经济区的指导意见》《河南省“十三五”战略性新兴产业》和《河南省旅游产业转型升级行动方案》等文件的指导下，大力促进河南省旅游业要实现向“大旅游”和“大产业”格局方向迈进。

二、河南旅游业融合与创新发展障碍

旅游产业融合是在市场经济规律、旅游产业运动和发展规律、旅游消费发展规律的共同作用下而实现发展的，呈现特有的规律和发展机理。影响旅游产业融合的各因素性质、运动方向和作用水平是不同的，存在于一个系统的各因素联系方式、联系程度也不一样，因而构成了诸多矛盾。在市场经济条件下，旅游融合供给与旅游消费需求在规模、结构上的矛盾，即供需矛盾构成了旅游产业融合发展的最主要矛盾，产业组织效率水平、产业布局合理水平与生产、消费直接相关，它们之间构成了一系列的主要矛盾，体制、机制、政策、相关产业与旅游产业之间的外在联系，构成了一系列的外部矛盾，这些矛盾共同影响着旅游产业的融合。解决这些矛盾，关键是找出这些矛盾的关键障碍要素，发现其相互联系、相互作用、相互制约、相互影响及其发展变化的机理。

旅游产业融合是产业融合大趋势下的产业创新方式，它从需求的角度适应了游客需求更加精细、更加个性和更加多样的消费特点，它也从供给的角度创造了产业成长的更博大的空间、更深化的链条、更持久的能力。认识和克服产业融合中的障碍因素，将会为旅游产业竞争力提升奠定良好的基础。

结合旅游产业融合产生的前提条件分析，可以将河南省旅游业融合与创新的障碍分为制度障碍、能力障碍和需求障碍三类。

（一）制度障碍

制度障碍主要包括产业政策管制、产业管理管制和市场垄断结构。我国旅游产业的管理体制一直以来都是条块分割与行业壁垒并存的体制，各产业和行业出于各自管理目标的需要形成了各自的政策和制度规定，如风景名胜区属于建设部，文物景点属于文保部门，各商业接待单位隶属于各行各业。它们在纵向体制上必须遵循上级管理部门的管制，但在横向关系上又共同构成对客服务中的不同模块。由于各自所处市场竞争与垄断的程度不同，其他产业企业要素进入时面临不同的制度障碍，不利于融合的推进。比如体育产业与旅游产业的融合中就遇到了体育产业严格管制的制度障碍。如果不克服或变革这些政策与管制，就难以推进旅游产业融合的进程，从而错失旅游产业竞争力提升的大好机会。

（二）能力障碍

能力障碍主要包括企业整合能力、核心能力刚性和知识学习与创新能力。如果说制度与政策形成的环境可以通过变革加以完善的话，那么企业能力方面的障碍就不是那么容易提高的了。且不说不同产业的企业间存在着能力上的极大差异，就是某一产业内具有核心竞争力的企业也认识到了与其他产业的企业融合的必要性，但在实施融合的过程中，会遇到与核心竞争力形成中相随而生的核心刚性的困扰[4]。核心刚性是一种阻碍核心竞争力作为企业持续竞争优势源泉的惯性系统，它时刻面临着被打破的需要，因为随着顾客追求的核心价值的逐步转移以及不同资源在竞争中相对位置的变更等，原有的核心竞争力必须随之发生变化，否则竞争优势就会被其他企业所取代。

（三）需求障碍

需求障碍主要包括消费能力、消费行为习惯和消费者的学习能力。既然旅游产业融合的本质特征在于创新，那么融合型创新形成的新型旅游产品在推向市场时，都面临着市场是否愿意接受、是否有能力接受的问题。如果融合型产品不能被市场接受，那么缺乏市场融合的产业融合也是很难形成并具有竞争力的。是否愿意接受融合型旅游产品与市场消费观念和消费行为惯性有关，消费行为具有路径依赖性。在当今国内旅游市场，已经形成了一批学习能力很强并且愿意尝试新鲜产品的游客群体。其实需求方面的障碍固然与消费者的成熟度有关，但在中国旅游市场中，游客消费惯性或观念并非固化，关键还在于供给方如何引导和创新营销。

第四节　河南旅游业融合与创新发展原则和目标

一、河南旅游业融合与创新发展原则

立足于河南省产业发展的现实，结合河南省旅游业发展的实际，在推进河南省旅游业与相关产业融合与创新发展过程中，应坚持政府引导，市场主导原则、坚持品牌建设，项目带动原则、坚持创新驱动，科技支撑原则和坚持统筹协调，重点突破原则。

（一）坚持政府引导，市场主导原则

旅游业融合与创新发展，在发挥市场决定性作用的同时，还要更好地发挥政府的引导作用。既要充分发挥政府推进旅游业融合与创新发展的引导作用，又要充分发挥市场在资源配置中的决定性作用。紧紧围绕着转方式和调结构的主线，突出提质增效的重点，通过政府引导扶持，以市场为导向，尊重旅游企业的主体地位，产学研协同，打破行业和地区壁垒，充分调动社会各方面积极性，加快推进旅游产业融合的广度和深度，延伸产业链条，拓宽产业发展面。

（二）坚持品牌建设，项目带动原则

品牌是一种无形资产，是商业竞争的核心要素。实施旅游品牌化战略，发挥品牌生产力的作用。以旅游目的地品牌、旅游城市品牌和旅游景区品牌为统领，以旅游线路品牌和旅游节会品牌为核心，以旅游企业品牌、旅游产品和服务品牌为重点，以标准化、特色化、品质化和高端化为方向，推动河南省旅游融合化品牌体系建设。旅游的发展最终都要落实到具体的项目上，

以项目建设为载体，以项目库建设为依托，实施专项管理，适时动态调整，以重大旅游项目的引进建设推动旅游跨越发展，实现转型升级。

（三）坚持创新驱动，科技支撑原则

坚持把创新驱动发展作为根本任务，围绕旅游业发展方向，增强旅游企业自主创新能力和技术应用能力，激发业态创新、内容创新、模式创新和管理创新，推动旅游业从资源驱动和低水平要素驱动向创新驱动转变。鼓励高科技成果在旅游领域应用，形成旅游科技创新体系。打造旅游发展科技引擎，以科技创新促进旅游业转型升级，推进科技创新与绿色发展、协调发展和可持续发展紧密结合，提高旅游经济增长的质量和效益，推动旅游发展走上内生性增长的道路。

（四）坚持统筹协调，重点突破原则

统筹各类资源，加强政府各部门之间的协调，围绕着河南省旅游业发展的重点领域和关键环节，加强顶层设计和统一领导，按照全局和局部相配套，渐进和突破相衔接的要求，深化旅游行政管理体制机制改革，形成纵向统一、横向联动、资源共享的工作格局，不断提高各项工作的有效性、整体性和协调性。注重整体推进和重点突破相结合，突出重点，突破难点，凸显亮点，相关优势产业和重点领域着力推进融合与创新发展，在空间布局上形成具有全国影响力的特色区域。

二、河南旅游业融合与创新发展目标

到 2020 年，河南省旅游业融合与创新发展总体水平将明显提高，旅游业竞争力明显提升，业态更加丰富，功能更加齐全，产业面得到扩大，产业链更加完善，产业群基本形成，利益联结更加紧密，与相关产业全方位、深层次、宽领域的融合与创新发展格局基本建立。打造一批具有国际影响力的旅游品牌，建设一批特色鲜明的旅游目的地和旅游小城镇，培育一批具有核心竞争力的旅游企业，培养一批高素质旅游人才，旅游业增加值占国内生产总值的比重也将超过全国平均水平，形成全省旅游产业持续健康发展的常态化，初步实现全面小康型旅游产业强省的战略目标。

第五节　河南旅游业融合与创新发展主要任务

从理论上讲，旅游产业与众多产业都有较强的关联，融合领域很多。但是也不能盲目地选择融合发展领域，而是要立足区域发展的优势产业。旅游业与优势产业融合发展，一方面能放大优势产业的优势，另一方面也符合区域发展方向，在未来发展中能得到更多的发展资源[5]。结合河南的省情，主要推进旅游与文化发展融合、推进旅游与工业发展融合、推进旅游与科技发展融合、推进旅游与城镇发展融合和推进旅游与乡村发展融合。

一、推进旅游与文化发展融合

（一）打造一批文化旅游品牌

品牌是质量和信誉的载体，品牌建设有利于提高旅游产品的辨识度，提升区域旅游的知名度。在深入挖掘文化内涵的基础上，倾力打造一批具有市场影响力和竞争力的文化旅游品牌，形成文化旅游品牌体系，树立鲜明的旅游形象。一是打造文化旅游目的地品牌。围绕着“老家河南”整体旅游形象，结合全国文明城市创建和百城建设提质工程，依托郑州、开封、洛阳、安阳和焦作等市建设国际文化旅游名城。二是培育旅游演艺精品品牌。以市场为导向，挖掘特色，创新商业模式，强化运行机制，借鉴目前中国市场中比较有影响力的旅游演艺品牌，如长恨歌、“千古情”“印象”和“又见”系列，将《禅宗少林·音乐大典》《大宋·东京梦华》和《功夫诗·九卷》等旅游演艺项目培育成为国际知名演艺精品。三是提升文化旅游节庆品牌。按照特色鲜明的要求，突出体验性和娱乐性，进一步提升中国（郑州）国际旅游城市市长论坛、中国郑州国际少林武术节、黄帝故里拜祖大典、洛阳牡丹文化节、河洛文化节、中国开封菊花文化节、“中华源”国际文化旅游节、三门峡国际黄河旅游节和中国云台山国际旅游节等文化旅游节庆品牌的影响力。

（二）创建一批文化旅游创意产业园区

随着旅游产业和文化创意产业的不断发展，旅游产业和文化创意产业有了交叉融合，文化旅游创意产业园区成为两者融合发展的主要形式，成为城市旅游经济发展的新引擎。文化旅游创意产业园区以创意作为核心吸引物，整合了文化、资金、信息和人才等各项资源，借助良好的产业融合环境、强有力的政策支持和有效的运作机制，充分发挥园区的集聚效应。目前，成熟的文化旅游创意产业园区的模式有：主题公园模式、影视（动漫）基地模式、艺术园（社）区模式和新兴街区模式四种。以市场需求为基础，以文化资源为依托，以创意为核心，以体验为理念，以政策完善和平台搭建为手段，不断丰富文化旅游创意产业园区业态。加强专业化推广和品牌化管理，提升文化旅游创意产业园区竞争力。积极探索文化旅游创意产业园区运营模式，着力在郑州、开封和洛阳等具备优势条件的区域打造一批标杆型文化旅游创意园区，积极推动园区由“空间集聚”向“功能集聚”发展，由“企业集聚”向“产业集聚”实现。

（三）培育若干个大型文化旅游集团

河南省已经涌现出一些知名的文化旅游企业，如河南省旅游集团、龙门石窟管理委员会和清明上河园股份有限公司等，但是与全国知名的文化旅游集团相比，规模较小、业务单一、抗风险能力较差。积极推动文化旅游企业之间的重组，助推大型文化旅游集团的形成。根据目前情况，可以选取三种模式：一是成都文旅集团模式，此模式以政府为主导，以资本为纽带，通过收购、兼并、改制组建大的旅游集团公司。二是华侨城模式，此模式以大的旅游企业为核心，通过资本扩张的模式，发展旅游产业链，形成大的旅游集团公司。三是曲江模式，充分利用自有的历史文化资源，减少行政干预，独立行使各种权力，通过整体统筹管理、开发、建设文化旅游产品而成立相应的集团公司[6]。

二、推进旅游与工业发展融合

（一）打造若干个全国工业旅游创新示范基地

随着工业化的进一步推进和旅游业的深入发展，两者日益走向融合共赢，工业旅游成为我国旅游业的重要组成部分。工业为旅游提供了新资源，工业旅游把工业生产流程转化为旅游体验过程，把封闭的工业企业变成开放宜人的旅游区。旅游为工业带来了巨大的附加值，为工业企业培育了新的经济增长点，是促进工业转型升级的重要力量。《国务院关于促进旅游业改革发展的若干意见》提出，推动旅游业发展与新型工业化相结合。《全国工业旅游发展纲要（2016—2020）》提出，在全国创建1000个国家工业旅游示范点、100个工业旅游基地和10个工业旅游城市。充分发挥洛阳一拖东方红工业旅游景区工业旅游创新单位的示范引领作用，在全省范围内推广其运营经验。深入挖掘工业旅游资源，丰富旅游产品，整合旅游路线，争取郑州宇通客车和南阳宛西制药等我省知企业进入全国工业旅游创新示范基地名单。

（二）鼓励发展旅游装备制造业

充分发挥旅游业在化解产能过剩和推动新旧动能转换等方面的独特优势，通过发展旅游业促进传统工业转型升级和提质增效，加快将工业旅游培育成旅游业融合发展的新领域和新型工业化的重要增长点，鼓励发展游艇、游船、旅游房车、旅游小型飞机、旅游小火车、景区索道、大型游乐设施等旅游装备制造业，大力发展具有自主品牌的休闲、登山、滑雪、潜水、露营、探险等户外用品制造业。鼓励缆车、滑道等大型游览休闲设备和直升机、水上飞机、动力伞、三角翼、热气球等低空交通工具设计、生产、安装和维修落户河南。

三、推进旅游与科技发展融合

（一）完善旅游信息化管理

信息化是旅游业创新发展的重要推动力量。国家旅游局将“用信息技术武装中国旅游全行业”作为“515战略”的十大重点任务之一，建设全国旅游基础数据库、全国旅游产业运行监测和应急指挥平台。“整合、应用、安全和保障”是“十三五”期间我国旅游信息化的主要任务。具体到河南省来说，建设河南省旅游数据中心，建立数据共享机制，开展大数据应用。建立旅游部门与交通运输、工商、公安、林业、水利、气象、住房城乡建设、国土资源和统计等多部门的数据共享机制，加强旅游部门与通信运营商、互联网企业和大数据公司的战略合作，定期发布河南省旅游大数据报告。完善旅游行业运行监测体系。建设省级—市级—县级—企业四级联动的旅游产业运行监测和预警平台，提高河南省旅行社组团情况、旅游营运车辆运行情况、3A 级以上旅游景区游览情况和三星级以上酒店接待情况监测的信息化程度。

（二）加强旅游智慧化建设

加强智慧旅游基础设施建设。提升移动通信网络和无线网络等设施覆盖面，加快机场、车站、宾馆饭店、景区景点、乡村旅游点和游客服务中心等重点涉旅区域的互联网、物联网、信息互动终端等基础设施建设。实现全省 3A 级以上旅游景区、三星级以上宾馆及游客集聚区无线网络全覆盖。加强智慧旅游营销。依托本地电子商务平台，利用旅游大数据挖掘分析，建立智慧化旅游营销体系，建立广播、电视、报纸、多媒体等渠道和移动互联网、微博、微信等新媒体渠道相结合的全媒体信息传播机制。培育智慧旅游示范项目。制定智慧旅游企业标准，打造一批智慧旅游景区、酒店和旅行社，培育一批“互联网+旅游”创新示范基地。4A 级以上景区实现智能导游、电子讲解、在线预订和信息推送等功能全覆盖。加强智慧旅游城市建设。采用政府主导、多方参与、市场化运作的运作方式，联合社会各方优势资源共同推进智慧旅游政务管理体系、智慧旅游公共信息服务体系、旅游业态智慧旅游服务体系三大体系建设。

四、推进旅游与城镇发展融合

（一）完善城镇旅游公共服务体系

完善旅游信息咨询服务。完善以旅游咨询中心为基础的现场信息服务窗口，形成涵盖机场、火车站、地铁站、汽车站、高速公路服务区，以及人流密集区、3A 级以上景区、重点乡村旅游点的旅游咨询服务网络，满足游客日益增长的旅游信息服务需求。提升旅游信息网站服务功能。完善以旅游资讯网站为中心的在线旅游信息服务集群，优化旅游信息网站服务功能，充分利用网络、微博、微信等新媒体，拓宽信息服务渠道、扩大信息覆盖面，提升旅游信息采集及发布效率。改善旅游综合交通网。加强城市与景区之间交通设施建设和交通组织，实现从机场、车站到主要景区交通无缝对接。设置旅游专线线路，郑州、洛阳和开封等重点旅游城市要开通旅游观光巴士线路。建设旅游集散服务中心。按照《城市旅游集散中心等级划分与评定》，构筑核心旅游区与城区外围相衔接的旅游集散通道。在主要交通枢纽，布局旅游集散服务中心。依托机场、火车站和汽车站，完善旅游集散服务功能。

（二）建设一批优秀旅游小城镇

2016 年 7 月，住房城乡建设部、国家发展改革委和财政部联合发布了《关于开展特色小镇培育工作的通知》，计划到 2020 年培育 1000 个左右特色小镇。随后，又发布了 403 个小镇名单，全国迅速掀起了建设特色小镇的热潮。旅游小城镇是指依托具有开发价值的旅游资源，提供旅游服务与产品，以休闲产业、旅游业为支撑，拥有较大比例旅游人口的小城镇。一个 4A 级景区，可以形成一个旅游小镇聚集，一个 5A 级景区，可以带动一个县城发展。旅游小城镇建设是河南省旅游强省战略实施的重要内容，也是旅游与城镇建设融合发展的重要任务之一。在旅游小城镇建设过程中，与美丽特色小（城）镇建设相结合，在挖掘当地传统文化的基础上，突出河南地域文化特色，传承自身的文脉，注重生态环境的营造，强化精细化管理，形成富有吸引力的小城镇风貌与品牌形象。进一步完善交通、通信和市政等基础设施建设，搞好环境整治，改善旅游小城镇的通达条件和环境条件，积极开展旅游小城镇的保护开发规划，打造 50 个旅游特色小镇。

（三）改造一批历史文化街区

历史文化特色街区是指保存文物特别丰富、历史建筑集中成片、能够较完整和真实体现传统格局和历史风貌，并具有一定规模的区域。在当前大规模城镇化运动下，一些缺乏保护意识的地方，致使历史文化街区遭受破坏，甚至消失。坚持历史真实性、风貌完整性、生活延续性、居民参与及循序渐进原则，加快对历史文化街区的普查、挖掘、恢复和重建，重视历史文化街区环境、基础设施和公共服务设施的改善，维护街区院落的肌理、尺度、风貌特征和格局完整性，实施分类保护和渐进式的整治。

五、推进旅游与乡村发展融合

（一）加快美丽乡村建设

美丽乡村是美丽中国建设的基础，也是推进生态文明建设的载体。美丽乡村建设以生态文明建设为前提，以打造农业强、农村美、农民富、城乡和谐发展为目标，以环境美、产业美、生活美和人文美为基本内涵。旅游活动的开展，对于乡村基础设施、公共服务设施和环境整治提出了要求，促进乡村生活环境的改善。旅游活动的开展，对于乡村区域大环境和村容村貌的整洁和卫生程度提出了要求，提高乡村居民的环境保护意识。旅游活动的开展，有利于乡村居民感受城市文明和现代生活方式，增加了品味，激发了对美好生活的向往，提升乡村居民的人文环境。

（二）升级乡村旅游

河南是农业大省，省委省政府高度重视乡村旅游。经过多年的发展，河南省乡村旅游涌现出全国知名的栾川县和远近闻名的焦作岸上村、新乡郭亮村和信阳郝堂村，取得了显著成绩。但是经营单一、同质化强、恶性竞争、品质不高等问题也比较突出。依托绿水青山、田园风光、传统村落、民俗文化等大力发展观光农业和休闲农业，积极培育创意农业、定制农业和会展农业等新型业态。创新乡村旅游组织管理方式，推广乡村旅游合作社模式。利用农业遗产、农业遗存和极具特色的民间艺术，发展手工业和乡村艺术。与美丽乡村、中国传统村落、美丽宜居村庄建设等相结合，鼓励栾川、嵩县和光山等地发展乡村旅游精品民宿和乡村旅游创客示范基地，鼓励其乡村旅游逐步走向精品化和高端化，形成一批具有河南特色、中原风貌、时代特征和较高知名度的乡村旅游品牌，成为全国重要的乡村旅游目的地。

第六节　河南旅游业融合与创新发展战略与路径

一、河南旅游业融合与创新发展战略

（一）“旅游+”战略

“旅游+”是指旅游为相关产业和领域发展提供平台，借助旅游业的拉动力和融合能力，充分发挥其催化和集成作用，形成新业态[7]。在此过程中，相关产业和领域提升了发展水平和综合价值，旅游业也有效地拓展自身发展空间。“旅游+”的主要功能是搭建平台、促进共享和提升价值，其特征主要是需求拉动和市场推动、创造价值和放大价值、以人为本和全民参与以及拓展性。旅游业的渗透性和无边界性，决定了“旅游+”的多方位性和多层次性。从战略层面来讲，可以“旅游+五位一体”建设，“旅游+五化”发展战略，“旅游+一带一路”，通过旅游业的带动优势，有效对接和服务国家重大战略。从重点行业来讲，可以“旅游+研学”“旅游+交通”“旅游+新型养老”“旅游+休闲度假”“旅游+健康养生”和“旅游+购物”，通过旅游业的融合融通功能，促进产业融合，形成产业生态群落，带动区域经济发展。从热点领域来讲，可以旅游+互联网、旅游+美丽乡村建设、旅游+大众创业和万众创新、旅游+外交，通过旅游业的整合性和纽带作用，实现重点领域突破。“旅游+”是时代赋予旅游业的新使命，是新常态下推动我国经济转型升级的新引擎。

（二）全域旅游战略

全域旅游是指在一定区域内，以旅游业为优势产业，通过对区域内经济社会资源尤其是旅游资源、相关产业、生态环境、公共服务、体制机制、政策法规、文明素质等进行全方位、系统化的优化提升，实现区域资源有机整合、产业融合发展、社会共建共享，以旅游业带动和促进经济社会协调发展的一种新的区域协调发展理念和模式[8]。全域旅游是一种发展模式，实现了从小旅游格局向大旅游格局的转变。具体体现在：从单一景区（点）建设管

理到综合目的地统筹发展转变，从门票经济向产业经济转变，从导游的封闭式管理向开放式管理转变，从粗放低效旅游向精细高效旅游转变，从封闭的旅游自循环向开放的"旅游+"融合发展方式转变，从旅游企业单打独享到社会共建共享转变，从部门行为向党政统筹转变。全域旅游是贯彻五大发展理念的重要途径，是推进供给侧改革的重要抓手，是落实新型城镇化和新农村建设的有效载体，也是旅游业提质增效、转型升级和可持续发展的必然选择。全域旅游是新时期我国旅游发展的总体战略，符合世界旅游发展的共同规律和整体趋势，代表着现代旅游发展的方向。

（三）人才兴旅战略

旅游业的大发展，离不开梯队旅游人才队伍建设。实施人才兴旅战略，制定旅游业人才发展规划，系统谋划建设旅游智库人才、旅游行政管理人才、旅游行业管理人才、旅游技能型人才的人才队伍体系建设，切实提高旅游人才队伍。围绕河南旅游智库建设，打造一支素质过硬的科研队伍，为政府决策提供科学支撑。出台旅游人才引进激励措施，多渠道、全方位引进一批产业领军型人才、高层次管理人才和专业技术人才。依托国家中部旅游人才教育培训基地，加强一线旅游从业人员培训，定期开展旅游行业技能大赛和优秀从业人员评选等活动。加强旅游高等院校建设，继续支持和推动河南省高校培养各类旅游专业人才，通过深化校政合作、校企合作等途径，提高办学质量，提升办学水平。倡导旅游工匠精神，奖励一批行业管理大师、运营大师、规划大师、设计大师、技能大师和服务大师，在全行业形成尊重人才的环境。实施旅游创客行动，鼓励各类人才异地创业、回乡创业和在地创业，吸引更多大学生、志愿者、艺术和科技工作者驻村帮扶和创业创新。定期举办旅游人才交流大会，实现旅游人才合理流动和有效配置[9]。

二、河南旅游业融合与创新发展路径

（一）提高思想认识，加强组织领导

旅游产业融合与创新发展，是河南省旅游业转型升级和实现跨越式发展的有利时机。因此，河南省各级政府、各相关部门和相关企业，都应提高思

想认识，充分认识到旅游产业融合与创新发展在中原崛起、河南振兴和富民强省中的重大意义，加强对旅游产业融合和创新发展的组织领导工作。为加强对旅游产业融合工作的组织领导，应创新完善旅游产业融合与创新发展组织领导体系，成立由领导任组长，分管领导任副组长，相关单位主要负责同志为成员的“旅游产业融合与创新发展工作领导小组”，主要职责是研究制定河南省旅游产业融合与创新发展战略、指导编制旅游业融合与创新发展规划、组织实施旅游业融合与创新发展行动方案和协调解决旅游产业融合与创新发展中的重大问题。建立“旅游产业融合与创新发展工作委员会”，在旅游产业融合与创新发展工作领导小组的统一指挥下，具体负责河南省旅游产业融合与创新发展过程中的日常联系、组织、协调和考核等工作。

（二）完善体制机制，强化统筹协调

推进旅游产业与相关产业的融合与创新发展，需要健全旅游产业融合与创新发展的领导机制、管理体制和执法体系，加强旅游产业融合与创新发展的统筹协调能力。首先，完善统筹旅游发展的领导机制。在河南省旅游产业融合与创新发展工作领导小组的统一部署和领导下，在河南省旅游发展委员会的协助下，在有效整合资源的基础上，构建全局谋划、全局推进和统筹协调的领导机制。其次，完善综合协调的旅游管理体制。推进旅游管理体制的综合改革，使旅游行政管理从单一业态向综合产业、从行业监管向综合服务升级的客观需求，落实旅游工作联席会议制度，形成各有关部门联动，异地旅游行政主管部门协作的工作格局。再次，完善旅游综合执法体系。鼓励推进旅游综合执法队伍改革创新，加强旅游市场环境治理，完善工商旅游分局、旅游市场监管大队、旅游警察和旅游巡回法庭组成的旅游综合执法体系。

（三）制定扶持政策，营造宽松环境

产业的发展壮大，离不开宽松的政策环境。加大财政投入力度。运用省级现代服务业产业投资基金，对旅游公共服务体系建设、转型升级项目给予支持。将符合条件的旅游企业和项目，纳入美丽乡村、扶贫开发、文化产业、央企合作、节能减排、电子商务等专项资金支持范围。争取国家项目资金支持。结合国家重大建设项目三年滚动投资计划，推荐一批重大旅游项目入选国家投资项目库。积极争取中央预算内投资、专项建设基金、旅游发展基金等支持旅游重大项目建设。创新金融支持政策。支持金融机构创新符合旅游业特点的信贷产品和模式，鼓励支持金融机构在各省辖市、省直管县（市）和重点旅游县（市、区）设立重点服务旅游产业发展的分级机构，强化惠民、便捷和特色化金融服务。探索试行旅游资产证券化，以资产折股委托资产管理公司运营，筹措旅游开发建设资金。支持旅游企业通过发行企业债、公司债、中小企业私募债、短期融资券、中期票据、中小企业集合票据等债务融资工具筹措资金[9]。

（四）壮大市场主体，提高融合能力

河南省旅游业经过多年的发展，宏观层面上已经形成了相当的产业规模，但是微观层面上旅游企业核心竞争力比较羸弱。企业是产业融合的主体，坚持旅游企业主体地位才能更好地推动河南省旅游业融合与创新发展。目前来看，河南省的旅游企业实力普遍不强。为此，培育大型旅游企业集团和骨干旅游企业。鼓励河南省内旅游企业兼并重组和集团化发展，培育大型旅游企业集团；加快焦作云台山旅游股份有限公司、中州国际集团管理有限公司、洛阳旅游发展集团有限公司等上市步伐；支持云台山、清明上河园和龙门石窟等进行资本扩张和品牌输出，培育有实力的旅游景区托管公司。推动旅行社转型升级和扶持创新型旅游企业。支持旅行社实现线上线下业务融合发展，鼓励有实力的旅行社跨区域设立分支机构；允许在河南自贸试验区内注册的符合条件的中外合资旅行社从事除台湾地区以外的出境旅游业务；鼓励互联网旅游企业在河南自贸试验区落户，培育一批具有较强竞争力的在线科技型旅游企业，支持中小微旅游企业特色化和专业化发展[9]。

参考文献

[1] 段跃庆．旅游融合发展．理论与实践［M］．北京：中国环境出版社，2016：50-51.

[2] 丁雨莲，赵媛．旅游产业融合的动因、路径与主体探析——以深圳

华强集团融合发展旅游主题公园为例［J］. 人文地理，2013（4）：126-131.

［3］华萍. 河南旅游产业融合的动力机制及发展路径研究［J］. 商业经济，2015（4）：64-65.

［4］Bernd W，Wirt. Reconfiguration of Value Chains in Converging Media and Communications Media and Communications Market［J］. Long range planning，2001（34）：489-506.

［5］宋子千. 旅游融合发展论［M］. 北京：中国旅游出版社，2015：45-50.

［6］陈太政，陈准，王吉祥等. 中原经济区建设背景下河南文化旅游产业融合发展研究［J］. 河南大学学报（自然版），2013，43（3）：286-290.

［7］李金早. 开明开放开拓迎接中国“旅游+”新时代［EB/OL］. http：//www. cnta. gov. cn/xxfb/jdxwnew2/201508/t20150819 _ 745206. shtml，2015-08-19.

［8］李金早. 全域旅游大有可为［EB/OL］. http：//www. cnta. gov. cn/xxfb/jdxwnew2/201602/t20160207_ 760080. shtml，2016-02-07.

［9］河南省人民政府办公厅关于印发河南省旅游产业转型升级行动方案（2017—2020 年）的通［EB/OL］. http：//www. henan. gov. cn/zwgk/system/2017/09/06/010738219. shtml，2017-08-26.

第三章　河南旅游业与农业融合与创新发展

第一节　河南旅游业与农业融合发展现状

河南是我国农业大省，农业旅游资源数量众多，类型丰富，在历经二十多年的发展之后，农业旅游已经形成了以观光、采摘、生态科普、休闲体验等为主要形式的多种经营模式，发展势头良好，为河南省促进农民增收、调整农村产业结构以及城镇化建设作出了巨大贡献。但是，河南农业与旅游业融合发展中存在的旅游产品同质化、乡村生态环境破坏严重、农业旅游专业人才匮乏、区域发展不平衡、市场拓展不足等问题，也阻碍了农业旅游的健康、可持续发展。为了解决以上问题，更好地推进河南省农业与旅游业的融合发展，必须对河南农业与旅游业融合发展的外部环境进行深入科学地分析，才能更好地发挥河南省农业旅游的资源优势，增强其产品的吸引力和竞争力。

一、河南旅游业与农业融合发展环境分析

（一）政策环境

从国家层面看，当前我国高度重视和支持旅游业的发展，正大力推进全域旅游。因此，旅游业将继续处于黄金发展期。2011 年，国家农业部印发《全国休闲农业“十二五”规划》，指出发展休闲农业能够实现“大农业”与“大旅游”的有机结合；国务院 2014 年发布的《关于促进旅游业改革发展的若干意见》中强调要创新发展理念，坚持融合发展，推动旅游业发展与新型工业化、信息化、城镇化和农业现代化相结合；2015 年，中央 1 号文件中提出农业要强、农民要富、农村要美的建设任务，要推进农村一、二、三产业

融合发展，积极开发农业多种功能，打造特色鲜明的乡村旅游休闲产品，加大对农村旅游休闲基础设施的投入。一系列政策的发布，为农业与旅游业的融合发展奠定了良好的政治大环境。

从河南省自身的政策层面看，首先，根据河南省人民政府《关于建设高成长服务业大省的若干意见》，河南省旅游业发展的目标是：建设世界知名旅游目的地，争取到2020年，全省年接待海内外游客7.8亿人次，旅游总收入达到7800亿元。最近几年，河南省旅游业发展一直保持了良好的发展态势，为推进中原经济区建设作出了积极贡献。旅游业与相关产业融合发展成为提升中原经济区旅游产品层次、优化旅游产业结构的有效路径。旅游产业与其他产业的融合必将催生出新产品、新业态，他们将成为旅游业及相关产业发展新的创新力、生产力。各级政府也已经意识到这一点，开始采取多种措施促进其他产业与旅游产业实现大融合。如郑州市提出要树立大旅游理念，即融会贯通旅游产业发展六要素，积极开发旅游衍生产品与服务，提高附加值；加大旅游产业与农业、工业、其他服务业的相融互促力度，积极开发农业旅游、工业旅游、会展旅游、休闲旅游、自驾车旅游等旅游新业态；培育拓展旅游高科技生态农业、旅游装备制造业、旅游信息服务业、文化旅游产业等新行业。其次，自2010年起，河南省开始实施“百村万户”旅游富民工程，在全省范围内重点扶持100个旅游村、10000户农家乐，开展乡村旅游，力争为10万农民提供乡村旅游就业岗位。2014年，河南省人民政府发布了《河南省新型城镇化规划（2014—2020）》，提出要进一步推动城乡一体化建设，发展现代农业，建设社会主义新农村，打造农民幸福家园和美丽乡村。为了使农业与旅游业充分融合发展，2013年，河南省旅游局建立了河南省旅游乡村网，以旅游信息服务与旅游电子商务为依托，致力于充分挖掘、整合、推广省内丰富的乡村旅游资源，为乡村旅游经营者提供一个信息发布平台与网上营销平台，为旅游爱好者提供方便快捷的资讯服务与旅游产品预订服务[1]。

（二）经济环境

河南地处我国中东部、黄河中下游，是华夏文明的重要发源地。河南全境地形、地貌复杂多样，气候宜人、土壤肥沃，河流众多。作为国家重要的粮食生产与现代农业基地，享有“中国粮仓”之美誉，有着十分丰富的农业旅游资源。河南的名优特产品数不胜数，信阳毛尖、鄢陵蜡梅、新郑红枣、封丘金银花等众多农产品都享誉海内外，同时，河南悠久的农业发展史也孕育了丰富的农耕文明与民俗文化，裴李岗文化遗址、三门峡渑池仰韶文化、豫西黄土地区的窑洞民居、遍及乡野的民间技艺，这些都是农业与旅游产业融合的资源优势。近年来，河南省抓住中原经济区建设的历史机遇，通过调结构，促发展，使得经济增长保持了良好的态势。在经济发展进入新常态的背景下，旅游业作为促进带动创业就业的民生产业、关联度高的现代综合产业以及生态文明建设的重要支撑产业，已经成为河南省新的经济增长点，在国民经济发展中的重要战略地位也更加突出。从表 3-1 所列数据可知，2010—2015 年，河南省国民经济生产总值从 22942.98 亿元上升到 37010.25 亿元，旅游总收入也从 2294.8 亿元上升到 5035.29 亿元，农村和城镇居民的收入也保持不断上升的态势。GDP 的稳步增长以及河南省旅游经济的快速发展，为河南省农业与旅游业的融合发展提供了良好的经济环境。

表 3-1　河南省旅游经济发展相关指标

指标	2010 年	2011 年	2012 年	2013 年	2014 年	2015 年
国内生产总值（亿元）	22942.68	27232.04	29810.14	32155.86	34939.38	37010.25
农村人均可自由支配收入（元）	5523.73	6604.03	7524.94	8475.34	9416.10	10853.00
城镇人均可支配收入（元）	15930.26	18194.80	20442.62	22398.03	24391.45	25576.00
旅游总收入（亿元）	2294.80	2802.06	3364.10	3875.50	4366.20	5035.29

数据来源：河南省统计公报（2010—2015）。

随着我国经济社会的全面发展，河南广袤农村秀美的自然景观、朴实的民俗风情、丰富的历史遗存与深厚的文化内涵，能够吸引越来越多的旅游消费者加入到休闲农业和乡村旅游的行列中。河南省现有国家级休闲农业与乡村旅游示范县 6 个、示范点 13 个（见表 3-2），规模以上休闲农庄 672 家、农家乐 1.2784 万家，51.4 万农民从事着休闲农业旅游业的经营活动，以农耕、农俗等乡土文化为主题，打造出突显地域特色的休闲农业旅游品牌，获得了可观的经济收益[2]。据不完全统计，河南省每年休闲农业和乡村旅游人数达到 4500 万人次，从业人数 200 多万人。表 3-3 为河南省典型休闲农庄、农家乐、魅力乡村分地市统计结果。

表 3-2 河南省全国休闲农业与乡村旅游示范县名单

序号	示范县名称	所在地市	评定年度	特色
1	郑州市惠济区	郑州	2010	观光农业园区、休闲度假农庄、特色体验农业农家乐、渔家乐
2	栾川县	洛阳	2010	特种养殖狩猎、休闲垂钓渔业、野生动物观光、农业科普教育
3	鄢陵县	许昌	2011	花卉观赏、生态休闲、温泉养生、乡村度假
4	新县	信阳	2011	农业科技博览园、生态休闲园、农家体验园
5	嵩县	洛阳	2012	旅游观光农业、休闲观光农业、生态观光、高山休闲观光
6	确山县	驻马店	2013	农家乐、农业观光、红色旅游、渔业休闲、生态茶园
7	登封市	郑州	2014	休闲农庄、农家乐、休闲园区
8	商城县	信阳	2015	休闲观光农业、农家乐、生态观光
9	孟津县	洛阳	2015	生态观光、休闲农业园
10	封丘县	新乡	2015	特色农庄、生态农业、农家乐、农产品集散、特色旅游村镇
11	遂平县	驻马店	2015	观光农业、农家乐、休闲农业
12	洛阳市	洛阳	2016	休闲农业园区、休闲农庄、农家乐
13	民权县	商丘	2016	特色休闲观光农
14	光山县	信阳	2016	休闲观光农业

表 3-3 河南省典型休闲农庄、农家乐、魅力乡村名单

序号	地市	所属类型	名称
1	郑州	休闲农庄	黄河生态垂钓休闲中心、通达渔村、秦圆丰农庄、圣和生态樱桃采摘园、金樱采摘园、黄河醉鱼舫、绿兴农业生态园、双泉农庄、张家湾休闲山庄
		农家乐	邓记叫化鸡店、鹿苑农庄、郑东新区农家乐、园林饭庄、瑶池渔村、龙湖全羊宴、水仙谷农家乐、郑州黄河人家、王家小院、福乐园
		魅力乡村	竹园村、花园口村、刘沟村、杨树沟村、西春岗村、罗宋村、翟沟村、南岭村、玄天庙村、三王庄村、王寨河村、马渡村

续表

序号	地市	所属类型	名称
2	开封	休闲农庄	双九农业文化生态园、杞县东京博园、魁庄菊花种植基地
		农家乐	仙灵池农家饭庄、黄河人家、白楼农庄垂钓园
		魅力乡村	薄店村、南马庄、朱庄村、柳园村、后谢湾村、东坝头村、朱仙镇
3	平顶山	休闲农庄	福信林农庄园、金果源枣园、金田农业生态园、石漫滩度假村、东坡文化生态园、金牛山风景石榴园、林丰庄园、玉龙山休闲农庄
		农家乐	尧山今日家园、张沟村15号农家乐、九头崖博雅农家院、龙帝山庄、舞钢市鑫源阁、农家1号院、九龙山庄、驴拉磨生态园
		魅力乡村	平沟村、西竹园村、瓦房庄村、齐务村、平顶山张庄村、临沣寨、郏县张店
4	洛阳	休闲农庄	洛阳薰衣草庄园、紫玉葡萄休闲庄园、小浪底天下农庄、十里香休闲农业观光园、慧林生态苑、中国银杏嘉年华、太阳雨农业生态园
		农家乐	龙门陶乐园农家乐、贤殊居、翠竹山庄、上戈镇农家乐、嬉水山庄、和平宾馆、卧龙谷20号农家乐、亮丽山庄、希望田野合作社
		魅力乡村	养子沟村、杨树坪村、农耕村、官亭村、庄子村、重渡沟村、万亩荷花风景区、平乐村、铜河村
5	商丘	休闲农庄	玫瑰庄园、睢阳区园艺场、隐逸圆饭店、双八代庄草莓基地、南湖游乐园、庄周湖度假村、黄河故道国家森林公园
		农家乐	森林公园农家乐、天沐湖农家乐、果园农家餐馆
		魅力乡村	裴武庄村、阎庄新村、后陈新村、张庄村、王公庄画虎村
6	安阳	休闲农庄	佳多琵琶寺有机生态园、滨河生态农庄、绿康现代农业示范园、今鳞生态农庄、清河农业观光园、北蒙生态观光园
		农家乐	红旗渠农家乐、青年洞农家院、龙凤楼、景秀山庄、瑞祥农家院、农家乐小康院、山里红农庄、凤凰农庄
		魅力乡村	郭家庄村、贾固村、高家台村、石板岩村、吴家洞村、东滩村
7	新乡	休闲农庄	新乡凤凰山庄、四季同达生态园、龙泉苑、黄河故道森林公园、北大河生态园、同盟庄园、蓝静湖休闲度假村、墨缘太行庄园
		农家乐	关山桃源山庄、翠明阁、萬客仙农家乐、金葫芦农家院、长青仙居、黄河河畔人家、天外天农庄、世利农家饭店、欣宇垂钓园
		魅力乡村	回龙村、南坪村、石屏村、刘庄村、郭亮村、京华村
8	许昌	休闲农庄	青年湖农庄、豫星生态农业园、禹州市森林植物园、清流河蟠桃基地、花都温泉度假小镇

续表

序号	地市	所属类型	名称
8	许昌	农家乐	新兴农家院、宋苑庄园酒店、姚家庄园、花溪生态酒店
		魅力乡村	秋庄村、东陈村、林家村、官寨村、苏庄村、老吴营村、师庄村、姚家村
9	鹤壁	休闲农庄	桑园度假村、紫金山生态园、鹤源太极生态园、农佳高效生态园、双龙度假村、太极山庄、田野生态园、云梦山草原跑马场
		农家乐	水浒村、鹤壁鹿鸣山庄、淇水小院、淇河农家院、淇河诗园、淇河山庄
		魅力乡村	凉水泉村、杨玘屯村、焦庄村、白龙庙村、卧羊湾村
10	焦作	休闲农庄	青云生态农庄、龙凤山庄、云台人家果业合作社、穆家寨生态旅游度假区、锦绣云台温泉山庄、沙澧特晚秋黄梨合作社
		农家乐	云鹏居农家乐、聚缘阁宾馆、同福客栈、恒通家园、大山农家乐、明月宾馆、万水山庄、焦作神农庄园、真真家园
		魅力乡村	岸上村、九渡村、栗井村、前龙宿村、一斗水村、青天河村
11	濮阳	休闲农庄	濮上园、顿丘农庄、田园生态农庄、西邵乡莲藕园、世锦园、毛楼生态旅游区、中原绿色庄园
		农家乐	绿源有机蔬菜合作社、西邵乡红杏园
		魅力乡村	西辛庄、单拐村、东北庄、王庄村
12	漯河	休闲农庄	振乾生态农业示范园、神农庄园、伊人黑玫瑰庄园、开源森林公园
		农家乐	沙澧饭庄、龙城鲜桃采摘园
		魅力乡村	罗庄、小村铺村、干河陈村、龙堂村、冯河村、北徐村、临颍县南街村
13	三门峡	休闲农庄	信达生态园、阳光农业生态山庄、鑫瑞源休闲生态园、枣香苑、凤凰山庄、振兴农业观光园、清风楼
		农家乐	石峰峪、豫西大峡谷农家乐 9 号、豫西大峡谷农家乐 20 号、怡景山庄、红石谷．樱桃沟生态观光园
		魅力乡村	东庄沟村、后地村、新坪村、庙上村、曲村
14	周口	休闲农庄	鑫怡生态园、老子生态园
		农家乐	皇潮庄园
		魅力乡村	东关村、庞庄村、太清村、龙池头村
15	驻马店	休闲农庄	驻马店凤凰山庄
		农家乐	永红农家院、姐妹农家院、盘古山农家院
		魅力乡村	竹沟村、双庙村、嵖岈山村、韦岗村、东大朱村、海眼村

续表

序号	地市	所属类型	名称
16	南阳	休闲农庄	金岁月生态园、独秀山庄、蓝天宛香苑、伏牛大峡谷农家乐园、聚明鱼味酒店、五星农家、徐寨村观光生态园、老界岭滑雪场
		农家乐	龙潭沟农家乐 3 号、后庄乐游园、聚农居农家乐、龙潭沟农家乐 28 号、龙潭山庄 1 号、太平镇农家宾馆 6 号、桃源山庄、老韩家生态园
		魅力乡村	大石窑村、古庄村、孙沟村、化山村、丹水村、玉藏村、古庄渔村、后庄村、大河生态观光园
17	信阳	休闲农庄	印象南湾、秀水山庄、信阳凤凰山庄、悠闲山庄、豆腐山庄、恒阳生态园、五峰岭山庄、环宇山庄、九华山茶叶生态园、绿岗休闲农庄
		农家乐	桂花园、樱桃园、龙源山庄、福满园农家菜、久香特菜馆、村部酒店、御膳府、秀斌农家乐、玉兵农家菜、老肖地锅饭、玉华农家菜
		魅力乡村	车云山村、老塆村、肖家河村、金牛古镇、郝堂村、学堂岗村
18	济源	休闲农庄	明珠岛农业观光园、岩泉庄园
		农家乐	王屋山农家乐、凤田农家乐、礼全居、小浪底黄河人家
		魅力乡村	留庄村、山口村、五里桥村、小沟背村、愚公村、济源泰山村

（三）社会环境

从现阶段的旅游需求趋势来看，随着休闲时代的到来和体验经济的兴起，3N 旅游（自然 nature、怀乡 nostalgia、重生 nirvana）正在受到游客的追捧。越来越多的游客已经不再满足于简单的观光旅游，他们渴望回到乡村，在自然的环境中去体验简单纯朴的生活方式，缓解由都市环境质量恶化、交通拥挤、工作繁忙等带来的压迫感和紧张感，进而达到身心的放松和愉悦。优美的乡村自然生态环境、传统的农业耕作方式、悠闲的乡村生活状态以及独特的乡村饮食和风俗文化，极大地满足了人们回归自然、返璞归真的需求，为游客创造了更加深刻的体验。为适应当前的这一旅游趋势，河南省各地市都非常重视旅游业与农业融合发展。如河南省许昌市按照“生态承载旅游，旅游激活生态”的思路，坚持发展生态观光农业。目前，许昌市已经建成各类农业生态观光区 20 多个，林业生态村 130 个。其中，鄢陵县“生态农业观光游”早已成为河南省知名休闲旅游品牌。

（四）技术环境

技术创新及渗透扩散引发的技术融合，是产业融合的前提条件，技术融合是产业融合的基础和重要内容[3]。现代生物技术、互联网信息技术、交通工具的发展，以及智慧旅游建设，为农业和旅游业的融合提供了重要的技术支持。首先，现代生物技术的发展，为现代观光农业的发展提供了技术保证。很多蔬菜种植基地、生态果园不仅为当地居民提供无公害、有机绿色食品，而且成为当地极具吸引力的农业旅游资源。其次，大数据技术的运用为农业与旅游的融合发展提供了便捷的信息，方便了游客的出行。2014 年发布的《河南省人民政府关于加快旅游产业升级的意见》指出，要以数字景区建设为重点，积极推动信息技术在旅游经营管理、消费服务环节的运用。此外，现代交通技术的发展进一步发挥了河南省的中心区位优势，提高了农业旅游目的地的可进入性。河南省自古以来素有“九州腹地，十省通衢”之称，地理位置优越，公路和铁路交通运输网四通八达，在全国综合运输框架中发挥着承东启西、连南贯北的陆路交通核心枢纽作用。优越的交通条件为河南旅游业的发展提供了得天独厚的条件和坚实的基础。河南省委省政府提出了“科学发展，交通先行；中原崛起，交通先行；三化协调，交通先行”，全省树立“客运零距离换乘，货运无缝对接”的理念，力争实现“人便其行，货畅其流”，郑州航空港经济综合实验区也上升为国家战略。据河南省发展和改革委员会统计，截至 2014 年年底，河南省铁路运营里程达到 5017 千米，其中高铁 915 千米，“三纵五横”的现代大型交通运输网络已经初具规模。

二、河南旅游业与农业融合发展存在问题

（一）融合障碍有待消除

产业融合是打破产业分立边界而呈现的一种产业界限的模糊化的过程。农业与旅游产业融合的障碍可归纳为两方面的制约：一是供给因素制约，又包括河南省宏观管理制度与微观企业能力两个方面；二是需求制约，即消费市场的接受和认同。因此，只有供需双方对农业与旅游产业融合实现观念、行动契合，河南农业与旅游产业融合才能真正实现。

首先，制度障碍方面，主要包括产业政策管制、产业管理管制和市场垄断结构。河南省旅游产业管理体制存在条块分割与行业壁垒并存的体制，各产业和行业出于各自管理目标的需要形成了各自的政策和制度规定，如休闲农业属于农业部，森林公园属于林业厅，而各商业接待单位隶属于各行各业。纵向体制上的层级管制，横向关系上对游客服务，使得农业与旅游产业融合所处市场竞争与垄断的程度不同，融合过程面临不同的制度障碍，不利于融合的推进。如果不克服诸如此类的政策管制，就难以推进农业与旅游产业融合的进程。

其次，企业能力障碍方面，主要包括企业整合能力、核心能力刚性和知识学习与创新能力。河南省旅游产业虽经过30多年的发展，已经形成了相当的产业规模，但就旅游企业核心竞争力而言，仍然较弱。农业在向旅游业融合过程中，二者商业运作模式、竞争力观念、实力差异会对融合效果产生重要影响。

最后，需求障碍方面，主要包括游客消费能力、消费行为习惯和消费学习能力。农业与旅游产业融合的本质特征在于创新，其所形成的旅游产品面临着市场能否接受、能否有能力接受的挑战。

（二）融合产品形式单一

在体验经济和后现代主义思潮的双重影响下，绝大多数来自城市的游客希望能够通过参与乡村生活获得一次与众不同的经历和体验，并且更加注重农业旅游产品的原生性、自然性、新奇性、环保性。从总体上看，河南省很多农业旅游产品还处于初级发展阶段，缺乏地域文化特色，参与度与体验性不足，难以对游客形成强大的吸引力。首先，农业旅游产品开发的观念还比较落后。由于农业旅游的经营户大多是当地的农民，其文化水平相对较低，生态意识较为淡薄，破坏性开发、重复开发的现象比较严重，扩大游客量与农村环境超载的矛盾日益突出，从而导致乡村生态环境的恶化以及旅游产品的同质化。其次，由于经营者对农业旅游资源的“三生”功能（生产、生活、生态）认识不足，农业旅游产品还处于以观光为主的初级阶段。在旅游的过程中，游客的主要活动还是以乡村景观欣赏、乡村饮食品尝、垂钓、采摘等传统农家乐活动形式为主，这样的旅游产品只能在表层上满足游客的基本需要，却很难满足游客精神上获得体验与成就感等深层次需求。以郑州市侯寨乡樱桃沟景区为例，该景区依托樱桃种植，大力发展观光农业。然而，具有500多年樱桃种植历史、种植面积达7000多亩的侯寨乡，乡村旅游产品依然是以采摘、农活体验、农家餐饮为主，停留在“吃农家饭、干农家活、看农家景”的初级发展阶段。另外，农业旅游产品过度城市化、人工化的现象比较严重。乡村环境的自然性和文化的多样性是农业旅游产品开发的源泉，但在旅游开发和城镇化的进程中，修水泥路建洋房等人为地将农业景观或乡村住宿设施城市化、时尚化的做法，扭曲了农村景观的特质，直接削弱了“乡村性”，造成了“千村一面”的境况，直接影响了游客的旅游体验。

（三）产业价值链不完善，产业融合基础薄弱

普恩把价值链理论引入旅游业，认为旅游企业的价值增值活动包括基本价值活动和辅助活动。首先，与农业旅游相关的旅游信息、交通物流、休闲娱乐、购物等设施设备还不够完善，传统的“吃、住、行、游、购、娱”六大要素发展不均衡，“商、养、学、闲、奇”要素尚在起步中，还未形成完整和系统的农业旅游产业价值链。因信阳毛尖而闻名的信阳市董家河镇，在打造“中国最美茶乡”的过程中，所采取的主要措施是扩大茶种植面积，依托五云茶叶集团、华祥苑茶叶有限公司、信阳九拓红茶公司等企业建设茶产业加土基地。但相关的茶文化旅游项目，如广义茶印象园、集云山茶体验园，依然是以茶叶销售、茶园观光、手土炒茶体验为主，茶饮料、茶糕点、茶保健品、茶旅游纪念品等衍生产品较少，以茶为主题的民宿还较为鲜见。其次，河南农业旅游产品的初级化和同质化等问题的存在，使得农业旅游企业竞争压力大，只能通过降低成本和恶性竞争维持市场份额，难以提升产业价值链的增值能力。另外，作为产业价值链核心的农业旅游企业和协会组织的发展还比较落后，在产品生产和制定行业发展标准上的能力不足，主要发展政策大多由政府和相关行政部门制定，限制了农业旅游产业链上各功能主体的积极性。

（四）融合中的技术创新能力较弱

产业融合现象产生的根本原因就是技术创新。通过技术创新，才能刺激

旅游者需求，推动农业旅游新产品、新工艺以及农业服务、管理方式的发展，为农业旅游的发展创造更大的价值和利润空间，降低生产成本，促进农业旅游业的优化升级。河南省在农业与旅游业融合发展过程中，技术创新能力还较弱，主要表现为：农业旅游产品创新不足，内容泛化，传统文化与现代科技的结合缺乏创意，具有品牌影响力、世界知名度高的明星产品较为少见；农业旅游前期规划与后期经营不科学，导致环境污染严重，承载力超标；基础设施、管理体系与服务技术较为落后，农业旅游景区、景点信息化、公开化程度低，相关配套设施难以满足游客的个性化需求等。2015 年 8 月被中央电视台《新闻联播》节目报道的原汁原味的美丽乡村——信阳市郝堂村，近年来，其乡村旅游发展非常迅速，成为信阳市及其周边省市游客休闲度假的热门场所，但村中的停车场、公厕等基础设施还比较简陋。

（五）农业旅游产业集群发展缓慢，产业融合缺乏竞争力

根据波特的“钻石模型”理论以及欧美国家农业旅游发展的实践经验，可以发现集群式发展是增强农业与旅游业竞争优势的重要途径之一。河南农业旅游起步较晚，产业集群虽然受到重视，但是总体上发展还较为缓慢。这一态势使得农业旅游产业集群缺乏特色，区域之间的旅游产品难以形成互补。再加上尚未形成相对完整的旅游产业链，致使产业集群规模小，产业联动效应不明显。此外，由于农业与旅游业融合发展过程中受多头管理、分散经营、恶性竞争、土地流转政策以及农民自身资金有限等要素的影响，导致农业产业集群的集聚效应不明显。受农业生产自然条件的影响，农业旅游产业集群季节性强，淡旺季明显，难以实现均匀化、持续化的发展，导致乡村旅游环境超载和弱载的现象并存。另外，农业旅游产业集群发展的社会化服务体系支持较为薄弱，与之相关的风险投资机构、资产评估机构、农业旅游创业咨询培训机构以及产业化人才培养都处在初步发展或相对滞后阶段，制约了农业旅游产业集群的进一步发展。

第二节 河南旅游业与农业融合发展思路

一、消除融合的障碍

（一）放松产业管制，完善跨界治理机制

政府应放松产业管制，完善跨界治理机制，协调各局部利益主体在产业融合中的矛盾，强调各利益主体之间持续的互动，消除因规则、资源及利益分配的不同而产生的利益冲突[4]，使得农业与旅游产业融合吸引更多的人才、资金、技术等，促进旅游产业的更新换代。可从以下几个方面着手：一是建立一个超乎旅游与农业产业成员主体之上的组织，如农业与旅游产业融合发展委员会来约束利益主体行为，制定政策目标，运用政策工具，实现竞争力提升的目标；二是建立有效的激励机制，力求实现各融合主体利益的最大限度平衡，可根据需要设立不同内容的专项基金如“农业与旅游产业融合市场开发基金”“农业与旅游产业融合型产品营销基金”“农业与旅游产业融合创新性旅游人才引进基金”“农业与旅游产业融合环境改善投资基金”等；三是要完善约束机制，主要通过一系列法规制度的完善来实现对相关融合利益主体行为的约束和监督。

（二）加强农业与旅游产业协作，强化政策引导效应

要在加强对科技进步和需求变化关注的情况下，加强农业与旅游产业间的信息沟通和协作，从中寻找创新产品的可能。在引导农业与旅游产业融合的探索中，探索联合出台融合的促进政策是十分必要的。如在农业和旅游业融合发展高科技农业观光旅游和基于农家乐的乡村旅游中，农业部和旅游局联合出台鼓励农民发展新型农业旅游的产业政策就是一个很好的探索。在消费需求多样化的新形势下，农业与旅游产业部门要打破部门分割的思维，以开放的观念寻求发展更广阔的空间，要跳出本产业看待产业发展形势，以联动政策的出台，促进产业结构的升级换代。为促进农业与旅游产业融合初期发展的需要，可考虑根据发展需要编制农业与旅游产业融合规划，出台产业

融合标准，引导产业融合行动。

（三）培育企业集团，提高企业创新能力

企业作为农业与旅游产业融合的主体，其实力的大小和创新能力的高低对能否实现融合起着关键的制约作用。现有旅游集团虽然有个别的已进入世界500强行列，但是整体来看各地旅游集团尚缺乏真正的集合力和竞争力[4]。培育企业集团一方面靠政府扶持，另一方面也是更重要的方面，是在市场竞争中经受磨炼而自然成长，这样的集团才真正具有创新能力和竞争能力。目前，旅游企业集团创新能力不足有实力不够的问题，也有市场秩序不完善和知识产权保护不力的问题，因此培育企业集团更重要的是培育集团成长的市场竞争环境和制度，而其中重要的是完善法制法规建设，保护企业创新行为和创新利益。同时，要用鼓励政策如建立产业创新奖励制度，鼓励倡导企业不断学习创新的行为。产业融合具有阶段性，在不同阶段政府和市场应发挥不同的作用，待融合产业已度过幼稚期后，政府应该及时从微观推动者向宏观管理者转变，任由新的融合产业在市场经济规律作用下竞争、成长、提升和壮大。

（四）强化市场营销，引导市场消费方向

对农业与旅游产业融合形成的新型产品，市场需要一个认识和接受的过程，而靠市场自然接受和扩散可能耗时较长，因此通过市场策划和营销手段的运用，引导市场消费方向变化，会有助于克服农业与旅游产业融合中的需求方面的障碍，加快融合的进程，促进农业与旅游产业成长和市场份额的提高。农业与旅游产业融合在市场营销中也要以创新的思路、以创意的手段将创新型产品推介到市场上，以适当的方式将融合产品的顾客核心价值表达出来，激发消费市场的消费意愿。首先，要通过广泛运用各种媒介体宣传旅游融合产品信息，将旅游观念传递给市场[4]；其次，要在把握旅游消费变化趋势的基础上，将新型技术融入到农业与旅游产业设计中，运用互联网及电子商务媒介宣传融合后的新产品体验价值，用价值增值利益打动消费者，促进消费市场的融合和扩散；再次，要整合各种营销资源，利用整合营销传播理论和实践指导农业与旅游产业融合产品的推广工作，从市场需求角度创造促

进融合的有利条件。

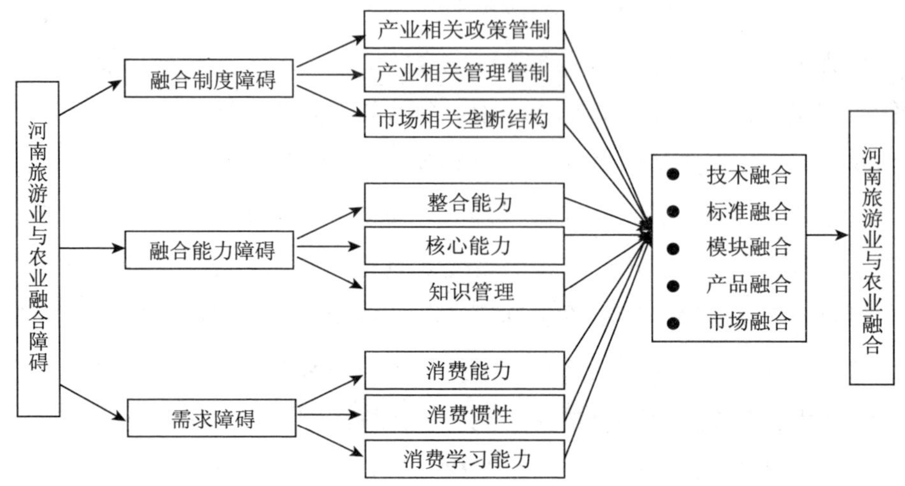

图 3-1 河南旅游业与农业融合障碍的消除机制

综上所述，河南旅游业与农业融合的障碍消除机制如图 3-1 所示。

二、合理布局与整合

建立在互赢基础上的农业与旅游业联动，能够通过能量流、物质流、资金流和信息流实现深度融合。两大产业的融合发展，首先要考虑的就是资源先决条件，要因地制宜、发挥地域优势。在开发过程中，不仅要充分利用自然景观，还要符合农业生产的基本理论，如在近郊区比较适合建设生态农业高科技示范园区、花卉观赏、园艺农业、设施农业及果菜种植、采摘、水上观光垂钓等体验农事劳作的观光项目，这样才能实现经济效益和生态效益的最大化。

农业生产与旅游经营成分比例控制是走农业和旅游业融合发展之路必须要处理好的问题。一个成熟的观光农业园不单要重视农业景观建设，开发其旅游功能，也要重视农业生产功能的培育和简单重复建设；在区际间，要突出自身特色，开发出绝对竞争优势的农业旅游园区。在内部，要顾及各功能区的整体协调，做到通盘考虑、整体优化。同时，园区与周边农村是不可分割的整体，园区规划应与农村建设规划相结合。因此，整体规划、优化布局、保护生态、兼顾创新是农业与旅游业融合发展的基础。

三、实现内涵转变

农业与旅游业在融合过程中无可避免地发生一系列的内涵转变，农业与旅游产业融合要完成好这些转变[5]。

首先，要实现农业劳动内容内涵的转变，即努力实现“农事活动”向“农事活动+服务活动”转变。农业在与旅游的结合过程中，从业人员的劳动内容发生了转变。从原来的只从事农事活动，进行耕种畜牧、渔业等，转变为既从事农事活动又从事服务活动，甚至有些剩余劳动力完全从原来的农事活动中摆脱出来，专门从事农业旅游的接待服务工作。农事活动与服务活动之间存在着较大的不同。两者所需的劳动技能完全不同；两者接触的对象也不相同。农事活动主要是与天、与地、与农副产品打交道；服务活动则是与人打交道。要想获得农产品的丰收，就要把握好天气情况、土地质量等；而要想获得较好的旅游收入，则要把握好游客的心理喜好以及服务质量。

其次，要实现劳动涉及人群的转变：实现“农民”向“农民+市民”内涵的转变。随着旅游活动的展开，市民从城市向农业所在地流动，使得农业劳动涉及人群扩展到了农民与市民的两大群体。这两大群体在生活环境、生活水平、文化程度等方面存在着差异。农民生活在民风淳朴、生活节奏较慢、有优美田园风光的乡村；市民生活在人际关系相对复杂、生活节奏快、由钢筋水泥构筑的城市中。由于乡村经济发展水平较低，农民在生活水平、消费档次、文化程度等方面都低于城市居民，因此，在开展农业旅游活动的过程中，应当充分考虑这些差异。农民如何接纳市民，市民如何了解农民，在城乡互动、城乡统筹发展中，农业旅游有利于消弭这些根深蒂固的城乡差距。

再次，要实现劳动所在地内涵的转变，即实现“乡村”向“乡村+旅游目的地”的转变。农业旅游使劳动所在地农民生活、从事农业生产的乡村有了另一身份，即具有旅游吸引力的旅游目的地。作为旅游目的地，第一，其对交通有着较高的要求，需要有便利的交通来增加该地区的可进入性。第二，需要有餐饮、住宿等设施以满足游客的相关需要。第三，旅游吸引物是旅游目的地的核心，如何深入挖掘乡村原有的资源，开发引人入胜的旅游产品是乡村向旅游目的地拓展的关键所在。要使以上农业旅游的内涵转变得以顺利实现，必须在农业旅游的配套设施建设、产品内容设计以及服务质量的提升上下工夫。①硬件的提升。具体包括：配套农业相关的餐饮、娱乐等行业；修缮道路，增加可进入性；保证水电充足；房间内配备取暖、纳凉设施；厕所卫生设备的配置等等。总之，硬件方面应做到齐全、便利、舒适、整洁、干净。②服务的提升。提供服务的好坏将直接影响人们对于旅游活动体验经历的评价。服务活动是农民过去没有从事过的活动，所以首先必须要他们树立起为游客提供优质服务的意识。要通过组织相关的培训活动，聘请老师教授知识、技巧；搭建平台，组织从业者相互交流、学习；重点培育一些农业旅游示范基地，形成一定的成功发展模式，以供他人借鉴等方式提高服务水平。同时，还应制定相应的服务标准以监督服务质量，规范农业旅游服务市场，使农业旅游活动有序进行。③内容的提升。农业与旅游产业融合产品应当顺应消费者需求的变化，增加其内容的体验性，具体可从两方面入手，一是通过精彩表象提供感官体验；二是通过深厚内蕴提供心灵体验。精彩表象与深厚内蕴相辅相成，相互统一，最终给消费者带来快乐而又难忘的感官、心灵体验经历。

四、实现农业业态向休闲化转换

农业业态向休闲化业态转换，主要有以下几个方面：①农业劳作业态向休闲活动业态转换，转换的形式努力做到丰富化、生动化，以增强旅游吸引力。具体的方式如引入体育竞赛的形式，将农业劳作竞赛化；将动、植物拟人化等。②农业产品业态向休闲产品业态转换，方式包括：改变农产品的用途，如将特色蔬菜制作成蔬菜盆栽、特殊装饰品向游客销售等。③农业用具业态向休闲用具业态转换。将农业用具改造开发成为独特的休闲用具，如将渔船改造成为旅馆，设立水上餐厅，水上宾馆等。④农业科研业态向休闲服务业态转换，如多研发些“新”“奇”“特”“美”的农产品，开展观赏农业旅游，如方形西瓜、树形辣椒等。⑤差异化农业资源向特色旅游产品开发转换。从资源禀赋上来说，河南省各地地域差异比较明显，农业旅游资源类型也各不相同。在以往的开发中，很多地方盲目模仿，呈现过度商业化趋势。针对河南省实际，要充分利用农村旅游地资源，营造符合旅游者期望的农业旅游环境；注重绿色产品的推出；多增加参与性强的农事体验活动；开发出具有农业传统文化特色的旅游产品；推出和乡村特色相关的旅游纪念品。差异化、多元化的旅游产品才能满足旅游者的多样化需求。此外，要注意加强农业产品的深加工和农业科技的注入，使农业产品变成旅游产品。

五、畅通营销渠道

在“互联网+”时代，旅游支付方式由线下转变为线上，火车票、汽车票、景区门票、酒店住宿等都可以在线上购买，各大旅游网站，譬如途牛网、携程网、同程网等都在提高这种服务。线上操作一方面方便了游客的购买，另一方面也会增加景区、酒店的影响力，提高认知度。因此，河南省的农业旅游景区也要尽快转变自己的营销模式，重视网络资源的利用，及时更新网页并发布有用的信息；条件允许的，要尽快融入到智慧旅游时代的大潮，逐步形成自媒体营销平台，如：在景区内设二维码，游客可以通过扫描二维码查询景点信息并在消费后反馈意见。

六、厘清融合路径

农业与旅游产业融合过程在发展实践中要经历隐性至显性的演化过程。农业与旅游产业融合为非显性状态，暗含于农业发展的诸环节之中，即农业发展的各个环节均有产业融合机遇，该阶段隐含巨大的发展契机。农业旅游企业只有找准和把握其融合思路，才能获得无限的商机，推进农业与旅游产业融合的创新发展。因此，农业与旅游产业融合需从以下三个步骤进行（图 3–2）。

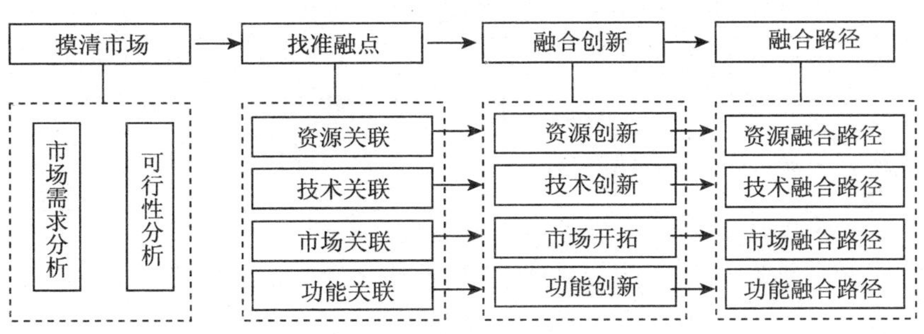

图 3–2　河南旅游业与农业融合路径

首先，要摸清市场。任何新的旅游业态都是在市场的需求拉动下产生的，也就是农业与旅游产业融合必须能够满足市场的需求和产业发展的需要。因为农业与旅游产业融合是在日益激烈的市场竞争中，凭借双方的部分经济活动的交叉、渗透，需求的互补性，力求在融合中降低交易费用，达到互惠互利，从而，在竞争中实现共赢。基于此，农业与旅游产业融合，首先应展开旅游市场调查，摸清市场现状，掌握需求变化，准确预测旅游市场发展趋势。其次，还必须分析把握农业与旅游产业融合的市场特点，了解农业与旅游产业融合的优势，摸清农业和旅游业两个产业市场动态，才能开发出新型的、能够满足市场需求的旅游产品，该产业产品才更具有生命力。因此，充分了解市场，是探寻旅游产业融合路径的关键步骤之一。

其次，要找准“融点”。农业与旅游产业融合在充分摸清了解市场需求，明确了发展导向的基础上，需要进一步找准“融点”。所谓“融点”，指的是农业与旅游产业直接、间接相关，或非直接相关但由于经济、资源、技术、市场、功能等产生的相互关联点。要找准融点，既要从旅游产业入手，同时也需要对农业展开分析。着重分析旅游业在各构成要素、功能作用、资源、市场以及发展与管理等方面，与农业存在何种联系，能否成为旅游资源，能否为旅游业的发展、运营管理、产品开发提供技术支撑，能否为旅游产业提供新的市场空间，能否突出和强化旅游的某项功能作用等。总之，需要多方面分析，发掘旅游业与农业的共性，找到其共融之处，发现农业与旅游产业融合的入口。

再次，要做到善于创新。农业与旅游产业融合的本质特征在于创新。没有创新，农业与旅游产业墨守各自的产业边界和规制，产业就无法跨界延伸和发展，也就无所谓产业融合。因此，农业与旅游产业融合过程其实就是创新的过程，创新不仅包括技术创新、产品创新、管理创新等，而且包括思维创新。在探求农业与旅游产业融合路径时，创新思维贯穿于每个环节。首先，市场研究必须具有创新意识，从新的角度研究分析市场，以新技术、新方法研究问题，从而发现旅游融合契机，发现农业与旅游产业融合点。在发现融合点后，根据农业与旅游产业融合需要，进一步进行创新性思考，创新设计和开发新型旅游产品，创新管理等。这样，才能真正找到农业与旅游产业融合路径，促进新型旅游业态的形成，因而，创新是旅游产业融合极为关键的环节[6]。

七、科学构建农旅融合发展模式

（一）休闲农业园模式

休闲农业园是旅游业与农业融合的基本产业形态。近年来，我国休闲农业项目发展迅速，休闲农业园是休闲农业发展的重要载体，休闲农业园建设的数量、质量和效益直接反映着一个地区休闲农业发展的好坏。休闲农业园的称谓很多，如观光农业园区、都市农园、农业园、都市农业园、农业观光园、休闲农业园区、生态农业园区、农业高新技术产业开发区、现代农业示范园区等名称都是从不同角度对休闲农业园的理解。学者们分别从不同侧重点和不同深度对休闲农业园进行定义，学界尚未形成公认的、统一的定义，但普遍认为休闲农业园是以农业为基础和核心，农业与旅游业相结合，集观光采摘、科技示范、休闲度假、农业教育于一体的特殊农业形态。休闲农业园大多位于大都市郊区，在一个特定的区域内建立起来的有明确空间边界、以农业生产经营活动为主，辅以农村观光游览以及与之有关的旅游经营、旅游服务等内容，为游客提供具有乡村特色的吃、住、行、游、购、娱等各方面的服务和农业科技示范、青少年农业教育等服务，满足城市居民休闲游憩、观光娱乐的需求。

（二）农业文化旅游创意产业园模式

传统农业中保存许多原生态的手工艺术品制作技艺，农业工具编织艺术以及与农业场景有关的民族工艺，如刺绣艺术、银饰锻造工艺等。许多精美的手工艺术品没有获得相应的市场价值，影响了技艺的良好传承，降低了传统技艺的价值认同度。如果能够借助文化旅游创意产业园的良好条件，实现手工技术的良性传承与重构利用，体现其真正的市场价值，可以使许多传统技艺获得新生。

农业文化旅游创意产业园利用本土的优势资源，集聚本地的能工巧匠与民族艺术家，对农业文化中的可利用部分充分挖掘，利用现代产业手法，在不破坏文化传承的基础上，尽量采用传统技艺制作本土原生态艺术品。包括各类农业生产工艺品，微型农具模型，日常生活用品，如精美的手工竹编制品（簸箕、筛子、颤子、箩筐等），原生态粗犷质朴的木制品（木椅、木桌、木凳、木床等），具有装饰品和日常功用的双重价值。还包括农民日常衣物、饰品等，如手工粗布，手工缝制衣物，刺绣品、银饰工艺品、千层底手工鞋等。另外，还有对农业文化的抽象利用的相关艺术品，如记录民间故事的剪纸艺术。

在此基础上，产业园吸引外地艺术家（如作家、画家、摄影家、雕刻家、服装设计师、动漫设计人员、歌唱家、导演等），以民族地区乡村优美的自然风光、浓郁的民族风情、灿烂的民族文化，悠久的历史印记，为现代艺术家提供创作空间，拓展创作思路，开阔创作视界，激发创作灵感，利用本地材料或利用本地自然与人文生态环境实现艺术创作，将文化创意和传统农业相结合，生产时尚艺术品，满足不同市场需要。

农业文化旅游创意产业园可以选址在城市近郊、交通相对便利，具有一定的历史文化底蕴，对文化人具有较强吸引力的传统乡村，为外地艺术家提供较便利的生活条件，满足现代人群消费需求，让文化人留下来，安心创作，并利用当地原有的文化开展一些节庆活动，吸引人气，促进乡村产业升级和服务业发展。

（三）农业文化遗产园分时度假模式

传统农业因为其遗存性具有珍贵的科学价值，是独特的农业文化遗产。对于农业遗产及其文化遗产的关注，有着广泛的专家队伍。如农业文化遗产专家、农业景观规划专家、民俗文化研究者、生态环境研究学者、农业技术指导人员、艺术创作采风人员等。这些珍贵的传统农业遗产保留区，多数也在生态、文化等方面得到了良好的保护，各类专家的工作地点常具有同一性，因此可以选择在科学研究价值较大，自然环境良好、文化遗存丰富，民风淳朴，区位条件良好，具备可进入性，生态环境污染小，有代表性农产品品种与种植模式的区域设立专家工作站、候鸟型专家度假村，以分时度假的概念，为相关研究人员提供相对良好的环境与服务，同时，也可以作为青年旅馆，接待背包客等特种旅游需求的游客。基础设施以少开发、多保存为主，利用当地民居，内部稍作改造，改善卫生状况，提供安全措施，解决基本的食宿问题。尽量保持当地的自然生态，保存农业文化遗产，保护文化传承机制，维护社区利益，适度开发，使农业文化遗产展示、科研研究利用与旅游发展三者实现和谐发展。

（四）青少年农业科技科普园模式

传统的科普园主要以现代化农业为主，而学生少有机会认识传统农业所蕴涵的地方性知识与生态智慧，以及传统农业中包含的文化遗产价值。学习这些本土知识，有利于扩大传统农业的良性传承和生产性利用。青少年农业科技科普园可以选择自然环境好，离城区距离相对较近的地区建立，依托当地中小学校，进行内部改造，改善食宿条件与卫生状况。通过挖掘农业知识与技能，让学生学习传统农业知识，认识传统农业文化，参加传统农业农事活动，体验朴素劳动的乐趣，获得生活来之不易的概念，尊重祖先留下的文化，了解人与环境的和谐共生关系，并以现学现用的方式传承地方文化。

（五）生态养生园模式

城里人的寻根追溯，最终还是来自乡村，老年人对传统农业以及乡村的感情，不仅仅是亲近自然，还可能是追忆遥远的生活记忆。生态养生园给银发一族提供乡村生活体验及传统记忆追溯的机会，让老年人得到心灵的安宁，获得规律性的生活作息及回归自然的健康生活方式，通过参观参与耕种、收获，享用新鲜的农产品，扩大老年人的社区交际，勾起对少年往事的记忆，颐养天年，延年益寿。生态养生园为老年人提供相对舒适的食住条件，配备专业医务人员照顾老年人的生活起居，并为老年人解决日常问题，使老年人能够长期居住，实现养生、康疗、度假、休闲、农产品消费的健康特色养老梦想。

（六）休闲山水农场模式

山水农场以普通大众为消费群体，依托农业文化景观、农业生态环境、农事活动、农村聚落及农村传统的生活习俗资源，向游客提供一种自在、自然、幽静、野趣、新奇的新型休闲游乐空间，通过观光、休闲、采摘、购物、品尝、农事活动体验，尽力体现返璞归真、回归自然的消费心态。

山水农场重点实现传统农业的适度规模化发展，但依然采用无农药无化肥的原生种植方式，为市民提供传统农业健康农产品，提供自行采摘，田间购买，或生鲜的田间一餐桌配送服务，为保证产品品质得以见证，开通田间与市民的交通专线，使农产品的来历可追溯。生鲜购买者同时也是乡村旅游者，可以随时到农场认种自己的土地，体验传统耕种方式、检验农产品种植标准，成为农产品安全健康的监管员。通过与乡村旅游的结合，传统农业健康农产品能够实现市民的亲自监管，消除了有机产品的信任危机，能够更好地获得市场认同。

第三节　河南旅游业与农业融合创新发展策略

一、以休闲农业与乡村旅游为抓手，不断丰富创新融合产品

休闲农业（Leisure Agriculture）一词源于欧洲，后于1989年引入我国。当前，有关何为休闲农业，存在经营活动说、产业说、场所说、综合说等观点[7]，其概念可概括为，休闲农业是指经营主体通过开发具有旅游价值的农业产品及服务，吸引游客前来开展吃、住、观、体验、购买、娱乐、教育等活动，以达到其参与领略农业实践、体验生态情趣为目的的新型产业形式。休闲农业以传统农业为基础，农业和农村为载体，集休闲、观光、科普、示范、旅游为一体，是传统农业内涵的充实与外延的扩展。

乡村旅游是指在乡村范围内，利用乡村自然环境，农林牧渔生产、民俗节庆，民族风情、农村文化、村落古镇、农家生活等资源，通过科学规划和开发设计，为游客提供观光、休闲、度假、体验、娱乐、健身等多项需求的旅游经营活动。旅游已经成为人们日常生活中的常态化选择，在“观光、休闲、研学、度假、养生”等多元化旅游动机并存的社会环境下，在更加开放的旅游系统中，游客希望消费体验的旅游创新产品几乎是没有边界的。传统的农业旅游产品已经很难满足游客渴望体验目的地生活方式的深层次需求，

必须要大力发展农业旅游新业态。作为一种新型的产业创新方式，创新是农业与旅游产业融合的本质特征。

河南旅游业与农业融合的创新发展必须以休闲农业与乡村旅游为抓手，不断丰富和创新融合产品，努力解决目前融合产品单一化、同质化、缺乏创新等问题，进一步加大创新力度。首先，要解放思想，跳出传统的旅游资源观的束缚，学习国外发展农业旅游的先进理念。在科学规划的前提下，将河南省传统农业生产、现代高科技农业中一切具有吸引游客的要素都纳入到农业旅游开发的框架中来，拓展农业的功能，使生态、科技、时尚、文化创意等现代元素与农业旅游产品完美融合，增强其体验性和吸引力。农业旅游产品不能仅限于采摘、垂钓和观光等，应多开发体验性更强的活动，比如提供一个专门的场所，让游客在白天采摘后，晚上可以自己亲自下厨做饭，享受自己一天的劳动果实，更好地体验农耕生活。其次，开发农业旅游还应紧跟时代的步伐，满足现代都市人不断提高的精神层面的需求，增设新型项目，提升农业旅游的层次和品质。比如针对现代人高压的生活状态，在城市周边的农庄中可以增设类似心理咨询的项目，为有需要的游客进行心理辅导等，让游客能够在大自然安静、宁和的氛围下更好地释放压力、放松心情，就像是一个城市的后花园，可以让疲累的现代人暂时远离城市的浮华与喧嚣，静逸沉思，净化心灵。如河南省南召县城郊乡上店村通过农业与旅游业融合，实施“四季花海”项目，发展以“万寿菊”为主，油菜花、薰衣草、田七为辅的优质花卉种植基地，大力发展体验式休闲农业，吸引了大量的游客前来参观游览。

二、完善配套设施，优化发展环境

目前，农业与旅游产业融合在河南发展还不成熟，应充分发挥政府在资金、信息、管理等方面的支持引导职能，加强旅游部门与农业部门的信息沟通与协作，协调好各利益主体在旅游业与农业融合发展中的分工与职责。推动农业部门与旅游部门共同协商制定农业旅游项目的开发规划，联合制定管理体制。坚持“政府引导、市场运作、科学规划、因地制宜、突出特色、可持续发展”的原则，在市场“缺位”的地方，政府能够“补位”，借助政府力量调动更多的产业要素，实施政府引导农业与旅游产业融合，将农村景观资源和社区作为一个综合体进行开发建设，整合开发商、村民、地方政府、行业协会等多方利益，采取景区带动、公司+农户、综合开发、扶贫开发、整村推进等多种方式，加强乡村旅游产品开发。农业与旅游产业融合除了要确保乡土气息和文化氛围的浓郁性，保留当地的民俗特色外，还必须提升相应的硬件设施，如配备相关餐饮、娱乐等设施、改善交通环境、保证标准的卫生条件、配置免费的无线网、保证水电暖的供应等，力求为游客提供方便、快捷、舒适、整洁的旅游环境。政府部门既要进行合理引导，避免一窝蜂，又要引进战略投资和民间投资，出台扶持政策，完善配套设施，制定接待设施和服务提供的各项标准，优化休闲农业旅游大环境，达到市民游客可接受的尺度。要鼓励农民发展新型农业旅游，并给予资金、政策支持，不断优化融合环境。在农业旅游发展逐渐成熟后，政府的部分职能应逐渐向相关民间团体、行业协会等适度转移，政府也应由以主导为主向以监督为主转变，发挥市场调节机制在旅游业与农业融合发展中的作用，如此才能保证农业旅游的健康快速发展，真正实现经济效益与社会效益的完美统一。

三、加强科学规划，进行分类指导

国际经验表明，来自政府的政策倾斜和支持（政府推动模式和混合推动模式）对于农业与旅游产业融合起着重要的保障作用。目前，河南旅游业与农业的融合现状并不十分理想，资源分散，关联度低，农业旅游的发展尚不成熟。政府通过积极的政策引导、科学的产业规划，有目的、有侧重地增强旅游业与农业的产业关联，能够更有效地促进旅游业与农业的融合发展，进而促使农业旅游更快速、有效、成功的开发。一要尽快制定地方农业旅游规划，将农业旅游资源开发、线路组织纳入区域经济开发的大系统，进行统筹安排，有效解决农业旅游与传统旅游景点之间共生性差的问题，避免任由经营者盲目的投资开发，导致档次低下、重复建设、特色不强的不利局面。二要加快法制化建设。应尽快出台涵盖用地、扶贫、致富、文化保护与创新、环境保护、经营创新等领域法规、条例、办法，根据新形势适时进行法规的修正，以保证农业旅游发展的休闲方向和农业旅游资源的可持续利用。三要推进旅游标准化建设。未来应在成功实践的基础上，继续扩展标准化建设，以出台新标准，建设旅游强县、旅游小城镇、乡村旅游示范点和星级农家旅馆为重点，典型示范，分类指导，城乡互动，促进农业与旅游产业融合发展。四要进一步科学划分并丰富农业与旅游产业融合产品的类型。结合森林、草原、湿地、温泉等资源，将其与新旅游“六要素”，即“商、养、学、闲、情、奇”相结合，大力发展观光农业、都市农业、休闲农业、科教农业等农业旅游新业态。

四、创新发展模式，突出休闲主题

农业与旅游产业融合应遵照农村的实际情况和旅游经济规律。各地资源禀赋、地理区位、经济发展水平千差万别，不可套用固定的模式。要因地制宜，注重挖掘本地乡村文化的内涵，展示传统风俗，保持固有特色，形成丰富多样、富含品位的乡村旅游产品体系，形成农业旅游的多样化发展模式，推动不同发展模式的优势互补。一要面向市场，突出特色。特色是休闲农业旅游的吸引力和生命力所在。要挖掘乡土文化，在“土”“农”和“乐”字上下足工夫，针对游客推出具有乡土特色的旅游产品，彰显出与城市生活的不同之处。二要强化游客体验参与，积极培育复合型产品。优质项目能使游客在农园或休闲农业区参与农业生产过程，亲自制作食品、租赁农场、体验个性化游憩项目、接受科普知识等，使游客深入体验乡村氛围和田园生活。在农业与旅游产业融合上，要摒弃“住农家屋、吃农家饭”的简单农家游理念，发掘当地的民俗风情，提高活动的娱乐性和游客的参与性，让游客感受和体验乡村旅游地的文化和氛围，提高乡村旅游的深度和广度。大力开发体验性、娱乐性强的主题项目。如推出果树认养活动、菜地认养出租、黄河滩区烧烤、时令瓜果采摘、自驾车宿营、万人扎帐等活动，推出篝火晚会、即兴音乐节、啤酒节等乡村夜间娱乐产品，丰富游客夜生活，改变白天看庙、晚上睡觉的传统模式，满足游客“求新求异”的心理需求。三要策划专题村、主题农家院、特色农家饭。结合地方实际，策划不同类型的专题村、主题农家院，如水上度假村、渔猎场、采茶场、自驾车野营地、民俗生态村等，开发富有乡土特色和地方风味的山野小菜，特色农家饭，无公害的蔬菜、水果、鱼类、禽类等，让游客品尝绿色保健的农家宴，增加让游客自己劈柴烧火、做农家饭等环节。同时，要在环境营造上强化氛围，突出主题，农家、餐馆、娱乐区域、游客中心等的建筑材料宜就地取材，尽量采用草、木、竹、藤、石等，添加一些富有农家情趣的玉米棒、辣椒串、水车、驴车、石碾、石磨、剪纸等来进行装饰。

实践表明，发展休闲农业能够使农业变成快乐的产业、农民变成富裕的群体、农村变成美丽的家园。未来的发展趋势，休闲农业的发展方式将由农民自我发展向各级政府规划引导方向转变，经营规模从零星分布、分散经营向集群分布、集约经营转变，功能定位从单一功能向休闲、教育、体验等多产业一体化经营转变，空间布局从城市郊区和景区周边向更多的适宜发展区域转变，经营主体从农户经营为主向农民合作组织和社会资本共同投资经营发展转变。因此，只有通过努力打造复合型、综合型、创新型、休闲型的乡村旅游休闲产业，推动休闲农业观光型、参与型、度假型融合发展，增加都市游客到农园农家休闲的质量和深度，充分享受“租农家房，耕农家地，摘农家菜，尝放心果，嚼放心肉”的农家乐趣，才可以满足不同层次的旅游需求，从而进一步提高河南休闲农业旅游发展的质量和效益。

五、实施人员培训，提高服务质量

在旅游业与农业融合发展过程中，只有实现硬件设施和软实力的双重提升，才能促进农业旅游健康有序的发展，产生持续长久的吸引力，在吸引更多游客前来旅游的同时，有效提高游客重游率[8]。仅有高品质的硬件设施，而没有优质的服务作为支撑，农业与旅游产业融合也是无法持久的。服务质量是软实力的一种体现，服务的好坏会直接影响人们对于旅游过程体验的评价，只有提供令游客感动的服务，让游客有宾至如归的感觉，才有可能令其产生故景重游的期望。另外，加大智力投入，完善人才储备机制，培养以及引进国际化专业人才也是提升农业与旅游产业融合效果的重要途径。人才是推动休闲农业旅游发展和提高服务质量的根本保证，河南农业旅游要上规模、上档次，必须重视人才培养，做到旅游精准扶贫，要改“资金扶持”为“智力扶持”，改“输血富民”为“造血富民”；要结合休闲农业旅游发展特点和实际需求，在人力资源建设中，兼顾“请进来”与“走出去”，搞“培养”“引进”两条腿走路。要大力开展从业人员培训，将农家乐从业接待服务、导游讲解人员纳入新的职业技能培训体系，按项目标准给予技能培训资金补贴，增强经营者、服务人员、村民等参训积极性，提高一线从业人员的服务意识和素质技能，以便更好地为乡村旅游服务，让市民游客游得放心、游得舒心、游得开心[9]。

六、深化农旅融合，延长产业链条

在新形势下，要通过多种方式创新，延伸和拓展农业旅游产业链条。认识到现代农业的多功能性，用开放的思维去改变传统农业单一生产、简单加土的模式，通过产业链上各要素的整合、重组，发挥现代农业引领新型消费潮流、拓展农业旅游价值空间的功能。首先，在进行农业旅游规划、农业旅游产品设计时，要以旅游者的需求为导向，按照全国农业旅游示范点的标准和要求，打造精品，以更新颖、更奇特、更具体验性的产品和服务来吸引游客。其次，立足于本地资源特色，从“食、住、行、游、购、娱”六要素全面推进农业与旅游业的对接与融合。如：新安县关址村大力发展玫瑰种植业，并成立了玫瑰生物科技有限公司，生产系列化的玫瑰产品，如玫瑰茶、玫瑰精油、玫瑰化妆品等，延长了生态观光农业产业链，吸引了很多周边省市的游客去赏花品茶吃农家饭，购买玫瑰制品。再次，培育以农业旅游合作社为代表的新型旅游经营主体。在家庭经营的基本模式下，通过农业旅游合作社实现旅游要素的集聚和规模化经营效益，促进农业旅游公共设施的改善。组织农业旅游家庭经营户进行合理分工和培训，实施差异化经营，提高抵御市场风险的能力。最后，要着眼于长远发展，多方借鉴发达国家和地区旅游企业融合中的集团化经验。在旅游业发达的欧美国家，产业融合后而出现的集团化使得旅游企业的规模更强大，纵向和横向联合更紧密，服务链条更畅通，服务质量也更有保障。旅游业发展处于良性循环的状态下，旅游竞争力自然提高。如美国的运通公司（American Express），英国的“First Choice，Thomson Holidays”集团公司和“Thomas Cook”集团公司，德国的TUI集团公司等，这些大型的旅游集团都在产业融合的背景下实现了将旅游产业的各环节转化为组织内部关系，从而控制了国内近 90% 的市场份额。因此，随着我国旅游业的深入发展，产业融合发展并实现企业集团化将是必然趋势。

七、运用“互联网+”思维，推动农旅融合的技术创新

科技进步是推动产业融合的直接推动力。农业与旅游业的发展本身就需要现代科技的介入，同时，现代科技的进步也为产业之间的融合提供了技术支撑和动力。信息化时代的到来使信息技术成为带动产业融合的新引擎，在旅游业与农业的融合发展与创新中，信息技术起到了助推的作用。根据麦肯锡全球研究院的预测，2013—2025 年，互联网对于中国 GDP 的贡献率可达到 7% ~22% 。随着互联网技术、信息技术、大数据平台以及智慧旅游的不断发展，农业与旅游业的融合也必然是在“互联网+”的模式下推行。如今，广泛应用信息技术已经成为现代旅游业的重要特征。

推动农业与旅游业融合中的技术创新，要利用现代的数据挖掘技术，根据市场上出现的旅游消费新需求，对农业旅游产品进行创新，实施差异化发展战略，增加其产品附加值。在此基础上，利用互联网信息技术，及时统计和调查游客的满意度，重视对农业旅游服务的创新，提高在食、住、行、游、购、娱各环节的安全性、便利性和舒适性。如：孟津县重点发展休闲农业，打造“洛阳人民后花园”，通过线上+线下的 O2O 模式，使游客可以通过智慧旅游网站、微信平台和“孟津旅游”APP 查找旅游信息，极大地方便了游客。同时，还要大力推进农业与旅游业融合中的信息化网络技术以及农业旅游电子商务的发展，实现企业与游客之间、区域之间的信息畅通与共享，通过舆情监控，及时发现游客的兴趣点。重视对复合型旅游创新人才的培养，推动农业旅游开发商、企业等与科研院所、高等院校进行产学研合作，强化科技创新对农业与旅游业融合的支撑作用。

旅游营销方面，政府部门要积极搭建信息发布与交流宣传平台，制定休闲农业旅游专项营销规划，做好组织策划包装，针对特定目标市场开展精准营销。要充分利用传统媒体、新媒体、自媒体、手机终端、宣传片等多种形式进行广泛的宣传。要充分发挥旅行社、在线旅游社（OTA）的旅游批发、中介桥梁作用，推广特色休闲农业文化旅游品牌。要积极策划大型专题节事

活动，尤其是农业与农事节庆活动，做到“旅游节事”与“休闲农业”联姻，加强宣传力度，创新推介手段，促进河南乡村休闲旅游的发展。

八、强调农旅融合发展的生态性和可持续性

农业与旅游产业融合的可持续发展之路需要同时满足生态的合理性、社会的可接受性以及经济的可行性。农业与旅游产业融合不能以破坏自然资源、牺牲生态环境为代价，旅游业与农业的融合发展是建立在农业生产与自然景观、人文环境相互融合协调的基础之上，旅游者追求的正是农业与旅游产业融合的原始自然风光、浓郁的乡村风情和人文景观、传统的农耕文化以及健康的生态环境，失去了生态性，农业旅游也就失去了发展的依托。因此，农业与旅游产业融合发展必须强调“生态性”，走可持续发展的道路，防止农业污染，杜绝破坏性的开发，要努力保持乡村自然和人文环境的原真性，对资源进行合理开发、有效利用和科学管理，在实现生态效益、社会效益的前提下实现经济效益的最大化。农业与旅游产业融合项目的开发必须在满足当代人需求的同时，又不能危及后代人赖以生存的农业的永续利用[8]。

参考文献

［1］罗艳玲．基于 PEST 分析的农业与旅游业融合发展研究--以河南省为例［J］. 信阳师范学院学报（哲学社会科学版）, 2016，是 36（3）：69-73.

［2］唐书转．基于产业融合视角的河南休闲农业旅游资源开发［J］. 中国农业资源与区划, 2016，37（3）：221-224.

［3］梁伟军．产业融合视角下的中国农业与相关产业融合发展研究［J］. 科学．经济．社会, 2011，(4)：12-17.

［4］徐虹，范清．我国旅游产业融合的障碍因素及其竞争力提升策略研究［J］. 旅游科学, 2008, 22（4）：1-5.

［5］张文建，陈琳．产业融合框架下的农业旅游新内涵与新形态［J］. 旅游论坛, 2009, 2（5）：704-708.

［6］麻学锋，张世兵，龙茂兴．旅游产业融合路径分析［J］. 经济地理，

2010, 30 (4): 678-681.

[7] 孔庆书，李洪英，师伟力．基于 DEA 的河北省休闲农业评价研究——以河北省休闲农业与乡村旅游示范点为例 [J]. 中国生态农业学报，2013, 21 (4): 511-518.

[8] 王琪延，徐玲．基于产业关联视角的北京旅游业与农业融合研究 [J]. 旅游学刊，2013, 28 (8): 102-110.

[9] 常卫锋．河南休闲农业旅游深度开发研究 [J]. 四川旅游学院学报，2015, (5): 57-60.

第四章 河南旅游业与工业融合与创新发展

第一节 工业旅游：旅游业与工业融合发展

一、工业旅游的概念

工业旅游作为一种旅游新形式，是在一定的社会经济条件下，旅游业和工业均发展到一定程度且相互融合发展的结果。有学者从旅游业的角度诠释了工业旅游的定义，如“工业旅游是以现有的工厂、企业、公司及在建工程等工业场所作为旅游客体的一种专项旅游。并且通过让游客了解工业生产与工程操作等全过程，从而获得科学知识，满足旅游者精神需要和吃、住、行、游等基本旅游享受，能够供集求知、求物、观光等多方面为一体的综合型旅游产品”[1]；“工业旅游是工业生产与旅游相结合的新型旅游形式，是游客通过参观工业生产的过程获得的一种新的感受的过程”[2]；“工业旅游是以工业企业先进的技术装备和生产设施、动态的生产流程、科学的管理体系以及独特的工业建筑艺术为吸引物，以增长知识、开拓眼界、扩大阅历为目的，融观赏、考察、学习、参与、购物于一体的一种专项旅游形式”。还有学者从旅游者的角度指出了工业旅游的内涵，如：“工业旅游是以工业企业环境、工业企业生产场景为主要游览对象的特色旅游”[3]。另外还有学者从工业企业的角度解释工业旅游的概念：“工业旅游是以市场需求为导向，以工业资源为吸引物，通过企业对资源进行整合或二次开发，突出工业资源的吸引力，将其转化为旅游资源，并以满足旅游需求、提高企业综合效益为目的的专项旅游活动和企业发展项目”[4]。目前，被业界公认的工业旅游的概念是戴道平先生提出的，他认为“从供给的角度讲，就是以工业企业的建筑环境、设备设施、生产或工艺流程、企业文化与管理等作为旅游吸引物，经过设计包装推向市场，从而满足游人的求知、求新、求奇等旅游需求，最终实现企业的经济、社会、管理等目标的一种专项旅游活动"[5]。可以看出，尽管学者们对工业旅游的概念不尽相同，但是"工业企业"和"旅游业"是促进工业与旅游业融合发展的两个重要要素，如图 4-1 所示。

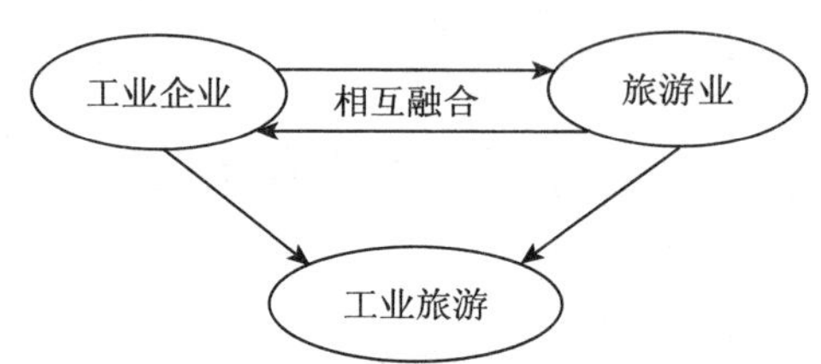

图 4-1　工业与旅游业相互融合

二、旅游业与工业融合发展历程

国外的旅游业与工业融合发展开始较早。早在 1950 年，法国雪铁龙公司就邀请来宾到工厂来游览观看他们制造汽车的生产线，使得很多其他公司也纷纷效仿，并且部分公司后来也会对前来的宾客收取部分费用，这样的游览活动逐步发展成为早期的工业旅游[6]。国外社会经济的发达使得工业旅游得以迅速发展。1980 年，英国旅游管理部门发现了工业旅游发展蕴藏着巨大潜力，至此开始向全国推广工业旅游[7]。紧接着德国当局创建了"工业遗产旅游之路"，直到 1990 年，工业旅游开始成为旅游业的亚类并逐步发展壮大。在发达国家，比如美国，开展了一系列的旅游业与工业融合发展的项目，即工业旅游项目，并且一本名为《看美国制造》的书详细描述了当时美国工业旅游的发展[8-10]。同时在部分发展中国家，比如古巴[11]、南非[12]等，也都开展了工业与旅游业相互融合发展的项目。

我国旅游业与工业融合发展起步较晚，直到 20 世纪 90 年代才开始开发工业旅游项目。在此之前所谓对工厂企业的参观多是官方和业界人士，对于企业来说属于事业型接待，这种接待可以说算不上工业旅游。随着我国社会经济的不断发展，一些独具特色的工厂或企业集团开始推出参观项目，这为工业旅游的发展奠定了基础。1994年，一汽工业旅行社在长春成立，其所提供的旅游线路是让来宾参观开放式卡车生产线、捷达汽车生产线。此外，旅行社还组建了汽车样品陈列室供游客游览参观。然后，一些其他企业如燕山石化、燕京啤酒、三元乳业也跟着提供生产工厂供游客参观旅游。后来，国内许多行业龙头企业也都纷纷步入工业旅游领域[13]。进入21世纪以来，国内的工业旅游发展水平得以提升，陆续形成了具有规模的固定工业旅游景点和观赏线路，吸引了国内外大量的游客。政府也逐渐开始重视工业旅游的发展，出台了系列文件，举办了系列评选活动来鼓励工业旅游的发展。2001年，国家旅游局召开了全国工农业旅游示范点推荐活动，并颁布了《工业旅游发展指导意见》，规范企业开展工业旅游项目。2004年，103个企业被国家旅游局授予了“全国工业旅游示范点”荣誉称号，成为国内发展工业旅游产业的典范，在此之后，前后有四批，共345家企业成为全国工业旅游示范点[14]，这样的举措有利于鼓励传统企业开发工业旅游项目和促进我国工业旅游的可持续发展。

三、旅游业与工业融合发展现状

近年来，旅游业与工业融合发展成为旅游业发展的新亮点，也带来了巨大的社会效益和经济效益。2015年，我国参与工业旅游的旅游者达到1.3亿人，带来的直接和间接收入共计100亿元，促进就业人数达到306.5万人次，其中带动直接就业人数6.5万人，间接就业人数300万人[15]。国家旅游局在2016年11月28日举行了全国工业旅游创新大会，并在会上颁布了《全国工业旅游发展纲要（2016—2025）（征求意见稿）》（以下简称《纲要》）[16]。《纲要》指出，到2025年计划建设10个工业旅游城市、全国旅游产业基地和全国工业旅游示范区1000个。这无疑给工业和旅游业迎来了新的发展空间。同时，《纲要》预测，我国的工业旅游在未来五年内将迈进黄金发展阶段，工业旅游的游客将高达10亿人，并且带来就业人数的增加将超出120万人，带动间接就业新增突破600万人，工业旅游发展所带来的直接经济增长将超出两千亿元，收入总量预计将超出直接收入的10倍，甚至10倍以上。数据显示，海尔、鞍钢、宝钢、首钢、青啤、茅台、杏花村汾酒、一汽等我国许多龙头企业、500强企业或知名企业都开展了工业旅游项目，吸引了大量的国内外游客，增加了企业的品牌价值。可见，工业旅游将成为各行各业竞争的新热点。

四、旅游业与工业融合发展意义

1. 有利于产业结构升级

产业结构升级旨在通过推进现代服务业发展、开展创新工业化道路、完善基础设施服务、积极发展新型技术产业等途径来改造传统的夕阳产业，推进产业结构规律性演变，提升产业结构的质量和效率，调整产业结构的供求，从而实现合理的资源配置，促使产业结构趋向于合理化和高级化方向发展，继而形成以高新技术产业为主、制造业为辅、现代服务业为动力的主辅一体全面发展的产业格局。简而言之，在传统产业中融入新型产业及现代服务业的元素，有利于传统夕阳产业的改造和新兴产业的发展。而工业旅游业则为第一产业和第三产业融合提供了条件，有利于增强企业的服务意识，提高服务质量，促使企业全面多元发展，推动传统工业企业的集团化和现代化发展。

2. 有利于扩大内需

扩大内需是指拉动投资和消费双向需求来促进国民经济的增长。在投资需求方面，工业旅游项目多数是在市场需求的推动下自发形成的，从而带来的诸多领域的投资，继而拉动了投资内需；在消费需求方面，工业旅游的发展拓宽了消费新渠道，扩大了消费领域，从而激发更大的消费需求。

3. 有利于促进就业

促进就业的重要方式之一为积极发展劳动密集型产业，提供灵活多元的就业途径。工业旅游作为传统产业与现代旅游业融合的产物，不仅可以促进商贸业、文化娱乐业和纪念品业的发展，而且可以为剩余劳动力提供就业机会，尤其是城镇下岗职工的再就业的机会。2012年，国家旅游局在《全国农业旅游示范点、全国工业旅游示范点检验标准（试行）》中，将引入就业人数列为检验测评标准中的重要一项，这样的措施将使申报单位在发展工业旅游的过程中重视工农业旅游在促进就业方面的重要作用。

4. 有利于旅游业多元化发展

现阶段，旅游业是新兴产业中发展较快的产业之一，在促进国民经济增长的过程中具有重要的推动作用，积极发展旅游业，促进旅游业多元化发展对世界经济和经济全球化具有重要的战略意义。旅游业的多元化发展离不开旅游产品的创新，因此，加强旅游业与第一、第二、第三产业的深度结合，促使产品创新至关重要。那么以工业旅游融合发展来说，首先，工业旅游扩大了旅游资源的内涵和外延，工厂、企业、矿山、码头等都可以成为现代旅游业中新的旅游吸引物，可以成为新的旅游资源，不仅为游客提供了新的旅游方式和消费项目，也为旅游业本身带来新的元素和活力，丰富了旅游产品。因为多数工业旅游景区或景点或园区分布在城市内部或城市近郊，旅游活动周期较短，多为“一日游”或“周末游”，多以休闲娱乐、科普教育、参观考察等为主，具有“路程短、时间快、灵活”等特点，通常价格也不高，容易被市场接受，属于消费者喜欢且能够接受的旅游品种。

五、工业旅游资源类型

目前，全国工业旅游资源的类型可以分为三大类[13]，分别为工厂企业、工业遗产和工业项目。其中，在我国，工厂企业资源这一类型在工业旅游中比较常见，国内大多数的工业旅游示范点也都来自于此种类型；工业遗产资源在西方工业旅游中比较常见，其主要是对游客开放250年间西方国家进行工业大革命的历史遗迹，让人们感受工业发展的足迹和工业文明[17]；而工业项目则主要集中在电力、物流和矿产等产业，详情见表4-1[13]。

表4-1　工业旅游资源的系统构成

资源类型	具体内容
工厂企业	建筑场所：用于工业生产、维修的厂房，配套仓储、办公、居住、服务建筑物、基础设施
	设施设备：或气势雄伟、或技术精密、或历史悠久的生产设施设备
	工艺方案：从原材料到制造工艺和产品相关的场景
	生产技术：产品的技术研发中心和生产技术实验室的参观
	生产成果：展示、介绍、出售产品
	文化历史：企业文化、企业品牌、企业战略目标和企业发展历史
	其他资源：企业的绿化亮化工程、雕塑、广场、建筑小品、动植物等

续表

资源类型	具体内容
工业遗产	材料物质类别：工厂、矿山、水利、能源、仓储、交通设施、工业设施、矿山场地、场地保护开发
	非物质类：图片，文本，录音和录像，品牌文化，价值体系和传统信仰；构成企业或行业特征，如精神、知识和情感；以博物馆、博览园形式开发
工业项目	与周边自然环境和人文景观融为一体，包括大坝、水闸、水库和水电机组的水利工程、天然气、太阳能、风能、地热和核电站、油田、矿山、工业园区等

六、工业旅游发展模式

目前，我国工业化程度较低，企业资源类型也正在由劳动密集型和资源密集型向技术密集型转变，据此，国内有些学者将我国的工业旅游模式分为工业景观型、生产流程型、工业园区型、文化传承型、商贸会展型、创意产业型、工艺展示型 7 种。详细划分如表 4-2 所示的资源内容、旅游方式和适用范围等[13]。

表 4-2　工业旅游发展模式

	资源内容	旅游方式	适用范围
工业景观型	矿产开采和加工，发电，港口物流建设，生产现场和机械设备，以及山谷、沙漠和戈壁滩湾	独特的地理位置和环境与封闭的生产环境，外界对它知之甚少，参观可以满足游客好奇心，同时回归自然，享受矿产资源、动力、港口物流业的奇迹工程	矿产、电力、港口物流类工业项目
生产流程型	生产过程为导向的研发机构，车间，工厂，生产场景，工艺，高科技及管理功能	企业文化和产品在车间，车间开辟了旅游通道，参观者参观生产车间、生产过程或生产过程	食品、服装、汽车、电器等制造业企业普遍采用
工业园区型	工业园区开发后的土地细分为一个或多个企业使用；组织旅游线路、提供配套的服务以及进行相关的环境管理	参观区内科技中心、文化广场、商业街区、会展设施、物流中心、科普教育和环境治理等设施	单体企业和企业群集的工业园

续表

	资源内容	游览方式	适用范围
文化传承型	企业拥有深厚的企业文化，例如传统配方、驰名商标、历史渊源、独特产业优势或者民族情节	在纪念馆，我们将追溯到企业文化和企业发展的历史，以及在我国历史上具有里程碑意义的企业和历史悠久的中国企业历史	我国工业史上的里程碑式企业和中华老字号企业
商贸会展型	建设贸易展厅、批发市场、购物中心、物流配送中心、服务配套设施，举办展会、展览、出口商品展销会	吸引外国客户和游客前来参观、洽谈、购物、投资，带动周边地区服务业的发展	服装城、小商品市场
创意产业型	废物工厂等工业园区改造成创意产业园，如北京 798；在原有行业的基础上进行技术研发、建筑设计、文化传媒、时尚消费等创意产业，如景德镇陶瓷	在主题公园、影视动漫基地、艺术园区、节庆演出地、新兴街区等创意区域参观展览，游览项目包括艺术绘画、知识讲座、聚会和观看艺术文艺节目	广告、建筑、艺术、工艺品、时装设计、音乐、表演、出版、电视广播、电影
工艺展示型	工艺展示制作过程和产品本身具有高度的艺术性和观赏性	观赏工艺，参观工艺美术馆，参与产品制作过程，购买产品、玻璃、陶瓷、雕塑、珠宝等工艺品	玻璃、陶瓷、雕刻、首饰等工艺制造

七、工业旅游项目类型

工业旅游项目体验类型可以分为生产参观型、文化感知型、环境欣赏型、学习观摩型、怀旧体验型以及购物娱乐型，见表 4-3[18]。

表 4-3　工业旅游项目分类

工业旅游项目类型	主要内容
生产参观型	观看公司生产产品的过程和生产流水线
文化感知型	体验企业精神、企业品牌、战略定位牌或者传统中华企业文化
环境欣赏型	参观企业优美的生产工作环境和现代化建筑
学习观摩型	学习先进的制作水平、观摩传统的工艺技术
怀旧体验型	重温传统的生产工厂、体验企业的历史
购物娱乐型	体验购买纪念品的愉悦以及满足感

在通常情况下，企业所开展的工业旅游往往是上述各个类型交叉发展此外，工业旅游的发展项目是在工业企业的生产过程、车间环境和企业文化的基础上发展起来的。

第二节　河南旅游业与工业融合发展现状

一、河南旅游业与工业融合发展现状

（一）数量与规模

2008 年之前，我国共有 345 家企业被国家旅游局授予了“全国工业旅游示范点”荣誉称号，在这 345 家中，有 19 家属于河南省（见表 4-4）[19]，占全国的 5.51%。而在这 19 家中，有 10 家是在 2004 年被批准的“全国工业旅游示范点”，而在随后的几年，被批准的“全国工业旅游示范点”逐渐减少，这也潜在地说明河南省工业旅游发展逐渐缓慢。

表 4-4　河南省“全国旅游示范点”

年份	全国旅游示范点
2004 年	河南金星啤酒集团有限公司、郑州三全食品股份有限公司、郑州宇通客车股份有限公司、河南安彩集团、许继集团有限公司、河南瑞贝卡发制品股份有限公司、河南黄河旋风股份有限公司、中国洛阳一拖集团、中国南车集团洛阳机车厂、新乡新飞集团
2005 年	无
2006 年	新郑奥星实业有限公司工业园、许昌卷烟总厂工业园、神马集团有限责任公司工业园、平高集团有限责任公司工业园
2007 年	南阳宛西制药厂工业旅游区、信阳羚锐制药股份有限公司工业旅游区、西平县棠溪剑业有限公司工业旅游区、焦作蒙牛乳业集团公司工业旅游区、郑州卷烟总厂工业旅游区

（二）空间分布

从空间分布的角度上来看，河南省被授予“全国工业旅游示范点”的空间分布表现出地域不均衡状态，并且具有“核心—外围”发展特点。其中有

15 家是围绕着以郑州为中心的中原城市群而分布的，几乎占到总数的 80%，见表 4–5[19] 和图 4–2[19]。

表 4–5　河南省"全国旅游示范点"

地区	郑州	许昌	洛阳	平顶山	新乡	焦作	安阳	南阳	驻马店	信阳
个数	5	4	2	2	1	1	1	1	1	1
累计百分比（%）	26. 32	47. 37	57. 9	68. 43	73. 70	78. 96	84. 22	89. 48	94. 74	100

注：河南省其他城市没有全国性工业旅游示范点，未列入表中。

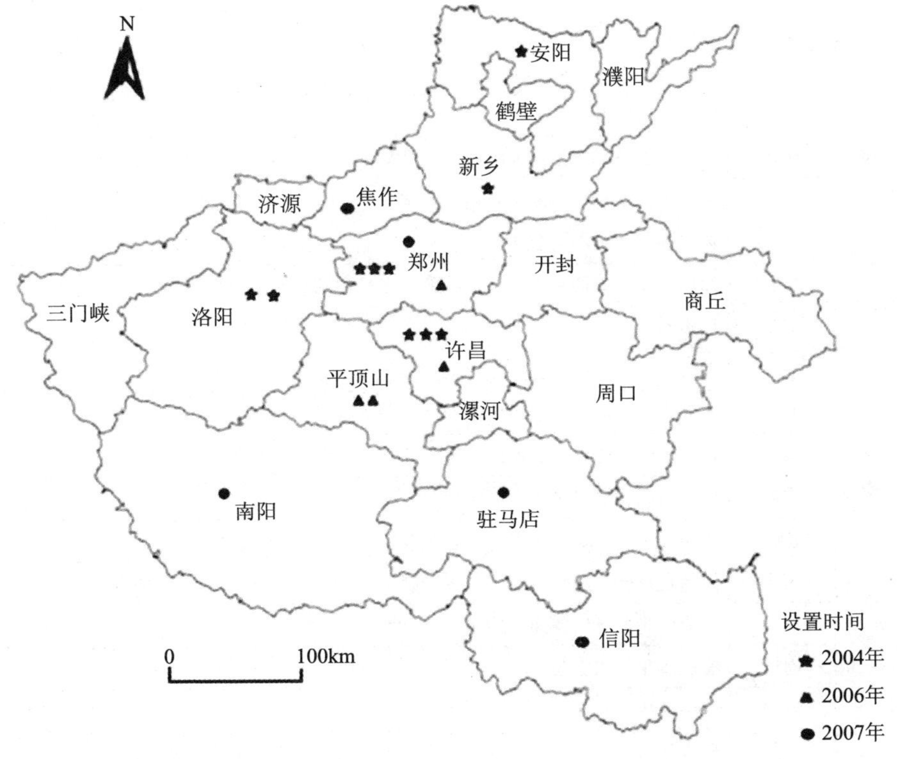

图 4–2　河南省全国性工业旅游示范点分布

（三）资源类型

根据全省工业旅游发展现状，按照其发展内容，大致可以分为食品类、酒饮类、医药类、烟草类以及工业遗址旅游五个工业旅游资源类型，见表 4–6。

表 4-6　河南省工业旅游资源类型

资源类型	地区	发展内容
食品类	鹤壁	大用食品：以家禽为主的食品加工
	郑州	三全食品、思念食品、好想你枣业、白象正龙集团
	开封	兴盛德老字号食品—独特的麻辣花生和花生糕
	商丘	科迪集团：速冻汤圆、水饺
	周口	莲花集团、逍遥镇方中山胡辣汤、莲花味精等调味品、金丝猴高级奶糖
	许昌	众品集团：从事农产品加工、食品制造业和低温物流服务业的专业化公司
	驻马店	南街村集团、十三香
	漯河	双汇集团：中国鸭肉加工第一品牌、漯河食品城
	信阳	华英食品、中国鸭肉加工第一品牌
酒饮类	新乡	娃哈哈饮料制品
	焦作	蒙牛乳业分公司：中原地区的奶乳加工企业
	郑州	太古可口可乐：碳酸饮料生产基地 金星啤酒—全国工业旅游示范点
	三门峡	仰韶酒业：以仰韶文化为依托的老字号白酒企业
	洛阳	杜康酒
	商丘	张弓酒业：传统酒业，“中国的 XO”
	周口	四五酒业：以四五老酒为主产品的白酒企业
	漯河	乐天澳的利饮料—目前国内最大葡萄糖饮料生产企业
	南阳	赊店酒业：赊店老酒，天长地久
医药类	新乡	辛翔华兰、SakAki 制药、华星制药
	焦作	保和堂制药、药用辅料厂，平光制药
	郑州	仲景药业、灵佑制药、瑞龙药业
	周口	辅仁药业、四方药业
	信阳	羚锐制药
	南阳	宛西制药、天冠制药、福森药业、康普药业、镇平医药工业集聚区
烟草类	安阳	红旗渠、丝绸之路
	郑州	黄金叶
	漯河	沙河
	新郑	豫烟王、芒果
	许昌	金许昌、帝豪
	驻马店	853、发时达

续表

资源类型	地区	发展内容
烟草类	汝州	云河、烟鬼
	信仰	红茶花
	南阳	群英会、皇后
工业遗址类	安阳	相州窑遗址：主要产品有青瓷、黑瓷、白瓷、白釉点黑彩瓷等
	巩义	苇园瓷窑遗址：主要产品有青、黑、白、紫、黄等色釉瓷等；黄冶唐三彩窑址—主要产品唐三彩
	鲁山	段店瓷窑遗址：主要产品有黑釉、花釉、白地黑花、钧瓷、汝瓷、三彩等
	鹤壁	鹤壁集窑遗址：主要产品有黑釉、黄釉、白釉、白地黑花、钧瓷
	登封	曲河窑遗址：主要产品有白釉、黑釉、青釉、珍珠地划花等
	郏县	黄道瓷窑遗址：主要产品有黑釉、黄釉、天蓝釉上加天蓝或月白色斑点的瓷器等
	新密	西关瓷窑遗址：主要产品有白瓷、黑瓷、珍珠地划花等 窑沟瓷窑遗址—主要产品有白釉、黑釉刻花、黄釉、灰釉瓷等
	禹州	钧台钧窑遗址：主要产品有钧瓷、汝瓷、影青瓷、天目瓷等 扒村瓷窑遗址—主要产品有白地黑花瓷、白地划花、三彩等
	宝丰	清凉寺汝窑遗址：主要产品有汝官瓷、白瓷、三彩、黑瓷、影青等
	修武	当阳峪窑遗址：主要产品有白釉、酱釉、黑釉、绞胎瓷、三彩等
	焦作	西王封窑遗址：主要产品有白瓷、黑瓷、白地黑花、珍珠地划花等

二、河南旅游业与工业融合发展 SWOT 分析

SWOT 分析方法是一种企业或者行业竞争态势的分析方法，是通过对行业优势、劣势、机会和威胁的评估，对企业或行业的竞争优势进行全面深入的分析。在分析旅游开发的战略优势和竞争优势时，也普遍使用 SWOT 分析方法，通过综合剖析企业内部条件和外部环境，对工业旅游的整个体系进行评价，从而选择最优的经营发展战略。

（一）优势（Strengths）

1. 工业旅游高端品牌较多

目前，河南拥有一批具有培育和发展高端品牌工业旅游景区基础和潜力的工业旅游企业，比如新飞电器有限公司、漯河双汇集团、安阳彩色显像管

玻壳有限公司、神马集团、中国第一拖拉机工程机械公司以及河南莲花集团都树立了较有知名度的工业旅游品牌。新飞电器有限公司是世界三强之一的冰箱行业，是中国最大的无氟冰箱生产基地；漯河双汇集团被国家商标局认定为“中国驰名商标”，具有当前国内最大的屠宰、肉类加工和罐头加工基地；安阳彩色显像管玻壳有限公司是中国最大的显像管玻壳出产公司；神马集团是中国最大的尼龙帘子布生产厂家；中国第一拖拉机工程机械公司为我国最大的农机及工程机械制造企业；河南莲花集团是生产味精产量是目前世界上排名第三的、亚洲第一的企业；此外还有一些著名的传统工艺品企业也树立了较为知名的工业旅游品牌，如洛玻集团的浮法玻璃、洛阳北方易初摩托车集团、许继集团、洛阳轴承厂的轴承、华中医药集团、洛阳铜加工厂、禹州市绣工艺厂等生产的钧瓷厂和陶瓷生产厂以及开封的汴锈厂等。

2. 旅游资源丰富，潜力巨大

目前，全省拥有五大世界文化遗产、8 座国家级的历史文化名城、4 处世界地质公园、1 处国家级旅游度假区、5 处国家生态旅游示范区以及 13 家国家 5A 级旅游景区，这里精品品牌富集，为打造多样化、个性化、创新性的旅游产品提供了良好条件。同时，旺盛的市场需求扩大了旅游业发展的空间，以郑州航空港经济综合试验区为中心的“2 小时航空经济圈”和以郑州为中心的“米”字形高铁、城铁形成的“两个半小时旅游圈”，将为河南旅游发展带来巨大的客源，同时也为工业旅游的开发奠定了良好的资源基础。

3. 区位交通优势得到强化

以郑州为中心的“米”字形高铁网加速构建，国家八大枢纽机场之一的郑州航空港建成，以高速公路为主骨架，以国道干线、省道干线为依托，以四通八达、纵横交错的县乡级公路为支脉的交通网络业已形成，河南成为空地对接、多种交通方式构成的现代化、国际化枢纽区域，交通便利，可进入性强。

（二）劣势（Weakness）

虽然目前河南省的工业旅游有了较快速度的发展，但是与国内其他省份以及国内发达的地区相比，河南省工业旅游还存在着许多瓶颈制约和突出问题，集中体现在以下几个方面：

1. 工业旅游要素发展落后于市场需求

工业旅游要素发展落后于市场需求，个性化、定制化产品欠缺，缺乏具有观光、休闲、度假、娱乐、购物、养生等多种功能的大型工业旅游综合体，旅游购物市场发展滞后，工业旅游企业规模小、无序、分散和薄弱，核心竞争力不强，产业旅游产业发展优势不明显。

2. 工业旅游产业层次低，国际化程度不够

全省工业旅游产业层次低，国际化程度不高，入境游滞后，国内客源近八成来自河南省内，人均消费水平低，中高端、中远途游客比例较低，旅游产业整体水平与旅游资源大省现状不相称；工业旅游公共服务体系不健全，缺乏游客服务中心，旅游交通和公共交通对接不足，酒店布局和结构不合理，旅游公共信息服务能力不足，旅游专业人才特别是服务于高端消费及入境游市场的专业人才缺失。

3. 工业旅游体制机制有待强化，协同及融合性不够

目前河南工业旅游资源开发、产品规划、宣传营销、信息共享、行业协作等方面合力发挥不足，工业旅游体制机制有待强化，协同及融合性不够。工业旅游存在着大范围的粗放式管理，并且存在着服务设施不健全，服务意识低下，难以满足游客丰富的需求。

4. 工业旅游产品的结构较为单一

河南省工业旅游产品结构较为单一，资源缺乏整合性，从而在工业旅游方面的发展会缺少足够的吸引力。虽然河南省工业企业数量多，旅游企业数量显著，但二者之间缺乏有效的合作，而河南省跨区域旅游资源产业也缺乏有效的整合和优化配置。

（三）机遇（Opportunity）

目前，国家大力鼓励粗放型产业向创新驱动型产业转型，这给旅游产业的持续快速发展带来了机遇，河南省旅游产业将进入快速发展、创新发展的战略机遇期和重大转型期。

1. 国际旅游业的发展和变化显而易见

世界旅游业快速发展，不仅能够促进经济增长，而且提供更多的就业机会，促进就业率的提高。国际旅游业的格局正在发生翻天覆地的改变，发展的重心将会向东转移，世界的第二大国际旅游目的地将从美洲转移到以中国为代表的亚太地区。新兴经济体成为世界主要的出境客源国和世界旅游经济平稳运行的重要动力。同时，国际旅游竞争更加激烈，自然灾害、政治和地区冲突等全球旅游业发展的不确定因素增多。

2. 中国旅游产业进入快速发展黄金期

在我国经济进入新常态的重要时期，国家大力鼓励发展高新技术产业和服务业等第三产业，并且，服务业越来越成为国家经济发展的支柱型产业，而旅游业作为服务业的重要组成部分，其投资和消费都将带动经济的增长和扩大内需。2015 年，国家主席习近平提出加强供给侧结构性改革，这也给旅游业自身的结构转型带来了新机遇，给优化旅游产业结构、丰富旅游供给、提高旅游服务质量以及改善旅游市场消费环境提供动力。“一带一路”战略深入实施，为沿线中西部地区构建了新的旅游产业发展平台。旅游业进入国家战略体系，极大提升了旅游可行性和游客出行质量，推动了“自助游”和“深度游”新线路的开发。“互联网+旅游”深度融合，创新的方式让旅游出行更为顺畅、优质，这为工业旅游的融合发展提供了新机遇。

（四）挑战（Threats）

1. 其他省份高品质工业旅游资源富集，屏蔽性较大

目前，部分省份工业旅游已经比较成熟，尤其是东部沿海省份，工业旅游发展势头强劲，这给河南省工业旅游的发展带来了巨大的压力。例如，上海市将宝钢、江南造船厂、大众汽车有限公司这些开展工业旅游的企业规划了 10 余条现代化的工业旅游路线；青岛市开发了城市的新景观和新热点，大力发展“海尔工业旅游”。这些城市是国内比较早开发工业旅游的城市，发展设施比较健全，发展的知名度高，这也将给河南省工农业旅游市场带来一定的压力。另外，其他省份的一些高品级的工业旅游企业势必会对河南工业旅游有一定的屏蔽效应，比如安徽省奇瑞汽车有限公司开放其汽车生产线，供游客参观学习；被誉为“中国工业陶瓷之都”的江西省的龚杏（萍乡）产业城为游客开放生产陶瓷的工艺技术；山东省海尔集团开放工业园区、海尔科技馆、海尔广场供参观游览，并设有固定的游览线路，现已经发展成为集科技、旅游、休闲、文化为一体的现代化工业旅游工业园区；山东省东阿阿胶有限公司开放阿胶科技园，并建设阿胶博物馆供游客参观，不仅能够提供休闲旅游，而且具有拍摄影视剧的功效，同时宣传中医药文化。

2. 不同类型资源较多，面临竞争

工业旅游在河南省起步较晚，其所能提供给游客的旅游设施还不够健全，旅游产品的生产也比较单一，从而在与旅游设施比较健全的其他类型旅游业竞争时会表现出明显的劣势。目前，国内具有吸引力的旅游类型还多以观光旅游为主，工业旅游还没有受到大众的普遍接受，这也给工业旅游带来挑战。

第三节　河南旅游业与工业融合发展思路

一、指导思想

旅游业已成为河南省的支柱产业。河南省拥有丰富的旅游资源，应充分利用其资源优势，将其打造为旅游强省，同时又要在传统的旅游活动类型上进行具有地域性特色的创新。河南省旅游业“十三五”发展规划纲要明确指出，旅游产业的发展以现有的特色工业旅游示范区（点）为载体，大力发展现代工业观光旅游。河南省工业旅游业的发展，坚持以科学发展观为指导，促进河南省产业结构升级，以品牌建设为核心，创新发展模式、突出产业特色、坚持行业规范、展现工业风采，争取达到产业发展和工业旅游二者之间的良性互动，将河南省的旅游产业做大做强，实现为中原崛起做出建设性贡献的目标。

二、基本原则

1. 坚持政府引导、企业为主体、市场化运作的原则

强化政府引导，利用其政策和规划来转变企业的态度，使企业在工业观光旅游方面表现得更加积极，从而使得河南省旅游产品的开发能够进行市场化运作。

2. 坚持专业化管理、规范化发展的原则

将《全国工业旅游示范点检查验收标准（试行）》作为指导性原则，同时保持相互统一的准则，切实保证工业旅游景点的旅游服务质量和水准。

3. 坚持经济效益与社会效益相统一的原则

工业旅游的发展要统筹兼顾正常工业生产和开放旅游、工业产业的发展和保护环境相协调的关系，最终实现社会效益与经济效益相统一。

三、发展思路

推进旅游产业与新型工业化融合发展。以全产业旅游为指导、积极发展工业旅游，展示农业大省最新的工业文明成就。着力于发展具有河南特色的旅游产业，尤其注重发展河南省的工业观光型旅游、商务考察型旅游以及体验工业型旅游，积极地的引导各类工业企业发展具有其企业特色的工业旅游，延长企业的产业链，努力打造出多个具有代表性、影响范围广且体验性比较强的工业旅游示范点。工业企业在发展工业旅游商品时，政府需要引导和强化旅游商品的研发，从简单的旅游商品的研发到呈现旅游商品的制作工艺与体验其制作工艺的转变，从而实现从旅游产品的研发逐渐向旅游服务行业的转变。利用废弃矿山开发矿山公园，利用废旧厂房及工业设施发展工业文化创意基地。促进滑雪装备、露营装备、救援装备、登山装备、探险装备等旅游户外休闲活动的旅游产品和旅游保护用品以及特色旅游产品、大篷车索道、数字导航设施、旅游专用直升机、游乐设施等旅游装备产业的发展，培育一批具有全国影响力的旅游装备制造基地。同时要不断激励旅游相关产业的装备制造企业进行研发创新，按照国家已有的规定享受国家以及省科学技术厅的创新政策。

四、发展重点

（1）紧密围绕全省“一核三圈四廊四区”旅游产业发展空间格局，将产业集聚区、专业园区和工业创业园区作为重点，给予政策引导和支持，促使企业转变观念，拓展思路，开阔视野，将工业与旅游业有机结合，实现综合效益最大化。

（2）优先利用一些具有较高知名度的企业或公司开发具有特色和品牌性的工业旅游产品。可将已纳入“全国工业旅游示范点”的企业、著名品牌企业或特色企业、或者有足够的规模或市场认可度的企业，将其作为发展河南省工业旅游的重点培养对象。

（3）结合全域旅游，全面美化、亮化省内及周边景观、环境，引导、支持有条件的企业积极开展工业旅游项目，将工业设计、生产、产品运营过程作为吸引物，丰富河南旅游产品体系，做好旅游活动的配套服务设施和服务管理人才培训。

（4）全面规划工业园区、产业集聚区、农民创业园区景观与旅游服务设施，积极扶持双汇集团、金星啤酒发展有限公司、仰韶酒业、洛阳一拖集团公司等企业，提升品牌价值，实现工业与旅游相互促进、共同发展的有利局面。

（5）大力支持重点企业集团走工业生产与旅游文化、体育赛事相结合的发展道路，努力打造一批我国知名比赛基地、训练基地、人才培养基地等，使其成为河南省一块亮丽的名片。

（6）依托产业集聚区、工业创业园，积极扶持相关食品公司等优势企业，大力发展农副产品深加工，加强创新创意、不断推出新产品，生产具有地方特色的旅游产品和旅游消费品。

（7）以旅游商品的开发为先导，工业企业在发展工业旅游商品时，政府需要引导其强化旅游商品的研发，从简单的旅游商品制造向复杂的产品制作工艺展示与体验转变，从而实现从旅游商品的生产逐渐向旅游服务行业的转变。利用废弃矿山开发矿山公园，利用废旧厂房及工业设施发展工业文化创意基地。

（8）促进滑雪装备、露营装备、救援装备、登山装备、探险装备等旅游户外休闲活动的旅游产品和旅游保护用品以及特色旅游产品、大篷车索道、数字导航设施、旅游专用直升机、游乐设施等旅游装备产业的发展，培育一批具有全国影响力的旅游装备制造基地。同时要不断激励旅游相关产业的装备制造企业进行研发创新，按照国家已有的规定享受国家以及省科学技术厅的创新政策。

五、战略选择

1. 产业融合战略

积极推动工业与旅游业融合发展，使这些产业的生产经营活动和产品经过精心策划组织与创新性开发利用，有意识地融入旅游功能，使之在保持原有产业形态的前提下具备旅游产业属性，形成新型旅游资源，进而培育出工业旅游新型业态。

2. 彰显品牌战略

重点依托河南省“中国功夫国际旅游目的地”“中国古都文化国际旅游目的地”“中国根亲文化国际旅游目的地”“中国山地休闲国际旅游目的地”“中国温泉养生国际旅游目的地”等品牌优势，发展“大文化、大旅游”产业，打造“华夏历史文明传承创新区核心区”“世界知名的旅游目的地”“中国中部地区旅游集散中心”。

3. 生态绿色发展战略

坚持树立绿色发展的理念，打造资源节约型和环境友好型的旅游产品，在“吃、住、行、游、购、娱”等旅游要素进行生态化改造，积极发展绿色餐饮、绿色住宿、绿色交通等发展模式，倡导绿色消费，使生态化、可持续的发展理念贯彻始终。

4. 区域协调发展战略

发挥河南地处全国交通枢纽的区域优势，以区域协作、互利多赢为主导思想，形成产品互补、资源共享、市场共建、信息互通的区域协作格局。

5. 文化活化战略

文化活化战略主要是在把握这种遗址、遗产类旅游资源所体现的文化的基础上，对这些文化的内涵进一步延伸，开发除观光旅游产品以外的文化体验型旅游产品。

第四节　河南旅游业与工业融合发展典型案例

一、国内典型工业旅游发展模式

旅游发展模式是特定时期内，国家、地区、企业等主体发展旅游的总体方式，具有概括性、阶段性、相对稳定性和特指性等特征。该模式一般具有普遍性、特异性、相对稳定性、阶段性和概括性等[20]。目前国内关于工业旅游发展模式的研究较多[21~23]，具体如下：

（一）不同融合程度的工业旅游发展模式

在工业企业生产基地中，根据各类产业整合的基本特点，为主要产业和旅游产业的整合提出了三种交融的形式[24]，见图 4-3。工业生产基地在发展为创新型工业旅游的进程中，其主要产业的研发生产活动和与其相关的旅游活动，二者在功能上和空间平台同时进行新格局的演化，使得工业旅游基地的旅游发展模式也随着不断发生着变化[21]。

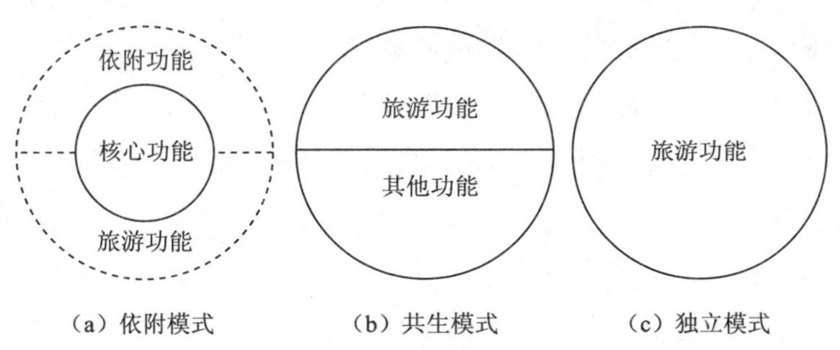

图 4-3　不同融合程度的工业旅游发展模式

1. 依附模式

该模式是其他产业与旅游业相互协调的产物，是资源整合的重要路径。该模式意味着旅游业的发展必须以原有的生产经营活动为基础，是原有的生产经营活动和商品的旅游体验的结合。这个模式的典型代表性旅游产业是产品研发线上的参观式体验和参与式体验。最新的技术或产品对人们很有吸引力，他们对设施、设备的研发制作和生产过程很有兴趣，并能现场体验最新的产品和文化，以上涉及的内容就是在该模式下旅游体验的核心内容。这种模式对原始研发活动的核心功能有依附作用，将原始生产生活资源用作旅游资源进行开发利用。该模式的旅游价值大都来源于与生产活动息息相关的生产资料的价值。因此，不断发展新的内容是主导产业和旅游管理模式的核心。与此同时，原始研发活动经过旅游功能的融合，便能在生产产品的前期起到一定程度的宣传作用，汇集人气，对其发展有着较好的促进和补充作用。

2. 共生模式

共生模式是旅游服务业与工业在技术、功能、产品等方面相互交融后的综合产物。在这种模式下，旅游业的发展是其主要经营的活动之一，它需要旅游业的经营活动与其他相关联经营活动的共同发展和相互支持，这样才能使该旅游模式得以继续存在和发展。这种模式主要根据企业现实状况的需求，然后将多种可能相关联的功能进行整合，再给予企业和其研发生产的产品相应的文化价值，从而创造出各种相关业务活动所匹配价值的成果。该模式的典型代表是工业生产基地的技术和产品展示的交流中心。该模式的主要目的并不只是为了吸引诸如同交易商、经营合作商一样的商务人员来进行参观、体验工业旅游产品，还能为旅游者提供观光以及参与体验，并且可以举办各种主题会展节庆活动。这些功能可以整合在同一个模式上，并且这些功能是属于除工业基地研发生产制造功能以外性质相同或相近的功能。因为这一类经营活动与旅游活动具有比较类似的活动性质，即与产品有关的事项之间的相互交流和展示，并且旅游活动是可以在短时间内频繁开展的，因此两种活动相互之间能够具有互补属性；这两类活动在内容上具有更多的相关性和重叠性，可以共享很多相关联的资源。总而言之，这两种活动之间在一定程度上存在相关性和依赖性。但是，由于二者在受众目标以及所达目的不相同，因此在其模式的设计、研发、开展和运行等方面需要技术人员的灵活掌控。在这种模式下，大部分的体验内容都是对其产品、衍生物以及其技术的介绍和再现，但展示渠道和方式是多种多样的。与此同时，这种模式也需要满足这两种活动内部相似的需求，并且在主导产业和旅游的技术、产品之间进行融合时很难进行更为简单的运用。

3. 独立模式

独立模式主要将工业生产基地的产品文化内容，打造出专供游客体验的活动项目。这种模式的发展是对企业旅游资源开发模式的质的突破。这种模式看重的是旅游目的地空间的专用化和旅游目的地功能的专业化，从而更容易地借助经营旅游活动来寻求经济发展，并且可以通过参与各式各样的旅游项目来提高旅游体验等，进而更大程度的发展和挖掘出旅游产业的价值。这种模式对企业原有的产业市场和旅游市场有更高的要求，不仅需要二者有更大范围的融合，并且需要工业企业的主导产业和其开发的旅游活动在旅游商品和技术上进行更加普遍、灵活、深入地融合。在国内，科技研发基地的体验馆就是这种模式结果的典型代表，这类体验相比较而言更为容易、常见，同时其设计也十分新颖。在这种模式下，能够给进行体验的游客供给多种多样主题的观光体验和一些与此相关的器械类娱乐项目的体验，比如供给情景模拟空间，当然，更有甚者还提供 3D 虚拟空间等。好莱坞环球影城中的一些独立旅游开发模式比如侏罗纪主题公园、变形金刚、3D 过山车等项目都用来供游客进行娱乐体验，并且其在影城行业中发展得较为成熟，特别值得其他工业生产基地借鉴。

以上所涉及的三个模式在企业主导产业和旅游行业的资源、技术、产品、市场等环节的融合中各有侧重，又由于企业主导产业在这些方面同时受到其内部属性的作用，因此在旅游行业的具体应用也各不相同，各模式的发展需要结合企业的实际发展需求和主导产业与旅游行业两个市场相互融合的范围，因此，这两个产业的资源、技术、产品、市场等环节都可能呈现出各不相同的融合效果。总之，这三个模式提供了不同的体验形式和体验内容。

（二）多要素共同发展的工业旅游发展模式

针对工业旅游发展模式的具体情况，有人对工业旅游设计中的薄弱环节进行了有针对性的改进，从而设计了一个较为适宜的产业旅游发展模式来带动这种新型旅游的发展，即利用工业资源为原料来开发工业旅游。旅游业将旅游行业服务和工业资源结合起来，通过观光体验的形式再加以催化，然后再通过信息网络将旅游业和工业连接起来，实现其在市场、资源以及游客等方面的信息共享。多种多样的信息和资源在一个较大的空间内进行整合并相互渗透，从而达到将工业和旅游业进行相互融合的目的。工业企业在开展工业旅游时，要生产出更优质量的旅游产品则还需要除自身以外的三个动力来支撑，即政府指导、市场需求和企业推广[25]（图 4-4）。

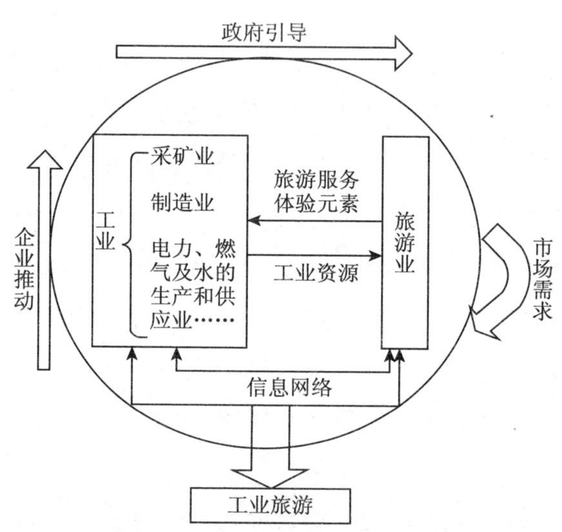

图 4-4　多要素共同发展的工业旅游发展模式

（三）“橄榄式”发展模式

有学者认为工业与旅游业的融合发展不能局限在工业旅游方面的讨论，应充分利用工业和旅游产业融合的特性，以其自身的资源条件为出发点，延伸产业链，发展多种类型、多层次的产品形式，使静态资源能够在某种意义上“活”起来和“动”起来。这可以通过两种方式来进行：一是通过出色的表面现象为游客提供感官享受；二是通过其浓厚的内在为游客提供心灵上的诚挚体验。通过饮食、生活、旅游、购物、购物和娱乐六个方面来表现其出色的表象，从而对游客的视觉、嗅觉、味觉、听觉和触觉形成多重刺激；浓厚的内在含义可以从其科学文化和企业文化这两个方面着手，从而使得这种新模式的旅游能够深入人心。多元的感官刺激和浓厚的内在含义相辅相成，最终为游客带来全面的身心享受。上述这种工业旅游发展模式逐渐深入又逐一统一，就像一颗橄榄一样，故将此称为“橄榄式”发展模式[26]，具体见图 4-5。

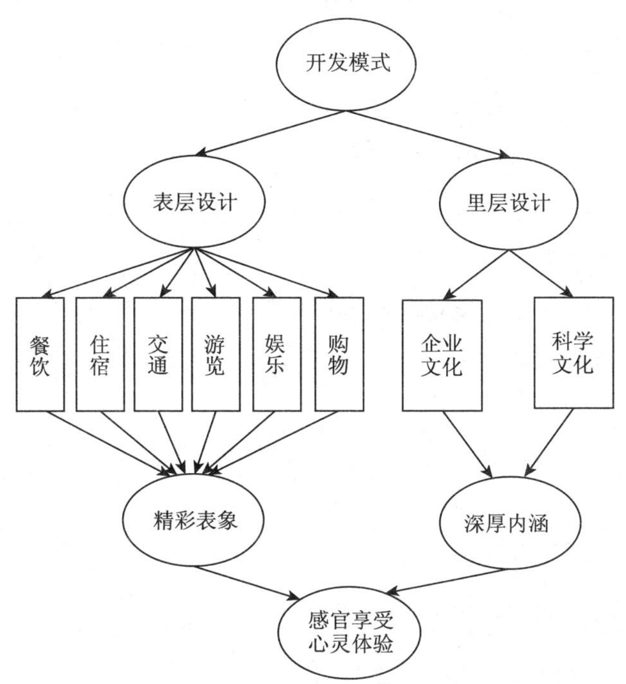

图 4-5　“橄榄式”发展模式

还有学者提出了不同的看法。如：付业勤、郑向敏（2012）在研究这种新型模式的旅游时，基于我国工业化程度和旅游行业的发展状况以及工业企业所拥有的资源的类型的角度，认为工业旅游开发模式可以概括为：生产过程型、工业园区型、工业景观型、传承文化型、商业贸易会展型等 7 种。各类发展模式的资源内容、游览方式和适用范围等。涂小华、陈晓龙等（2010）从工业旅游产品的角度，将开发模式分为具体产品开发模式、综合景区模式、综合旅游模式三类[24]，其中，具体的产品开发模式是指以特定的生产为基础的工业旅游模式的过程显示，中国大多数的工业旅游都是这种发展模式。例如，沈阳航空博物馆专注于研发飞机工业产品和其制造工艺；鞍钢则专注于研发起钢铁工业产品及其制造工艺和场景；青岛啤酒公司则专注于研发其啤酒的研发过程及其工艺。综合景区模式是指把工业旅游景区开发成一个满足游客饮食、住宿、娱乐、休闲、购物等于一体的多功能型景区。许多工业旅游景区组建了自己的旅行团，例如，青岛港有一个 21 人构成的规范合法的旅行社；“长虹之旅”是长虹集团的旅游观光接待团队，主要负责游客的饮食、住宿、娱乐、休闲、购物等多方面的综合安排。把工业旅游与基地附近的自然状况和人文环境相融合起来的综合的开发模式属于综合旅游开发模式。四川泸州老窖就是一个典型的综合旅游案例，它将其特色的现代化酿酒工艺过程、其品牌悠久的历史文化气息和其清新雅致的厂区环境相结合，从而吸引了大量的外出旅行者。

在对国内工业旅游产品开发研究时，吴相利（2003）总结了十种旅游发展模式及案例[25]，见表4-7。

表4-7　旅游发展模式

类型	城市型	商品型	中心性	景观型	扩展型	场景型	产品型	文化型	外延型	综合型
典型代表	大庆	华富	海尔	丰满	一汽大众	鞍钢集团	沈航集团	汾酒	隆力奇	泰达

可以看出国内工业旅游发展模式众多，工业旅游正在如火如荼地发展，这将为河南工业旅游的发展提供很好的借鉴。

二、河南旅游业与工业融合发展模式及典型案例

综合考虑以上我国工业旅游的发展模式，结合河南工业旅游发展发展现状，目前河南省旅游业与工业融合发展模式及典型案例如下：

（一）名牌企业主题园发展模式——金星啤酒

这种模式的主要特点是在开发工业旅游产品时，借助于许多大型企业的名牌效应所带来的吸引力，围绕该企业的工业特色、特有技术进行产品开发，从而兴建合乎企业文化的主题旅游基地，进而开展名牌品牌企业观光旅游。目前，这种模式的工业旅游在北美洲和欧洲已逐渐兴起。宝马、大众等德国名牌汽车企业都建立了上述类似的商用性质的主题企业旅游园，其中，大众公司建立的汽车城每年都能吸引100万以上的外来旅游者前来观光。在荷兰的喜力啤酒公司所成立的企业体验园，在开业第二年就吸引了25万多名外国游客，并在荷兰获得了旅游行业国家奖，而这个象征着喜力啤酒公司的体验园区是荷兰全国最好的旅游点[27]。河南省开发此类模式的工业旅游资源比较

丰富。例如，中国一拖集团、宇通客车厂、新飞电器有限公司、洛阳轴承、金星啤酒等企业的旅游基地均具备这种类型工业旅游的特点。特别是金星啤酒，其所生产的商品与一般百姓的正常生活息息相关，因而更具有亲和力。

金星啤酒集团有限公司成立于1995年10月，主要从事啤酒的生产、加工和销售，已形成集工业、贸易、科研三位一体的全国三大啤酒集团企业之一。金星集团拥有16家子公司，拥有现代化的灌装生产线，高达200万吨的啤酒年生产能力，连续五年进入中国啤酒企业四强。企业和产品曾先后获得“全国食品行业质量效益型企业”“河南省著名商标”“中国食品百强企业”“中国名牌产品”“河南省工业百强企业”“全国食品行业质量效益型企业”等多项省级和国家级以上的殊荣。

在工业旅游方面，金星啤酒的发展模式的主要特点是工业旅游产品是紧紧围绕本工业企业工业生产、技术、产品、主题园区这一中心进行开发的，主题十分明确。金星啤酒集团在2004年6月被国家旅游局正式授予“国家工业旅游示范点”，同时全国范围内唯一一个中西部啤酒行业中的工业旅游示范点。通过相关数据显示，金星啤酒工业园区的旅游旺季主要在5~9月，而这正处在夏季，处于啤酒的热销季，每年金星啤酒集团接待来自省内外4万余人次参观、考察，接待旅客超过2000万人次。

1. 开发工业旅游的条件

（1）优雅的厂区环境。金星集团的工作场所不仅环境优美，而且建筑风格典雅高贵，办公大楼和厂房仓库都充分体现了现代工业和自然相互结合的和谐统一，金星集团厂商被郑州市政府命名为“花园式企业”。优良的工作环境使员工的工作效率大大的提升，同时也利于工业旅游的发展。

（2）技术先进，设备一流。金星啤酒有限公司采用的是世界先进水平的Carlsberg和Lanma生产工艺，这是从丹麦和美国所引进的先进生产工艺，并且生产啤酒的主要设备由国外著名的先进企业进口。在金星集团开发工业旅游这个项目中，企业可以给游客提供观赏到国外先进生产技术水平的机会，这对于游客也有较大的吸引力，同时也是金星集团发展工业旅游的核心优势。

（3）拥有浓厚的文化氛围。企业拥有“品牌能创造效益，讲危机是预防危机”的经营理念，“勤劳、雷厉风行、开拓进取、敢于拼搏”的企业精神，本着“以质量求生存、创名牌求发展、靠信誉赢市场”的质量方针，全面发展企业的业务。“主市场、大品牌”是金星集团市场管理的战略定位，不断开拓进取，积极实现战略转型，早日实现“面向国家、面向世界”的战略目标。在企业内，各处都规范地张贴着企业的经营理念、企业精神、质量方针以及战略目标，使企业文化得以培养和宣传，同时也为工业旅游的发展奠定文化基础。

2. 开发工业旅游的主题

为打造工业旅游品牌，金星集团提出了“朋友，请到金星来”这个较有亲和力的宣传主题，这同时也增强了游客对工业旅游的兴趣。

3. 开发工业旅游的宗旨

金星啤酒开发工业旅游的宗旨在于让社会公众零距离的接触到金星啤酒的生产过程，这对于金星集团来说，也起到了一种宣传作用，增加金星啤酒的市场占有度，使消费者真正地体会到“时尚、文明、科技、绿色、服务”的经营理念，提升品牌信誉度。

4. 开发工业旅游的内容

金星啤酒集团所开发的工业旅游路线是从厂区展览厅、盆景园、生产车间到品尝活动区，游览路线都会有专业的导游带领，讲解金星公司的发展历程和卓越历史，为了给游客提供一个宽松、自由、开放、活跃的旅游气氛。在参观结束后，游客中心会带领游客品尝啤酒、并且还有现场抽奖活动，在活动中，游客将有机会获得纪念品，如太阳帽、钥匙链、开瓶器等，这将确保游客留在车间两个多小时，同时也提高了游客的印象。

（二）以旅游商品为核心的发展模式——双汇集团

这种模式的工业旅游主要的特点是凭借工业生产的商品为核心来带动该企业旅游的发展。汴绣是开封旅游商品的代表物，其主要以中国有名的古书画为对象进行绣制，汴绣的主要代表作品为张择端画的《清明上河图》，最近几年，绣制的对象又增加了一些，但是以各国元首和著名人士为主。开封汴绣曾获奖百余次，其中包含了国家部委、河南省人民政府、国际博览会等重要权威机构颁发的优质产品奖、金银奖、工艺美术百花奖等众多奖项。它的许多作品都在北京人民大会堂展出和收藏。产品远销欧洲、美洲以及亚洲等30多个国家和地区。开封汴绣品种多样，分为单面绣、双绣、双面绣等，其作品生动、色彩丰富、工艺精湛、立体感强，深受人们喜爱，是游客和收藏家的最佳选择。工厂应大力开发旅游纪念品和工艺品市场，通过开发和管理旅游商品，促进旅游业在包括购物，观光和休闲等众多方面的全面发展。除此之外，新安澄泥砚、洛阳的唐三彩等工业旅游项目均有以商品为核心的特点。

双汇集团有限公司成立于2002年，坐落在河南省漯河市，加工范围主要为肉制品，肉类产品的年生产和销售量约300万吨，并且全国各省市除了新疆、西藏外都拥有双汇产品的销售终端，数量高达近百万。双汇在全国18个省（市）建有30多个现代化工业基地，也是目前国内最大的肉类加工基地。所形成的附属配套产业涉及养殖、饲料、屠宰、肉制品加工、新材料包装、冷遇物流和连锁商业等。双汇品牌市场价值高达497亿元，连续20多年在国内肉类加工行业中排名第一，同时也是农业产业化国家的重点龙头企业。双汇集团的成功，引发了国内外同行业的企业前来参观学习，这给双汇集团的发展带来了促进作用，有利于双汇集团品牌的树立和自身形象的宣传，同时为开展工业旅游的发展打下了坚实的基础。

1. 开发工业旅游的优势

（1）品牌的知名度高。双汇品牌是中国肉类加工企业中的佼佼者，具有较高的市场占有度和品牌知名度，这给工业旅游的发展带来了契机。

（2）政府政策的支持。漯河市一直以来大力发展旅游业，并且双汇集团是漯河市发展工业旅游的重中之重，漯河市在总体规划自身旅游发展时，将南街村、双汇工业园等工农业旅游规划到工业旅游的发展重点，主要目的是使这些金牌企业发挥重要的宣传作用。

（3）交通条件便利。漯河位于我国的中南部、河南省中部，是全国重要的交通枢纽城市，距新郑国际机场仅50分钟车程。连接石家庄—武汉、北京—广州、漯河—曲阜、孟宝铁路四条铁路、北京至香港澳门高速公路、南京—洛阳高速公路两条高速公路以及107国道和5条省道，交通十分便利，既有密集的交通线又有合理的布局，这给工业旅游的发展提供了便利的条件，使游客的可进入性得以最大的满足。

（4）旅游基础设施相对完善。近年来，漯河的经济和社会事业取得了巨大的进步，通过各种创优创新活动，已经连续荣获“中国人居环境范例奖”“中国品牌城市”“食品名城”“中国特色魅力城市”等荣誉称号。并且，市民的文明素质随着教育的普及有了较大的提高，社会的治安状况也有明显的好转，交通、通信、水电、医疗等基础设施逐步完善，旅游服务的水平也有一定的提升，到达了一定水平。截至 2015 年年底，全市共有国内旅行社 15 家，星级酒店 79 家，形成了较为完备的旅游服务体系。

2. 开发工业旅游的目标

按照国家旅游局颁布的《旅游景区质量等级评定与划分标准》以及《工农业旅游示范点标准》的要求，双汇集团通过精神的宣导、文化的树立以及旅游特色的挖掘，大力发展工业旅游项目，不仅将双汇工业旅游成为河南省工业旅游的特色和亮点，同时也满足游客的好奇心，提供休闲娱乐的场所。

3. 开发工业旅游的主要内容

为了弘扬双汇精神，以展示双汇文化为基础，以满足旅游者对双汇的成功故事需要的欲望，以一头猪是如何成为一千种肉制品为主线，让游客参观双汇生产线，到展示厅品尝和购买双汇产品等。

4. 开发工业旅游的形象定位

双汇集团一直本着“优质、高效、拼搏、创新、敬业、诚信”的企业精神，以“开创中国肉类品牌，引领肉类消费潮流，创造肉类美食享受”的企业使命，将建成“中国最大的肉类加工基地”为品牌定位，积极发展工业旅游项目。

5. 市场营销

截至 2015 年年底，河南省人口近 9480 万人，是国内的核心客源目标市场，并且主要营销重点主要集中在郑州、洛阳、开封、漯河及周边城市，约 5000 万人口。漯河市作为国内核心客源重要目标市场，主要综合沙澧河风景区、许慎文化园、开源森林公园、许南阁祠、小商桥、南街村景区、杨再兴墓及漯河市城市景观等旅游文化区共同打造漯河一小时旅游圈。

（三）以文化背景为核心的发展模式——宛西制药

这种模式的主要特点是充分挖掘工业生产和产品文化内涵，随之形成一种新的旅游产品模式，这种模式的产品基础是工业生产，并且其围绕工业生产和产品文化为中心来发展工业旅游。在中国，“杜康酒”得名于最初酿造这酒的先辈——杜康，距离今天已有3900多年的古老历史文化，曾被称为“贡酒”。杜康酒闻名遐迩，历史名人大多对其有较高的评价，三国时期，曹操曾用千古名句“何以解忧，唯有杜康”来赞誉杜康酒。李白的《将进酒》使用“人生得意须尽欢，莫使金樽空对月”的佳句赞誉杜康神曲美酒甲天下。苏东坡更是用“万般皆下品，唯有杜酒香，立下杜康祀，社稷保安康”来提高杜康酒的地位。无论是洛阳伊川的杜康酒厂还是汝阳的杜康酒厂都应该利用其独到的产品优势和地理位置优势，大力弘扬其酒文化，发展以酒文化为核心的旅游产品，例如：古老名酒的生产线、传统的酒窖、良好的贮酒、酒的勾兑、酒的过滤工序以及其打包装箱的工作线，都能将酒文化远播五湖四海；中国酒文化博览中心，成为目前最完善的国内酒文化历史宝库取决于其将中国历代酒类、酒史工艺、包装、酒器、史料等重要原因涵盖在内；在中国数千年酒文化的沉淀下开发的杜康村、杜康河、杜康泉、刘伶池、酒龟石、杜康墓等历史文化遗产，同时也增加了杜康村的休闲娱乐等旅游项目。

仲景宛西制药股份有限公司成立于1978年，坐落于张仲景的故乡河南南阳市，经营范围是以生产加工销售中成药产品。其中“月月舒”“仲景”等中成药品牌为“中国驰名商标”，并且入选为“中国商标500强”，多年来年销量全国第一。仲景宛西制药股份有限公司先后荣获“全国现场管理先进企业”“全国农业产业化重点龙头企业”“全国科普教育基地”“全国中医药文化宣传教育基地”“全国生态文化示范企业”“河南省工业百强企业”等荣誉。在工业旅游方面，2007年12月20日，河南宛西制药股份有限公司被国家旅游局批准为“全国工业旅游示范企业”。

在工业旅游方面，宛西制药发展模式的主要特点是将工业生产，特别是工业产品的文化内涵充分挖掘出来，并形成以工业生产为其产品基础，以工业生产及产品文化为中心的旅游产品模式。

1. 开发工业旅游的优势

仲景宛西制药股份有限公司具有得天独厚的地理位置，所在的生产地是“医圣”张仲景的故里，这里具有深厚的重要文化底蕴，人杰地灵，物华天宝，是开展工业旅游的先天优势。

2. 开发工业旅游的战略模式

按照建设“名企、名品、名店、名牌”的总体要求，仲景宛西制药通过品牌文化优势，已经形成的品牌效应以及自然资源优势，发展以观光旅游为中心的工业旅游基地，最终将企业打造成综合保健养生、休闲娱乐、观光旅游为一体的，展现中医药文化博大精深的公众参与中医药工业旅游示范景区。以此为背景，进一步的发展中医药产业，树立中医药品牌，在世界范围内宣传中医药文化，发扬中华灿烂文明。

此外，张仲景中医药文化旅游、中医药产业现代化建设成就展览、绿色中草药体验之旅，并列为旅游行业、企业发展的介绍，工业旅游已成为一种新的企业文化品牌，以企业文化推动企业发展，以企业发展丰富企业文化，进而实现互动双赢。现已形成以传统产业制造基地为中心，以绿色中药材基地、中成药加工制造基地、中成药新产品研发基地、中成药流通销售基地、中京医药文化传播基地为附属，形成工业旅游大格局，内容辐射南阳产品开发、中京文化展、郑州医药零售连锁，北京医药文化产品，科技研发等产业链，每年到企业参观考察的游客超过了万人次。

（四）综合旅游发展模式——焦作丹河电厂

工业旅游与常规旅游相结合是该模式的主要特点。也就是说，工业旅游的产品主体是该工业企业和依企业特色而建成的旅游风景区，工业和衍生风景区融为一体，依企业特色而建的旅游风景区在这个工业旅游产品中的地位尤为重要。

河南省第一个工业旅游景点就是焦作丹河电厂所打造的，其产品模式也是综合性的旅游模式。该发电厂位于太行山脉附近的丹河岸旁，地处青天河景区和丹河峡谷之间，是连接两个景点的要塞。丹河峡谷、青天河景区与丹河电厂所占有的旅游资源各不相同，同时也各有各自的特色，因此，丹河电厂可以有独立的旅游路线，也可以和这两个景点相互组合成多条旅游路线。当前，丹河电厂在其内部划分了两种旅游线路，分别为专业观光线路和普通旅游线路。在丹河电厂，游客不仅可以参观展厅还能对火力发电过程进行实地观摩，这样可以满足不同游客对游览的需求，还能传播和普及电力工业的发展史。

除此之外，还有舞钢市。舞钢市是河南省平顶山市代管的县级市，它是一个以钢铁工业为主且将当地山、水、自然风景融为一体的现代化工业旅游城市，不仅如此，具有千年历史的龙川文化遗址也在其附近。舞钢市因其有又大量的铁矿物而闻名，且因冶炼大量的钢成为县级市。自古以来，舞钢市都是冶炼钢铁的重要地方，其生产的“陆断牛马，水截鸿雁”的利剑闻名四海，舞钢市还有石漫滩国家森林公园，其景色优美，游客在游览工业区的同时还可以在该市游览山水文化，体验人文景观。

第五节 河南旅游业与工业融合发展策略

一、明确旅游业战略地位

明确旅游业总体发展在河南省社会经济发展中的战略支柱产业的前提下，对工业旅游进行明确定位，要认识到工业旅游对实现经济可持续发展，优化调整产业结构、促进地方经济文明建设中具有的重要作用。从顶层设计的高度，制定发展工业旅游的各项政策和保障机制。提升工业旅游在旅游业中的地位，积极利用多媒体渠道以及对外政务、商务及各种经济文化交流等途径，加强对河南工业旅游的宣传推介，将工业旅游融入现有的旅游项目与路线设计，科学规划多种工业旅游产品，提高河南工业旅游的社会知名度和游客好感度，发挥其特殊优势，通过对工业遗产等资源的适应性利用，突出河南城市文化特色，保存延续城市传统文脉，使工业旅游真正参与到河南省整体品牌形象建设中去。

二、发挥政府主导作用

政府在对工业旅游的发展现状、资源、市场需求等进行充分调研的基础上，编制发展规划，提出明确的工业旅游发展思路、发展方向、发展重点，引导工业旅游规范、健康发展。为了指导全省工业旅游工作健康发展，可以使旅游、宣传、教委、财政、文化等多个部门共同成立工业旅游协调小组，负责工业旅游的日常联络。还可以成立市场化运作的企业性组织——工业旅游促进中心，具体承担工业旅游的规划制定、组织协调、宣传推广、产品策划、人员培训等职能。政府部门引导工业旅游相关企业成立旅游行业协会工业旅游分会，在充分发挥政府引导作用的同时，建立工业旅游企业自律机制，进一步发挥企业积极性，鼓励和倡导诚信旅游、公平竞争，促进工业旅游市场的规范化。

三、构架多元化的工业旅游开发体系

做好旅游资源的综合开发，充分依托现有的旅游资源，大力推广开发工业旅游，形成优势互补的局面。将其由传统观念中的具体的工业设备、建筑、厂区旧址等扩展到老工业街区、整个工业城市的层面，由物质的工业遗产扩展到非物质工业遗产，全面挖掘、整理并评估所有可用的工业资源旅游价值。同时进行全新的产品设计，将工业旅游产品由各种工业建筑物、文物、纪念品等旅游吸引物，扩展到所在地整个自然与人文社会环境，包括具有工业城市气质的当地居民的生活方式、生活态度、行为、语言方式、文化及情感取向等，保护旅游产品的生命力。对整个城市的工业文化意象进行整体性保护，改善工业区生态环境，以核心旅游项目为中心，建设具有鲜明特色的工业旅游主体功能区，形成“个别景点—具体线路—成片景区—整个城镇”逐级发展的旅游格局，保障、拓展工业旅游的特定空间[27]。以郑州、开封、洛阳为龙头，以河南省内现有的工业旅游空间布局为依托，形成中原城市群和外围两大工业旅游区域，加强区域内城市与区域间的旅游开发合作与产业集群程度。根据不同游客的群体特点、结合市场需求，灵活采取创意园化、艺术区化、公共空间化、城市公园化、博物馆化、展览馆化、休闲度假区化等多种模式，丰富旅游项目类型。增加多媒体展示、真人体验等多种方式，提高旅游产品的互动性、参与性。以地域文化、历史内涵等为来源，提升工业旅游纪念品的创意含量、艺术品位与制作质量。推进工业旅游与商业、房地产业、手工业、服务业、餐饮业、娱乐休闲业、科技与文化教育等行业的产业融合与渗透，延长产业链条，创造衍生产品，保障在吃、住、行、玩、游、购等全方位的供给，使游客在进入目的地后的全部时空里获得多层面的旅游体验，增强工业旅游的吸引力。

四、加强工业旅游公共服务建设

在《河南省“十三五”旅游产业发展规划》中明确提出全省要逐渐实现全域旅游。全域旅游强调游客在旅游目的地的归属感，游客以“居民”的身份和心态获得深入、满意的亲身体验，感受到目的地人民的好客热情，才愿意长时间停留，甚至成为回头客。为此要从整体上创造全民积极参与“游客友好”的社会人文环境，创造卫生、宜居的自然生态环境，改善公共交通，加强信息咨询、游览引导、旅游解说等服务系统建设，提高工业旅游的科技含量，开发推广工业旅游相关内容在智能终端上的应用，以智慧旅游和精细化管理为方向，完善公共服务水平，使游客在 24 小时之内始终能感受到目的地的便捷、舒适与人性化的生活环境，延长旅游停留时间。在为外来游客提供优质服务的同时，结合工业遗产保护与旅游业适应性改造，改善城市整体格调与休闲环境，使当地居民也受惠于工业旅游的发展，共享高品质生活。

五、加强工业旅游产品宣传促销

国内外实践经验表明，工业旅游的主要客源市场以国内游客为主。因此，河南省工业旅游必须立足国内客源市场，做好旅游宣传和促销工作，树立清晰的河南工业旅游形象。首先，要充分利用报纸、音像、电视、画册、媒体等媒介对工业旅游进行大力宣传，让市民了解工业旅游，提高其参与工业旅游的意识，从而形成发展工业旅游良好的外部氛围。其次，要重视网络的功能，建立工业旅游资源项目库和门户网站，制作工业旅游网络“样品”，使旅游者在选定旅游产品之前先对其有一定的了解，可能会收到更好的效果。最后，工业旅游企业要积极利用本企业庞大的市场销售网络和销售队伍，促销工业旅游产品，增大工业旅游产品的引力范围，扩大客源。

六、加强专业人才培训

现代工业旅游具有很强的知识性，现代化的设备、复杂的工艺等都超出了一般游客的接受能力[26]，所以要发展壮大工业旅游，必须做好专业人才培训，特别是“全国工业旅游示范点”的企业相关人员的专业培训。合格的工业旅游导游员不仅要对游客所参观的工业企业有一个全面的了解，而且在某些方面甚至要具有很深的专业知识，这样才能使游客“游有所得，游有所获”。准备开发工业旅游的企业也要有专业人才，这样会使游览更顺利，真正使游人在游览中增长见识。

参考文献

[1] 姚宏. 发展中国工业旅游的思考 [J]. 资源开发与市场，1999，15 (2): 117-118.

[2] 张志军. 工业旅游——云南旅游产业后劲之一 [J]. 创造，2002 (1): 34-34.

[3] 佟春光. 工业旅游大创意 [J]. 企业研究，2001，(8): 54-55.

[4] 王宝恒. 我国工业旅游研究的回顾与思考 [J]. 厦门大学学报：哲学社会科学版，2003 (6): 108-114.

[5] 戴道平. 工业旅游：增强企业活力的一种有益尝试 [J]. 改革与战略，2002 (10): 26-28.

[6] 李蕾蕾. 逆工业化与工业遗产旅游开发：德国鲁尔区的实践过程与开发模式 [J]. 世界地理研究，2002 (3): 57-65.

[7] WooderS. Industrialtourism [J]. Insights，1992: 63-66.

[8] Tourism-IndustrialTourism [J/OL]. http: //www.centrovolta.it/laviadellenergia/inglese/turismo/.

[9] FoodFactories: ExploringtheAppealofTechnologicalTourism [J/OL]. ht-

tp：//chnm. gmu. edu/asa/viewabstract. php？id= 1065&cf= 3.

［10］TRAVELER′SJOURNAL2388 - industrialtourism［J/OL］. http：//www. travelersjournal. com/calendar/feb03/28. html.

［11］李蕾蕾．工业旅游与珠海金湾区旅游开发［J］. 地域研究与开发，2004（2）：72 - 75.［12］IndustrialTourism［J/OL］. http：//zululand. kzn. org. za/zululand/about/136. htm.

［13］付业勤，郑向敏．国内工业旅游发展研究［J］. 旅游研究，2012，4（3）：72-78.

［14］李长坡，王云．河南省工业旅游及其发展战略研究［J］. 许昌学院学报，2010，29（2）：123-126.

［15］赵焕焱：中外工业旅游18个案例［N］. 来源：迈点网．2016-12-02.

［16］邢丽涛．《全国工业旅游发展纲要》公开征求意见［N］. 中国旅游报，数字报，第01版，旅游报01版，2016-11-29.

［17］谢红彬，高玲．国外工业遗产再利用对福州马尾区工业旅游开发的启示［J］. 人文地理，2005，20（6）：52-55.

［18］付磊．工业旅游——中国旅游业的新亮点［M］. 2002-2004年中国旅游发展：分析与预测．北京：社会科学文献出版社，2003.

［19］李长坡，王云．河南省工业旅游及其发展战略研究［J］. 许昌学院学报，2010，29（2）：123-126.

［20］耿建忠，吴殿廷等．东北老工业基地资源型城市旅游发展研究［J］. 资源型城市，2010，04，0095-0101.

［21］梁坤，杜靖川．旅游产业融合视角下动漫产业园区的多维价值研究［J］. 商业研究，2013（12）：210-216.

［22］郭鲁芳，孙春华．基于产业融合视角下的工业旅游发展模式研究［J］. 浙江工商大学学报，2011，110（5）：0053-0057.

［23］樊信友，蒲勇剑．产业融合视角下的工业旅游发展研究［J］. 商业研究，2015，455（3）：0181-0186.

［24］涂小华，陈晓龙，王翠芳．我国工业旅游多层次与区域性发展现状及对策研究［J］. 江苏社会科学，2010，7：99-102.

[25] 吴相利. 中国工业旅游产品开发模式研究 [J]. 桂林旅游高等专科学校学报，2003 (3)：43-47.

[26] 孙艳红. 河南工业旅游的SWOT分析与战略选择 [J]. 河南科技大学学报 (社会科学版)，2005，23 (4)：86-90.

[27] 霍孟杰，安士伟. 发展河南工业旅游有关问题研究 [J]. 地域研究与开发，2006，25 (2)：77-80.

第五章　河南旅游业与文化产业融合与创新发展

随着我国旅游产业的升级和国家关于旅游和文化产业发展系列政策的相继出台，“文化旅游”迅速成为文化圈和旅游圈最火爆的热词，各地文化旅游项目方兴未艾。随着国民素质的全面提升，人们对旅游产品的文化需求也在不断升级，仅停留在观光层面的传统的旅游产品面临着向文化深度体验和休闲度假全面升级的挑战。因此，文化旅游作为一种具有深度体验性的旅游方式，必将成为未来旅游的主角。

第一节　文化旅游：旅游业与文化产业的融合发展

一、文化旅游的概念

（一）文化

文化是凝结在物质之中又游离于物质之外的，能够被传承的国家或民族的历史、地理、风土人情、传统习俗、生活方式、文学艺术、行为规范、思维方式、价值观念等，是人类之间进行交流的普遍认可的一种能够传承的意识形态。

（二）旅游

1. 技术性定义

旅游指为了休闲、商务或其他目的离开他们惯常环境，到某些地方并停留在那里，但连续不超过一年的活动。旅游目的包括六大类：休闲、娱乐、度假，探亲访友，商务、专业访问、健康医疗、宗教朝拜等。

2. 交往定义

德国的蒙根·罗德对旅游的定义："旅游从狭义的理解是那些暂时离开自己的住地，为了满足生活和文化的需要，或各种各样的愿望，而作为经济和文化商品的消费者逗留在异地的人的交往。注意：这个定义强调的是：旅游是一种社会交往活动。"[1]

3. 目的定义

20世纪50年代，奥地利维也纳经济大学旅游研究所对旅游的定义："旅游可以理解为是暂时在异地的人的空余时间的活动，主要是出于修养；其次是出于受教育、扩大知识和交际的原因的旅行；再是参加这样或那样的组织活动，以及改变有关的关系和作用。"[2]

4. 时间定义

马丁·普雷对旅游的定义："为了消遣而进行旅行，在某一个国家逗留的时间至少超过24小时。注意：这个定义强调的是，各个国家在进行国际旅游者统计时的统计标准之一：逗留的时间。"[2]

5. 相互关系定义

美国密执安大学的伯特·麦金托什和夏西肯特·格波特对旅游的定义为"在吸引和接待旅游及其访问者的过程中，由于游客、旅游企业、东道政府及东道地区的居民的相互作用而产生的一切现象和关系的总和。注意：这个定义强调的是：旅游引发的各种现象和关系，即旅游的综合性。"[2]

6. 生活方式定义

中国经济学家于光远对旅游的定义为，"旅游是现代社会中居民的一种短期性的特殊生活方式，这种生活方式的特点是：异地性、业余性和享受性。"[2]

（三）文化旅游

（1）文化旅游是以旅游文化的地域差异性为诱因，以文化的碰撞与互动为过程，以文化的相互融洽为结果的，它具有民族性、艺术性、神秘性、多样性、互动性等特征。文化旅游的过程就是旅游者对旅游资源文化内涵进行体验的过程，这也是文化旅游的主要功能之一，它给人一种超然的文化感受，这种文化感受以饱含文化内涵的旅游景点为载体，体现了审美情趣激发功能、教育启示功能和民族、宗教情感寄托功能。

（2）文化旅游泛指以鉴赏异国异地传统文化、追寻文化名人遗迹或参加当地举办的各种文化活动为目的的旅游。寻求文化享受成为当前旅游业出现的新时尚。文化旅游产业是一种特殊的综合性产业，因其关联性高、涉及面广、辐射性强、带动性强而成为新世纪经济社会发展中最具有活力的新兴产业。文化旅游包括历史遗迹、建筑、民族艺术、宗教等内容。其涵盖性强，几乎可以囊括所有相关的产业。

（3）文化旅游，是最近几年才出现并流行的一个名词，它的出现与游客需求的转变密切相关。因此，较为流行的定义是“那些以人文资源为主要内容的旅游活动，包括历史遗迹、建筑、民族艺术和民俗、宗教等方面”。还有的说法为文化旅游属于专项旅游的一种，是集政治、经济、教育、科技等于一体的大旅游活动。

综上所述，文化旅游就是以旅游经营者创造的观赏对象和休闲娱乐方式为消费内容，使旅游者获得富有文化内涵和深度参与旅游体验的旅游活动的集合。

二、文化旅游资源的类型

（一）历史文化资源

历史文化旅游资源是指能够被用来开展历史文化旅游活动的各类旅游资源。历史文化旅游资源是人类社会生活过程中的遗存，这种遗存可以为人类现在及今后的社会生活所利用。历史文化旅游资源实质上就是历史文化遗存，即文化遗产或文化遗址或文化遗迹[3]。

（二）民族文化旅游资源

中国有56个民族，是多民族聚居的国家。民族文化旅游资源包括了民族文学和民族服饰。

各民族的民间文学创作，题材和内容丰富多样，有反映人类开天辟地的创世史诗的，有民间神话、传说、故事，有各种演唱形式的山歌、情歌、古歌、酒歌等。这些文学作品，相当一部分在民间口耳相授世代流传，也有一部分使用文字记载的大型史诗。像纳西族的《创世纪》、傣族的《开天辟地故事》等，许多少数民族中都流传着洪水的故事，兄妹结婚，以及人是由葫芦中变出来的神话传说。

在阶级社会里，服饰本身并不仅仅是为了美化生活，也不是为了满足人们御寒遮体的本能需要，而是作为一种等级伦理观念的标志出现在社会生活中。服饰中最醒目、最活跃、最敏感的要素是色彩和服饰，色彩纹饰不仅仅是服饰的主旋律，而且是政治权力的标志。黄色和龙纹是帝王专用的，是神圣的、是不可侵犯的，除帝王自己用黄衣、龙纹外，其他官僚、诸侯王一律都不能使用。

（三）文学艺术旅游资源

我国文学艺术源远流长，形式多样，诗歌、散文、小说、戏曲、音乐、舞蹈、绘画、雕刻、杂技、魔术等种类繁多，且文化积淀深厚，在世界文学艺术宝库中独树一帜。文学艺术为旅游资源的鉴赏提供了方法和理论，旅游资源美学内涵的挖掘，在很大程度上依赖于文学艺术修养水平的高低。文学艺术以高度凝练的语言概括了景观的特色，挑明了审美特征，点化了意境，提高了旅游资源的旅游品位。文学艺术自身也可以单独进行开发，成为非常吸引游客的旅游佳品。如张继的《枫桥夜泊》，王勃的《滕王阁赋》，王羲之的《兰亭集序》，遂使得这些桥、阁、亭名扬四海，情景交融，文以景生，景以文显，文景互映，相得益彰。

（四）婚俗与特色食俗

中国古代婚姻礼俗讲究“六礼”，即“纳彩”（说媒）、“问名”（合八字）、“纳结”（正式提亲）、“纳征”（送彩礼、嫁妆）、“请期”（定娶亲吉日）、“亲迎”（娶亲）。六个环节成为婚姻不可或缺的内容。不同地区、不同民族的婚俗，具体表现形式存在很大差异。另外，餐饮是旅游的主要目的之一，其目的绝对不仅为果腹，更重要的是体验异国、异地风情与文明。因此，婚俗和特色食俗也是文化旅游资源的重要组成部分。

（五）传统节庆

节庆活动是在固定或不固定的日期内，以特定主题活动方式，约定俗成、世代相传的一种社会活动。节庆分类从性质可分为单一性和综合性节庆；从内容可分为祭祀节庆、纪念节庆、庆贺节庆、社交游乐节庆等；从时代性可分为传统性节庆和现代节庆。

（六）文化主题公园旅游资源

主题公园是一种人造旅游资源，它着重于特别的构想，围绕着一个或几个主题创造一系列有特别环境和气氛的项目吸引游客。主题公园的一个最基本特征——创意性，具有启示意义。园内所有的建筑色彩、造型、植被游乐项目等都为主题服务，共同构成游客容易辨认的特质和游园的线索。主题公园是现代旅游业在旅游资源的开发过程中所孕育产生的新的旅游吸引物，是自然资源和人文资源的一个或多个特定的主题，采用现代化的科学技术和多层次空间活动的设置方式，集诸多娱乐内容、休闲要素和服务接待设施于一体的现代旅游目的地[4]。

三、文化旅游资源的特点

（一）深厚的历史底蕴

文化旅游资源是人类历史的结晶，记载了不同国家和地区以及不同民族，在不同历史时期的社会形态、科技水平、生产和生活方式、观念信仰、审美意识、社会民俗风情、语言文字以及文化艺术等特征，反映了当时、当地社会文化的各个层面，历史文化底蕴深厚。

（二）杰出的人类创造

文化旅游资源是在人类社会发展过程中形成的，是人类创造能力的真实记录，是历史文化理念的传承遗存。文化旅游资源不仅是古人文化创造的持续利用，也可以因为今人的继续创造而不断更新。文化旅游资源的集合，会因为人类无穷的创造力而不断扩展延伸。

（三）典型的地域特征

文化旅游资源是在特定的地域环境下形成的，所处自然环境和社会、经济、文化各方面存在的地域差异，使受其影响文化旅游资源具有鲜明的地域性特征。社会文化的地域差异文化旅游资源特色吸引力的根本所在。

（四）广泛的内容要素

文化旅游资源具有要素构成的丰富性和内容的广泛性，包含了古代遗址、古建筑、宗教文化、历史文化名城、风俗民情、风物特产、文化艺术等各方面，内容非常广泛，构成要素极为丰富。

（五）丰富的精神内涵

精神文化能以一定物质实体为载体，与物质文化融为一体，如宗教寺观、古代建筑、民居服饰、风物特产、陵墓园林等；也可以是一些纯精神文化东西，如历史事件、传说典故、文学人物、诗词书画、民族风情等。有形的物质载体和无形的精神文化相互依赖、相互渗透，共同形成独具吸引力的旅游资源。

第二节　理论基础

一、旅游业与文化产业融合的历程

当工业经济发展到20世纪中期的一个较高阶段的时候，随着战后的和平与繁荣的环境、带薪假期的推行、包机以及便宜的油价，推动大众旅游成为真正的特点鲜明的新兴产业。正如Poon在她的著作《旅游、技术与竞争战略》中所言：大众旅游是第二次世界大战后各种关键的社会、经济、政治和技术影响的必然产物。当世界经济部分地进入到带有知识特征的信息、文化经济的后工业化时代，特别是以文化和创意为核心的创意产业的兴起，旅游业又迎来了大发展的机会。Richards & Roymond首先意识到“创意旅游”的出现和发展是文化旅游的延伸，或是对文化旅游的超越。他们提出，与大多数的文化旅游者不同的是，旅游创意产业中的消费者寻找的是参与互动的体验来帮助他们自我提升，增加他们的创意资本[5]。

创意产业融入旅游业，创意产业的文化经济属性，可以说是在深谙旅游本质的情况下，更加精确地找到了旅游需求，即对文化深层次的需要（狭义的旅游业定义），而且创意产业广义的产业结合经济属性对旅游产业的发展更是拓展了发展空间（广义的旅游业定义）。我们可以看到文化实际上一直没有远离旅游活动。旅游活动的内在矛盾表面地反映在旅游需求与旅游供给及他们的相互关系上。

当全世界都把创意产业当作拯救城市产业布局，振兴区域经济的时代解药的时候，把文化创意与旅游结合的理念不得不被提到日程上来。主题公园景区是旅游文化创意产业融合的典型代表。主题公园景区是主题公园的进一步延伸与发展，它不仅包含主题公园、游乐园，还包含主题度假区、主题休闲区、主题街区等。主题公园（Theme Park）的概念相对成熟，是指围绕一个或多个主题元素进行组合创意和规划建设，营造特定的主题文化氛围，采用现代科学技术和多层次活动设置方式，集诸多娱乐活动、休闲要素和服务接待设施于一体的旅游文化娱乐场所。

二、旅游业与文化产业创意的重点——文化旅游创意产业

经济学者 David Throsby 认为旅游业不可能成为文化创意产业的一部分，但旅游和文化具有非常强的关联性。旅游产业和文化产业合二为一可占有特定市场，即所谓文化旅游业。文化旅游属于低流量、高成本和依个人需求精心打造的服务。从景区经营的观点来看文化旅游产业，Christopher Wood 对文化旅游提出了如下的描述：“它是一种参与另一种文化的艺术，是一种与强烈认同的人和地方共处的艺术。它是一种肯定游客智能的旅游方式，能提供游客深度体验与多重层次探究真实生活的经验。”[6]

根据吕弘晖曾提出文化创意产业和文化旅游产业的关系（图 5-1），从关系图中可以探知文化旅游产业是一项具有高度整合各类型文化创意产业的复合型产业[7]。在文化旅游产业发展中，首先政府在发展与经营文化旅游产业时扮演了最重要的角色，承担城市的品牌形象塑造责任，并整合各类型的营销渠道；文化旅游活动包含各项创意产业的内容交叉呼应产生，进而产生旅游品牌效应。

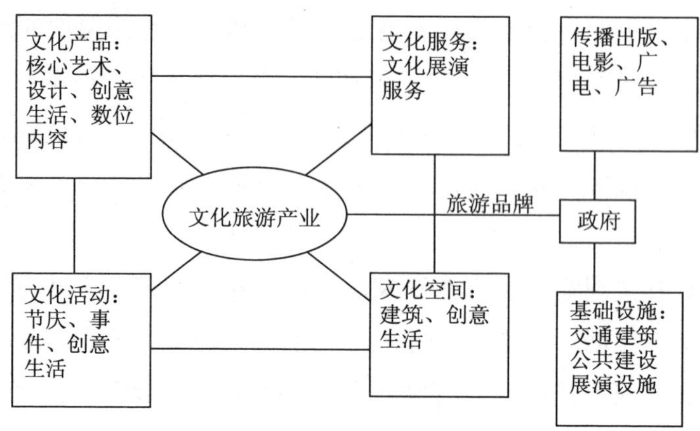

图 5-1　文化旅游产业关系图

综观各国的文化创意产业有些由民间团体或企业首先创造出成功模式后，再由政府接手主导规划再回归于地方经营；有些来自于政府将文化创意产业视为国家重大的经济力量，主动指导规划。不论文化创意产业的起源方式如何，文化创意都需要更主动的经营。文化旅游是一个具有希望的创意产业。产业不同于单一的生意，生意是商业性很强的，具有市场机制；但文化创意产业是具有远景，且具有社会责任。当文化变成一个产业时，它才能永续经营。否则，文化会随着政府政策和市场经济而变化。旅游文化创意产业的力量可谓之为：经济的驱动力是个人的，旅游文化的驱动力是群体的。

三、旅游业与文化产业的融合发展

旅游业与文化产业的融合是指对旅游活动有着深刻认知的个体或团队的创意、技巧及才能，透过智慧财产权的生成与利用，有潜力创造财富和就业机会的文化旅游产业。其经营不再像传统的博物馆那样被运作成“精神产品的生产地”，而是创意人才忙于寻找创新卖点，创造新的市场，达到对文化内涵知其然，更要知其所以然的实践链接。文化旅游应该是通过创意性的互动旅游活动完成“异质同构”的过程，用创意性的手段实现“移情”，到游客在旅游活动中结合创意产品的文化氛围进行自我创意实践。其目的是主动挖掘旅游者自己的感知和创建自己的旅游阅历，提升其创意能力，积累创意财富，而不是在安排下被动地进行同质体验[8~11]（图 5-2）。

根据以上的观察和分析，旅游业与文化产业的融合发展是把旅游业的核心旅游产品与创意产业中的文化及相关产业的知识服务在特定的文化旅游空间找到一种理想的状态，是让游客自己参与创意活动，主动创造创意体验经历，提高技能、增强创意能力。当然，作为一种产业，文化旅游创意首先要具备产业的一般要素，如产业内部的盈利模式、生产组织、人才管理及财务管理等要素，还要与外部的产业政策、市场、行政管理、人才资源和投融资环境相互影响，不断地与其他产业和部门互动，除了把文化及相关产业和旅游业作为基础以外，它与创意产业链中的内容产业，设计、咨询和策划产业有着相互渗透；同时与旅游产业链中交通运输业、休闲娱乐业、住宿业和餐饮业相互支持。

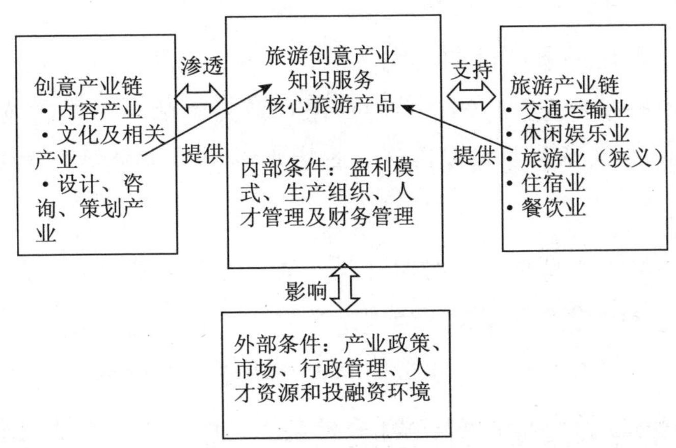

图 5-2　文化旅游创意的融合发展模式图

旅游，作为人类社会特有的一种文化现象，在人类社会发展的不同阶段有着不同的功能和使命。当旅游活动的文化诉求在知识经济时代成为旅游审美最关键的因素时，旅游文化创意产业应运而生。文化旅游创意产业是在传统的文化旅游基础上发展起来的旅游实践的新阶段，旨在通过有创意的旅游活动带给旅游者提高自身技能，增加创意体验的产业。

第三节　河南省旅游业与文化产业融合的 SWOT 分析

一、河南旅游业与文化产业融合发展的意义

旅游业与文化产业融合发展的创意产业模式、结构集群、消费者行为及培育机制的研究，不论是对于河南旅游业亦或河南文化产业都有着积极而重要的意义。

国家和地区文化产业的发展只有重新建立关于文化产业生产力解放的全新内容，才能实现文化产业结构的战略性调整，承担起在经济结构的战略性调整中的重大责任。本书不仅回应了上述理论研究的需要，在一定程度上拓展了旅游学、文化创意理论的研究范围；同时，从学科交叉融合的角度看，旅游文化创意产业的研究将突破以往旅游产业发展单一研究的现状，有力拓宽了旅游产业研究的丰度和深度，在理论研究范式上也是一次有力尝试和创新[12~15]。

在全世界都在崇尚文化、挖掘文化、依靠文化的浪潮中，作为中华文化传承和发扬之地的河南，有充分的理由和责任把自身的文化资本，融入到经济发展当中。本书不仅整合借鉴了河南省文化资源在旅游产业发展中的潜在优势，为河南省旅游产业发展注入了新的契机，促使其产业结构革新和发展；同时，借助旅游产业外向展示特征必然会诱发河南省其他创意产业的出现和发展。因此，本书对于提升文化旅游产业结构集群，提升河南省旅游业发展的国际和区位形象均具有一定的战略意义和实践参考价值。

二、河南省旅游业与文化业融合的 SWOT 分析

（一）优势（Strengths）

1. 政府的政策支持

河南《政府工作报告》（2016）重点工作中提及：“创新发展文化产业。积极推进文化与科技、金融、旅游、互联网融合发展，加快文化产业转型升

级。持续实施文化产业‘双十’工程，用好中原文化股权投资基金，推进郑州国际文化创意产业。”河南省政府近年来将文化旅游创意项目作为河南省工作的重点，这必将对河南文化旅游的发展起到积极的作用。

2. 丰富的文化旅游资源

河南是一个旅游资源大省，以拥有丰富的古文化旅游资源而著称。河南就如同一座浩瀚的天然历史博物馆，一本看得见、摸得着、进得去的中国历史文化教科书。蕴藏在这里的东方文化内涵丰富精深，风貌珍贵独特。

河南在中华民族文化乃至东方文化的形成与发展史上有非常重要的地位。大量的史书记载和多年的考古发掘证明，至少在 8000 年前，我们的祖先就在这里开创了人类文明的先河，从公元前 21 世纪中国第一个王朝——夏代到公元 13 世纪的金代，这 3500 年间，先后有 20 多个朝代的 200 多位帝王建都或迁都于此，留下了难以尽数的名胜古迹。堪称“国宝”的国家级文物保护单位就有 96 处，地下文物居全国第一，馆藏文物 130 万件，约占全国的 1/8。

中国七大古都中的洛阳、开封、安阳三大古都都在河南，还有国家级历史文化名城郑州、南阳、商丘、浚县等。郑州新郑黄帝故里、登封少林寺、巩义宋皇陵、龙门石窟、白马寺、偃师玄奘故里、开封宋都御街、包公祠、安阳殷墟、羑里城（《周易》发源地）、三门峡虢国墓地车马坑、函谷关、南阳武侯祠、张衡博物馆、医圣祠、商丘阏伯台（火的发源地）、燧人氏墓、花木兰祠、鹿邑明道宫、鹿邑升仙台、淮阳太昊陵等大量名胜古迹，都是既有丰厚的历史文化内涵又有观赏价值的著名旅游景观。省会郑州和洛阳、开封等古都，都有新的景点出现。河南博物院是 1998 年 5 月才建成启用的，不仅馆藏丰富，而且建筑宏伟独特，许多稀世文物珍品都在这里向旅游者展示。已经进入世界文化遗产行列的洛阳龙门石窟的周围环境也得到很大改善。开封清明上河园是宋代名画《清明上河图》的立体再现，旅游者置身其间，能够一览千年古都的繁华街市和风俗民情。

河南是中国姓氏的重要发源地，在中国《百家姓》的姓氏中，至少有一百多个姓氏源于河南。其中，包括有“陈林半天下，黄郑排满街”之称的海外四大姓氏均起源于河南。近些年来，随着寻根旅游的兴起，到河南寻根谒祖的海外友人络绎不绝。河南还堪称是中国功夫的故乡，嵩山少林寺是博大精深的少林武术的发源地，温县陈家沟是中华太极拳之根——陈氏太极拳的故乡。因此我们说，探文化源，寻姓氏根，已成为来河南旅游活动中的“重头戏”。

3. 便利的交通条件

河南位于京津冀、长三角、珠三角和成渝城市带之间，是全国举足轻重的铁路、公路、航空枢纽。河南是全国重要的铁路、公路枢纽，全省高速公路通车里程5830公里，连续多年居全国首位，所有县城均可20分钟内上高速公路；铁路通车里程4822公里，京广、郑西高铁建成通车，以郑州为中心的“米”字形铁路网加快规划建设，郑州作为全国重要铁路枢纽的地位进一步提升；连接机场的城际铁路、高速公路、干线公路建设全面展开，以机场枢纽为核心陆空高效衔接、内捷外畅的综合交通运输体系日益完善。郑州航空港地处我国内陆腹地，空域条件较好，便于接入主要航路航线，适宜衔接东西南北航线，开展联程联运，有利于辐射京津冀、长三角、珠三角、成渝等主要经济区，具有发展航空运输的独特优势。

“双十字”铁路和“五纵六横”干线公路相交，坐拥“双枢纽”的郑州机场在“陆空高效衔接”上，注定有着别的地方难以企及的优势与未来广阔的空间。

（二）劣势（Weakness）

1. 文化旅游产品结构相对单一

河南虽然有着悠久的历史，灿烂的文明，但文化旅游产品结构相对单一。单一的旅游产品结构体系不能适应旅游消费需求的更新和发展趋势。因此，由单一产品结构向多层次产品结构的转换，是未来河南文化旅游产品发展的主要途径。

2. 文化旅游产品的吸引力不足

由于河南文化旅游产品结构单一，创意不足，导致河南文化旅游产品的吸引力相对有限。河南是文物大省，遗址遗迹类旅游资源、文物类旅游资源较为丰富，但目前该类主要的文化旅游产品的开发仅限于静态展示，体验性与互动性较差，对游客的吸引力不足。河南文化旅游产品的开发要丰富产品的内涵，不断开发特色旅游项目，只有那些文化内涵丰富、富有浓郁地方特色和民族风情的、参与性强的旅游产品才能满足日益个性化的旅游消费需求和不断成熟的旅游消费者的更高要求的旅游消费需求。

3. 文化旅游创意的人才匮乏

文化旅游产品的核心竞争力为创意，人才尤其是文化旅游创意高端人才的匮乏是制约河南文化旅游发展的重要因素。目前，河南政府层面对文化创意人才引进的重视程度有限，对已引进的文化创意人才缺乏有效的激励机制[16][17]。

（三）机会（Opportunity）

1. 国家加快旅游业发展的政策背景

（1）2009 年 12 月，国务院召开了常务会议专题研究旅游工作并随后出台了《国务院关于加快发展旅游业的意见》（国发〔2009〕41 号），提出“要把旅游业培育成为国民经济的战略性支柱产业和人民群众更加满意的现代服务业”。

（2）2014 年 8 月 9 日，国务院印发《关于促进旅游业改革发展的若干意见》（以下简称《若干意见》），对当前和今后一个时期旅游业改革发展工作做出了部署，并在附件中对其中较为紧迫的 23 项重点工作直接明确了责任部门和进度要求。意见指出旅游业是现代服务业的重要组成部分，带动作用大。加快旅游业改革发展，是适应人民群众消费升级和产业结构调整的必然要求，对于扩就业、增收入，推动中西部发展和贫困地区脱贫致富，促进经济平稳增长和生态环境改善意义重大，对于提高人民生活质量、培育和践行社会主义核心价值观也具有重要作用。意见从树立科学旅游观、增强旅游发展动力、拓展旅游发展空间、优化旅游发展环境、完善旅游发展政策五大类 20 个方面，提出进一步促进旅游业改革发展的各项要求，并公布了重点任务分工及进度安排表。

（3）12 月 26 日，国务院正式印发《“十三五”旅游业发展规划》（以下简称《规划》），确定了“十三五”时期旅游业发展的总体思路、基本目标、主要任务和保障措施，是未来五年我国旅游业发展的行动纲领。

2. 国家加快文化产业发展的政策背景

（1）2000 年，中国共产党第十五届五中全会第一次在中央正式文件中使用了“文化产业”这一概念，中国的文化产业发展开始得到国家层面的政策支持。

（2）2005 年，中央明确大力发展文化产业是我国的一项国策。正是在这种大环境下，文化改革和机制创新进入调整、完善和反思的阶段，中国的文化产业得到了飞速的发展，取得了显著的成就。

（3）2009 年，我国第一部文化产业专项规划《文化产业振兴规划》由国务院常务会议审议通过。这是继钢铁、汽车、纺织等十大产业振兴规划后出台的又一个重要的产业振兴规划，标志着文化产业已经上升为国家的战略性产业。几年来，文化部等相关文化主管部门相继出台了一系列配套政策，初步构建了我国文化产业政策体系。

（4）2011 年，《中共中央关于深化文化体制改革、推动社会主义文化大发展大繁荣若干重大问题的决定》的发布，将文化产业发展成为国民经济支柱性产业首次被中央以文件形式确立。随后中共中央办公厅、国务院办公厅印发了《国家“十二五”时期文化改革发展规划纲要》，提出推动文化产业跨越式发展，实现《规划纲要》提出的文化产业“逐步成长为国民经济支柱性产业”目标。

（5）2012 年，文化部正式向社会发布了《文化部“十二五”时期文化产业倍增计划》。《倍增计划》是文化部贯彻落实十七届六中全会精神和《国家“十二五”时期文化改革发展规划纲要》的具体举措，是文化部作为国务院文化行政主管部门履行职责的具体表现，是指导文化系统“十二五”时期文化产业发展的专项规划。

（6）2014 年 2 月，国务院发布《推进文化创意和设计服务与相关产业融合发展的若干意见》（国发〔2014〕10 号），这是我国首个文化创意和设计服务与相关产业融合发展的系统性文件，标志着发展文化创意促进转型升级这一战略举措正式上升到国家层面。

（四）挑战（Threats）

1. 市场竞争激烈

河南周边的陕西、山东、湖北等省份均有丰富的文化旅游资源，且旅游发展起步早、投入大、发展快、知名度高，河南文化旅游的发展面临着来自周边市场的激烈竞争。

2. 管理体制的创新升级

河南的文化旅游景区多分属林业、文化、水利等不同部门，多头管理体制使相关部门只关注自身利益和眼前利益，文化旅游的开发体系不完善，基础设施建设相对滞后，过分依赖政府投资等，这些都影响了河南文化旅游的发展。管理体制的创新升级是河南文化旅游发展面临的一大挑战。

第四节　河南省旅游业与文化产业融合创新的发展理念及方向

一、发展理念

（一）关注市场变化，找准融合接口

市场需求的变化是优化旅游产业要素配置，推进旅游产业融合的重要作用力。旅游产业与其他产业之间，存在着基于技术、功能、资源、市场等有所关联的价值点，充分了解市场，找准融合的契合点显得尤为重要。寻找河南旅游产业发展契合点，不仅要分析旅游产业的各方面，也要注重分析融入文化产业的各个环节。通过多方面的分析，找准旅游产业与其他产业的共性，找到契合之处，找准旅游产业融合发展入口，从而推进产业转型升级。

（二）推进多方融合，发展旅游新业态

随着社会经济发展和居民收入提高，人们在旅游服务形式上产生了个性化和多样化的旅游需求，这必然要求旅游业态更加多样化和融合化。用新观点、新视野寻找旅游产业与其他产业的共性之处，用新方法、新技术验证契合点及融合途径，都需要创新思维。跳出传统旅游业的狭隘视角来规划大旅

游业，通过“旅游+演艺”大力发展文化娱乐旅游，打造现代化、综合性特色旅游品牌。

（三）着眼产业要素，优化产业结构

旅游产业是一个产业关联性极强的产业，也是国内产业结构优化调整的抓手和重点，从构建大产业，大旅游出发，着眼产业要素，整合资源，调整和优化旅游产业要素，通过渗透、延伸将其融入其他产业或与其他传统产业相互交叉、相互渗透，实现产品升级、功能升级和跨产业升级，从而构筑出一个新兴的产业体系和新兴的产业形态。

二、河南旅游业与文化产业融合方向

（一）向文化产业全面融合方向发展

文化旅游作为一种整合功能强、知识含量高的旅游形式，正逐步取代传统的观光旅游形式。文化的多样性和异质性对旅游者极具吸引力。文化赋予旅游以新的内涵，实现文化产业与旅游产业的融合发展，是提升河南文化产业竞争力的重要战略举措。

（二）向文化体验旅游方向发展

文化体验旅游是河南省的核心旅游产品之一，是丰富旅游内涵、提升旅游品质的主要途径。要实现文化体验形式的多样化、娱乐化，侧重于发挥文化资源的体验功能，让旅游互动项目环节蕴涵文化资源的精髓，给旅游者带来新的视听感受，使得旅游者在旅游活动过程中感受中原文化的魅力。

（三）向传承历史文化精神方向发展

河南非物质文化优势尤其凸显，拥有“天地之中历史文化建筑群”“大运河”“丝绸之路”“龙门石窟”和“安阳殷墟”五处世界文化遗产，现有国家级非物质文化遗产保护项目61项。河南省列入第一批国家级非物质文化遗产名录的项目主要包括梁祝传说（申报地区汝南县）、董永传说（武陟县）、唢呐艺术（沁阳市）、板头曲（南阳市）、豫剧、宛梆（内乡县）、怀梆（沁阳市）、大平调（濮阳县、滑县、延津县）、越调（周口市）、大弦戏（滑县、濮阳县）、道情戏（太康县）、目连戏（南乐县）、曲剧、四平调（商丘市、濮阳市)、河南坠子、河洛大鼓（洛阳市)、少林功夫（登封市)、太极拳(焦作市)、朱仙镇木版年画（开封市)、泥塑（浚县)、太昊伏羲祭典（淮阳县)、马街书会（宝丰县）等，涉及民间文学、民间音乐、传统戏剧、曲艺、杂技与竞技、民间美术、民俗等，基本反映了河南作为一个文化资源大省深厚的非物质文化遗产积淀。非物质文化遗产是资源禀赋很好的旅游资源，发展旅游的过程也是保护与传承非物质文化遗产的过程。

（四）向文化创意方向发展

深挖文化创意产业，积极支持中牟文化创意产业园的建设。扶持武术文化、太极文化、中医药文化等非物质文化遗产相结合形成旅游文化创意产业集聚区，以文化创意产业引领当地旅游产业发展，并与相近旅游产业集聚区形成旅游产业集聚网络[18~20]。

（五）向互联网与数字技术方向发展

随着互联网与智能手机的基本普及，数字文化产业成为当前增速最快的文化产业细分领域，同时现代文化服务也主要依靠互联网实现，比如在电影、电视、出版物、动漫、游戏等领域，“在线化”消费成为主流，这就要求文化产业发展应切实重视与互联网及数字技术领域融合，加强在文化产业相关软件研发、数字文化内容设计制作、移动终端服务等领域布局。

三、河南省旅游业与文化产业融合发展的战略

（一）政策制定导向向环境营造转变

我国各地地方政府一般采取政府调控、规范、规划与市场机制下的调控相结合的方式。然而，在这种方式下，政府行政干预显然影响或主导着市场调节。诚然，地方政府在旅游文化创意产业发展的初期起到了不可磨灭的贡献，但是当旅游业与文化产业融合发展到一定阶段，其政府在政策制定方面需要由“政府经营”向“政府服务”转变，创造规范的市场规则，营造良好的发展环境，用法律法规来调整政府与市场之间的“微妙”关系，更大程度发挥市场的作用。

（二）政策着力点向结构集群倾向

地方政府不应该有意去创造或者去复制旅游文化创意产业集群，而应将着力点放在已经出现的旅游文化创意产业集群。从国内外经验来看，成功案例都与当地独有的文化资源、经济实力、发展背景有着莫大的关联。政府应从产业集群的视角去旅游文化创意产业集群网络的生成和提升，维护发展的良好环境，而非复制某个成功的案例。

（三）避免产业结构内部趋同化发展

有效避免省内城市在制定旅游文化创意产业规划时，盲目跟风，简单参照成功案例，不注重本地的特色和优势，照搬他者发展模式。政府应具备宏观视角，调节本地区的旅游文化创意产业结构性，避免内容雷同和恶性竞争。实际上，旅游文化创意产业集群区是在特定的社会经济条件下发展起来的，主要目的是创造特定的文化氛围，而非仅仅表面形式的空间形态建设。

（四）注重知识产权的保护

旅游文化创意产业的发展依靠的是创新，对其有效保护才能创造丰厚的经济效益和社会效益。政府应有力保障旅游文化创意主体的创意权益，从而有效激励更进一步的创意产生，实现旅游文化创意产业的可持续发展。由于旅游文化创意产业的多行业特定，应针对不同行业的特点确认不同的知识产权政策。同时，还应巩固知识产权保护的宣传力度，营造知识产权的全社会共识氛围，使旅游文化创意产业中的核心竞争力得到保障。

（五）培育和吸引旅游文化创意人才机制

依托郑州高校集中的优势，积极在大学培养旅游、文化、艺术、经济等专业的跨学科复合型人才，加强教学中的实践性，让理论学习与现实操作接轨。加强职业培训，建立系统规范的培训体系，为旅游文化创意产业提供人才保证。借鉴国内外大城市吸引人才的方法，在生活细节、事业前景等方面采纳优厚措施，让真正优秀的创意人才和创意团队能够扎根河南，形成人才高地。

（六）行而有效的监督和评价

在文化创意产业起源的英国，建立了自上而下的绩效评估体系，包括业绩评价、工作评估等多个方面。同时，还拥有外部监督机制，受到英国议会的监管。这些政府行为在我省还属于缺失状态。河南省相关部门应建立一个由多行业人员组成的专业委员会负责监管，确认有效的绩效评估方式和内容，并设置明晰的奖惩措施和分配机制，保障监督信息的公开与透明。

第五节　河南旅游业与文化产业融合的典型案例及路径分析

一、河南旅游业与文化产业融合的典型案例

（一）历史文化模式：开封清明上河园

1. 发展概况

开封清明上河园是由海南置地集团公司与开封市旅游局合资建设的大型宋代文化主题公园。它依托张择端的“清明上河图”，根据《营造法式》采用一比一的比例建设，展现宋代民间文化，民俗风情，皇家园林和古代娱乐，呈现了闻名世界的古都汴京在千年前的繁华胜景。开封清明上河园有限公司整合自身产业资金优势和开封市悠久文化资源优势为一体，赋予了景区新的生命力。通过实地调研，游客非常认可清明上河园的知名度。此外，游客对清明上河园景区的旅游设施建设方面也比较满意，尤其是出行、住宿和游览方面的满意度均高于50%。景区服务质量的游客满意度偏高，这也反映了旅游服务接待水平高。

2. 模式分析：“主题公园+历史文化”

清明上河园做到了三个中国最大：中国最大的仿宋古代建筑群；中国最大的宋文化主题公园；中国最大的古代娱乐再现景区。也开创了三个第一：中国第一次重新恢复了古代木偶——水上傀儡戏；中原第一个以电影手法再现了水上大战；中原第一家以大型晚会开发晚间旅游市场的景区。2008 年 4 月，推出投资 5500 万元的大型水上实景演出《大宋・东京梦华》（加上实景部分，总投资 1. 35 亿元），在业界获得巨大反响，极大地促进了开封文化旅

游产业的发展，为河南省文化旅游产业的发展做出了突出的贡献，此举也开创了国内主题公园创编大型实景演出的先河。目前，清明上河园已经成为我国中西部地区运营较为成功的大型文化主题公园和开封旅游业的龙头企业、开封市文化旅游产业的名片。

清明上河园作为宋代文化的主题公园，反映北宋民俗文化、市井文化和皇家娱乐文化，游人步入园区，仿佛走进了千年以前的东京城，使人顿时产生“一朝步入画卷，一日梦回千年”的感慨。清明上河园对于宋文化的把握和深入挖掘主要在于两个方面：一方面是以主题公园的形式在开封复原传世画作，从而融入开封历史古城的丰厚宋文化底蕴。清明上河园位于古都开封，区位优势非常明显，开封具有浓厚的宋文化背景，宋文化的内涵丰富，清明上河园再现了《清明上河图》的繁华景象，景区的文化展示更具可信度、真实性和吸引力。另一方面是不断深入挖掘宋代的民间艺术，以宋文化为灵魂，从景区建筑设计、店铺设置、节目创编、沿街叫卖到商品交易、服装、道具都反映了北宋社会的真实生活。

清明上河园最大的特色就是宋文化，景区通过一系列活动增强景区宋文化氛围。一是不断在演艺产品中寻求创新和突破，增强文化主题内涵。我们挖掘再现了已经失传的水秋千、水傀儡、女子马球和蹴鞠表演等项目，推出了情景表演剧目和商户特色经营项目，叫卖针头线脑的货郎、挑担卖柴的小伙、卖炊饼的武大郎、鲁智深、林冲的真人秀等一系列节目令游客应接不暇，节目的娱乐性与互动性大大增强，游客与演员间的距离大大缩小。这些节目的推出，强化了景区文化特色，丰富了景区文化主题，它们与景区的定点剧目表演、分散民俗表演相结合，共同构成了景区新的表演体系，从不同层面满足了游客的多种需要。而新改版的大型水上实景演出《大宋·东京梦华》则进一步运用浪漫主义的手法再现了千年前北宋的市井风俗和繁华盛景，构成了清明上河园文化旅游和演艺资源中的重要一环，并成功跻身于国内一流旅游演艺的行列。二是利用各种节日活动强化景区的宋文化特色。每年，清明上河园都会举办各种大型节日活动，如民俗文化节、清明文化节等，尤其是由中国文联和河南省人民政府主办、清明上河园承办的中国——开封清明文化节，不仅复原再现了清明时节汴河两岸繁忙的漕运景象、勾栏瓦肆内的民间绝活，而且充分展示了许多传统清明习俗，让游客真实地体验到传统清明文化的深刻韵味。三是在实物载体上强化了宋文化元素，创作了长 33.32 米、宽 2.23 米的清明上河图石雕全卷，坚持文化性、艺术性和实用性的有机结合，进一步凸显了景区主题。同时，我们在导视系统、环境系统建设中，无不嵌入了宋文化符号。

（二）游乐体验模式：郑州欢乐世纪园

1. 发展概况

国家 AAAA 级景区——郑州世纪欢乐园，由郑州世纪公园发展有限公司开发建设，位于中州大道与石化路交会处。景区占地 660 亩，总投资为 6.8 亿元，是集探寻火车文化与感受迪斯尼欢乐为一体的文化主题乐园、郑州市政府重点工程建设项目。

园区建设以火车历史为背景，以铁路发展为主线，以大型综合游乐项目为内涵，以一条长 3000 多米的环园铁路为连线，分别建有工业伦敦站、南美雨林站、阿拉伯古堡站、荷兰风情站、西部牛仔站、世纪中心站六大站区。在古老蒸汽机车牵引下，两部仿造 19 世纪中期的火车载着游客领略各国风情、让游客从中体会到“乘火车游天下，一日玩遍全世界”的感觉。

园内建有各种游乐设施近 50 项，其中有数项游乐设备在全国乃至亚洲都是一流的，其中有长达 888 米令人疯狂着迷的老金矿过山车，世纪欢乐园摩天轮是目前为止亚洲最高的摩天轮，吊舱有 56 个，重达数千吨。在被郑州市列入夜景照明工程后，近日，郑州市市政部门投资 600 多万元对其进行了精心设计，在该摩天轮上安装了装饰灯。该灯由 2000 多根彩色灯管围绕直径 90 多米的摩天轮组成，中间的六根菱形支柱也被变幻的灯管装饰，无论是从高度还是灯管的长度，该灯都堪称“亚洲第一灯”。高达 120 米的巨型摩天轮，集声、光、电技术于一体的高科技 4D 影院等。这里是青少年开展科普教育和推广火车知识的基地，游客了解火车文化的博物馆。园内陈列着十多部退役的各种类型火车头实物和各个国家不同年代、不同型号的火车模型，让您感受到强烈的火车文化氛围。集高科技于一体的 VR 模拟火车驾驶设备，让人感叹高科技带来的惊喜和刺激。

2. 模式分析："主题文化+娱乐体验"

郑州世纪欢乐园是由郑州世纪公园发展有限公司开发建设的。因郑州是"火车拉来的城市"，整个园区以火车历史文化为背景，以迪斯尼乐园为模板，以大型综合游乐项目为内容。主题公园景区集火车文化、休闲娱乐、科普教育、歌舞风情、餐饮服务等多种功能为一体。它通过园区内的各项旅游文化创意体验活动，使旅游者了解火车发展的历史与文化，在游玩中感受火车文化，达到娱乐体验的目的。郑州世纪欢乐园注重设施设备的体验性和科技性。从调查结果可以看出，游客对于设施设备各方面的认可人数比例均高于其他方面各题项，通过整体比较可以发现，游客在设施设备方面的评分都很高。不难发现，郑州世纪欢乐园作为以现代游乐体验为主导的大型文化创意主题公园景区，其乐园的吸引力无疑要依赖其设施设备的娱乐体验性和高科技性，带给游客独特的旅游历程。游客对于设施设备的科技含量敏感性很高，这说明该项的优劣能够较深刻而长远地影响游客的体验效果及后续行为。游客在郑州世纪欢乐园的体验主要来自参与性强的现代化的娱乐设施，但是作为以火车文化为背景和主题的大型娱乐公园，应该在带给游客娱乐体验的同时，注重传递给游客景区的历史底蕴和文化知识。该项措施的完善和加强，还会吸引更多的文化爱好者[21][22]。游客对于自然环境优美、员工衣着符合景区特色和景区建筑气势恢宏等认可度非常高。与入境游客关注社区安全不同，到访郑州世纪欢乐园的游客更注重的是设施设备的安全状况。郑州世纪欢乐园作为大型游乐体验型文化创意主题公园，它的安全状况往往体现在设施设备的质量上和景区秩序的管理上。这就要求乐园紧抓设备质量的安全管理和维护，重视园区内游客的秩序等其他方面的管理，避免不安全的负面事件的发生。景区安全状况得到保证，才能在激烈的竞争中占据更多的市场份额，吸引更多游客的到来。

（三）影视演艺模式：禅宗少林音乐大典

1. 发展概况

全球最大的山地实景演出，由郑州市天人文化旅游有限责任公司投资建设，项目总投资 3.5 亿元人民币，演出项目投资 1.15 亿元人民币。项目选址在距登封市西十公里的待仙沟，距少林寺七公里。主要表演舞台为一片峡谷，山呈竖状排列，近、中、远景层次分明，峡谷内有溪水、树林、石桥等，构成实景表演的要素。整个演区面积近三公里，演出最高点 1400 米，为全世界最大的实景舞台。观众席由曲折的木廊和庙宇形态的建筑构成，与自然景观和谐。观众席内放置蒲团。观众将坐在蒲团上观看演出，是剧场的一大特色。

2. 模式分析：自然山水+禅宗文化

《禅宗少林·音乐大典》由谭盾提纲艺术总监和音乐原创，梅帅元制作，易中天、释永信顾问，黄豆豆编导，阵容强大，实力空前。演出分为《水乐》《木乐》《风乐》《光乐》《石乐》五个乐章，演出规模宏大，音画一体，88 架古筝的激情演奏，近 600 人的禅武演绎，春夏秋冬的景观变化，直指心性的佛乐禅音，奏响了一曲中岳嵩山的辉煌交响，每天晚上的定时演出，成为中原文化旅游的一大亮点。

佛教音乐分为梵呗乐和禅乐两种。其中，禅乐是中国禅宗文化的重要组成部分，是在达摩祖师将佛教禅宗“直指人心，见性成佛”的大乘佛教理念传入中国后，古代的乐师们，根据古代禅师们在日常生活中所证得的人生哲理而创作的诗歌，进行谱曲演唱而形成的一种古乐。如上所说，“梵呗乐”是演习古印度文化而以“四句”“六句”“八句”三种偈语为主，“禅乐”则往往是以数句相连的长诗歌形式表现，例如：明代憨山大师的《醒世歌》和近代虚云禅师的《皮袋歌》。嵩山少林寺作为中国禅宗祖庭，其文化内涵十分丰富，并不局限于武术（禅武）和中医（禅医）这两种文化，其历代禅师们根据自己在日常生活中所证得的人生哲理而创作的佛歌禅诗也流传甚广。

该模式在青山绿水中生动的展示了禅宗文化。该模式以“游嵩山、看少林、观大典、住禅居、听禅乐、吃素斋、结佛缘”为主线，做大做强禅文化产业链。《禅宗少林·音乐大典》还将通过“请进来”和“走出去”，把与禅文化相关的、符合企业特色的项目请进来，借助有力平台，深入挖掘禅文化内涵，充分提升项目品质，使禅文化元素得到最大限度的释放，把企业品牌和产品推出去。另外，该景区还加大独具禅宗风韵的特色乐器、旅游纪念品、素食产品、高端收藏品等产品的研发力度，将禅文化变成游客看得见、听得到、摸得着、带得走、记得住、想得起的产品，同时重磅推出禅文化主题酒店“照见山居”和专业禅乐团两大力作。该模式形成了实景观禅、山居参禅、佛堂听禅的多样化禅文化体验格局，给游客创造出了全方位、深层次的禅文化体验方式。

二、河南旅游业与文化产业融合发展路径

（一）在遗址保护基础上寻求合理的旅游功能

对于遗址类旅游的开发，遗址是核心资源。目前河南的各类遗址文化旅游资源，基本都属于不同级别的文物保护单位或历史文化名城、名镇、名村等，因此，对遗址的保护是第一位的。目前遗址旅游普遍存在遗址本体利用较浅，旅游体验方式单一的问题。因此，如何在遗址保护的前提下，寻求遗址本体有效、合理的功能利用，是加深遗址本体文化体验的重要手段。遗址类旅游可利用数字化的虚拟技术，运用场景复原与数字博物馆等科技手段，增强游客体验的深度。

（二）结合游憩结构，设计充实化、体验化、复活遗址

必须通过创新的体验模式设计、多元的文化演绎手法，充实化、体验化、活化遗址旅游；通过故事主线和情境体验设计赋予物化遗址以生命力，使遗址成为鲜活的生命体；遵照故事主线发展和游客心理体验节奏，形成有节奏的旅游高潮点，游与憩结合。从而，实现旅游要素与文化体验结合的游憩结构设计，塑造遗址旅游的核心吸引力。

（三）挖掘隐性文化，延伸产业链，整合大旅游产业构架

随着旅游需求的多样化，显性文化旅游资源仅做好遗址本身的文章是不够的，还要不断地深挖附着在文化遗址上面的隐性文化，并融入旅游产业要素中，延伸旅游产业链，形成文化观光、文化休闲、文化餐饮、文化娱乐、文化意境下的度假酒店、度假地产、旅游商品的生产售卖，进而结合文化产业、城镇化、新农村建设等，形成文化导向下的综合旅游产业开发构架。

（四）剥离文化表象，挖掘核心价值，构建文化体系

隐性文化旅游项目开发的第一步是梳理文化体系，无论任何地域的隐性文化旅游项目，其资源都不会是唯一和单一的，往往是多种隐性文化的交织

和伴生[14]。通过对文化的梳理，根据文化的代表性、独特性、差异性和旅游产品的可转化性，剥离项目文化表象，挖掘核心价值，梳理出项目的核心文化和辅助文化，构建项目文化体系。

（五）隐性文化显性化，塑造载体打造核心吸引力

无论任何形式的旅游都离不开旅游的几大要素，首先是核心吸引力要素，即旅游中“看什么”“听什么”“玩什么”；其次是“服务接待要素”，即旅游中“吃什么”“什么样的交通工具”“住哪里”。而依托的隐性文化资源的景区有“说头”，无“看头”、无“玩头”[23~25]。因此，隐性文化的显性化，即核心文化载体的塑造，打造旅游核心吸引力。文化载体有多种形式，包括旅游小镇、主题景观、仿古建筑、复建的历史遗迹等，但针对不同项目，选择何种载体必须要经过文化梳理基础上的项目定位来确定，盲目地选择载体进行建设很可能造成项目的不必要浪费。此外，在隐性文化的显性化中既要尊重隐性文化的本真性和历史性，同时要根据现代的生活习惯和规律进行功能创意，新建设施只有充分考虑现代旅游功能并与旅游功能完美结合才能充分发挥文化载体的价值和优势。

（六）多手法全方位演绎主题文化，释放文化张力

应利用泛博物馆、文化旅游演艺、非物质文化展演传承、民俗活动、文化节庆、巡游等文化手法，对主题文化进行全方位的演绎和释放，注入文化活力，增强新建载体的文化黏度，使项目释放出持久的文化张力。如清明上河园是依据一张清明上河图而展开的宋文化主题园，根据宋代建筑风格建设的街巷亭台、勾栏瓦肆构成了宋代生活画卷的载体，而充斥于大街小巷、戏楼舞台的循环式情景表演，身着宋代服装的商贩、手艺人，民间非遗的展示，大型实景演艺、古代游艺体验等构成了丰富多彩，活灵活现的宋代生活方式体验，使景区释放出强大的文化活力与张力。

（七）以文化创意为突破口，带动相关产业发展

文化是土壤，创意是种子，产业是果实，文化旅游的创意开发是隐性文化转化为旅游产品、文化产品的重要途径。文化创意利用新的表现手法、新技术、新视角、新消费观念对文化进行二次升华，给隐性文化以新生命和活力。文化创意是连接隐性文化和旅游产业、文化创意产业的纽带，不但为隐性文化现代产业价值的实现提供了切入点，更为相关产业的综合发展提供了必要的突破口。

参考文献

[1] Morgan D Thomas. Growth pole theory, technological change, and regional economic growth [J]. Papers in Regional Science, 1975, 34 (1): 3-25.

[2] 李天元. 基础旅游学 [M]. 天津：南开大学出版社，2009.

[3] 马耀峰. 中国旅游地理学的优势与挑战 [J]. 地理学报，2004，59 (S1)：139-164.

[4] 吴必虎，俞曦，党宁. 中国主题景区发展态势分析 [J]. 地理与地理信息科学，2006，22 (1)：89-93.

[5] Richards, G., Raymond, C. Creative tourism [J/OL]. ATLAS News, 2000, (23): 16-20.

[6] Christaller, W. Some considerations of tourism location in Europe: The Peripheral region underdeveloped countries-recreation areas [J]. Papers and Proceedings of Regional Science Association, 1964 (12): 95-105.

[7] 保继刚，楚义芳，彭华. 旅游地理学 [M]. 北京：高等教育出版社，1993.

[8] 保继刚. 大型主题公园布局初步研究 [J]. 地理研究，1994，13 (3)：83-89.

[9] 保继刚. 深圳、珠海大型主题公园布局研究 [J]. 热带地理，1994，14 (3)：266-272.

[10] 保继刚. 主题公园发展的影响因素系统分析 [J]. 地理学报，1997，52 (3)：237-245.

[11] 保继刚，刘俊. 三亚海滨度假区形态研究 [J]. 城市规划学刊，2007 (1)：15-18.

［12］蔡菱芳，高屏．“文化观光产业”规划与开发之研究［D］．国立中山大学艺术管理研究所．1997.

［13］褚劲风，郭振东，崔国．后世博长三角地区发展创意旅游的价值趋向［C］．2010 国际都市圈发展论坛会议论文集，2010：230-232.

［14］董观志．旅游主题公园管理与实务广州［M］．广州：广东旅游出版社．2000.

［15］董观志、孟清超．主题公园选址的层次结构分析［J］．商业时代·学术评论，2006，（2）：79-80.

［16］冯学刚，于秋阳．论旅游创意产业的发展前景与对策［J］．旅游学刊，2006，12（21）：13-16.

［17］李秀金．旅游文化创意：载体与产业转型［J］．社会科学家，2008（1）：91-94.

［18］厉无畏，王慧敏，孙洁．论创意旅游：兼谈上海都市旅游的创新发展思路［J］．经济管理，2008（1）：70-74.

［19］厉无畏．迈向创意城市［J］．理论前沿，2009（4）：5-7.

［20］刘爱利，刘家明，等．国内外旅游度假区孤岛效应研究进展［J］．2007，26（6）：109-118.

［21］傅军．主题公园区位选址分析［J］．南方建筑，1999（3）：77-78.

［22］张安民，梁留科．基于内容分析法的主题公园概念识别标准研究［J］．桂林旅游高等专科学校学报，2008，19（1）：39-42.

［23］岳川江．主题景区的发展及创新［J］．特区实践与理论，2007（2）：59-61.

［24］陆林．山岳风景区旅游者空间行为研究：兼论黄山与美国黄石公园之比较．地理学报，1996，51（4）：315-321.

［25］肖星，张宪洪．资源文化导向型主题公园发展模式初探［J］．西北师范大学学报（自然科学版），2003，39（2）：76-80.

第六章　河南旅游业与信息产业融合的发展

第一节　信息产业与旅游业融合的基本理论

有关信息产业这一概念，目前比较典型的说法有四种。第一种是：指从事信息技术的研究与应用，信息设备与器件的制造，以及为经济发展和公共社会的需求提供信息服务的综合性生产活动和基础结构。第二种是：从事信息产品和服务的生产、信息系统的建设、信息装备的制造等活动的企事业单位和有关内部机构的总体。第三种是：直接进行的生产、流通、加工和分配，以信息作为其产出的产业。第四种是：领先新的信息技术和信息处理的创新手段，制造和提供信息产品和信息服务的生产活动组合[1]。

本文中关于信息产业这一概念的定义是：从事信息设备制造，信息的生产、加工、存贮、流通和服务的新兴产业群体。信息产业可以化分为两大部分，一是指信息技术设备制造业，是开发、制造并销售设备和软件，提供信息媒介的产业，它的核心是提供信息技术设备；二是指信息密集服务业，是指使用信息设备进行信息搜集、加工、存贮、传递等提供信息服务、培养高级人才以及提供高度专业化信息的产业，它的核心是进行信息服务。这一定义可以理解为广义的信息产业。广义的信息产业基本包含了能以“信息”的形式生产、展示与利用的文化产业或创意产业及全体版权产业，狭义的信息产业则包含了版权产业中的关联版权产业及非专一支撑型版权产业的大部分内容。

一、信息产业对旅游业的影响

(一) 网络信息产业使旅游消费结构发生变化

中国游客的旅游消费行为逐渐从购买商品向购买体验转变，从“只买不问”向“先查后买”和“边查边买”的方向转变，从“重视价格”向“重视品质”转变。中国游客现在更加懂得钱应该如何花以及应该花在什么地方。从奶粉到奢侈品，从电饭煲到智能坐便器，曾经非常流行的抢购大战已经宣告结束，前些年出现在境外旅游热门目的地的疯抢商品的购物现象已不多见。逐渐冷静的境外消费市场与逐渐成熟的消费者，构成了现如今中国游客旅游消费的显著特征。中国游客的消费行为变得更加精明，更加精致。

特别是年轻一代的消费行为，对旅游消费市场的影响非常大，很大程度上引导着旅游消费市场的整体变化，也一定程度上导致消费总额的下降。相比上一代，年轻人在消费时更为精明、挑剔。成长在互联网信息时代下的年轻一代，具有个性与主见，通常根据自己的实际需求进行决策，并在消费前做足功课，收集大量的信息，多方比较。尽管这不代表年轻人完全不会冲动消费，但至少缺乏理智的盲目消费已急剧减少。有 32% 的年轻消费者表示他们会在当地购买的同时，通过手机查看网上电商平台上的价格。中国游客的旅游消费市场将朝着高端、精品、细分的方向前进。

网络购物的兴起一定程度上影响了成本相对来说更高的旅游购物市场，网络购物的便捷程度也更加符合年轻消费者“先查后买”和“边查边买”的需求。作为中国游客最喜爱的境外购物目的地日本，中国消费者目前已经可以通过国内或国际电商平台购买到日货，不再必须“人工运货”的中国游客，已经连续 5 个季度减少在日本的旅游购物支出。跨境电商的全面兴起，一定程度上促使购物消费总额有所下降。

但这并不代表中国游客不在旅游过程中花费金钱，只是人们将关注的重点放在了其他方面。中国游客的消费明显开始由“购买商品”转向“购买体验”。缩短在商场和免税店的购物时间，减少购物方面的支出，节约时间去剧院看一场演出，或者去美术馆欣赏佳作，成为越来越多游客的选择。日本 JTB

综合研究所的调查数据显示出，赴日旅游的中国游客中，到日本旅游三次以上的占41%，多次前往同一旅游目的地旅行的现象已经非常普遍。随着旅游的大众化与常态化，中国游客的主要需求将逐渐由观光购物转向深度体验。近年来，中国游客在境内外购物上的支出均有一定程度的下降，而在文化、体育、娱乐方面的支出却在大幅增长。中国游客旅游购物消费总额的下降，并不代表市场的萎缩，而是消费结构的全面升级与健康发展。文化、休闲之旅的大幅增长，与各旅游城市的深度开发、全域旅游战略的实施有密切关系。

（二）互联网重塑旅游产业

互联网的兴起，互联网行业的多方合作，多方联动，掀起了跨界竞争、跨界合作的浪潮，冲击着各行各业，也一定程度上冲刷了旅游产业，对旅游产业积极实行多方重组，积极进行相互竞争，向更好的方向发展提供了有利支持[2]。互联网企业凭借其灵活的机制、与众不同的商业模式，实现“过顶传球”，改变竞争规则，使旅游产业链中的各个商家都产生“狼来了”的危机感。互联网企业跨界竞争，发挥鲶鱼效应，正在全面重塑行业格局。

互联网向移动端转移的态势，也引导着旅游产业企业不断加大移动端的投资。伴随着智能终端的快速普及，移动上网已成为常态，有人发出“得移动终端者得天下”的感叹。围绕移动社交、O2O、LBS 等，服务业企业正不断加大投资规模，积极布局移动端，开发和推出各类应用，广泛渗透到人们的吃住行游购娱各个领域，包括网络购物、团购、美食、生活资讯、地图、旅行、天气、导航、健康、电影等各个方面，致力于为消费者提供无处不在、无时不在的贴身服务。

互联网也很大程度上便利了企业实施国际化战略，一点接入、服务全球。互联网的快速发展，拉近了世界各国之间的距离，近到只有“一键之遥”，为企业国际化经营提供了不可或缺的便利条件。很多企业利用互联网，开启了“走出去”的新里程。互联网扩大了企业的全球竞争版图，将助力旅游产业加强国际化布局。

二、旅游业与信息产业融合的动力

（一）国家的大力支持鼓励

国家公布的文件中频频涉及互联网与旅游产业的融合，产业信息化等内容。2015 年，国家旅游局颁布了《关于实施“旅游+互联网”行动计划的通知》（征求意见稿）（以下简称《通知》）。《通知》中强调应充分发挥我国互联网的规模优势和应用优势，积极推动旅游与互联网融合发展的广度和深度，不断提高旅游创新能力和创新优势，深度挖掘旅游发展潜力和活力，培育新业态，发展新模式，构筑新动能，加速提升我国旅游业发展水平。以互联网为代表的新一轮全球科技革命，正在日益改变着世界经济发展和人们的生产生活，对全球旅游业发展正带来全新变革。

“十三五”时期是全面建成小康社会决胜阶段，也是我国旅游业从粗放型旅游大国向比较集约型旅游大国发展的关键时期，旅游信息化面临重大发展机遇。2017 年两会期间，国家旅游局公布了《“十三五”全国旅游信息化规划》，规划明确了“十三五”时期我国旅游信息化工作的 10 个主攻方向：一是推进移动互联网应用，打造新引擎；二是推进物联网技术应用，扩大新供给；三是推进旅游电子支付运用，增加新手段；四是推进可穿戴技术应用，提升新体验；五是推动北斗系统应用，拓展新领域；六是推动人工智能应用，培育新业态；七是推动计算机仿真技术应用，增强新功能；八是推动社交网络应用，构建新空间；九是推进旅游大数据运用，引领新驱动；十是推进旅游云计算运用，夯实新基础。十大主攻方向都是旅游产业与信息产业融合的主要方向和发展趋势。《规划》中还提出，“十三五”时期，加快推进新一代信息技术在旅游业中的应用，着力在满足游客需求、提升旅游品质、引领全面创新上取得突破；建立完善旅游公共信息服务、旅游网络营销、旅游电子商务、旅游电子政务等四大平台，为旅游业转型升级、提质增效提供动力支撑。《规划》的公布将进一步推动互联网在旅游行业应用的进一步深化，以解决旅游运营中的实际问题为主，满足游客和市场对信息化的需求。

（二）“互联网+”时代新发展

2016 年，互联网已经成为人们日常生活中必不可少的重要组成部分。互联网是个人之间、个人与组织之间以及组织与组织之间的双向结合，其最大的特点就是能迅速地提供多种信息服务。截至 2016 年 6 月，中国网民总人数已达 7.10 亿人，网民每天平均上网接近 3.8 小时。互联网兼有信息技术的渗透性、带动性和网络性的特点，通过网络互动的过程，给旅游产业带来了大量的商机。电子商务是产业渗透的主要形式。电子商务从两个方面体现了高科技产业对旅游产业的渗透。一是企业内部的 ERP 信息系统，这是电子商务的基础；二是电子交易，即生产者、供应商和客户通过通讯网、互联网查询、发布、传递、反馈相关信息，洽谈业务，订立合同，实行电子支付结算，并最终完成实物交易的新型产业和全新的商业模式。

在“互联网+”时代，大力推进旅游产业融合，“互联网+”时代的来临，也为旅游产业融合的发展提供了良好的机遇。旅游产业融合的本质特征是创新，而以互联网为代表的信息技术为旅游产业的创新提供了强大的推动力[3]。面对游客消费行为的改变，旅游产业链中的企业会主动利用互联网通信技术和数字化管理掌握、分析和预测游客的消费需求，以延伸产业链、拓宽产业面和集聚产业群，生产出不同形态的融合型旅游产品，满足游客的精众化消费需求。从供给层面来看，有利于推动旅游产业的创新、旅游产业结构的优化、旅游产业竞争力的提升和旅游资源的优化配置；从需求层面来看，有利于满足旅游消费者日益多样化、差异化和个性化的旅游消费需求。

近年来，随着“互联网+”对旅游渗透力度的加深，信息化建设为旅游业发展带来了新的活力。从设计旅游行程到获取旅游资讯，从领略智慧景区到分享旅游经历，越来越多的游客享受到了信息化带来的便利。4A 级以上旅游景区实现免费 WiFi、智能导游、电子讲解、在线预订、信息推送等全覆盖；智能手机在机场登机验证、酒店入住登记、景区门禁系统和酒店客房钥匙等方面将进一步扩大应用。

（三）技术的进步与创新的加快

旅游产业融合的本质特征在于创新。没有创新，各个产业墨守各自的产业边界和规制，产业就无法跨界延伸和发展，也就无所谓产业融合。因此，旅游产业融合过程其实就是创新的过程，创新不仅包括技术创新、产品创新、管理创新等，创新是旅游产业融合极为关键的环节。

随着知识经济的到来，加快了技术创新，促进了技术融合。在一定意义上说，技术创新是产业融合的源泉，技术创新能够扩散到相关产业，使其相互影响、相互渗透，从而降低市场开拓成本，打破原有产业分工的边界，使原有产业边界变得模糊甚至消失，实现了产业融合。所以当技术被广泛应用于旅游业中时，就对旅游企业经营管理产生变革。旅游信息化是当前旅游业发展一个最为显著的特征之一。在旅游资源整合、设施建设、项目开发、市场开拓、企业管理、营销模式、咨询服务等领域已经广泛应用现代信息技术，从而引发了旅游发展战略、经营理念和产业格局的变革，带来了产业体制创新、经营管理创新和产品市场创新，改变了旅游产业的发展方式。旅游业的科技含量不断提高，为旅游业的发展注入新的活力和增添新的内容，加速旅游业的产业融合和结构优化的步伐，提升旅游业的整体素质和发展水平。旅游信息化水平的提高，减少了旅游服务提供者（如景区）和游客之间的信息不对称，使旅游服务提供者更加方便地了解游客需求，进而有效安排服务时间、数量和内容，从而使游客获得更加愉悦的体验。总之，技术型融合使旅游业提高了技术含量，为旅游业注入新的活力。技术创新能够使旅游产业产品升级换代，实现体验经济，满足消费者个性化需求。如交通技术的进步使地域障碍得以消除，落后地区旅游产品的开发能够引入并应用发达地区的文化成果；网络技术的发展，为旅游产品的设计、营销等提供了便利，如旅行社与网络技术融合，建立在线旅游服务，不仅降低了运营成本，还方便快捷，提升了拓展市场的能力，促使旅游企业获得竞争优势。

而“互联网+”时代带来的最为深远的影响是技术的进步与创新的加快。技术进步是产业之间相互联系的纽带，技术进步改变产业结构；技术进步是产业融合调整的动因和先声，产业结构优化升级是技术进步的必然趋势。技术进步使资源消耗强度下降，使产品升级换代，改变需求结构。科技进步不断使新的需求产生，产生新的产品、新的供给。技术创新是产业融合的驱动力，其会打破原有产业之间的界限，使产业之间的边界逐渐变得模糊，而产业之间的互相渗透与融合会产生新兴产业，创造出新的满足消费者的产品，带来新的市场需求。“互联网+”时代下的技术创新有目共睹，这不仅为旅游产业融合的发展提供了技术支撑，也为生产出更多的融合型旅游产品提供了保障。当前“互联网+”时代带来的技术进步与创新，正在更大范围内推动着旅游产业的融合发展，并在此基础上生产出形态多样的、能够满足旅游消费者需求的融合型旅游产品。同时，“互联网+”带来的技术革新也为不同旅游企业，尤其是线上与线下的旅游企业的合作提供了可能，由此催生形成了一个规模庞大的“互联网+”的旅游新业态[4]。

第二节　河南旅游业与信息产业融合的现状及问题

一、河南旅游业与信息产业融合发展现状

党的十八大报告中指出要坚持“四化同步”，即坚持走中国特色新型工业化、信息化、城镇化、农业现代化道路。其中，把“信息化”从以往的“新型工业化”中单列出来，表明“信息化”已被提升至国家发展战略的高度。最近几年，伴随着游客对旅游产品品质、旅游信息获取途径以及旅游质量的逐步提高，传统的旅游宣传、营销手段吸引力正在逐渐削弱，传统的旅游产业模式已经不能满足游客、企业和政府监管部门乃至整个旅游产业发展的需要。在此背景下，旅游信息化发展正当其时，信息化为河南旅游发展转型升级，再上新台阶提供了强劲动力。可以说，信息化是河南省旅游加快发展，实现现代化的必然选择。

伴随着信息科学技术以及网络应用的迅速发展，1998 年，河南省旅游局与河南益星信息网络有限公司合作开创了河南省首家旅游综合信息网站——“河南旅游服务网”，之后又更名为“河南旅游网”，该网站是中国第一批由政府主导并开通的专业性旅游网站。随后，各种关于河南旅游的网站也陆续出现，比如“河南旅游资讯网”“大河旅游”“河南旅游文化网”。这些网站的出现，扩大了河南旅游业发展的展示平台，使更多的潜在旅游市场变为了可能实现的旅游市场，这样就加快了河南省整体旅游业的发展。这些网站的内容不但覆盖了全省的主要景点，而且向周边乃至全国辐射，通过多语种平台使河南省的旅游业走向世界。

进入21世纪以来，以互联网、云计算、高性能信息处理、智能数据、移动终端等技术为代表的现代通信及信息技术的发展，智慧型信息化在旅游体验，相关产业发展等方面开始得到广泛应用，智慧型旅游发展逐渐占据了旅游市场，特别是最近两年国家旅游局非常明确地提出要大力发展智慧型旅游，从政策、环境、资金、技术等各个方面提供了有力的支持，信息产业与旅游业的相融合得到了迅速的发展。

为了提高旅游行业智能化水平，丰富河南省的旅游方式，借助手机移动运营商网络、技术、运营等方面的优势，加强旅游电子信息化建设，推进河南省智慧旅游城市、智慧景区、智慧酒店、农村旅游信息化、旅游电子商务等方面的信息化建设以及移动信息化的应用，河南省旅游局和中国联通河南分公司在旅游信息、宽带资源、智慧导航等方面开展了广泛的合作。中国联通河南分公司通过搭建基础网络平台，提供高速率的宽带移动互联网和综合信息服务，大力支持河南旅游信息化基础设施建设，面向政府管理部门、旅行社、景区、游客四类需求群体，提供了数字化管理、数字化景区、数字化服务、数字化旅游等全方位的信息服务，助力河南旅游信息化建设。

河南省旅游局的范修芳局长在总结2012年全省旅游工作中指出，河南省旅游发展“抓环境”，旅游公共服务体系得到进一步完善。2012年，省旅游局联合省工信厅出台了《关于加快推进河南省旅游信息化建设和发展的意见》；“河南旅游企业公共信息同业平台”建设已经启动；河南旅游云平台应用项目“手机客户端”已经上线；超级旅行121联盟项目正在运营；协同办公（OA）系统已经完成；郑州、洛阳成功入选首批“国家智慧旅游试点城市”。信息化作为驱动力，在加速现代信息技术的应用，传播更加直观吸引的旅游资讯、带给游客更加方便快捷的消费享受、整合销售更具特色的旅游产品、提供更加周到无障碍的旅游服务等方面，赋予河南旅游业无限的生机和活力，对旅游业发展产生重大影响并具有深远的意义。

河南省旅游景区方面，2005年，河南省成立了旅游信息化领导小组，有力推动了景区信息化的进程。在云台山，白云山和龙门三家国家重点风景名胜区推进了景区的信息化建设。河南省251家A级景区实现了100%的网络宣传覆盖；高级别景区信息化建设要好于普通级别景区，尤其是5A级景区信息化建设更加完善，有一半实现了电子门票、票务系统、监控系统的数字化；主要景区都开发有自己独立的旅游门户网站。但是值得指出的是普通景区则鲜有自己的宣传资料和信息来源途径。

二、河南旅游业与信息产业融合的问题

第一，起步相对较晚，发展程度差别大。河南省旅游的信息化建设落后于经济发达地区，目前尚处于起步和发展阶段。总体来看，旅游信息化的基础已经初步形成，但是大多数信息处理没有实现网络化，信息处理维持在局部的范围，没有形成全省有机联系的网络。对于技术人才的培养与培训工作远不能满足实际需要，管理部门局域网的设置未及时跟进，管理人员的信息化应用水平较差，有待提高。河南省旅游业信息化建设在基层尚未全面落实。旅游信息未能及时更新，如信息化建设较好的云台山景区主页上，最新动态虽然实现了及时更新，然而旅游线路以及旅游贴士的更新还是几年前的信息。

第二，旅游信息网站内容重复建设，缺少每个网站自己的特色。河南目前几乎所有的旅游网站都是简单介绍着同样的旅游景点、线路、饭店等，而旅游网站要想成功只有两条路，要么是以价格取胜，要么是针对不同市场以差异取胜。目前，河南旅游行业的网上平台仅仅停留在信息展示阶段，只是简单介绍旅游景点位置、联系电话、景点图片等内容，并没有形成完整的数据库，分散性较强，共享性不足。因此河南省的旅游网站不是每一个都要做成综合性、全面的门户网站，要着重于自己本身的特点。

第三，智慧型交通发展不足。当前河南各个市的智慧交通系统建设还处于初级阶段，火车站及市中心附近的道路状态已经较为老化，交通设施和标示不足，在早晚上下班高峰期或者旅游旺季时会出现严重的堵车现象。同时，市内的公共交通所能承载的分运能力较为薄弱，公共线路重复较多，站点设置仍然需要进一步的合理化。同时，无论是公共交通还是共享交通的智慧化程度较低，尤其是共享交通出现部分闲置现象。河南省还需要积极提高综合交通的发展，合理利用公共交通资源，设计合理智慧的公共线路，并且大理推进城市共享自行车的利用度。

第四，旅游业信息技术人才短缺。目前还没有设置专门的部门和专业的

IT 人才来主持信息化工作，旅游信息化系统建成后，技术支持，应用软件完善，信息更新维护等事务无法责任到人。这主要表现在，一方面，旅游企业和管理机关中既精通旅游业务又熟悉信息积水的复合型应用人才匮乏，缺少自己的旅游专业队伍，仅靠外包形式依靠外援，这样会受制于其他行业；另一方面，专门开发旅游信息系统软件的专业技术人才也比较缺少，这也是受到前几年国内 IT 业对旅游软件和平台开发的不重视的影响。

第五，旅游信息化营销有待进步。为了吸引更多的游客前来河南省旅游，就需要进一步加强旅游的宣传和营销，吸引游客主动前来旅游。目前河南省的旅游还是以国内游客为主，入境旅游客源市场有待进一步提高。同时，河南省旅游的信息化旅游营销手段主要以青年为主，而对旅游客源最重要的中老年人群宣传力度明显不足。此外，河南省很多地区的技术和经济发展还比较落后，限制了旅游信息化营销的可持续发展，导致网络基础设置建设比较落后。信息化水平低，基础建设不到位，导致有关信息传播与处理不当，造成了客户的流失，甚至出现无法浏览网页资源的状况，对旅游营销的效果产生了不利的影响。

三、河南旅游业与信息产业融合的实例

（一）“开封礼物”电商平台的启动

2017 年 4 月 28 日，由开封市旅游委主办，开封市智慧旅游科技发展有限公司、开封市瓦舍电子商务有限公司承办，开封商务中心区和特色商业区管委会协办的“开封礼物”电商平台正式启动。

近年来，在社会各界的大力关心和支持下，开封旅游业得到蓬勃发展，但旅游商品的开发、销售一直是开封市旅游业发展的短板。为加大旅游商品消费比重，满足游客日益增长的物质文化需求，开封市旅游委积极学习先进地市的成功经验，推动旅游商品发展。通过认真学习调研，参考“北京礼物”运营经验，结合开封实际，策划、筹备、推出了“开封礼物”。

“开封礼物”是按照“政府引导、市场主导、企业主体”的思路，围绕“打造品牌、提升服务、促进消费”的理念，以开封元素、地域文化、传统工

艺、文化创意为根基，旅游商品通过自下而上的申报、筛选、审核、评审而得到认证，目的就是整合开封市的旅游资源，挖掘旅游消费潜能，完善旅游要素产业链，提升开封旅游购物消费水平，促进开封旅游产业供给侧结构性改革，为进一步推进建设国际文化旅游名城而着力打造开封旅游购物品牌。

2016年年底，第一届“开封礼物”就隆重推出，其中“兴盛德”花生、汴绣《百鹤图》等24个品种、71件商品已经专家委员会评审认证。目前，“开封礼物”线上宣传、展示和线下体验店的体验、销售工作已经展开，“开封礼物”店标准和准入体系正在研讨制定之中。2017年5月1日之前，开封市首家“开封礼物”店在开封府景区面向中外游客正式开放、营业。未来，“开封礼物”发展规模将不断扩大，使“开封礼物”店逐步覆盖全市的知名景区以及火车站、汽车站、旅游集散中心等重要交通枢纽和商业街区。

此次电商平台的启动，对于推进开封市旅游商品信息化、网络化管理，加快“开封礼物”向品牌化、专业化、国际化迈进，进一步繁荣我市旅游经济，提升“开封礼物”品牌形象和市场影响力，具有重要意义。一城宋韵，八朝开封。今天的古城开封风生水起，日新月异。“开封礼物”特色旅游产品的推出和线上、线下销售平台的运营，是旅游产业与信息产业融合的最佳例证。

（二）洛阳龙门石窟智能云平台上线

2017年15日，龙门石窟智能云平台上线启动仪式举行，龙门石窟智慧旅游再度升级，标志着龙门石窟作为全国首家“互联网+”智慧景区迈入智能云时代，开启了智慧旅游建设发展崭新篇章。

2015年7月，腾讯公司和龙门石窟携手打造的“互联网+龙门”智慧景区正式上线运营。龙门石窟与腾讯公司携手在“互联网+”智慧旅游建设中，积极探索，勇于创新，不断提高，始终引领全国智慧旅游建设发展新风向，实现了文物、文化、旅游创新融合发展。龙门石窟以“互联网+”为载体，实现了“互联网+购票”“互联网+游园”“互联网+管理”“互联网+文化创意”等多项功能，为游客带来从入园前到出园后的全流程智慧体验。

此次龙门石窟智能云平台上线启动，不仅仅是龙门石窟在持续推进“互联网+”智慧旅游的又一次创新发展，又一次领先作为，更是在构建文化传承创新体系进程中的一次新担当，充分显现出龙门园区担当精神和责任意识。龙门石窟将利用智能云平台，全面分析游客的行为轨迹、消费方式、行为喜好等，实现景区的精准管理、精准营销和服务提升。同时，景区将借助高新科技手段，通过有效互动和打造便捷服务场景，实现游客全方位体验升级。

龙门石窟智能云平台是一个数据融合、开放成长的平台，它通过人工智能的方式将海量数据融合唤醒，让碎片的数据融合成新动能，为龙门石窟可持续发展注入了新活力，构建了龙门在文化传播、景区管理、游客服务等方面的全智能生态系统，为传承创新世界文化遗产，传播宣传中华优秀传统文化，创新发展文化旅游产业，进而使龙门发展数字经济注入了新活力、新动能。

第三节　河南旅游业与信息产业融合的思路

产业融合早期的研究对象就是信息产业融合，因此信息产业基于信息技术对其他产业主动融合的模式已经得到了学术界的一致认可。旅游产业与信息产业融合是信息产业基于信息技术的扩散和创新对旅游产业的主动融合，也是旅游产业被动融合的典型现象。信息产业的无形要素信息技术通过其与旅游产业的信息技术共用基础平台（计算机网络）渗透到旅游产业的相关模块，使旅游产业该模块得到创新。旅游产业与信息产业融合主要是信息技术在旅游产业的渗透和扩散，使旅游产业应用信息技术的模块得以创新的过程。

信息技术是第三次科技革命的标志，旅游业在以信息技术为核心的科技革命的转型与变革中得到了快速的发展。随着个人计算机与互联网的普及，旅游电子商务开始迅速发展。我国信息技术在旅游业中的应用要落后于世界旅游业年，但是随着相关政策的导向，我国旅游信息化近年来得到了快速的发展。国家出台的《国务院关于加快发展旅游业的意见》中提出，以信息化为主要途径，提高旅游服务效率。积极开展旅游在线服务、网络营销、网络预订和网上支付，充分利用社会资源构建旅游数据中心、呼叫中心，全面提升旅游企业、景区和重点旅游城市的旅游信息化服务水平。目前，我国以携程、艺龙等为代表的在线旅游代理商在机票预订市场份额占比较大；旅游服务热线工程，已经在全国各省区市逐步实施；“智慧旅游”创建工程逐步开始对各类旅游信息化的新应用、新服务、新模式开展试点示范。

信息技术已经逐步渗透到旅游产业之中，与旅游产业之间进行了快速的融合发展，催生了旅游“新产品”和“新业态”，改变了旅游产业的营销方式、改善了旅游的服务质量。信息技术已经成为推动旅游产业转型与变革的重要方法、工具、载体以及动力。以信息技术为核心的信息产业也正对旅游产业进行带动融合。

一、创新管理模式

（一）政府主导，采取的各种举措

在旅游业与信息产业融合发展的过程中，采取政府主导、政企合作的发展战略，发挥政府统筹、领导和协调的重要作用。首先，政府应该不断完善旅游业相关法律法规，为旅游业的融合发展提供了制度支持。

2015 年 3 月，李克强总理在政府工作报告中首次提出“互联网+”行动计划。“互联网+”指的是利用信息通信技术以及互联网平台，把互联网与传统行业结合起来，创造新的发展生态[5]。国务院在国发第 31 号文件《关于促进旅游业改革发展的若干意见》中指出，加快旅游业的发展要坚持融合发展的理念。政府应该协调与旅游相关的各个部门逐步实现信息化，最终实现旅游管理的全面信息化。值得注意的是，政府主导并不是政府干涉所有事情，政府主要负责信息咨询以及提供服务等服务性职能，是服务型的政府。

在旅游信息化建设方面，以政府为主导，在发展规划制定与管理方面，整合各方资源，聘请旅游专家，而且充分调动当地旅游企业参与信息化规划与开发；在旅游市场管理方面，政府充分利用现代信息网络技术为旅游市场开发提供决策，并开展旅游产品营销和客户管理；在旅游信息化管理方面，政府通过综合信息系统的统计，利用网络工作方式提高其工作效率和质量，加强与旅游企业间的直接联系；在旅游信息化服务管理方面，政府主管部门协同旅游企业以及其他旅游相关管理部门，为游客提供综合性的信息化服务，并通过旅游门户网站、旅游电子商务平台等渠道增强与游客的直接沟通。

（二）优化旅游企业的组织结构及创新企业经验模式

旅游企业是旅游产业的基本组成单位，旅游产业要获得良好的经济社会生活效益，要想在信息快速发展的知识时代获得立足之地，必须要求旅游企业具备较强的创造效益的能力，因此，必须按照现代企业组织原则来改造优化旅游企业的组织结构，以增加其活力和提高其经营管理水平，对旅游企业组织结构进行改造和优化的政策主要包含以下内容，调整优化旅游企业的产权结构，明确旅游产业的产权关系，扩展旅游企业的资金融通手段，改善旅游企业的外部经营环境等。首先，优化产权结构和明确产权关系的政策，现代企业制度要求政企分开，产权清晰，因而，调整优化旅游企业的产权结构式是优化旅游企业组织结构的先决条件，产权关系如果不能明晰，那么经营中的其他关系也不可能理顺，在政策保障体系中，应包括若干明晰旅游企业产权关系的政策提议。

信息产业的发展，信息的大众化，方便产业之间信息的相互沟通，相互了解；方便了产业之间的合作，企业与企业之前的合作。推动旅游企业“联营合作”，争取资源利用效益最大化。积极推动景区间的联营合作和跨界合作。一般的经营模式为旅行社与景区合作经营，可以把这种合作延伸到酒店、附近的农家乐、民宿度假点，延伸到自驾游协会、旅游装备协会。游客在农家乐吃饭、在民宿点住宿，就可以半费甚至免费到景区来旅游，景区从农家乐、民宿点提取相应利润。既照顾了乡村旅游的发展，又增加了旅游景区的客流，互利双赢。在市场开发中，旅游企业也可以充分利用各信息平台开展“有针对性”的市场营销，实现“市场营销精准化和产品与服务个性化推荐”。

二、创新运营模式

（一）粗放运营向精细化运营方式转变

2015 年，国内旅游人数 40 亿人次，入境游客达到 1.34 亿人次，游客量的迅速增长在带来可观收益的同时，对景区的游客接待能力提出了更高的要求。随着互联网的发展，大量的游客行为线上化，根据艾瑞咨询 2016 年《中国景区旅游研究报告》显示，2015 年中国旅游市场的份额上升至 24. 3%，门票的在线市场规模增速高达 57. 2%、82. 7% 的游客在出行时会选择在线预订方式，可见，互联网对游客行为的影响越来越大，游客行为正从线下往线上转移，游客可以在网上获得景区产品的价格、评价等信息，可以在网上实现查询、预订、下单等一站式的购买服务。中国互联网发展迅猛，互联网及移动互联网已经深深地改变了我们每个人的行为习惯。随着市场环境和用户习惯的改变，企业也必须跟上时代的步伐，才可能不会被消费者和市场所淘汰，因此，旅游企业的运营方式需从以门票经济为主的粗放运营向以游客体验为核心的精细化运营方式转变。

（二）大数据平台运营

“互联网+”时代的到来，大数据的重要性日益显现，逐渐成为旅游产业升级转型的驱动力量。中国旅游企业亟须专业的大数据运营平台，这不但是企业经营者的需求，也是企业投资者的需求。企业运营需要目的地的历史数据和未来一段时间的预订进度去评估自己在本地区内的表现，调整销售策略以及营运计划。企业投资者也需要这些数据来评估自己应该在哪里拿地，拿地后做怎么样的投资，开发哪些产品，修建哪些设施。

曾经，旅游企业会花费几十万甚至更高的成本向咨询公司购买咨询报告。但大多数时候，这种咨询报告都偏向于行业研究，虽然可以帮助企业了解整个旅游行业的发展现状和未来的发展方向，但提供的报告往往大而全、内容偏宏观，对企业日常运营的提升改善帮助有限。即使管理者知道某个观点，但要落到战略实施和具体工作当中却比较困难。传统的数据分析不仅数据量小——数据收集的方法和数据收集的来源相对局限，主要是依靠问卷调查、电话访问、街头拦截、访问小组座谈等，而且分析结果具有延迟性，一般做一份数据分析报告需要一个月甚至更长的时间，因此，无论从哪一个角度来看，传统的数据分析工作都没有办法适应互联网时代实时性和多变性的特点，也就无法带来实际的效益。

在大数据分析平台的应用上，国内的航空公司远远领先于国内大部分旅游企业。航空订票系统的数据平台里，每个航空公司的售票情况一目了然，包括：起飞降落时间、日期、经停点、餐食，以及各个舱位的折扣和座位情况。国内航空业也曾经历过计划经济时代，单一的票价卖了很长一段时间。改革后，航空业也出现过价格战。但时至今日，即便有廉价航空的冲击，航空公司还是坚持按照市场细分、按照顾客消费习惯的定价策略。他们成功地改变了顾客的消费习惯，使顾客认识到要定到廉价机票，需要提早预订，但改签的费用很高，甚至不能改签；而临近起飞时段，机票价格会很高，但改签很方便，改签费用也很低，甚至免费。和国内旅游企业形成鲜明对照的是，国内航空公司都注重自己官网的建设和会员体系的打造，没有受制于 OTA 的情况出现。国内旅游企业要摆脱连年亏损的窘境，必须向航空业学习，建立大数据平台，实现精细化运营。

部分具备领先意识的旅游企业已经开始引入数据化运营的思路，如《变形金刚》取景地和《爸爸去哪儿》拍摄地之一的重庆某 5A 景区，素有“江南明珠”“绿色仙境”之称的江苏某国家级旅游度假区，他们通过搭建大数据运营平台，从渠道、产品偏好、游客属性等不同维度去分析市场，以及基于 GIS 的地理位置和状态对景区人、财、物的进行全方位地管控，为自身在管理、营销、服务上提供数据采集、存储、分析、可视化一站式的数据应用，以便在作出产品、促销、渠道、价格等策略有据可依的同时大大降低人力成本，提升整体的运营效率和价值。

在大数据时代已然开启的今天，有了更多的数据来源途径和数据获取手段，一个全方位的大数据运营平台显然能够对旅游企业产生很大的价值。大数据运营平台不仅能够对某个具体领域的宏观经济趋势进行判断和预测；还可以把我们的触角深入到某一个社区、某一类人群、某一个具体的产品，来了解他们的真实情况；同时，我们还能够借助大数据分析的结果来制定精细化的线上广告投放策略或是做针对性的地面推广活动；而最终，把大数据分析的成果以大数据工具的形式固化，才能让我们的大数据效力持续。一个专业的大数据运营平台，能够在中宏观规划、微观/细分市场分析、方案执行和策略部署等方方面面为企业带来价值。

（三）旅游公共信息服务建设

旅游公共信息服务的服务对象是广大游客，通常情况下，游客希望能够全面掌握旅游目的地的基本信息、当地的特色产品、旅途是否安全等一系列信息。在完成这些信息的集成加工之后通过比较便捷的方式将信息传递给游客，这就是旅游公共信息的服务内容，随着旅游业的发展，其逐渐成为旅游公共服务体系建设不可或缺的重要组成。

从某种意义上来说，旅游公共信息服务是一种双赢的服务模式，不仅帮助游客和旅游目的地之间建立良好的联系，而且对于旅游业的发展大有裨益。旅游公共信息的提供方式是多种多样的，游客可以登录相关的旅游网站或者是向专业的咨询机构询问以及自己观看旅游标识等。旅游公司或者是当地旅游部门通过这些方式完成信息的传递，使得更多的潜在客户得到挖掘，游客既定的旅游时间也会延长，经济收入增加，对于游客而言也能享受到更完美的旅游过程。游客在完成一段旅程之后总结分析所提供的信息，能够有效提升游客对旅游点的认可，并且进一步促进服务水平和质量的提高。

如果着眼点放在需求上面，那么由于游客往往和目的地之间存在空间的距离，这种距离导致游客在旅游过程中会保持对旅游信息的渴望。这种持续性的信息需求十分庞大，此时网络信息、咨询机构提供的信息、景区解说等形式就实现了需求的完美供给。随着社会经济的发展，各个地区已经逐渐建立完善了自己的公共信息服务体系，不仅搭建了各类用于旅行的网站，而且建立了相应的游客咨询机构等设施。此外，其他各种各样的平台也逐步出现，比如信息查询一体机等。

另外，GPS 导航系统、PDA 等各种移动设备为游客提供了极大的便利；许多景区都配有能讲多国语言的语音导游系统，提供标准的全程讲解，让异国游客能够充分了解景区的历史文化背景；另外，大多数景区、宾馆建有无线局域网，无线网络覆盖游客经常光顾的区域。

（四）专业旅游网站的建设

旅游是大众趋势，互联网是最大的传媒之一，因此旅游网发展速度非常快。旅游网是旅游组织向公众展示旅游信息的平台，有官方旅游网站，也有私人旅游网站，官方的侧重政务，私人的侧重旅游市场及宣传，向广大旅游朋友提供旅游相关信息资讯、产品等信息。

旅游网站网上专业服务完善，如在线旅店预订服务、在线旅游搜索引、综合网站旅游服务。旅游运行产业链，主要包括电子商务网站、航空代理商、酒店代理商等，游客可以在线咨询、在线预订、在线支付等，代理商可以解决游客的吃、住、行、游、购、娱等所有需求。

专业旅游网站对于旅客而言是提供信息的平台，旅客可以通过搜索得知旅行社—旅游路线—旅游价格的等相关旅游知识。也可以从网站获得每个旅游景点的独特信息和相关安全知识。专业旅游网站相对于旅行社而言，是发布各种相关旅游信息的有利渠道。可以提供旅游线路、旅游个性化服务供游客选择，并且也一定程度上宣传了自身公司。

三、创新旅游业态

旅游业是一个不断变化、发展壮大的产业，旅游业的要素构成、产业范围、组织形态和运行模式等方方面面都在不断变化中，伴随着这些发展与变化的旅游业态也在不断地发展与创新。旅游业态的发展过程其实就是一个不断积累、探索、创新的过程。而且，在日趋激烈的旅游市场竞争中，旅游业只有不断创新和发展，创新性地开发出新型的旅游产品，才能满足市场的需求。旅游创新必须以一定的技术手段为依托，因此，旅游业积极引进其他产业的相关技术，甚至部分产业以技术优势而融入旅游业，形成新型的旅游业态。

（一）旅游电子商务创新

国际上，旅游业与信息产业融合产生的最主要的新业态就是旅游电子商务。旅游企业结合在线游客的旅行时间、目的地，安排地接日程等旅游需求，设计相应的符合旅游企业的旅游信息、商务运营模式的系统。有效整合景区、酒店、旅行社等各类旅游企业资源，建立配套的旅游服务机制，特别是有条件的旅游景区，对旅游电子商务平台线上与线下业务、在线订单与旅游电子售检票管理平台的数据对接，也要纳入旅游云数据中心，实现数据的接入。

发达国家凭借自身旅游经济发展实力，已在旅游电子商务领域中领先一步，在激烈的竞争形势下，我国旅游业的出路就是尽快与国际旅游接轨，充分利用电子网络技术，以低成本、差异化的旅游产品使我国旅游业取得长远发展。

（二）智慧旅游升级

智慧旅游的概念源于国外提出的“智慧地球”和“智慧城市”，是旅游业与信息产业深度融合的产物，对促进旅游业转型升级具有重要意义。目前，国际智慧旅游的建设与发展体现在智慧旅游服务、智慧旅游营销、智慧旅游管理3个层面。发达国家的智慧旅游管理依托信息技术，去全面了解游客的需求变化、意见建议以及旅游企业的相关信息，实现科学决策和科学管理。我国智慧旅游已有所发展，但相比美国等发达国家依然处于滞后状态。我国应抓住智慧旅游这一前沿发展领域，促进旅游业转型升级。让游客的旅游过程更顺畅，提升旅游的舒适度和满意度，为游客带来更好的旅游安全保障和旅游品质保障，其升级重点在于智慧旅游营销，最终目的为吸引游客主动参与旅游的传播和营销，并通过积累游客数据和旅游产品消费数据，逐步形成自媒体营销平台[6]。

改革开放以来，我国经济发展突飞猛进，随着人均收入的增加，旅游业进入了爆发性增长阶段。节日假期，高速公路免费，致使国内多个地区旅游景点人满为患，景区管理弊端尽显。不光曝出了轰动全国的华山景区伤人事件、三亚宰客门、九寨拥堵事件，更是引发了甘肃骆驼累死，游客无房可居等连环效应。相较而言，另一些城市由于利用智能化、信息化技术，对景区管理进行升级改造，不但秩序井然，还让消费者过了把“智慧旅游”的瘾。智慧旅游的建设和运行，为旅游业带来了深刻的变化。智慧旅游正在悄然改变着旅游者的消费习惯与旅游体验，逐渐成为旅游者趋之若骛的时尚潮流。

智慧旅游的深化应用实质上是以数据为核心的互联网应用，通过多方位多角度的数据采集、数据整理和数据分析能够对旅游资源进行科学管理和合理开发，对相关管理、监控工作进行正确部署，从而实现“旅游+互联网”等全方位深度合作，推动传统生产、管理和营销模式的升级，支撑景区及相关管理部门提升管理效率、实现精准营销，为游客提供极致的服务体验。

加快推进智慧旅游建设，大力推动“旅游+科技”的深度融合，积极运用现代科学技术手段，提升旅游产品和景区的科技含量，加快旅游数据中心建设，推进旅游政务网、旅游资讯网、微信微博等新媒体平台以及移动终端应用平台建设，打造一批智慧景区、智慧旅游企业、智慧旅游乡村示范点，推进旅游互联网、物联网等基础设施建设，推动4A级以上景区尽快实现免费WiFi智能导游、电子讲解、在线预订、信息推送等服务。

积极开展智慧景区、智慧酒店、智慧旅行社、智慧旅游乡村建设工作。建设旅游管理服务平台。完善安全监管、投诉、应急指挥、市场监测预警等功能。推进景区智能化建设，提供电子门票、自助导览、自助讲解等服务，建立门票预约制度、景区拥挤程度预测机制和旅游舒适度的评价机制。建设旅游服务大数据应用。通过建立旅游投诉及评价媒体交互中心，实现对旅游城市、重点景区游客流量的监控、预警和及时分流疏导。建设旅游信息数据库，深化旅游行业大数据应用，建立智慧旅游营销系统。加快智慧旅游建设，搭建智慧旅游公共服务平台，形成智慧管理、智慧营销、智慧服务体系，全面提升智慧旅游服务水平。积极探索整合私家车、闲置房产等社会资源，规范发展在线旅游租车和在线度假租赁等新业态。鼓励旅游企业利用互联网平台，参与全市智慧旅游建设和经营；创新发展在线旅游购物和餐饮服务平台，积极推广“线上下单、线下购物”的在线旅游购物模式和手机餐厅服务模式。

第四节　河南旅游业与信息产业融合的发展策略

一、将信息技术广泛应用到旅游产业

（一）加大信息技术投入，进行技术创新

旅游的独特性决定了旅游消费的独特性，旅游企业为了更好地开发旅游产品，就需要不断在旅游产品结构上不断推陈出新，信息技术在旅游中的应用，但就其应用范围来说，还处于应用的初级阶段。由于旅游产业结构的特点，加大信息技术的投入，不断进行技术变革，创造更多多样性的旅游产品，满足人们日益增长的精神文化的需要。

（二）发展旅游网络营销

互联网作为一种新兴的媒体形式，互联网具有很多优点：如传播费用低廉，能够储存大量信息，并实现迅速发布和实时监控，信息的表现方式多样，有动态 Flash 图片、文字等，更新也十分方便快捷，但是由于网络上的信息量过于庞大，景区的信息可能不被目标受众所重视，或者是由于技术层次的原因，导致顾客无法打开网页，另外，由于网上信息的准确性不高，也直接影响了网络作为创新营销渠道的效果[7]。目前，我国知名的高校的旅游门户网站有携程、易趣、艺龙、金旅雅途和芒果网等。随着网络技术的不断发展，如何在 web2.0 环境下进行旅游目的地的网络营销也逐渐为学者所关注。

二、加强政府的主导作用

旅游业是典型的现代服务业，而现代服务业是一种契约密集型产业，其生产、交易的过程中自然而然会涉及更多的契约安排，消费者购买的是一项权利而不是有形的商品，由于交易的复杂性和市场的信息不对称，旅游业这类典型的现代服务业的发展必然需要良好的制度来规范。良好的制度环境会减少契约执行过程中的机会主义倾向和不可预期风险，促进服务交易的达成。良好的制度环境需要政府的大力支持和大力推进。

旅游市场监管是保障旅游质量、提升竞争力的关键。因此旅游管理部门应适时组织开展游客满意度和投诉调查，并定期公布结果，引导、督促有关行业、地区、城市、企业、员工改进和提高服务质量；编制发布旅游经济运行状况监测数据和旅游投资、旅游市场状况信息，引导旅游投资、企业经营和行业发展；组织开展旅游消费引导和市场培育，遏制和扭转欺诈和质量问题；开展旅游标准化示范试点，以标准化、规范化为提升旅游服务质量奠定基础、提供保障；依法加强监督检查和行政处罚。要完成以上任务，旅游监管部门仅凭一己之力显然不够，需要联合统计、测量、规划、质检、工商、文化稽查、宣传、媒体、公检法等部门通力合作，从制度上、手段上、行为上予以配合，齐抓共管，才能更好地为旅游质量的提升保驾护航。

（一）制定旅游业发展战略

旅游业发展战略是对对旅游业长远发展的一个总体安排，它的制定既为旅游业的发展指明方向和阶段性目标，又有利于旅游也实现可持续发展，同时，旅游产业的快速发展战略的制定还可以较好地协调旅游产业发展过程中的长远目标与短期利益之间的关系。旅游产业发展战略除了对旅游产业的发展给予阶段性规划外，还应对旅游产业结构的调整与优化进行战略部署，旅游产业是一个新兴的多元多层次的产业部门，它包含的内容十分广泛，而旅游产业结构是指旅游产业中的不同所有制、区域、市场、产品和服务管理组织结合而成的经济体系，旅游产业结构的优化升级对于旅游产业健康发展，提升旅游产业在国民经济社会发展中的地位具有十分重要的意义。

（二）制定旅游产业政策和相关法律法规

旅游产业作为一项行业跨度和关联度极强的经济产业，尤其需要政府发挥其宏观调控作用加以大力支持，首先，制定旅游产业发展政策，在我国旅游产业发展中，政府的主导作用主要体现在制定与旅游发展有关的产业政策与法规。产业政策是调整产业结构，提高产业素质的重要手段，它通常由政府出面，从全局的高度为区域产业经济的未来发展指明方向。

其次，颁布旅游相关法律法规，相关的法律法规是对旅游产业经营管理行为加以约束的规范和准则，与西方旅游产业发达国家相比，我国在旅游立法方面的工作相对薄弱，至今国务院颁布的旅游法规仅有一项，其余均为部门规章，许多法规盲点在旅游产业市场化的过程里演化为投机漏洞，为不法分子所利用，要改善这种不利状态，维护正常的旅游市场秩序，需要政府加快旅游立法的进程，走依法治旅，依法兴旅的道路。积极推进相关税收和财务制度改革。整体看，旅游业属于劳动密集型企业，当前劳动成本居高不下困扰不少旅游企业。因此，降低劳动成本及与劳动相关的税收成本尤为重要。改革的方向是：调整个人所得税制度，特别是要提高个税的纳税起征点，允许人力资本进行折旧，计入成本并在税前扣除，从而既鼓励旅游企业的人力资本投入，又降低旅游企业的财务成本，增强其盈利和投资能力。

（三）建立综合执法长效机制

以旅游部门为主体，建立综合执法长效机制。旅游业是综合性产业，旅游活动各环节涉及多个领域，其市场监管职责分属多个部门，需要各相关部门依照各自职责，对相关经营行为实施监督检查。只有形成行政执法合力，才能保障旅游市场秩序规范，维护旅游者和经营者的合法权益。在会同公安、工商、物价等多部门联合执法、综合执法时，建议建立以旅游部门为主体的"一站式集中执法"综合执法长效机制，解决"小马拉大车"和"投诉容易处置难"的现象。

（四）创新在线旅游的监管方式

线上线下相结合，是旅游业发展的重要趋势。在传统的市场监管体系下，实行的是工商登记、行政许可、商品检验、年检、行政处罚、刑事责任、专项行动等监管方式，基本是"行政"或"人治"，对在线旅游这样的平台经济不一定适用。因为在线旅游借力互联网平台把交易体系放大成巨大的非现场交易场景，过去的监管政策、监管手段甚至监管队伍对在线旅游这样的平台经济的管理已经难以胜任。对在线旅游这样的平台经济服务形态的监管，要从单一监管走向协同治理、多边共商、实施"政府管理平台，平台制定细则"的监管准则。坚持创新和规范并重，完善在线旅游市场规制体系，对在线旅游新业务新趋势实行包容式监管；探索建立在线价格监控、虚假信息监管、游客利益保障等机制，规范在线旅游企业经营的许可范围、行为规范和服务标准，促进在线旅游企业持续健康发展。

建立产品价格监测机制，对在线旅游产品报价实施全面监控，一经发现涉嫌"不合理低价游"产品，立即对相关企业进行约谈或点名批评，责令下架不合规产品，加强供应商产品的上线审核，保障在线旅游市场规范有序。在畅通投诉受理渠道方面，旅游局应充分发挥12301旅游投诉举报平台作用，及时处理在线旅游方面的投诉举报。同时，加强在线旅游投诉信息分析，及时掌握旅游投诉动态和趋势，掌握侵权行为特点和规律，定期发布旅游消费维权知识和警示信息。建立综合监管机制，依托旅游市场综合监管工作小组，强化部门联动，会同工商、商务、通信、网信等部门研究在线旅游广告监管对策，共同开展专项整治行动，发挥舆论监督作用，曝光典型案例，震慑违法违规行为，提高广大旅游者的认知和防范能力。建立电子商务在线纠纷解决的有效机制，积极协助消费者维护自身合法权益；鼓励第三方平台建立旅行社诚信档案，设立曝光台对不良旅行社定期进行曝光；鼓励在线旅游企业建立有利于电子商务发展和消费者权益保护的质量担保机制。

三、推进旅游公共信息服务平台建设

（一）完善旅游信息化基础建设

政府要保证旅游信息化建设的资金来源，推进旅游信息化基础设施和基础能力建设。如支持旅游信息化核心技术的研发和推广、基础数据库的建立；加强景区游客服务中心、游客集散中心的信息化基础设施建设；完善西部地区网络覆盖，确保各旅游景点及其周边都在网络区域内，以便游客及时获取旅游信息；自驾、自助等个性化的自由行，主要依赖于对目的地信息的了解和行程中的信息保障，这些信息具有公共性或半公共性特点，需要加强各级各类旅游公共信息平台建设。增强旅游信息化的安全保障措施，建立以身份认证、授权管理等为主要内容的旅游信息安全保障体系。同时，政府应加强推动软件和信息服务业的发展，并制定相应的发展规划，给予政策资金支持，引导旅游企业运用信息基础设施发展旅游，使旅游基础设施为旅游产业的发展提供基础性保障。

（二）推动旅游信息化管理体制转型

旅游信息化建设是一项系统工程，需要旅游企业和各级政府及相关组织密切协作，尤其是与金融业、交通业、信息产业协作，推动旅游产业和相关产业发展，实现共赢。与个性化、自由行相关的旅游信息，如气象、交通、地质和各类旅游服务要素等信息，基本都掌握在其他部门手里，需要信息共享和集成应用。政府可以通过建立旅游信息化评价体系，加强对旅游信息化过程的跟踪与管理，强化旅游信息化工作监督和指导，提高旅游信息化项目的质量和效益。此外，以互联网为基础的信息技术、信息产业正在以惊人的速度改变人类的生活方式、工作方式和商务方式[8]。信息革命给传统产业提供了新的发展机遇，同时也给旅游产业的经营运作模式、思想观念等带来前所未有的冲击，对旅游信息化的管理体制转型提出了新的要求。在信息化时代，信息是进行有效管理控制的基本动力，在进行旅游管理体制转型时应首先构建良好的信息技术环境，不论旅游市场、竞争条件如何变化，信息都能够被实时动态获取、存储、加工和传递。在构建好完备的信息技术环境后，更为重要的是对管理信息化的实施，并对旅游市场的管理目标和需求进行认真分析，对旅游者的反馈进行跟踪管理，建立项目实施小组，按照先进的方法将管理目标、管理思想、管理方法、企业流程等与管理软件有机融合起来，最终建立一个完善的西部地区旅游管理信息系统。

四、重视旅游人才的培养和开发

要使旅游业成为人民群众更加满意的现代服务业，质量是关键。旅游质量的优劣绝大部分取决于旅游从业人员的素养和能力，人才是旅游产业发展的根本条件，也是企业竞争力的关键。对人才的培养和合理使用应是一项重要而常抓不懈的工作。由于旅游行业岗位多，人员需求大，知识更新快，在人才的培养上应坚持针对性、灵活性、实用性、多面性的原则，将业余培训与脱产培训相结合；学校学习与企业培训相结合；岗前、岗中与岗后培训相结合；学中干与干中学相结合；单项培训与综合培训；单个培训与集体培训相结合；高层培训与基层培训相结合；多途径、多场合、多阶段、多方面展开旅游人才的培训。这样才能在保证工作正常进行的情况下，不断提高人员素质，提升服务质量。人才培养是重点，人尽其才是根本。人才要用得上，留得住，最大效能地发挥作用。

培养旅游产业融合需要的一大批复合型创新人才。河南要转变培养教育人才的理念和方式，鼓励、引导和支持高校各专业间的交叉培养，建立与国内外高校、名校合作培养的机制，开展多类型的社会教育和培训体系，形成产学研相结合的培养路径，培养一批具有多方面知识体系的复合型创新人才。

（一）加强完善高校的教育管理系统

首先就是要制定合理的教学目标。教师要根据旅游专业的学科特色和市场需求设置制定教学培养目标。在课程设置和专业设置上都更加符合学生的实际情况。提高办学层次，更新培养理念。其次是在培养方式上不能一味教授专业理论知识，还要加强对学生的实践能力和动手能力的培养。为此学校可与相关的企业合作，实行订单式教育，定期组织学生到企业实习，在实践中锻炼学生的灵活应变能力。还可以通过实习反馈进一步改进教学，促进人才的培养。学校培养人才要以就业为导向，帮助学生树立正确的就业观，同时还要加强对学生的就业指导。再次，学校在加强对学生专业知识培养的同时，也要加强对学生非智力因素的培养，诸如学生的道德水平、心理素质、人际交往素质等。因为旅游产业是一门综合类的服务产业，所以有时候发挥作用的不仅仅是人才的专业知识，而更多则受非智力因素的影响。最后，就是要加强师资队伍的建设，提高教师的教育水平。在教师的选聘方面要严格筛选，积极聘用综合素质强的复合型人才。还要加强对教师的培训，一方面坚持对教师的理论培训，时常进行考察访问，更新知识观念和教育观念。另一方面积极组织教师定期地返岗工作，不能让教师脱离该行业的实践发展。教师要在实践中不断更新知识理念，改进教学。还可以承接一些相关的项目帮助教师增强实践能力[9]。

（二）产学研共同合作发展

鼓励高校、科研院所结合旅游学科建设特点，根据旅游信息化需求，积极培养复合型的旅游信息化专业人才，提升河南旅游企业的科研能力和自主创新能力。通过科研与产业互动、与创新型人才培养相结合模式的建立，努力促进产学研一体化。健全旅游院校、科研机构分配激励机制，完善政府与社会多种主体旅游信息化重大课题的设立与申报、优秀成果评选与奖励制度，争取能够形成一批有影响力的关于旅游信息化应用的研究成果。地方政府应鼓励高等院校的旅游专业加强与酒店、旅行社、旅游交通、旅游景点等旅游企业紧密合作，开拓实践渠道，共建“校外实践基地”，共创人才培养特色。产学合作是培养优质人才的必由之路，例如，旅游公司要实现内部管理的智能化、信息化，达到预订、排房、住宿、结算、客源市场分析、财会计划的全自动化，旅行社要做到管理环节的自动化等。通过产学合作，将教学内容与旅游产业面临的实际问题有机结合，可以培养既有理论水准又有实际应用能力旅游人才，也提高了相关研究人员的旅游信息化科研水平。要在产业和教育两个领域推进人才资源共享，形成“旅游院校专家进企业、旅游企业骨干进校园”的良好氛围。

（三）加强旅游从业人员的培训

旅游专业人才的培养不应该只是学校，既然企业才是真正的受益者，企业更应该自主地承担起人才培养的责任。首先企业要加强对员工的培训，定期组织工作人员深造；还可以通过建立企业内部的图书馆和学习小组为员工的进一步学习提供空间，使文化氛围逐步渗透到企业员工，进而提高员工的整体精神面貌和素质。其次就是完善能力导向的用人机制和绩效导向的考评体系。在用人上要求能力居上，公平公正地选拔人才。还要加强对员工的考评体系，建立公平公正的考评体系，还能够调动员工的主动性、积极性和创造性。最后企业还要加强与学校的联合，积极为高校旅游专业提供实习基地。很多企业独立发展，不与高校合作，这最终也制约了其自身的发展。因此企业必须与学校合作，才能更好地获得企业发展所需要的人才。

整合利用各类职业教育培训资源，支持发展各类专业化培训机构，加强旅游从业人员的职业培训，尤其有针对性地实施各级、各类旅游人才的信息化培训工作。如建立健全旅游从业人员长效培训管理体制，对旅游企业中高级管理人员和导游人员进行分级分类旅游信息化培训。定期组织评估旅游行业培训机构的课程体系，对旅游在线网络培训机构进行政策支持，尝试将各类旅游培训课纳入职业资格认证体系。针对旅游专业培养的特点和社会对旅游人才的实际需要，应在管理和教育层面给予高校旅游专业更多的自主权，例如，可探索学籍管理的“实践化”，让学生有更多的机会参与旅游实践；同时，各旅游培训机构应有更多的机会让从业人员到一线锻炼，有针对性地进行旅游信息化知识培训。

参考文献

[1] 阎小培. 信息产业的概念与分类 [J]. 地域研究与开发，1998，(4)：16-18.

[2] 董学枢，陈燕. 产业融合视角下扬州互联网旅游业发展研究 [J]. 邢

台职业技术学院学报，2016，(2)：89-92.

[3] 杨彦锋．互联网技术成为旅游产业融合与新业态的主要驱动因素[J]. 旅游学刊，2012，(9)：7-8.

[4] 徐金海，王俊．“互联网+”时代的旅游产业融合研究[J]. 财经问题研究，2016，(3)：125-131.

[5] 阿里研究院．2015 年 3 月“互联网研究报告[EB/OL]. http：/ /i.aliresearch. com/img/20150312 /20150312160447. pdf，2015-03-12.

[6] 杜佩，白英卿．旅游业与信息产业融合发展的国际经验与借鉴应用——以青海省为例[J]. 绿色科技，2016，(21)：116-118.

[7] 刘祥恒．旅游产业融合机制与融合度研究[D]. 云南：云南大学工商管理与旅游管理学院，2016：110-130.

[8] 朱海艳．旅游产业融合模式研究[D]. 陕西：西北大学旅游管理学院，2014.

[9] 范继刚．西部地区旅游产业与信息产业融合发展研究[D]. 湖南：吉首大学旅游管理学院，2014：31-34.

第七章　河南旅游业与美丽乡村建设融合与创新发展

第一节　河南旅游业与美丽乡村建设融合概述

一、乡村性与乡村旅游关系

（一）乡村性概念及研究现状

乡村性概念是随着工业文明的推动和城市化进程的加快而出现的。在18世纪的50年代，率先开始进行工业革命的英国，人们在面对不断发生变化的生活环境时，对青山秀水充满怀念，更加向往美丽自然的生活，造园家柯伯比力提·布朗根据人们的精神需求设计了追求自然美的“风景色庭园”风格，进而确立了代表英国贵族生活象征的“英国乡村庭院”理念，并由Rural（农村的）的派生出名词“Rurality”，意为“之所以成为乡村的条件”[1]，最初乡村性的理念在近代也就通过居住环境的规划设计得以萌芽。

最初对乡村性开展研究主要是工业化、城市化较早的欧美国家，但乡村性系统研究理论直至上世纪70年代才得以成型，例如克洛克（Cloke P）最先构建了乡村性指标体系，主要用于英格兰与威尔士的乡村性评价。此后的哈林顿（Harrington V）、霍尔菲斯黎（Halfacree K）和伍兹（Woods M）等学者进行了更加细化的研究，对指标、权重及类型边界进行了补充，谢尔盖（Sergei S）研究了乡村性变化与乡村之间的关系，在科技革命和全球化迅速发展的20世纪90年代，乡村性研究进入到建构的新阶段。[2]

中国在20世纪90年代掀起了城市化发展的浪潮，学界对乡村性的研究也开始于这一时期，其中张小林在 1998 年较早引入了乡村性概念[3]，此后龙花楼构建了基于东南沿海地区案例研究的乡村性指标体系，划分了主要包括农业主导、工业主导、商旅服务和均衡发展的评价类型[4]。进入 21 世纪以来，中国的城市化高速发展，乡村的存续与发展面临巨大挑战，因此学界对乡村性研究无论是从概念内涵，还是评价体系等方面都更加深入和细致。

（二）乡村旅游研究及发展现状

乡村旅游作为乡村性体验的重要形式，最初诞生在处于工业化与城市化高潮的西欧。十九世纪六七十年代最早的乡村旅游是以民俗体验和自然风情的形式体现，是世界城市化发展的重要产物[5]。在城市化推进过程中，乡村旅游被赋予乡村拯救者的角色，因此又被称为“拯救乡村的乡村旅游”[6]。中国随着现代社会工业化、城镇化的快速推进，包括土地、产业布局、农业产业化以及村镇分布的变化在内的各种社会要素都在一定程度上改造着传统乡村[7]。但作为传统农业大国和城市化后发国，中国具有的丰富乡村旅游资源和庞大消费者群体奠定了乡村发展旅游产业的坚实基础。

乡村旅游实践与研究较之乡村性研究更早，但在系统研究开展时间方面两者相差无几。中国农民旅游协会第三次全国代表大会于 1989 年 4 月在河南郑州召开，“中国农民旅游协会”正式更名为“中国乡村旅游协会”，中国乡村旅游的研究与实践正式得以开展。1997 年，姚素英发表的《浅谈乡村旅游》，是对国内乡村旅游的概念、特点、类型与作用进行的较早研究，但直至 21 世纪，在国内才形成乡村旅游研究热潮。例如关于乡村旅游资源的界定，在认可乡村旅游资源是具备可利用性并可产生效益的乡村景观客体的前提下，吴肖潍、李重认为乡村旅游资源本质是文化景观，是由自然环境、物质和非物质要素共同组成的和谐的乡村地域复合体[8]。李秋月则认为乡村旅游资源应具有吸引功能和综合效益功能，所以并非所有乡村景观都可以成为旅游资源，并开展乡村旅游活动[6]。而韦杰认为只要在乡村地域中，能激发城市旅游者旅游动机并提供旅游活动条件的自然的、人工的和精神的事物或现象，包括农村的自然风光、人文遗迹、民俗风情、饮食起居、农业生产、农民生活等内容即乡村旅游资源[9]。

尽管学界对乡村性与乡村旅游有着不同的解读，然而随着中国工业化与城市化进程的加快，人们在经历了喧嚣的城市生活后，对到乡村感悟大自然的愿望更加强烈，对于旅游资源的乡村性特征的要求也更高[10]。

（三）乡村性与乡村旅游的相互关系

中国是历史悠久的农业大国，农业从业人口众多，乡村的数量和规模都十分巨大，因此在突出乡村性特征和乡村旅游方面有着独特的优势。据民政部统计数据显示，目前我国共有行政村 58.8 万多个，自然村 194.8 万多个。在改革开放后，乡村承载了产业结构、就业结构以及劳动方式的巨大变化，乡村发展更是进入到发展转型的新阶段，这对乡村旅游既是机遇也是挑战[11]。

乡村性与乡村旅游互相影响，河南是人口大省、农业大省，村落密布，自然与人文资源丰富，拥有着巨大的旅游市场资源。目前乡村旅游的收入占旅游总收入的比例也越来越高，甚至成为了部分县市的支柱产业，这说明乡村旅游本身蕴含涵巨大潜力，同时也代表乡村旅游业规范发展的方向[12]。因此深入进行乡村性的理论构建，识别、区分并优化城乡空间，积极开展乡村旅游实践是乡村性维护与发展乡村旅游、发展农村经济的关键前提工作。

二、乡村性与河南美丽乡村建设关系

（一）乡村性与美丽乡村建设目标具有一致性

乡村性是美丽乡村建设的精神内核与实践目标之一，理论与实践高度一致。“美丽乡村”建设是“十一五”期间为加快新农村建设提出的重要举措；在“十二五”期间，“美丽乡村”建设成为全国各地开展新农村建设的方向和目标，并逐渐成为新农村建设的代名词。在“十八大”报告中中央首次提出“美丽中国”的概念，此后习近平总书记在考察调研舟山时指出：美丽中国要靠美丽乡村打基础。这是“美丽乡村”的最高实现目标，美丽乡村建设的要求更加明确，其深层内涵就是生态文明建设，强调天地人的和谐统一。

在实现“两个一百年”奋斗目标的背景下，建设美丽乡村是党中央深入推进社会主义新农村建设的重大举措，是“四个全面”战略布局在农村落实的关键，是实现农村物质与精神文明全面建设的关键，对解决城乡二元结构、实现城乡一体化发展具有重要意义。

农村建设是中央持续高度关注的重要工作，在2017年中央一号文件中，其中全面且重点突出的部署了深入推进农业供给侧结构性改革和加快培育农业农村发展新动能的工作，建设美丽乡村是重点之一。习近平总书记指出："即使将来城镇化达到70%以上，还有四五亿人在农村。农村绝不能成为荒芜的农村、留守的农村、记忆中的故园。城镇化要发展，农业现代化和新农村建设也要发展，同步发展才能相得益彰，要推进城乡一体化发展。"[13]城乡一体化发展理论与"青山绿水就是金山银山""乡愁"等概念不断渗入学术研究，并将研究成果用于指导相关实践，取得了良好的效果。

（二）乡村性的思想文化保障作用

城乡建设不仅要有外在的绿水青山，而且还要凸显内在的文化传承。中国传统的自然村落在长达数千年的发展历史中积淀了深厚的文化传统，形成了高超的生存智慧和"天人合一"的价值理念，传承和保存下来的物质和非物质文化遗产极具保护和利用价值。但我们应该看到在快速的城镇化过程中，其消逝速度远远大于我们传承和保护的速度。所以在居住、生产和乡村休闲旅游三大功能要素的协调关联方面我们必须寻求最大的平衡，避免采取将城市建设形态直接植入乡村，从而造成乡村自然与人文景观遭受破坏的做法[14]。

乡村性不仅是单纯的历史文化遗存，而且还有基于长期农耕社会发展形成的深厚乡土文化和社会纽带。正所谓"一方水土养一方人"，一定区域的农民通过长期的共同生活使其拥有共同的心理素质、精神信仰，构成了地方独特的人文风情，形成了具有深厚亲情的社会纽带。在城市化高速发展的今天，乡村成为了人们精神寄托的乡土家园，也更加突出了农村文化的珍贵。加强乡土文化传承与创新，对社会主义文化建设有着重要的社会作用，因为留住"乡韵"，记住"乡愁"，通过传承培育乡村文化，有继承有创新地塑造优秀的乡土文化，有助于培育新农村文化的生长点，同时可以增强乡村的"软实力"。

美丽乡村建设在思想文化方面是要推动社会主义核心价值观在农村落地生根，因此要加强思想文化教育，努力培育新乡风，形成农村文化环境新气象。同时还要加大农村基础设施建设，改善农村人居环境。再者要加快构建农村公共文化服务体系，通过“送戏下乡”“送书下乡”等活动加强文化教育扶持等工作力度，从环境营造到文化产品供给全面提升农村文化水平。并且在条件具备的情况下，加强传统文化保护传承，宣传推介自身具有的物质与非物质文化遗产，增强乡村文化的吸引力。规划设计的人性化考虑十分重要，例如日本规划设计师北川富朗在设计“濑户内海国际艺术节”时提出“艺术是催化剂，濑户内人的微笑与自然才是主轴”，乡村性的保存发展与美丽乡村建设的精神文明有着高度的一致性，都是共同服务于广大农民的生活与农村社会的和谐发展。

乡村旅游产业化是推动美丽乡村建设的有效途径。例如中国的乡村旅游是在农家乐基础上发展起来的新型农村服务产业，形成了对农村产业的补充，同时也是城乡一体化经济及乡村经济产业链中的重要环节，乡村旅游在引导农村建立良性和多元的就业环境及中国传统乡村和农业文化的体验与传播等方面具有非常积极的作用。因此事实上只有将乡村风貌保护与更新改造问题纳入到城镇与乡村建设的整体功能布局中去思考，才能真正获得机会和成效。但我们应该看到由于现代化城镇的快速发展，加之中国广大的农村腹地空心化严重，乡村景观和文化传统的保护难度极大，自然村落的消亡速度惊人。在城市化的过程中，缺乏相应技能的农民硬性迁入城镇生活，所带来的城市压力及个人生活的阵痛将会难以避免，这在城市化建设未来的发展进程中所埋下的隐患是不言而喻的。[14]

面对着复杂而严峻的形势，河南省积极申报“特色小镇”“传统村落”等相关项目，对美丽乡村建设等投入了巨大的物力财力，并在未来规划中给予了高度重视，《河南省国民经济和社会发展第十三个五年规划纲要》中明确提出要“实施农村精品旅游线路和休闲观光农业品牌培育计划，建设一批特色旅游村镇。”河南为发展有地方特色的乡村旅游，自 2009 年开始的特色景观旅游名镇（村）评审工作，截至目前已经评选出了 96 个镇（乡）、45 个村，初步实现了美丽乡村建设与乡村性保存的良性发展态势。

三、河南美丽乡村建设与乡村旅游发展关系

（一）美丽乡村建设有助于提升乡村旅游水平

习近平总书记在党的十八届一中全会后的记者见面会上指出："我们的人民热爱生活，期盼有更好的教育、更稳定的工作、更满意的收入、更可靠的社会保障、更高水平的医疗卫生服务、更舒适的居住条件、更美的环境，期盼着孩子们能成长得更好、工作得更好、生活得更好。"讲话内容高度概括了"美丽中国"的科学含义，明确了美丽乡村建设的方向。美丽乡村建设的最终目的是为了提升当地民众的生活水平、文化素养和幸福指数。因此美丽乡村建设不应是简单的"涂脂抹粉"。旅游开发也不应是城镇居民的休闲"驿站"，而是要建设成为景美、家富、人兴旺的和美家园。

美丽乡村建设首先要有美丽的生态，生态作为完整的系统，包括人在内的所有自然物都应"以自然为本"，树立生态保护意识，保障生态平衡发展。其次，牢固树立"绿水青山就是金山银山"理念，在进行环境开发时保证合理、适度、有序原则，为后代子孙留下充足的发展空间。再次是营造良好的人文环境，实现教育水平、人文素质的全面提升，达到物质与精神文明双丰收的建设目标。

作为农业大省的河南，拥有着丰富的人文历史资源和生态自然资源，包含有优美的自然环境、齐全的产业结构、悠久的历史、便利的交通区位和旺盛的需求资源，所以河南乡村旅游开发和发展存在着巨大的潜力和市场。在当今乡村旅游快速发展的情况下，对乡村旅游资源进行资源整合、合理适度开发是推动乡村旅游、发展乡村经济的必由之路。正如吕连琴所指出的"乡村旅游的未来发展越来越要求自然、天成的生态环境和具有浓郁乡土味、民族味的传统历史和文化。那种人工雕琢、刻意创造的乡村旅游产品必将随着旅游者旅游品位的提高而渐受冷落"[15]。

（二）乡村旅游是美丽乡村建设的有力支撑

河南由于地处中国第二与第三阶梯、中西部地区结合部，地形地貌多样，因此形成了各具特色、丰富多彩的乡村自然风光。首先，不同的地域环境、

文化传统形成的充满情趣的乡土文化艺术，多种多样的工艺品、具有浓郁地方特色的曲艺、乡村传统劳作方式与独特的地方烹饪饮食都具有较高的地域辨识度，同时也是吸引游客的重要人文资源。其次，根据环境和生活习惯形成的乡村民居建筑在提供展示功能的同时，还为游客提供了体验式民宿的条件。

“村美民富、文明和谐”是乡村旅游与美丽乡村建设的共同诉求与根本出发点。发展乡村旅游可以为乡村带来建设需要的人力、物力与财力的资源条件，增强农民与美丽乡村建设的关联度，提升美丽乡村建设的积极性。发展乡村旅游可以有效利用农村现有的生产生活资料，从而转化为旅游资源，提高农民收入。通过发展乡村旅游可以帮扶农民搭建创业就业平台，开拓消费市场，实现农民增收，有效缩小城乡差距。

美丽乡村的目标需要创造性的建设，建设美丽乡村需要更需要产业作支撑。旅游业是服务产业，以自然风光和乡村性体验为主的乡村旅游对生态环境的破坏可以实现最小化，可以说是直接生产美丽和销售美丽的产业，所以应当在条件允许的前提下，引导推动乡村旅游的发展，对建设美丽乡村作出更大贡献。

第二节　河南旅游业与美丽乡村建设发展现状

一、河南美丽乡村建设现状

（一）建设美丽乡村的时代背景

2004 年在中国共产党第十六届五中全会上，中央在已经初步具备了工业反哺农业、城市支持农村的经济实力背景下提出建设社会主义新农村的重大历史任务，明确的提出了“生产发展、生活宽裕、乡风文明、村容整洁、管理民主”等社会主义新农村建设具体要求。十八大以来，为适应社会发展新要求和农村建设的新情况，中央在 2013 年一号文件中，第一次明确提出“美丽乡村”的奋斗目标，并且就农村生态建设、环境保护、综合整治、文化建设和传统保护等方面进行了全面系统要求，为农村建设发展道路指明了方向。

（二）河南在美丽乡村建设中的定位

美丽乡村建设对于河南省生态文明和全面建成小康社会有着极为重要的现实意义。据《2016 年河南省国民经济和社会发展统计公报》统计，截至 2016 年年底，全省 1.0788 亿人，常住人口中有近 4900 万农民，分布在 4.6 万多个行政村。2016 年河南省的城镇化率 48.5%，仍明显低于全国城镇化率的 57.35%；河南省全年农业转移人口落户城镇 300 万人，占全国农业转移人口落户城镇的几乎五分之一[16]。河南虽然取得了城镇化长足的进步，但仍存在着明显的薄弱环节，例如受客观条件制约，农村地区的基础设施投资有限，基础设施和人居环境还存在着盲区、盲点，个别领域还比较薄弱。因此，2020 年要顺利完成“十三五”规划的“全面建成小康社会，常住人口城镇化率达到 56%、农业现代化全国领先”的目标，农业大省河南应更加关注农村和农民。如河南省政府领导所指出的“美丽中国少不了美丽河南，美丽河南缺不了美丽乡村”。

（三）美丽乡村建设对河南发展的推动

美丽乡村建设对河南社会的整体发展有着重要的推动作用。美丽乡村建设不仅有效改善了农村人居环境、农村基础设施与公共服务水平，起到了保护生态环境、传承历史文化、推进城镇化进程的作用，而且在我国居民消费结构和方式正在发生显著变化的情况下，还起到了激发农村经济发展活力，发挥社会、经济、生态、文化等多重效益的作用。

在经济新常态下，美丽乡村建设有助于实现农业经济驱动的转换。2017 年中央一号文件对农业发展和农村建设进行了统筹规划，强调要着力调整优化农产品结构，推行绿色生产方式以及壮大新产业新业态，建设美丽乡村。2017 年 2 月中央发布《关于深入推进农业供给侧结构性改革，加快培育农业农村发展新动能的若干意见》，也再次强调通过推行绿色生产方式，促进农业从资源依赖型向绿色生态可持续方向的转型，

2014 年，习近平总书记在河南调研时指出，河南在适应新常态时，要打好产业结构优化升级、创新驱动发展、基础能力建设和新型城镇化“四张

牌”。陈润儿省长针对解决农业大而不优、服务业占比低等问题，提出必须要打好产业结构优化升级牌，建设好现代服务业、现代农业和网络经济，实现新旧动能转换[17]。建设好美丽乡村有助于实现多产业结合、创新驱动，有助于满足人民群众对优质安全农产品、农业观光休闲性服务以及良好生态的需求。

目前，河南省的美丽乡村建设已经取得了部分实效，并且积累了相应的建设经验。除了市县两级在根据地方条件进行的实践探索以外，全省的总体形成了突出五个关键和强化三大支柱的建设机制。

“五个关键”是指选择试点村镇、编制规划、保障资金、监管项目建设以及有效的后续管护五个方面加强美丽乡村建设。“五个关键”从村镇试点选择、规划编制、资金使用和筹措、项目监管及后续维护方面体现了河南特色资源，重视项目竞争与资金监管，明确了建设标准和责任，有助于构建长效机制。美丽乡村建设的三大支柱是指生态建设、历史文化保护、经济发展，三者并举有利于积极推动乡村物质财富与生态财富共同增长、社会环境质量与农民生活质量的同步提高。

（四）河南美丽乡村的人文环境建设

在美丽乡村建设中，作为建设核心要素的人的作用愈发凸显，尤其是面对愈来愈严重的劳动力流失、乡村空心化问题，所以国家从战略提倡新乡贤文化，引导优秀人才反哺、回馈家乡，并促进城乡一体化发展。

在中央“十三五”规划纲要中提出“乡贤文化是中华传统文化在乡村的一种表现形式，具有见贤思齐、崇德向善、诚信友善等特点。借助传统的‘乡贤文化’形式，赋予新的时代内涵，以乡情为纽带，以优秀基层干部、道德模范、身边好人的嘉言懿行为示范引领，推进新乡贤文化建设，有利于延续农耕文明、培育新型农民、涵育文明乡风、促进共同富裕，也有利于中华传统文化创造性转化、创新性发展。”其中对“新乡贤”在籍贯、个人贡献以及文化传承方面有着基本明确的界定，并要求“新乡贤”在倡导农村移风易俗、涵育文明乡风、引领社会新风尚、弘扬社会正能量中发挥着重要作用。所以为让更多的“新乡贤”在社会发展中更加突出其作用，发挥在农村精神文明建设中的价值引领作用，更好地促进社会主义核心价值观在农村落地生根，助力脱贫攻坚战，建设美丽乡村文明家园，各级政府和宣传部门利用多种渠道、多种传播形式，对新乡贤的先进事迹进行宣传，提供精神力量和树立榜样作用，引导形成积极向上的文化导向，为美丽乡村建设注入重要的人文精神。

河南还以培育践行社会主义核心价值观为目标，结合“文明家庭”“文明乡村”创建，以地方文化资源禀赋为基础，结合农村文化服务体系建设，为美丽乡村建设构建有传承、有创新的社会主义和谐新农村提供文化支持。

总体而言，河南自 2013 年就启动美丽乡村建设试点工作，重点培育建设了美丽宜居小镇、中心村及特色村，从基础设施和公共服务设施采取各项措施进行健全和完善，取得了显著成效。在理论和实践创新基础上，在美丽乡村建设方面，积极开展传统村落保护等一系列活动，并在传统文化传承和文化教育方面加大投入，实现了软硬件一齐抓，物质文化共同发展的效果。美丽乡村建设，使乡村旅游成为时尚，也加快了城乡之间人员、资本、信息的流动，促进了农民的就地创业致富，调动了城乡居民交流的积极性，加快了城乡一体化进程，有利于促进了城乡融合发展。在美丽乡村建设的推动下，城乡之间的公共服务、基本权益的差距在逐步缩小，城乡一体发展效果开始显现。“望得见山、看得见水、记得住乡愁”的美丽河南画卷正在展开。

二、河南乡村旅游发展现状及存在问题

（一）河南省乡村旅游的发展现状

乡村旅游根据世界旅游组织在《地方旅游规划指南》的界定是指“旅游者在乡村（通常是偏远地区的传统乡村）及其附近逗留、学习、体验乡村生活模式的活动。”随着乡村旅游的多元化发展，其内涵和外延都得到了极大丰富，但乡村作为乡村旅游的空间基础并没有变化。河南省旅游资源丰富，人口众多、交通便利的条件有利于拓宽旅游市场，尤其河南省作为传统农业大省，乡村旅游资源丰富，目前全省 38902 个旅游资源单体中，70% 在农村。近年来，河南美丽乡村建设快速发展，在生态环境、人居条件、交通状况等方

面取得了巨大的进步，加上居民消费结构升级十分明显，健康养生和休闲旅游成为旅游消费的重要选择，促使乡村旅游呈现蓬勃发展态势。

1. 河南乡村旅游资源丰富

河南乡村旅游资源极为丰富，市场开发前景广阔。河南省地处北亚热带和暖温带之间，位于中国第二阶梯向第三阶梯的过渡地带，地势地形复杂多样，地理类型齐备，加之黄、淮、海、江四大河流流经此地，所以形成了各具特色的农业生态类型及景观区域组合。河南独特的位置和气候、土壤条件孕育了丰富的动植物资源，粮食、蔬菜、水果和花卉种类齐全，各地又根据生产和销售规模建成了较大规模的农业生产示范基地。加之河南农业文化由于受到南北气候变化与东西地形环境影响，所以形成了区域特色明显、风格多样的民俗风情形式。异彩纷呈的文化习俗与独具特色农业生产环境，对城市旅游者有着强烈的吸引力。

河南作为农业传统深厚的省份，民众安土重迁的观念浓厚，人口变迁内聚性特征突出。河南在城市化转型过程中，城市新进居民与农民的亲缘、血缘关系往往长期保持紧密联系，尤其是近二三十年河南高速发展的城市化吸纳了大批转化自农民的新市民，城乡联系的紧密度较高，而且在城市化过程中，城市与乡村边界较为模糊，使得乡村旅游具有心理亲近感、空间距离较近、费用相对较低等特点，使乡村旅游成为了城镇居民周末和节假日休闲度假的首选项目，尤其是城镇居民采取一日游等短途旅游方式的比例明显呈上升趋势。近年来河南经济增速保持了高于全国水平的增长速度，城乡居民收入增长较快，在消费意愿不断提升的情况下提供了资金支持，这为以城市居民为主要服务对象的乡村旅游提供了巨大的客源市场。

2. 河南旅游市场发展迅速

河南人口基数大、消费群体庞大，旅游市场在近年来发育也比较迅速，形成了一批相对知名成熟的旅游品牌。2016 年河南省共接待海内外游客 58306.95 万人次，比 2015 年增长 12.4%。其中；入境游客 293.95 万人次，增长 9.6%。旅游总收入 5764.06 亿元，增长 14.5%。年末 4A 级以上景区 146 处，星级酒店 520 家，旅行社 1178 家[18]。

2017 年前 6 个月全省共接待海内外游客 3.41 亿人次，同比增长 16.8%，其中，入境游客 156.6 万人次，同比增长 11.4%；国内游客 3.39 亿人次，同比增长 16.89%。旅游总收入 3369.05 亿元，同比增长 18.2%，其中，旅游创汇 4.93 亿美元，同比增长 12.1%；国内旅游收入 3338.48 亿元，同比增长 18.29%[19]。

3. 河南乡村旅游类型丰富

河南的乡村旅游类型主要包括林果采摘体验游、花卉观光游、民俗文化游、农家餐饮游、拓展训练游等，近年来开拓出了更多新型和综合类型的旅游形式。目前河南的农村以及大中城市郊区在基本条件具备的情况下，多数已经进行了一定程度的旅游开发，并设置了一定的乡村旅游度假设施。例如郑州市近郊的金鹭鸵鸟园、丰乐农庄、黄河风景游览区等老牌乡村游景区不断翻新，还建成了大量集垂钓、住宿、餐饮、拓展训练等功能于一体的农庄，周边市县的新郑市生态枣园、荥阳市的樱桃沟、中牟县的雁鸣湖、巩义市的浮戏山雪花洞等生态游项目越来越丰富。南阳宝天曼的生态游、三门峡陕县地坑院风情游、新乡辉县太行山郭亮农家游、洛阳栾川重渡沟乡村风情游、平顶山鲁山的温泉健身游等成为了全国知名的旅游品牌，形式多样、口碑相传的河南乡村旅游发展趋势良好。在高速增长的旅游经济和巨大的旅游人口体量影响下，河南精心打造的旅游品牌逐渐形成了市场号召力，经济带动效果凸显。

4. 河南乡村旅游政策导向明确

河南乡村旅游的顶层设计工作得到有序开展，政策导向清晰明确。在实现“两个一百年”目标和扶贫攻坚任务全局指引下，中央从顶层设计层面进行了精心安排部署，对于绿色、环保、带动能力强、幸福获得感强的旅游业进行了政策扶持，仅自 2016 年以来，国家就出台将近十余份文件指导相关工作（表 7-1），例如根据国家旅游局、国家发改委等 12 部门联合印发的《乡村旅游扶贫工程行动方案》，就计划在“十三五”期间，通过实施乡村旅游扶贫工程，使全国 1 万个乡村旅游扶贫重点村年旅游经营收入达到 100 万元，其中河南省的 1065 个村庄被列入全国乡村旅游扶贫重点村，这对于河南的扶贫攻坚工作和乡村旅游发展无疑是重大利好。

在乡村旅游转型的关键节点，国家也及时进行了政策引导，例如在 2015

年《国务院关于促进旅游业改革发展的若干意见》明确指出要各地“依托当地区位条件、资源特色和市场需求，挖掘文化内涵，发挥生态优势，突出乡村特点，推动乡村旅游与新型城镇化有机结合，规范乡村旅游开发建设，保持传统乡村风貌。加强乡村旅游精准扶贫，扎实推进乡村旅游富民工程，带动贫困地区脱贫致富。”国务院的相关指导意见为河南发展乡村旅游指明了方向。目前，河南省的城市化进程处于高速发展阶段，在承接中西部产业转移过程中，还要面临自身产业升级转化的问题，所以在这种背景下，河南的乡村旅游也面临着产业结构、经营理念、规划设计等多方面的调整提升问题。目前河南省内旅游项目游客参与率和回游率比较高的项目主要是以食宿、自然风光欣赏为主要内容的民俗风情旅游，在一定程度上还属于初级层次的“农家乐型”，所以要根据中央指导意见积极深入挖掘资源、拓宽利用形式延伸旅游产业链，实现在保持传统风貌、自然环境的前提下，实现乡村旅游产品的精化升级。

河南省在发展乡村旅游的同时已经体会到其附加的增加就业、提高收入的良好社会效益，广大农民更是在乡村旅游的实践与发展中形成了强烈的责任感和积极性，爱护环境、传承文化、利用自身资源、推广乡村旅游、维护旅游品牌的自觉意识也为自身发展提供了强大的内生力。

总体而言，在发展乡村旅游的过程中，农民实现了发展美化乡村的目的，游客获得了宝贵的旅游体验，因此近年来，乡村游的火爆是对河南美丽乡村建设的现实反馈。河南在乡村旅游业发展方面，也已经探索出了一条以乡村旅游促进美丽乡村建设、提升服务产业水平、农民就地创业致富、传承保护与开发并举的新路子。

表 7-1　2016 年以来中央部委相关乡村旅游政策文件（截至 2017 年 7 月）

2016. 1. 27	《关于落实发展新理念加快农业现代化 实现全面小康目标的若干意见》	大力发展休闲农业和乡村旅游，使之成为繁荣农村、富裕农民的新兴支柱产业
2016. 2. 1	《关于加大脱贫攻坚力度支持革命老区开发建设的指导意见》	依托老区良好的自然环境，积极发展休闲农业、生态农业，打造一批具有较大影响力的养生养老基地和休闲度假目的地

续表

2016.3.17	《中华人民共和国国民经济和社会发展第十三个五年规划纲要》	推进农业与旅游休闲、教育文化、健康养生等深度融合，发展观光农业、体验农业、创意农业等新业态
2016.4.16	《全国旅游标准化发展规划（2016—2020）》	推进旅游标准化工作，全面提升旅游标准化水平，更好地服务于经济新常态下旅游业的改革创新、转型升级和提质增效
2016.4.24	《“互联网+”现代农业三年行动实施方案》	推进特色乡村旅游推介、文化遗产展示、食宿预定、土特产网购、地理定位、移动支付等资源和服务在线化
2016.5.26	《贫困地区发展特色产业促进精准脱贫指导意见》	意见提出大力发展休闲农业、乡村旅游和森林旅游休闲康养，有关财政资金在不改变用途的情况下，投入设施农业、养殖、光伏、水电、乡村旅游等项目形成的资产，具备条件的可折股量化给贫困村和贫困户
2016.8.11	《国务院办公厅关于进一步促进旅游投资和消费的若干意见》	实施乡村旅游提升计划，开拓旅游消费空间，坚持乡村旅游个性化、特色化发展方向；完善休闲农业和乡村旅游配套设施；开展百万乡村旅游创客行动；大力推进乡村旅游扶贫，拓展旅游企业融资渠道
2016.9.29	《乡村旅游扶贫工程行动方案》	“十三五”期间，力争通过发展乡村旅游带动全国25个省（区、市）2.26万个建档立卡贫困村、230万贫困户、747万贫困人口实现脱贫
2016.10.25	《国务院办公厅关于加快发展健身休闲产业的指导意见》	围绕三大战略，结合新型城镇化建设、社会主义新农村建设、精准扶贫、棚户区改造等国家重大部署，以健身休闲重点运动项目和产业示范基地等为依托，发挥其辐射和带动效应，促进区域经济发展和民生改善
2017.7.11	《促进乡村旅游发展提质升级行动方案（2017年）》	为促进乡村旅游发展提质升级，进一步发挥乡村旅游在稳增长、促消费、减贫困、惠民生等方面的积极作用，巩固我国当前经济稳中向好势头

（二）河南乡村旅游开发存在的问题

河南省的乡村旅游取得了长足的发展，尤其是在近年来，无论是产业调整、品牌打造，还是旅游收益都取得了良好的效果，但在国家经济升级转型、民众消费理念转变等因素影响下，仍然存在着部分制约乡村旅游发展的问题。

1. 乡村旅游思想认识有待提高

乡村旅游作为绿色环保、生态效益良好的服务产业，资源调动能力与提效增收持续性强，在贯彻五大发展理念，实现“两个一百年”奋斗目标和完成扶贫攻坚任务中占据着重要的地位，在河南实现城乡一体化、打破城乡二元化结构中有着不可替代的作用。但其目前的发展还存在着受限于单纯行业和局部区域的条块化思维的问题，对乡村旅游的战略高度和格局认识还有待提高。

在旅游业发展指导政策频繁出台的情况下，我们尚需加强对政策的把握贯彻能力，抓住乡村旅游的发展机遇。2016 年以来，国家先后从产业定位、发展路径、业态格局、技术手段、标准设置、消费刺激等方面进行了系统指导，营造了全面发展乡村旅游的政策环境，尤其是在具备条件的贫困地区，国家给予了相当大的政策倾斜，但目前河南省内的新兴旅游品牌的推介和宣传工作效果还没有完全显现出来，贫困地区的乡村旅游开发还处于散小发展的初级阶段，所以政策贯彻落实的力度还有待加强。

还有就是资源评价机制尚未完全建立，乡村旅游开发的资源评价体系优化不足。由于国内的乡村旅游发展时间相对较短，但发展极为迅速，评价体系等理论支撑还较为薄弱，目前的评估体系设置自西方和日韩等国家引入的较多，在本土化的过程中还需要一定适应磨合。总体而言，我们需要增强农村环境的旅游资源意识，全面增强乡村旅游发展的把握能力。

2. 乡村旅游规划协调能力有待提升

目前乡村旅游区尚缺乏总体规划，低层次旅游产品盲目重复建设，创新规划能力较弱，造成了资源、财力、人力、物力的巨大浪费，导致环境破坏严重。部分景区内部单元之间的整体规划协调问题突出，在收益分配、规划设计等方面存在矛盾，导致线路组织规划难以统一，共生性较差，影响到了旅游产品的整体品质，降低了旅游体验的好感度。

再者是系统规划力度不足，短视的凌乱规划破坏了乡村性特征，影响到了乡村旅游的可持续发展。目前由于乡村旅游景区地域上分布较广，本身就增加了线路组织的难度，再加上许多地方在发展乡村旅游时，全域旅游意识薄弱，旅游产品分包投资和开发现象突出，导致不重视整体规划，短期行为较为明显，进而影响到乡村旅游的可持续发展。

还有就是乡村旅游基础建设有待加强。目前除已经形成旅游品牌的景区，相当数量的乡村旅游地还存在道路、通信、水污处理等基础设施不足，交通标识、旅游指引系统等服务体系还不够健全，卫生、医疗、价格等方面的监管监督还不到位的问题，并且在基础设施建设方面，还存在有过于简陋和不符合整体景观的问题。

3. 乡村旅游市场细分工作不足

目前，河南乡村旅游产品相对单一，开发深度不够。以食宿和单纯农业体验为主的“农家乐”类型仍占较大比重。以民俗风情为主的文化产品、以拓展训练为主的体验产品等新形态旅游产品较为薄弱，娱乐性和游客的参与性等方面还做得不够，开发形态的重复导致对专门市场领域的深耕工作难以开展，进而影响形成稳定客源，降低了产品的吸引力、游客消费能力和游客的重游率。

再者是营销手段单一，新兴品牌特色游产品推广效果有限。目前国内的同质化竞争极为激烈，通过互联网、营销广告手段的成本越来越高，推介主体过度依赖地方政府，市场化运作机制没有完全形成，加之预订和销售系统和市场网络体系还不成熟，所以整体营销和推介体系还需要进一步加强。

第三节　河南乡村旅游与美丽乡村建设融合研究

一、基于空间景观、物质条件因素的研究

乡村旅游与美丽乡村相互间存在着资源共享、同步推进的关系，并且两者的融合发展实效性具有较强的一致性。美丽乡村为乡村旅游提供了必需的空间和人力资源基础，而乡村旅游又为美丽乡村建设提供发展动力和经济活力，所以无论是从空间景观或是物质条件，两者之间具有较强的关联度。

（一）乡村旅游与美丽乡村建设的时空耦合

首先，通过发挥乡村旅游业充分带动美丽乡村建设的产业发展，以最小

的环境和资源压力获取最大限度的综合收益，并带动乡村社会的综合发展，将是美丽乡村建设持续健康发展的重要途径。

其次，发展乡村旅游与建设美丽乡村本身就具有较强的时空耦合性，因此充分利用乡村本身具备的资源和政策条件，抓住城市化进程中休闲旅游发展的时代机遇，寻求发展乡村旅游与建设美丽乡村的复合支点，力求一举多得，从而达到事半功倍的建设效应。

例如，在 2015 年 6 月 1 日起正式实施的《美丽乡村建设指南》国家标准，标准基本框架分为总则、村庄规划、村庄建设、生态环境、经济发展、公共服务、乡风文明、基层组织、长效管理 9 个部分。其中在村庄建设方面，标准规定了道路、桥梁、饮水、供电、通信等生活设施和农业生产设施的建设要求。明确规定村主干道建设应进出畅通，路面硬化率 100%；要科学设置道路交通标志，村口应设村名标识；历史文化名村、传统村落、特色景观旅游景点还应设置指示牌。这些相关内容既为美丽乡村建设提供了标准依据，又为乡村旅游发展创造了便利条件。

（二）乡村旅游与美丽乡村建设的资源共享

首先，发展乡村旅游和美丽乡村在建设过程中资源共享度较高。两者间均涉及生态、环境、农村、农民等基本要素，此外在基础设施建设、文明环境营造、资金投入等方面有着基本相同的要求。例如两者的建设资金部分来自于政府、农业、旅游等各相关部门拨付，因此在两者共同发展的过程中，需要注意两者的复合环节，统筹规划，节约资金和配套投入，减少重复建设，实现两者效用的最大化。

其次是两者之间产业化链条关系十分紧密。乡村旅游业作为促进美丽乡村社会经济发展的有力支撑产业。所以发展乡村旅游业，可以充分调动农村资源，促进农村公共服务多样化，延伸乡村经济产业链条。

乡村旅游与美丽乡村具有高度契合性，在与“三农”和环境等关系方面，乡村旅游业与其他产业相比，和美丽乡村建设之间无论是从自然环境、人力资源、文化传承等方面更具紧密性和共享性。美丽乡村是乡村旅游业的重要载体，其优美的自然环境、独具特色的地方文化等都可以成为乡村旅游发展的重要资源，并成为农村休闲旅游产业链的组成部分。

发展乡村旅游业，可以促进农业与旅游业的融合发展，进一步延伸农业产业链，从而提高农业附加价值，优化农村的产业结构，促进农业现代化发展。发展乡村旅游业能够将农村丰富的生态资源转变为产业优势，使“绿水青山”成为“金山银山”，造福地方民众。并带动文化、餐饮、交通、房产、地方特色等周边产业等的发展，形成系统产业结构。因此大力发展乡村旅游将有力的促进美丽乡村经济在生态、经济方面的快速发展。

二、基于精神文化因素的研究

河南省地处中原，是华夏文明发源地，拥有着极为丰富的历史文化资源，“人文始祖”“禅宗祖庭”“天下之中”等人文资源定位起点高，在旅游发展有着得天独厚的优势，形成了海内外知名的旅游品牌。在长期的历史发展中，河南省的自然山水被赋予了丰富的历史文化信息，充满了人文色彩。在世界旅游组织认定中，关于乡村旅游的定义也是以乡村文化为产品核心的旅游，构成乡村旅游关键核心的三部分是文化、人和自然。因此精神文化要素在乡村旅游方面具有重要的作用。

（一）河南人文旅游资源的鲜明地域特征

在20世纪30年代，梁漱溟曾经提出：“如果中国在不久的将来要创造一种新文化，那么这种新文化的嫩芽绝不会凭空萌生，它离不开那些虽已衰老却还蕴涵生机的老根——乡村。”河南旅游资源中蕴含着深厚丰富的精神文化资源，并且在地域分布方面呈现出明显的区域富集特征。

陈勤昌与王凯在对中部六省旅游资源进行空间关联性分析后认为，中部六省旅游资源分布均衡程度较低，其中自然旅游资源呈现明显的“南多北少”特征，而人文旅游资源是“北密南稀”（图7-1）。其中河南在与中部省份进行横向比较时，自然旅游资源目前仍未形成资源富集区，但由于历史文化传统深厚，所以资源分布程度比较密集，并且与晋南等地连片形成了资源富集区。[20]因此无论是河南的地理条件还是文化基础都决定了发展乡村旅游必须注重文化要素的挖掘。

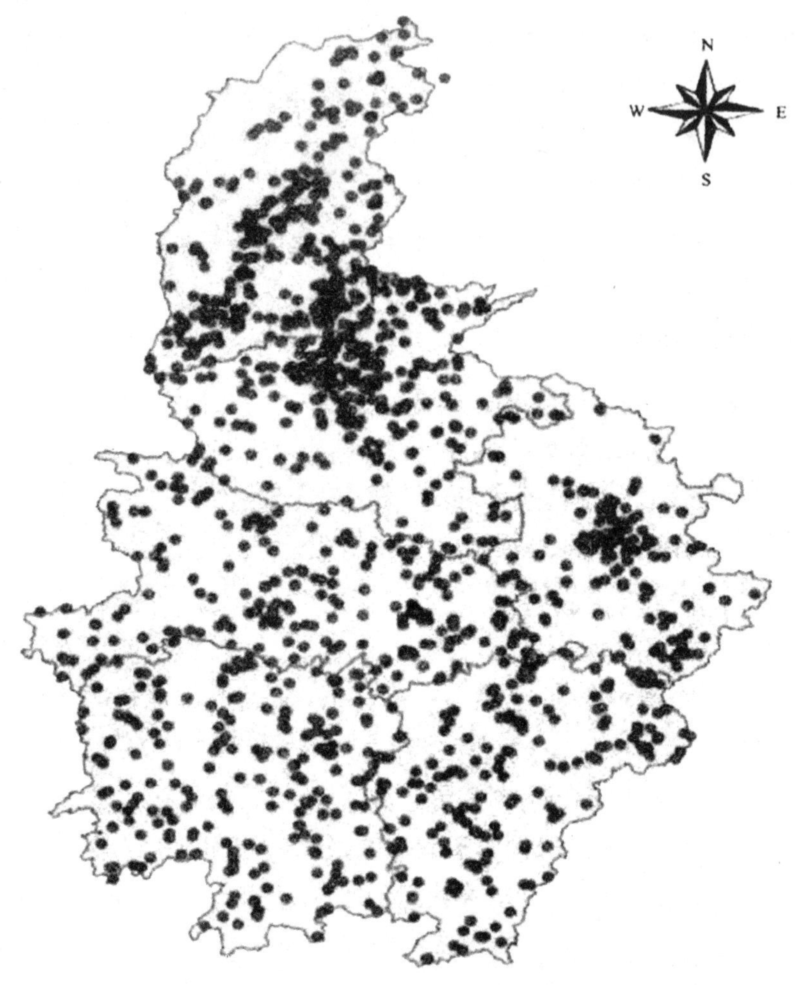

图 7-1　中部六省重要旅游资源分布

（二）美丽乡村建设与乡村旅游的精神文化关联

在精神文化方面，美丽乡村建设与乡村旅游两者间有着较强的关联性。首先，美丽乡村建设和乡村旅游对传统文化存在着资源共享关系。在历史发展过程中，河南形成了深厚的历史文化内涵，其中包括宗教、神话、军事、政治、民俗等方面的传统文化为营造良好的农村文化环境、增强心理认同、构建和谐邻里关系起到了重要作用。而传统文化衍生出的各种民俗节庆、工艺美术、民间建筑、民间文艺、婚俗禁忌、趣事传说等，又是宝贵的乡村旅游资源和亮点。因此，在美丽乡村建设和乡村旅游资源进行开发时，需要保证传统文化资源在乡村旅游中的优先地位。

其次，具有特色的传统精神文化是建设美丽乡村的精神内核，也是乡村旅游的精神动力。美丽乡村建设需要社会主义核心价值观在农村真正落地生根，而传统文化又是社会主义核心价值观的重要来源，所以通过有辨别、有继承、有发展地做好传统文化保护工作是保持地方特色、维系乡村熟人社会的重要纽带。同时乡村旅游依托农村浓厚的乡土文化，展现城市所不具有的同乡情谊氛围，增强城镇居民体验感。同时，更多游客的到访也可以促进乡村文明与城市文明互相借鉴交流，有利于促进美丽乡村的人文美构建，为更深层面的和谐社会建设提供支持。

再次，注重精神文化要素在具体规划设计过程中的应用可以有效避免千村同貌的情况。在美丽乡村建设中，应注意突出自身所具有的人文特色。乡村传统文化是数千年农耕文明的深厚积淀而成，有着内涵丰富、形式多样、地域性强、文化底蕴深厚等特征，因此充分利用这些资源可以更加鲜明的体现地方特色，更适应民众的生活习惯，而且作为乡村旅游，“人文牌”是至为关键的关节。例如我们可以充分利用村落的空间场所，与地方非物质文化的传承进行结合，打造丰富多彩的人文活动，增强游客体验。

第四节　河南旅游业与美丽乡村建设融合发展模式与策略

河南省美丽乡村建设目前已基本完成了基础设施建设，开始进入提升深化的新阶段。在这样一个转型期，河南乡村旅游既拥有政府推动、产业升级优化、市场发展迅速的机遇，又面临着开发与传承保护、产业转型的挑战。因此将乡村旅游和美丽乡村建设有机结合，走发展与建设统筹的道路，坚持协调发展的理念，探索两者之间的互动机制和有效整合，把生态优势转化为发展优势，通过乡村旅游与美丽乡村的互动支撑，加快实现两者的新一轮提升发展。通过拓宽发展思路，从而走出一条适合河南省情，能够实现村美人富、产业兴旺的科学发展之路。

一、河南旅游业与美丽乡村建设融合发展模式

（一）美丽乡村建设现有模式

我国在美丽乡村建设中，在实践和理论中形成典型的发展模式主要有：准确定位发展方向，大胆探索创建“区镇合一”的新体制的安吉模式；通过人文资源开发，促进城乡要素自由流动、优化配置的永嘉模式；以生态家园建设为主题、以休闲旅游和现代农业为支撑、以国际慢城为品牌，集中连片营造欧陆风情式美丽乡村的高淳模式；以市场化机制开发乡村生态资源，吸引社会资本打造乡村生态休闲旅游，形成都市休闲型美丽乡村的江宁模式；进行土地整理和农村革新，注重人文教育的“巴伐利亚试验”的中国模式。

无论何种模式，通过自身资源和优势找准定位，明确发展策略是其发展方向共同点，实现农民增收、经济发展、生态环境保护的良性循环是其利益诉求共同点。所以要整合乡村资源，做好乡村旅游工作，进一步促进美丽乡村建设，这需要我们对乡村旅游资源做相应的类型区分，做到有的放矢地开展相关工作。

（二）乡村旅游资源分类

目前，国内的乡村旅游资源评价体系运用相对较多的是美国运筹学家T·L萨蒂提出的层次分析法（The Analytic Hierarchy Process，AHP），多位学者根据AHP法，结合各地资源状况提出了不同的指标框架。根据卢云亭的旅游地类型划分，可以将乡村旅游资源划分为传统与现代两大旅游资源类型(表7-2)[21]。

表7-2　传统和现代乡村旅游资源分类

传统乡村旅游资源	现代乡村旅游资源
乡村民俗类现代新农村类	现代新农村类
乡村传统农业类乡村农业高新科技类	乡村农业高新科技类
古村古镇类乡村生态环境类	乡村生态环境类
乡村风水或风土类乡村园林旅游类	乡村园林旅游类

续表

传统乡村旅游资源	现代乡村旅游资源
乡村土特产类乡村康体疗养类	乡村康体疗养类
乡村休闲娱乐类乡村知识教育类	乡村自我发展类
乡村名胜类	
乡村红色旅游类	

从类别对比来讲，河南拥有以上所有旅游资源分类，但在实际的乡村旅游资源分布中，旅游资源的单一类型并不多见，而是多为两种以上的复合类型。

（三）河南乡村旅游与美丽乡村建设融合发展模式

根据资源复合类型和美丽乡村建设整体要求，我们可以确定以下三种河南美丽乡村与旅游融合发展建设主要模式。

1. 自然风光模式

河南独特的地理位置和自然条件孕育了丰富的自然风光，奠定了美丽乡村建设的良好基础。以自然风光条件为主的美丽乡村建设需要依托或者打造风景名胜游览区，并通过生态保护与培育生态资源，建成休闲旅游、风光欣赏等功能的旅游目的地。例如洛阳市栾川县潭头镇依托重渡沟 4A 级风景区，主打生态牌，积极发展旅游设施，严格执行旅游管理条例和内部规范，在地方政府和旅游部门协调管理下，形成了南沟和西沟两个旅游区，组成了包括竹海、金鸡河、滴翠河、水帘仙宫、农耕村在内的 200 多个景点，突出了秀美山水和农耕文化的特色，设计了动静幽文不同主题的旅游线路，“水乡竹韵重渡沟”的旅游品牌业已形成，洛阳市重渡沟风景区在近年也成为了为国家生态旅游示范区，并且在 2017 年 8 月进行了国家生态旅游示范区规划设计，准备将重渡沟进一步深化打造成原生态山地型国家旅游度假区、创建中原康体养生示范区、成为景区民生发展的样板、打造中国乡村旅游创客示范基地。再如信阳市平桥区五里店街道办事处郝堂村。郝堂村在 2014 年被住建部列入全国“美丽宜居村庄示范”，郝堂村之所以从空心化村落的状况成功转变为旅游典范，主要是根据自身条件保护和培育了独具特色的生态资源，形成了具有浓郁豫南风情的民居群落和有机农业生产基地，既生态环保，又独具匠心，故而成为生态保护型美丽乡村建设模式的典范。

2. 文化传承模式

河南的历史文化传统悠久，历史文化知名村镇众多，以历史文化条件为主的美丽乡村建设需要充分利用包括典籍、建筑等内容的历史遗迹，并设计相应的历史文化体验式旅游产品以及科学合理的旅游线路。例如曾位列全国四大名镇的朱仙镇，朱仙镇自唐宋以来，因承接水陆转运功能成为要冲之地，长期巨贾云集、人员众多，加之因为历史战争因素，成为全国知名的商业、文化名镇。始建于宋、明两朝的清真寺和岳飞庙是体验古代文化重要的建筑群遗址，在当地政府开展的"朱仙镇国家文化生态旅游示范区"建设规划中，首期项目就是以古建筑为核心的占地近 700 余亩的古镇风情街区，并进而打造一个达到 5300 多亩的大型特色旅游综合体。因此，具有历史文化资源的村镇可以依托资源优势开拓旅游市场。

3. 特色产业模式

河南历史上曾形成过大量以生产特色手工产品的村镇，例如禹州神垕镇作为钧瓷的重要生产基地，本身又是历史文化名镇，同时又具有良好的山水自然资源，具有良好的旅游资源开发前景。神垕镇首先对 4 平方公里的古镇保护区进行了保护修缮，再者是对原本高耗能、高污染并且破坏景观的钧瓷烧制系统进行无害化改造，并且在规划设计中坚持镇村一体，整个神垕镇的辖区保持了统一规划、协同发展，尤其是在水电污改造和垃圾处理方面实现了镇村统一标准，为进一步推进以神垕古镇为主体、周边乡村为依托，全面发展钧瓷文化的特色产业旅游奠定了坚实基础。

总体而言，河南以乡村旅游为重要抓手，以建设美丽乡村为总目标，坚持把安居、乐业环境优美、身心愉悦作为改善农村旅游发展环境的要求，根据各地的实际条件和基础，在适宜发展乡村旅游的地区有区别、有特色、有层次地做好相关工作。

二、河南乡村旅游与美丽乡村建设融合发展策略

美丽乡村是中央对社会主义新农村建设任务的具体要求，在建设的过程

中，乡村旅游又是重要的产业抓手，而乡村旅游作为产业无疑是要遵守产业的发展运行规律，因此我们要掌握相应的规律，制定适当的融合发展策略，更大限度的发挥其产业效能，更好地服务于河南的美丽乡村建设。

（一）河南乡村旅游资源开发现状

作为旅游产业的基础，旅游资源运行的研究开始较早，例如在 20 世纪 70 年代科恩（Cohen，1972）就提出了旅游地生命周期（Lifecycle of a tourism area）理论，不过其主要是做的相关游客分类[22]。其后巴特勒（R. W. Butler，1980）结合其他人文地理研究，提出了更加系统的旅游地生命周期理论，其主要内容是旅游地的景观、资源状态等随着时空与开发的变化而不断演变，并将生命周期划分为探查、参与、发展、巩固、停滞、衰落或复兴 6 个阶段，并且每个阶段的旅游资源都呈现出不同的状态（表 7-3）[23]。

表 7-3　旅游地的生命周期

阶段	旅游资源状态
探查阶段	未发生变化
参与阶段	发生少量变化
发展阶段	基本被开发
巩固阶段	被过度开发
停滞阶段	被破坏
衰落或复兴阶段	重新利用或丢弃

乡村旅游的发展以旅游资源为依托，乡村旅游地与旅游资源的生命周期实际是同步的。河南省的乡村旅游起步虽然较早，但进入发展快车道则是在近十几年，因此大部分地区的乡村旅游尚处于探查、参与和发展阶段阶段，部分旅游产业发育成熟的地区尚处于巩固阶段初期，所以乡村资源尚处于保存相对良好的状态，乡村旅游业保持了较快的发展势头，因此我们应充分了解旅游资源状况，把握发展时机，制定旅游资源的合理开发策略，合理利用和整合乡村旅游资源，坚持可持续发展战略，延长其生命周期，保证乡村旅游业健康有序的发展，确保美丽乡村建设的持续性效果。

（二）河南乡村旅游与美丽乡村建设融合发展的策略

基于乡村旅游的健康持续发展和美丽乡村建设的成效巩固，所以乡村旅游发展与美丽乡村建设融合发展可以采取以下策略：

1. 采取市场化策略，发挥产业带动功效

首先，乡村旅游属于旅游消费，因此其本质还是经济行为，所以我们在资源配置、功能区分、产业定位方面要发挥市场的基础作用，并在经济发展中增强乡村经济活力，推动美丽乡村建设。如今河南美丽乡村建设大部分地区已经完成基础性建设工程，开始进入深化提升的新阶段。在这一过程中，乡村旅游业作为绿色环保的阳光产业成为促进美丽乡村社会经济发展的重要支撑产业。发展乡村旅游业，可以充分调动农村物质和人力资源，促使公共服务更加合理，延伸农业产业化链条，使之成为农村新业态。

其次，通过市场分析，准确市场定位、细分旅游市场，争取获取更大的综合收益。当前乡村旅游已然成为旅游消费市场的新动力引擎，特色小镇、全域旅游等新理念的推出营造了乡村旅游的新路径和行业风口，所以我们更要通过美丽乡村建设路径，依据资源优势，坚持资源、产业和群众基础最优化原则，打造自然风光、文化传承、特色产业等乡村旅游景区。

2. 打好宣传战略牌，形成品牌推广效应

首先，旅游业的市场依赖度极高，所以加强营销推广和品牌形象塑造工作，拓宽市场覆盖面和辐射范围是十分必要的，美丽乡村建设及其成果同样也需要宣传推广，而目前河南在相关工作方面还比较薄弱，尤其是在全国知名旅游品牌塑造推广方面仍需要做大量工作。所以我们需要利用多种营销手段、创新宣传模式，开展旅游产品和美丽乡村建设典范的推介宣传，增强市场营销推广力和品牌形象辐射面。

其次是品牌营造方面应注意特色化宣传，河南近年来以“老家河南”为口号进行了河南旅游品牌宣传推广，但各地在特色产品推介方面还需要进一步加强。河南旅游产品本身的地域特色还是比较明显，因此要将自然山水资源、土特产品、民俗风情、文化符号等内容进行整合，做到既有传承又有创新，既充实乡村建设内涵，又避免千村一面，从而满足旅游市场的多样化需求，既凸显

河南整体品牌效应，又提升旅游产品特色档次，还能促进美丽乡村建设。

再次是要做好品牌维护工作，在当今信息爆炸时代，好评度、口碑是维护品牌形象的关键内容，而好的评价又来自于良好的旅游体验。我们必须清楚的认识到在旅游业蓬勃发展的同时，游客的体验要求正在不断提升、行业内竞争日趋激烈，所以在基础设施建设、丰富产品内涵、创新产品形式等方面还需要做大量的工作，再者还要通过大数据采集分析，有针对性的调整旅游产品的销售推广，针对客户体验改进服务水平，维护好已有品牌、推广培育好旅游新品牌。

3. 建立创新机制，形成发展驱动力

首先，乡村旅游与美丽乡村建设本身具有强烈的创新需求，旅游本身就是一个不断推陈出新的产业，美丽乡村建设也是凝聚群众智慧，创新发展乡村社会的重要工程，因此积极创新工作机制，采取分级负责制，逐层落实，调动群众积极性，发挥群众智慧，凝聚全民力量进而形成发展乡村旅游、建设美丽乡村的强大合力。

其次需要创新多渠道投资机制，强化农民民主参与制度。无论是乡村旅游发展还是美丽乡村建设，其发展都离不开财政和外部投资的资金投入，尤其是在基础设施、公益项目还是文化遗产保护等方面需要政府给予更多的财政资金支持，在产业发展、宣传推广等方面又需要多元化资金的投入。在乡村旅游与美丽乡村建设中，农民是主力军，是成本投入者，更应是收益获得者，所以农民在其中必须发挥其首创者和主力军的角色，因此建立农民民主参与机制，使农民真正共享乡村旅游与美丽乡村建设的成果，实现农村社会稳定可持续发展。

第五节　典型案例分析——以洛阳重渡沟为例

一、洛阳重渡沟基本状况

洛阳重渡沟位于栾川县城东北 16 公里处，距离洛阳市 118 公里。目前建成的重渡沟生态旅游建设示范区与合峪镇、赤土店、庙子镇、潭头镇接壤，区域总面积 178 平方公里，下辖 9 个行政村（原庙子镇的北乡村、街上村、杨庄村、四秋村、杨庄村、新南村和潭头镇的重渡村、王坪村、仓房村），现有 62 个居民组，共 2372 户 9313 人。耕地总面积 11917 亩，常用耕地面积 5237 亩，林坡面积 137630 亩[24]。

重渡沟兼有伏牛与熊耳两山支脉，伊河自南向北穿境而过，拥有著名的 4A 级景区——重渡沟风景区，景区内林茂竹密、飞瀑成群、移步易景，洛栾高速临近景区，并设有站口，交通便利，具备着得天独厚的旅游开发条件。

重渡沟景区未进行旅游资源系统开发前，长期属于贫困县中的重点贫困区域。以重渡沟村为例，作为典型的深山区贫困村，在 1999 年以前，年人均收入长期不足 400 元，曾经是有名的“光棍多、赌博参与者多、赊欠户多、辍学儿童多”的“四多”落后村。在进入新世纪以来，重渡沟村大力发展乡村旅游，尤其是在 2013 年以后，重渡沟村抓住美丽乡村建设和扶贫攻坚的政策机遇，积极改善基础设施建设，取得了“自有机动车最多、户均年收入最多、人均住房面积最大、空气质量最好”的中原地区行政村“四最”美誉。2016 年重渡沟入选 2016 中国名村影响力排行榜，并入选 2016 中国名村绿色指数前十佳，重渡沟的成功对著名的旅游“栾川模式”是重要的诠释和注解，也是美丽乡村建设的优秀典范。

二、洛阳重渡沟的经验

洛阳重渡沟的成功，在于其基于自身基础，能够充分发挥资源优势，以先进的开发理念、合理的产业模式以及旅游产业高速发展的机遇，创造性的开辟了旅游发展的新道路。原河南省长李成玉曾评价重渡沟景区认为是“生态开发的典范，家庭宾馆的楷模，旅游带动脱贫的典范。”其经验可以总结为以下两点：

（一）创新旅游发展理念，优化内部管理机制

1. 旅游产业发展定位准确

重渡沟在 20 世纪末探索发展道路时极具眼光的将旅游业确定为当地经济发展的龙头产业，将旅游业放在优先发展的战略地位，通过大力发展旅游业，

引领经济转型和发展方式转变，带动重渡沟走上全面、协调、可持续的发展道路。

2. 服从县域统筹发展战略

重渡沟在制定产业发展策略时，十分注重县域经济的统筹安排，形成了县域旅游开发一盘棋。在 2016 年，栾川县在生产总值和增速方面，第三产业都创造了县域经济发展的奇迹，其中第三产业的旅游产业已经成为全县经济发展的引擎。在 2017 年 8 月，栾川县整合县内旅游资源开展了“自驾游栾川·高速全免费”旅游扶贫公益行动，据栾川县政府公布信息，整个活动期间，栾川县接待旅游车辆 20 万辆、游客人数 111 万人，旅游综合收入达到 7.57 亿元。其中仅 8 月的第一个双休日乡村旅游接待人数就达到了 6.7 万人。本次活动重渡沟风景区接待游客 161901 人次，较 2016 年同比增长 14%，门票收入 1478 万元，同比增长 31%。实现了整个旅游区 500 余家农家宾馆、2500 余人就业增收，百姓增收近 655 万元[25]。在全县旅游行动统筹安排下，各旅游景区和职能部门充分发挥各自效能，实现了“大河涨水小河满”的效果（表 7-4）。

表 7-4　2016 年栾川县地区生产总值情况　　单位：万元

	地区生产总值	第一产业增加值	第二产业增加值	第三产业增加值
数值	1643748	143650	928691	571407
增长率%）	8.6%	4.2%	8.8%	9.6%

3. 政府加强管理效果明显

重渡沟在开发建设初始阶段一度面临着发展前景不明朗、群众顾虑多的情况，政府部门通过党员干部带动和逐户宣传的方式，带动更多的群众关注和效仿。在农家宾馆快速发展时，政府及时制定宾馆建设管理标准，有效遏制了私搭乱建，并且成立了农家宾馆管理联盟，形成了内部自律机制和协调扶助机制。在旅游产业升级和美丽乡村建设的关键节点，政府部门通过加强培训和基础设施建设，提升景区软硬件层次。重渡沟通过政府主导、市场导向的灵活管理为景区有序健康发展提供了重要保障。

（二）加强旅游产业集聚，丰富旅游产品形式

1. 着力打造产业集聚项目

旅游产业集聚是指通过建设旅游产业集聚区，统筹规划景区和乡（镇）、村的一体化发展，使“吃、住、行、游、购、娱”等旅游要素在区内得到集中体现，使游客的各种需求在集聚区得到充分满足，提高旅游服务的品质和效益。单纯的旅游产业是难以持续稳定发展的，对促进经济的作用也有限，所以要通过相关产业融合发展，实现产业集聚效应。这就不仅需要丰富旅游产业内涵、而且要增大产业体量，形成完整的产业链条，才能实现综合效益最大化。

为增加旅游体验，重渡沟在洛栾高速路口的大清沟，目前投资5000余万元建设了设施齐全、可容纳五千余名游客的“风情小镇”。再者，通过招商引资，重渡沟与河南省供销合作总社达成了共同建设生态农业和休闲旅游综合产业集群项目意向，该项目是以生态农业与休闲旅游为主题的产业集群，通过以猕猴桃生产为核心的特色农业产业基地，带动相关四个产业园区协调发展，形成新型生态经济综合体。重渡沟以美丽乡村建设为契机，先后建立了社区服务中心、铺设了社区道路、开展社区绿化亮化工程，实现了产业集聚与美丽乡村建设的有机结合。

2. 推进旅游产品多样化

栾川县在建设美丽中国的大背景下提出了“全景栾川”概念，将旅游规划融入到城乡建设中，以期符合创新、协调、绿色、开放、共享的发展理念要求，服务于美丽中国、美丽乡村的战略目标。近年来，栾川县大力推进旅游业和农业的融合发展，将特色养殖、特色种植、特色农产品加工和旅游业发展相结合，已规划开发了样式多样的旅游商品，并连续两年成功举办伏牛山地区旅游商品博览会及五届中原旅游商品博览会，通过展会实现了旅游产品的宣传推介和商贸交流。

栾川县的多样化的旅游开发理念在重渡沟得到了充分实践。首先，重渡沟发展特色种养殖产业取得了巨大进步。2012年重渡沟被国家农业部确定为“中华野生猕猴桃保护基地”，远景规划种植面积一万亩，基本实现了猕猴桃

产销两旺的局面。在磨湾村、新南村、街上村集中专业户生产香菇，带动60余户贫困群众脱贫增收，此外通过苗木繁育、土鸡养殖、中药材种植，一百余家农户实现了增收。

其次，利用环境资源优势，建设养老养生项目。重渡沟目前在仓房村兴建了老年公寓，建筑面积达到1.2万平方米，配套餐饮、住宿条件的改善为拓展养生游项目提供了基础。

再次，开发旅游项目的市场潜力。例如重渡沟景区内通过啤酒音乐节和免费自驾游等营销活动，有效开发了已有项目的市场潜力，据目前统计数据显示伏牛山东北虎园接待游客51000人次，较2016年同比增长537%，门票收入136万元，同比增长200%。重渡沟竹筏漂流接待游客14988人次，较2016年同比增长30%，门票收入139万元，同比增长55%。

除此以外，重渡沟持续加大旅游产品规模开发力度，手工艺品和深加工农产品的销售收入实现持续增长。

三、重渡沟旅游开发的启示

进入21世纪后，作为深山贫困区典型的重渡沟实现了华丽转身，成为景美、人富、宜居、宜游的美丽山村，重渡沟的成功为旅游业发展提供了范例、为脱贫攻坚工作提供了思路、为生态保护与开发提供了成功的选择模式，同时对我们开展相关工作提供了诸多启示。

（一）结合本地特色，整合多方资源

重渡沟山水资源丰富，但属于典型的地广人稀的深山区，长期属于全国扶贫开发重点县的贫困区，产业实力薄弱，所以需要整合各方力量，通过国有、民营以及多种混合经济形式的联合发力，选择优势产业，集中做大产业体量，扩大产业规模，提升产业水平。在盘活各方面资源的同时，通过由点到面的扩张，由产品向产业的转换，由数量向质量的蜕变，由低级向高级跨越，最终实现了旅游带动、多产业同步发展的目的。

（二）更新发展理念，延伸产业链条

重渡沟旅游品牌的持续发展就在于理念不断更新、内涵不断丰富，从市

场管理、产业提升，再到抢抓“全域旅游”、扶贫攻坚的风口机遇，内容不断丰富，并及时转化为工作实践，取得了良好的效果。

中央扶贫攻坚战役的推进和精准扶贫工作的开展，对重渡沟的发展提出了更高要求，因此要确立旅游业是带动功能很强的动力产业的观念，调动发展旅游各个要素，延伸旅游链条，推动旅游与第一、二产业的有机结合，实现与文化、体育、健康、生态、城乡建设等融合发展。同时，实现从单纯的抓项目建设到抓载体建设转变，从而实现精准扶贫、脱贫攻坚的工作目标。

（三）强化政府主导，提升服务水平

旅游产业作为动力产业所具有的带动性，使得参与主体复杂，涉及领域众多，因此加强政府主导，加强监管，是旅游产业持续健康发展的必要条件，尤其是在重大投资、部门协调、资金监管等关键活动中，政府更是起到了不可或缺的作用。另外在网络化、信息化高度发达的今天，通过政府招聘等方式，引进专业技术人才，形成稳定、高效的专业化服务队伍，对于提升旅游服务水平、打造旅游服务优质品牌至关重要。目前重渡沟的景区建设和产业发展，面临着项目多、资金规模大、协调部门多、涉及主体复杂的局面，政府的主导作用必须凸显，为重渡沟的持续健康发展保驾护航。

重渡沟从“四多”贫困地区向“绿色经济”典型的转型发展道路，启示我们要认真审视河南旅游，提高认识，把旅游业定位在培育成河南省新兴支柱产业上，实现河南省由旅游资源大省向旅游经济大省的快速转变。

参考文献

[1] 龙花楼，张杏娜．新世纪以来乡村地理学国际研究进展及启示［J］．经济地理．2012. 32（8）．

[2] 李红波，张小林．乡村性研究综述与展望［J］．人文地理．2015. 141（1）．

[3] 张小林．乡村概念辨析［J］．地理学报．1998. 53（4）．

[4] 龙花楼，刘彦随，邹健．中国东部沿海地区乡村发展类型及其乡村

性评价［J］. 地理学报 .2009. 64（4）.

［5］王云才等 . 乡村旅游规划原理与方法［M］. 北京：科学出版社 .2006.

［6］李秋月 . 黑龙江省乡村旅游资源开发对策研究［D］. 东北农业大学 .2008.

［7］龙花楼 . 论土地整治与乡村空间重构［J］. 地理学报 .2013. 68（8）.

［8］吴肖滩，李重 . 旅游资源规划与开发［M］. 北京：电子工业出版社 .2009.

［9］韦杰 . 阳朔乡村旅游资源开发刍议［J］. 绿色科技 .2011（9）.

［10］刘迎华，关宏远 . 青岛市乡村旅游深度开发模式研究［J］. 青岛酒店管理职业技术学院学报 .2011.

［11］刘彦随 . 中国东部沿海地区乡村转型发展与新农村建设［J］. 地理学报 .2007. 62（6）.

［12］王起静 . 旅游产业发展经济学［M］. 北京：北京大学出版社，2006.

［13］习近平 . 新华网：“农村绝不能成为荒芜的农村”，http：//news. xinhuanet. com/politics/2013-07/22/c_ 116642856. htm

［14］魏劭农 . 城镇化建设：保护美丽乡村的最后机会［N］. 光明日报 .2015 年 02 月 07 日（08 版）.

［15］吕连琴，刘爱荣 . 我国乡村旅游高级化的产品设计导向［J］. 地域研究与开发 .2002（4）.

［16］宋向乐 . 大河网：“河南全年农业转移人口落户城镇 300 万人 占全国五分之一”，http：//news. dahe. cn/2017/01-18/108173194. html

［17］马跃峰 . 河南巧打“四张牌”［N］. 人民日报 .2017 年 6 月 3 日（07 版）.

［18］刘春香 . 河南旅游增长劲朝阳璀璨正喷薄［N］. 大河报 .2017 年 7 月 21 日（02 版）

［19］贾泽人 . 河南上半年旅游创汇近 5 亿美元［N］. 中国旅游报 .2017

年8月1日.

[20] 陈勤昌：中部六省重要旅游资源赋存的空间格局分析［J］. 中南林业科技大学学报（社会科学版），2017.11（3）.

[21] 卢云亭. 两类乡村旅游地的分类模式及发展趋势［J］. 旅游学刊. 2006.21（4）.

[22] Winston Moore, Peter Whitehall. The Tourism Area Lifecycle And Regime Switching Models［J］. Annals of Tourism Research. 2005（32）.

[23] 李钰杰. 我国乡村旅游业发展研究［D］. 湖南农业大学. 2011.

[24] 栾川县重渡沟管委会：区情概况，http：//cdg. luanchuan. gov. cn/html/about/

[25] 栾川县重渡沟管委会："自驾游栾川·高速全免费"活动硕果累累，http：//cdg. luanchuan. gov. cn/html/2017/news_ 0825/414. html

第八章　河南旅游业与特色小镇建设的融合与创新发展

第一节　特色小镇建设概述

一、特色小镇的内涵

特色小镇是我国城镇化发展到一定阶段的产物，与城镇化的发展相关联，同时也是统筹城乡发展的重要载体。20 世纪 80 年代起，在浙江省、江苏省、广东省等地已出现部分特色小镇，诸如温州柳市镇（中国电器之都）、浙江绍兴县柯桥镇纺织市场、台州市路桥区旧轮胎市场等。在 21 世纪初期前，特色小镇这一概念在北京市、天津市、云南省、浙江省、安徽省等地区也陆续被提出，整体而言，这些小镇均是以建制镇行政边界为基础，围绕其自身职能定位自上而下提出的[1]。

对于“特色”一词，它是指一个事物或一种事物显著区别于其他事物的风格和形式，是其所表现出来的独特的色彩、风格、特质等。特色是由事物赖以产生和发展的特定的具体的环境因素所决定的，是其所属事物独有的。同时，一个事物或一种事物区别于其他事物所具有风格、形式等即为特色。譬如，爱国主义作家郁达夫在《青岛、济南、北平、北戴河的巡游》中写道：“青岛的特色之一，是在她的市区的高低不平，与夫树木的青葱。”这里提到的“特色”一词所指的是青岛所具有的独特的色彩、风格等，具体呈现则是市区的高低不平、树木的郁郁葱葱。同样的，作家秦牧（1961）在《艺海拾贝·辩证规律在艺术创造上的运用》中提到“独创清新，是优秀的艺术的特色”也是表达这一含义[2]。

小镇是居民不多的集中地，相对城市而言略小一点。一般是在自然环境较好的地方，位置较为偏僻。在古代，小镇一般是指小城，是驻兵镇守的州郡中之较小者，最初是军事据点。在《南齐书·柳世隆传》一文中有“东下之师，久承声闻。郢州小镇，自守而已”的记载。随着时代的发展，小镇亦指小方镇，表示掌握一方军政大权的藩镇中之较小者，在边境驻兵戍守称之为镇，也称之为藩镇，军镇。在《旧唐书·柳公权传》中记载有“自金吾大将授邠宁小镇，何事议论耶?”，在这一出处“小镇”指的是节度使衔。至清代，王步青《见闻录·松江记事》中记载：“中大桥……沿黄浦江北岸一小镇也。市长不过半里。”在近现代，杜鹏程《保卫延安》的第一章记有：“部队穿过延安正东八十里的甘谷驿小镇。”这两处地方所述的“小镇”均是指小市镇，是县以下人口较集中而有商业活动的居民点。在现代，我们所说的镇主要是指县和县级市以下的行政区划单位，与乡同级，其与乡的区别在于，镇的人口规模大，经济发展较好。1958 年至 1978 年期间改为人民公社，1982 年后又陆续改称为乡或镇。

将特色与小镇合二为一，即特色小镇，它主要是指由特有的具体环境因素所影响和决定的小镇，特色产业是小镇发展的核心。文中所指的特色小镇具有一定的中国特色，2016 年国家住房城乡建设部、国家发展改革委以及财政部决定在全国范围开展特色小镇培育工作，计划到 2020 年，培育 1000 个左右各具特色、富有活力的休闲旅游、商贸物流、现代制造、教育科技、传统文化、美丽宜居等特色小镇，引领带动全国小城镇建设。在此基础上，2017 年 7 月 27 日，住建部公布全国第二批特色小镇名单。

2016 年《住房城乡建设部 国家发展改革委 财政部关于开展特色小镇培育工作的通知》中指出：特色小镇培育工作的指导思想是全面贯彻党的十八大和十八届三中、四中、五中全会精神，牢固树立和贯彻落实创新、协调、绿色、开放、共享的发展理念，因地制宜、突出特色，充分发挥市场主体作用，创新建设理念，转变发展方式，通过培育特色鲜明、产业发展、绿色生态、美丽宜居的特色小镇，探索小镇建设健康发展之路，促进经济转型升级，推动新型城镇化和新农村建设。其基本原则有三个方面内容，即坚持突出特色、坚持市场主导、坚持深化改革。与此同时，特色小镇的培育要求具体表现在五个方面，即形成特色鲜明的产业形态、构建和谐宜居的美丽环境、彰显特色的传统文化、覆盖便捷完善的设施服务、建设充满活力的体制机制。与此同时，保持和彰显小镇特色是落实新发展理念，加快推进绿色发展和生态文明建设的重要内容。

在特色小镇的建设和发展过程中，要注重小镇的“特色”，尤其是应当注意特色小镇之“特色”的形成基础[3]，“特色”当是建立在地区特有基础条件和历史文化传统之上，在坚持“以人为本”的原则下，围绕居民生活的更好这一基本目标建设特色小镇，且特色小镇建设需尊重社会群体及地区居民意愿，强调政府引导和规划过程中居民的参与程度。同时，城镇特色是一种比较优势，区分小镇的“特色”与“一般”，亦是小城镇可持续发展、可持续繁荣的重要动力。特色小镇价值的实现，则需要在“发现价值、创造价值、传递价值”这一原则的指导下，通过政府主导的产业发展规划、空间布局规划、旅游发展规划等的实施，对小镇进行科学的、合理的发展策略建构[4]。

二、特色小镇的发展现状

2016 年 10 月 11 日，中华人民共和国住房和城乡建设部发布《我国第一批特色小镇名单》，在各地推荐名单的基础上，经过专家的复核，会签国家发展改革委员会、财政部，认定北京市房山区长沟镇、昌平区小汤山镇、密云区古北口镇等 127 个镇为第一批中国特色小镇。随后，2017 年 8 月 22 日，住建部公布第二批全国特色小镇名单，认定北京怀柔区雁栖镇、大兴区魏善庄镇、顺义区龙湾屯镇等 276 个镇为第二批全国特色小镇。截至目前，我国共公布建设 403 个全国特色小镇。

当前培育特色小镇的主要目的是为了促进有条件的镇可以更好地发展，特色小镇也面临着新的发展机遇，特色小镇的培育和建设是各省市在新型城镇化发展的背景下，敦促产业结构升级转型的重要抓手。然而，由于一些体制机制的限制，不利于一些小镇参与到市场化竞争中，因此，挖掘一些有潜力、有特色的小镇，通过一些产业的发展不仅可以带动经济的发展，也可以吸纳小镇周边一部分农村劳动力就业。目前，403 个特色小镇分布在我国 31 个省、直辖市和自治区。

需要指出的是，由于新疆生产建设兵团属于国务院单列的副（部）级单位，下辖十四个师（市），在国家住房和城乡建设部公布的特色小镇名单中将新疆生产建设兵团单独列出，文中据此绘制得到图 8-1，对特色小镇分布数量进行说明。然而，从位置境域来看，该兵团位于新疆维吾尔族自治区境内，受中央政府和新疆维吾尔族自治区政府的双重管辖，分布在东经 75°50′~95°34′，北纬 35°30′~48°34′之间的广大地区，因此，在图 8-2 特色小镇的空间分布及三大地带的划分中仍隶属于新疆维吾尔族自治区。

（一）特色小镇数量分布

从数量分布来看，403 个特色小镇在各省市区的分布并不均衡（图 8-1）。总体上，第一批特色小镇在 32 个省、市、自治区平均分布约 3. 97 个特色小镇，特色小镇分布数量高于该均值的地区有 17 个，占 2016 年国家住房和城乡建设部公布的第一批中国特色小镇总数量的比重在半数以上；第二批特色小镇数量明显增加，各省市区平均分布约 8. 63 个，特色小镇分布数量高于该均值的地区有 18 个，略多于第一批特色小镇。其中，前后两批特色小镇在浙江省数量分布最多，有 23 个；其次为江苏省、山东省和广东省，而分布特色小镇数量最少的是新疆生产建设兵团，仅分布有 4 个特色小镇。

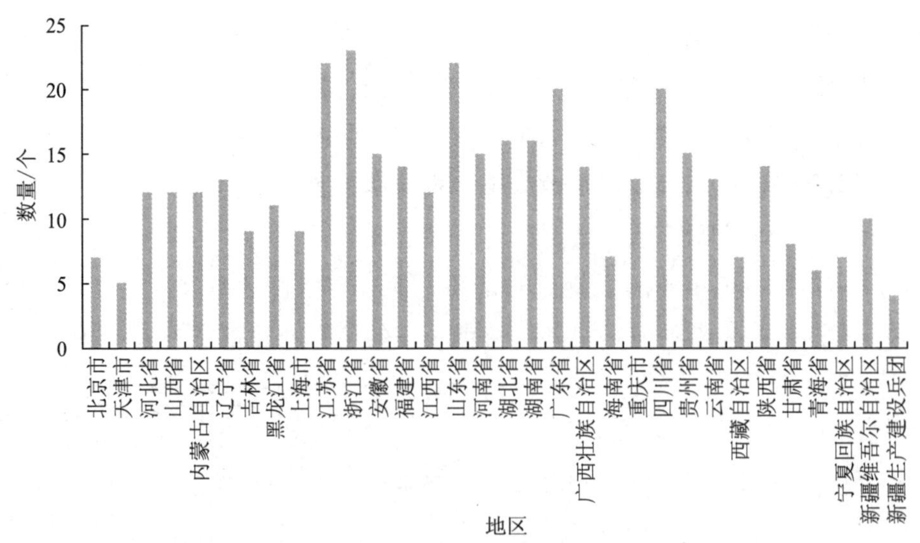

图 8-1　各地区特色小镇数量分布

（二）特色小镇空间分布

根据国家住建部所公布的第一批和第二批特色小镇名单，通过获取各地区特色小镇的经纬度坐标，借助于 ArcGIS 软件平台，对其定义空间投影，将已获取的特色小镇经纬度坐标转换为点状图层，同时结合省/市区地图数据将中国特色小镇的空间分布情况进行可视化表达。

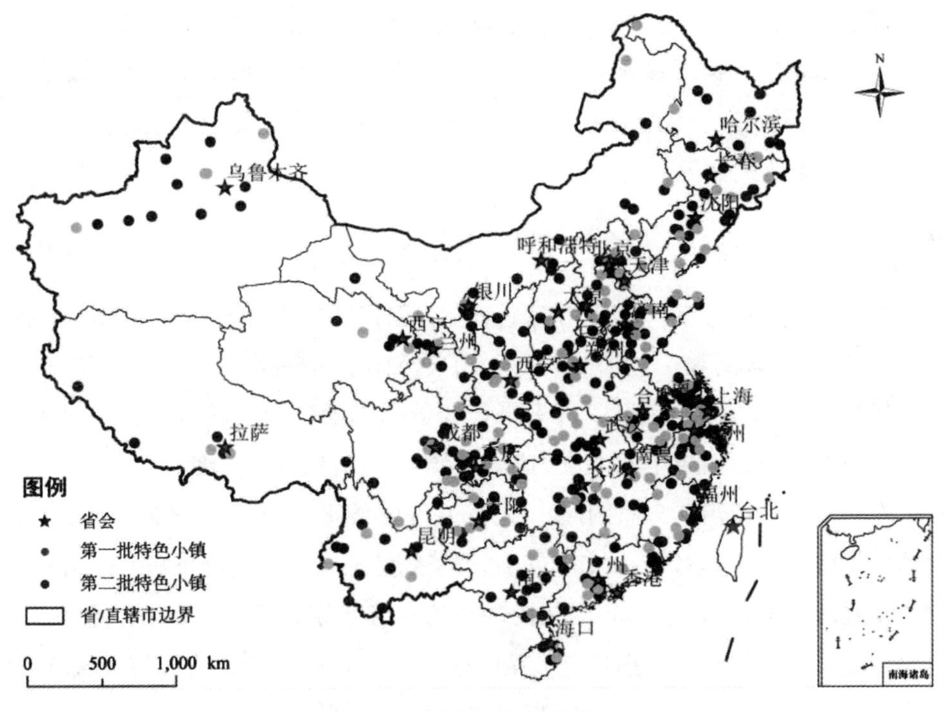

图 8-2　特色小镇空间分布

从空间分布来看，特色小镇分布较为分散，但在局部地区集中（图 8-2）。整体而言，东部和中部地区特色小镇分布相对较多，西部地区相对较少，且第二批特色小镇的空间分布相对稀疏。根据三大地带的划分，在东部沿海地区的江苏省、浙江省、上海市、福建省、广东省等地区特色小镇分布相对密集，中部内陆地区的安徽省、湖北省、湖南省等地区分布相对较多，西部地区分布相对较多的为四川省、贵州省、陕西省，而新疆维吾尔自治区和新疆生产建设兵团特色小镇的数量也较多，2016 年公布的第一批全国特色小镇数量为 4 个，而在第二批的数量为 10 个。其中，我国东部地区和中部地区共分布有 260 个特色小镇，占 2016 年和 2017 年国家住房和城乡建设部公布的全国特色小镇总数量的 64. 52%；在第二批特色小镇名单中西部地区数量增加明显，由 2016 年的 44 个增加至 2017 年的 99 个，两批特色小镇数量占总体比重为 44. 67%。

（三）特色小镇核密度分布

核密度分析，是一种非参数的表面密度计算方法，可用于测度特色小镇的空间分布密度。使用核函数根据点或者折线要素计算每单位面积的量值以将各个点或折线拟合为光滑锥状表面。核密度值越高，表示小镇分布密度越大[5~6]。其表达式如下：

$$f(x,\ y) = \frac{1}{nh^2}\sum_{i=1}^{n} k\left(\frac{d_i}{n}\right) \tag{8-1}$$

式（8-1）中，$f(x,\ y)$ 为位于（x，y）位置的密度估计；n 为观测数量；h 为带宽；k 为核函数；d_i为位置距第 i 个观测位置的距离。在核密度估计中，搜索半径是一个重要的参数，搜索半径参数值越大，生成的密度栅格越平滑且概化程度越高；值越小，生成的栅格所显示的信息越为详细。

根据特色小镇点状分布图层，在 ArcGIS 软件平台上借助于空间分析工具中的核密度分析工具对第一批特色小镇核密度分布情况进行分析，经过多次尝试设置搜索半径为 4，可得到较为理想的核密度分布图（图 8-3、图 8-4）。可以看出，第一批和第二批特色小镇的核密度分布存在较为明显的区域差异，在空间上大致形成了 3 个核密度高值集聚区，主要是京津冀地区、长三角地区及周边地区、成渝地区，其中，长三角及周边地区涵盖范围较广，包括江苏、安徽、上海、浙江、福建等广大地区，这一区域核密度值较高，特色小镇分布较为密集；同时，也形成了 2 个核密度较高值集聚区，主要是珠三角地区和中部地区的河南、湖北地区，其中，河南省地处中原腹地，是中原城市群的重要组成部分，以河南为主体的中原城市群为中国经济的第四增长极[7]，这两个地区也分布有数量相对较多的特色小镇。由于第二批特色小镇数量的增加，2016 年和 2017 年特色小镇的核密度值也有所变化，核密度最高值由 0. 89 上升至 1. 80，其空间分布也有所变化。

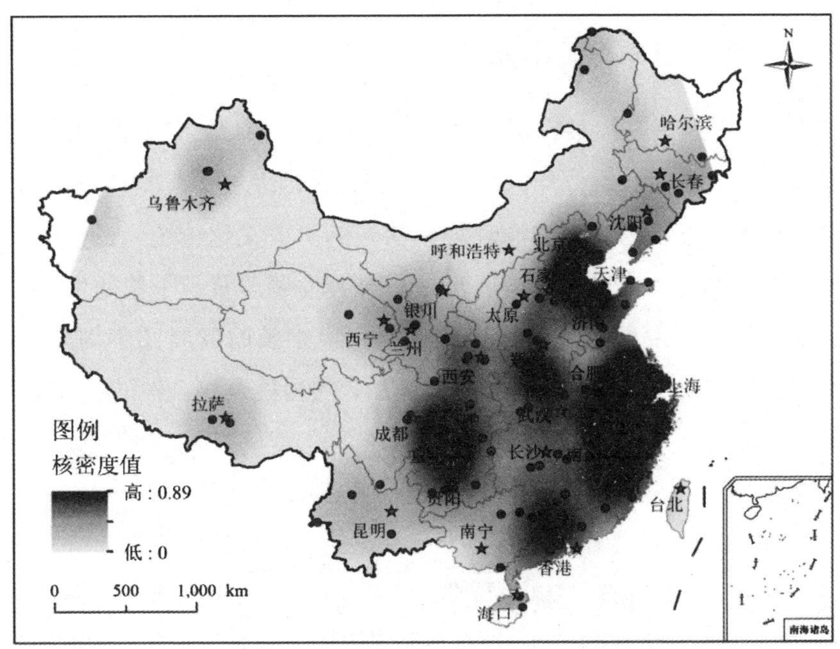

图 8-3 2016 年第一批全国特色小镇核密度分布

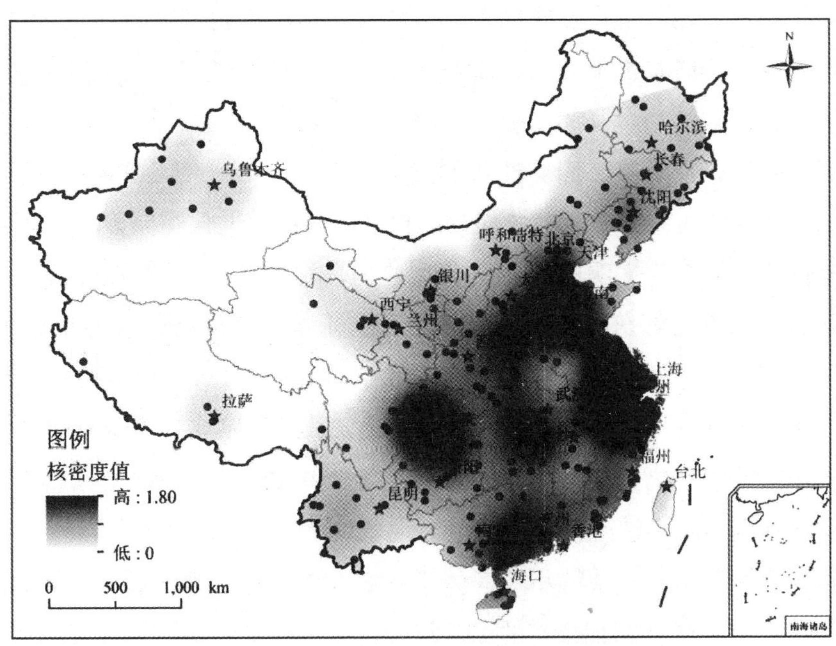

图 8-4 2017 年第二批全国特色小镇核密度分布

三、特色小镇与旅游小镇

特色小镇的培育与发展，重在“特色”。只有通过特色建设，才能增强小镇自身的吸引力，只有保持特色，才能获得长久的发展[8]。特色小镇的发展，主要是依托当地独特的自然资源环境、悠久的历史文化传统、长期的工艺传承等而不断地提高其建设水平，逐步地提升其发展质量。小镇的发展是多元化的，地区经济的发展也充满着多样性，特色小镇的发展亦不例外。因此，特色小镇所属的发展类型并不完全是单一的，更可能是综合性的。

旅游小镇，其生态环境、自然景观具有鲜明的地域特征。“旅”是旅行，是外出，即为了实现某一目的而在空间上从旅游来源地到旅游目的地的行进过程；“游”是外出游览、观光、娱乐，即为达到这些目的所作的旅行。将“旅”和“游”结合起来即为旅游。从这一释义上来看，旅行更多的是侧重于行，而旅游不但是“行”，也包含有“游”，具有观光、娱乐、休憩的含义。整体来看，旅游是非定居者的旅行和暂时居留而引起的一种现象及其关系的总和。

旅游小镇，是以旅游发展为主，以开发当地具有价值的自然或人文景观或在此基础上开展旅游服务的小城镇[9]。对于旅游小镇而言，旅游业是小镇发展的支撑产业，通过游客在旅游目的地“衣、食、住、行、游、购、娱”等方面的消费，带动旅游配套产业的发展，促进小镇经济发展。以束河古镇为例，作为丽江古城的重要组成部分，它是茶马古道上保存完好的重要集镇，也是纳西先民从农耕文明向商业文明过渡的活标本。良好的生态环境、独特的边陲古镇、古老的东巴象形文字、纳西古乐等文化底蕴，对“束河模式”的发展提供了必要的基础。与此同时，在小镇发展和建设过程中，由政府主导将古镇保护开发与旅游发展有机结合，政府推进与民众开发参与相互促进，依托古镇的传统文化资源和优美的自然资源，建设发展成为旅游小镇，逐渐形成文化休闲旅游小镇所特有的“束河现象”[10]。

特色小镇不完全是旅游小镇，休闲旅游、美丽宜居作为特色小镇建设的目标之一，2016 年住建部公布的 127 个特色小镇和 2017 年公布的 276 个特色小镇名单中有部分小镇是旅游小镇，这些小镇生态环境良好，自然资源丰富，旅游景观独特，譬如“山顶松柏盖帽，山间果树缠腰，山下流水潺潺，平地花园环绕”的北京市房山区长沟镇自然生态景观，适宜发展观光、休闲、农作物采摘等，其发展类型侧重于休闲旅游；也如作为水分水析、水系水萦、水抱水环泽国典型，素有“五湖之厅”“六泽之冲”美誉之称的江苏省苏州市吴中区甪直镇，悠久的历史孕育了甪直古镇丰富灿烂的文化，且镇域旅游资源丰富，人文景观棋布，发展休闲旅游的同时，传统文化贯穿其中，也正是甪直镇2500年的文明历史，古城、古桥、古街、古民宅及有1300多年历史的古银杏树等吸引着游客前往。

特色小镇与旅游小镇，二者之间既有内在的联系，又存在着必然的区别。特色小镇，首先是产业空间、生活空间，其次才是文化空间、旅游空间[11]。旅游特色小镇，是特色小镇诸多发展类型中的一个类别，是以旅游产业为主带动地区经济发展。

第二节　河南旅游业与特色小镇建设的融合发展

一、河南特色小镇发展概况

河南是中华民族与华夏文明的发源地，历史悠久，地处中原腹地，位于中国中东部、黄河中下游，全省介于北纬31°23′~36°22′、东经110°21′~116°39′之间。境内地势总体上呈现出西高东低，北、西、南三面千里太行山脉、伏牛山脉、桐柏山脉、大别山脉沿省界呈半环形分布，中、东部为华北平原，西南部为南阳盆地（图8-5）。河南平原和盆地面积9.3万平方公里，占全省总面积的55.7%；山地和丘陵面积7.4万平方公里，占全省总面积的44.3%。河南横跨海河、黄河、淮河、长江四大水系，境内有1500多条河流纵横交织，流域面积100平方公里以上的河流有493条。同时，河南文物古迹众多，旅游资源丰富。

悠久的历史和厚重的文化底蕴，使河南省特色小镇建设具有一定的优势。2016年国家住房城乡建设部公布的第一批中国特色小镇名单中，河南省有4个小镇入选，分别是：焦作市温县赵堡镇、许昌市禹州市神垕镇、南阳市西峡县太平镇、驻马店市确山县竹沟镇。2017 年公布的第二批全国特色小镇名单中，河南省平顶山市汝州市蟒川镇、南阳市镇平县石佛寺镇、洛阳市孟津县朝阳镇、濮阳市华龙区岳村镇、周口市商水县邓城镇、郑州市巩义市竹林镇、新乡市长垣县恼里镇、安阳市林州市石板岩镇、商丘市永城市芒山镇、三门峡市灵宝市函谷关镇、南阳市邓州市穰东镇 11 个小镇入选。当前，河南省共有 15 个小镇被认定为全国特色小镇。

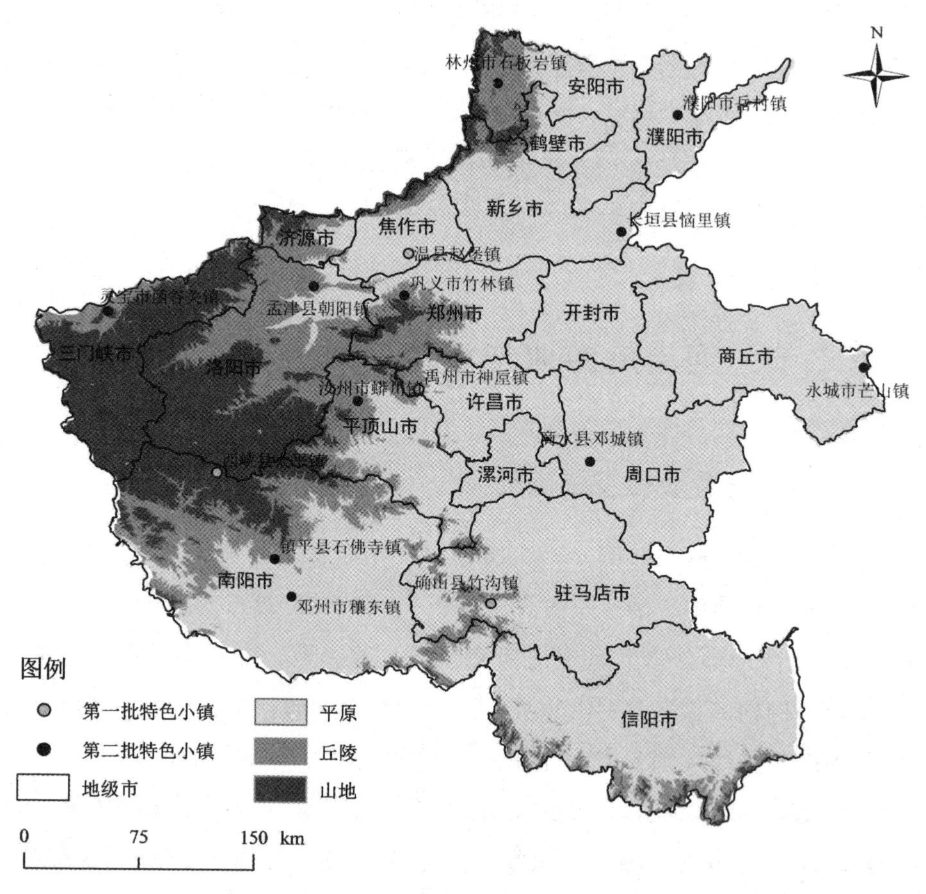

图 8-5　河南省特色小镇分布

2014 年 7 月河南省政府公布的《关于印发河南省新型城镇化规划（2014—2020）的通知》中已明确指出，在推动城镇化发展过程中，“选择 100 个左右区位条件优越、发展潜力大的重点镇，推动小城镇发展与特色产业发展相结合，与服务“三农”相结合”，并初步构想，在2020年，河南省实现重点培育100个左右的特色示范小镇，其中30个以上达到国家特色小镇示范标准。2016年河南省住房和城乡建设厅公布第一批美丽宜居小镇、美丽宜居村庄示范名单，名单中确定洛阳市孟津县会盟镇等9个镇为美丽宜居小镇示范，郑州市登封市石道乡李爻村等35个村为美丽宜居村庄示范。目前，30个以上国家特色小镇这一目标已实现一半，省级特色示范小镇工作仍在不断进行中。

在全国特色小镇建设的背景下，河南省在建设全国特色小镇的同时，也在极力培育省级特色小镇。为弘扬传统民族文化，保护村镇的传统格局和历史风貌，促进优秀传统建筑艺术的传承和延续，河南省住房和城乡建设厅、河南省文物局也在致力于传统村落和历史文化名镇名村的保护和建设。这些村镇建设通知的公布，为推进美丽宜居乡村建设和宜居宜游乡镇建设提供了政策前提。

二、融合发展条件

旅游是一个跨行业的产业，多个行业相互交织。特色小镇建设和旅游业发展之间并不是孤立的，二者相互联系，相互影响，将二者进行有机结合，不仅可以推动特色小镇建设，也可以促进地区旅游业发展。结合河南省旅游资源状况，在上述梳理河南省特色小镇发展及旅游业发展现状的基础上，将旅游业与特色小镇建设进行融合发展，从融合发展背景、融合发展环境、融合发展基础三个方面进行阐述。

（一）旅游迅速发展，融合发展背景好

河南省旅游业发展迅速，从统计数据来看（表8-1），旅游基础设施、接待国内外旅游人次、旅游收入等均有较大幅度提高，河南省旅游业发展迅速，且发展势头强劲。其中，旅游基础设施方面，以旅游饭店和旅游床位为例进行说明，旅游饭店数量由1990年的30个增加至2015年的545个，后者约是前者的18.17倍，该时期年均增加20.6个，增加幅度较大，且主要是2000—2015年数量增加幅度较为明显；旅游床位数在1990—2015年增加了11.02万张，年均增长0.44万张，增长幅度较为明显，1990—2000年增加了2.48万

张，2000—2015 年增加了 8.54 万张，后一阶段增加幅度较大。可见，河南省旅游业发展的同时，旅游配套设施也有较大提高，这为旅游业的快速发展提供必要的基础支撑。从接待国内外游客和旅游收入情况来看，河南省旅游接待国内游客明显多于入境游客人数，2000—2015 年，接待入境游客人数增加了 235.79 万人次，而同一时期接待国内游客人数高达 46403 万人次；旅游业收入方面，旅游创汇收入在 2000—2015 年增加了 72558 万美元，接待国内游客收入增加了 4635 亿元，二者均有较大幅度增加。旅游发展应以市场需求为导向，以改革创新为驱动，河南省旅游业发展具有较好的历史基础，且发展迅速，将旅游发展与小镇建设，尤其是与特色小镇建设相结合进行发展，可进一步促使旅游业由较早时期的传统门票型经济向现代的产业经济型转变。

（二）政策大力支持，融合发展环境好

当前，旅游产业是河南省重点培育的优势产业之一，同时也是实现中原崛起、河南振兴的一大优势产业，在提供产业发展支撑的同时，也具有强力的发展后劲。旅游产业发展，既需要市场的引导、公众的参与，也需要政府的资金扶持和相应的政策保障。为促使河南省旅游产业发展“转型升级、持续快速发展”，2012 年河南省人民政府办公厅印发《河南省“十二五”旅游产业发展规划》，为该时期旅游业发展进行系统安排。2014 年发布《河南省人民政府关于加快旅游产业转型升级的意见》提出，要“全民提升旅游产业规模化、品牌化、市场化水平”，为推动旅游产业持续健康发展提出明确要求。2016 年河南省旅游局发布《关于开展全省旅游市场秩序检查工作的通知》，为建立良好的旅游市场秩序、维护旅游者合法权益提供了政策保障。2017 年河南省旅游局、河南省工商行政管理局发布《关于开展全省旅游市场秩序和旅游安全工作督导检查的通知》，这为河南省加强旅游市场综合监管、营造良好旅游环境提供了政策支持。一系列旅游发展政策、法规的实施，对河南省旅游业的发展提供了强有力的支撑。

目前，河南省小城镇共 1845 个，其中，建制镇 1085 个，乡 755 个，按镇乡统计的农林场 5 个。根据《河南省城镇体系规划（2010—2020）》，河南省在 106 个县（市）城区之外确定了 308 个中心镇，其中 203 个镇列入重新调整公布的全国重点镇名单。小城镇建设在城镇化发展过程中具有重要地位。进入2016年，住房和城乡建设部、国家发展和改革委员会、财政部共同启动开展特色小镇培育工作。小城镇作为统筹城乡发展的重要节点，也是区域服务“三农”的一个重要载体，发展和培育条件适合的特色小镇是当前小城镇建设的重要方向之一。在未来的五年至十年时间里，特色小镇面临着一个新的发展机遇。因此，在相关发展政策的支持下，在综合考虑河南省旅游资源、特色产业、区位优势等情况下，将河南省特色小镇建设与旅游产业发展相结合具有较大的发展前景。

表8-1　河南省旅游业历年发展情况

年份	旅游饭店（个）	旅游床位（万张）	接待入境游客人数（万人次）	旅游创汇收入（万美元）	接待国内游客人数（万人次）	接待国内游客收入（亿元）
1990	30	1.22	10.67	459	—	—
1995	76	2.94	14.91	6020	—	—
2000	197	3.70	32.50	12390	5218	347
2001	244	6.60	36.56	13336	5614	375
2002	310	7.31	41.01	14549	6271	429
2003	347	8.17	18.86	6344	5052	342
2004	379	8.93	45.02	16001	8012	620
2005	360	10.29	60.05	21604	10045	782
2006	455	11.54	75.74	27376	13036	1018
2007	492	10.51	88.09	31801	17003	1327
2008	488	10.76	104.36	37443	19921	1566
2009	504	11.02	125.85	43302	23312	1954
2010	502	11.21	146.84	49877	25845	2294
2011	503	11.25	168.29	54902	30599	2766
2012	566	12.37	190.77	61141	36129	3325
2013	575	12.48	207.33	65997	40898	3835
2014	557	12.25	227.20	72530	45642	4322
2015	545	12.24	268.29	84948	51621	4982

数据来源：1991年、1996年和2001—2016年的河南省统计局 国家统计局河南调查总队编《河南省统计年鉴》。

（三）资源丰富多样，融合发展基础好

河南省旅游资源丰富，现有世界文化遗产 6 项 25 处，全国重点文物保护单位 358 处，国家 5A 级旅游景区 13 处，世界地质公园 4 处，国家重点风景名胜区 12 处，国家自然保护区 13 处，中国国家森林公园 34 处。全省旅游资源丰富，洛阳、开封、安阳、商丘、南阳、郑州、浚县、濮阳为国家历史文化名城。旅游资源分布相对分散，不同类型景点在河南省多个地市分散布局（图 8-6）。其中，国家级自然保护区主要分布在地势较高的地区，自然资源丰富、生态价值较高，世界地质公园、国家 5A 级旅游景区也多分布在这些地区；国家历史文化名镇则主要分布在河南省东部和中部的平原地区，譬如朱仙镇、古荥镇，荆紫关镇位于淅川县的西北部，属于山地丘陵地区，该镇脊倚群山，面临丹江，背负群山，下临清流，“西接秦川，南通鄂渚”。

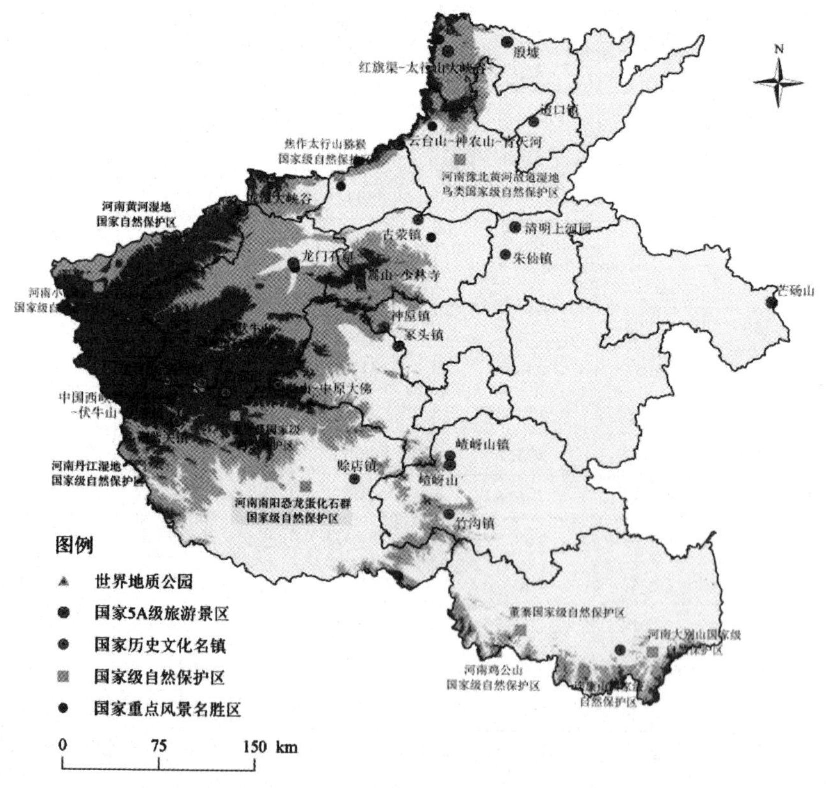

图 8-6　河南省旅游资源分布

河南省旅游业发展与特色小镇建设，具备较好的环境基础。一方面，河南省地理位置优越，区位优势突出，便捷的交通运输条件，使其具备发展旅游业良好的进出条件。河南是我国承东启西、贯通南北的重要交通枢纽，拥有公路、铁路、航空、水运、等相互结合的综合交通运输体系。另一方面，区域适宜发展旅游的人文、自然景观交相辉映，尤其是古文化旅游资源极具特色。河南，古称中原、中州，历史悠久，中国八大古都河南省有四个，文物古迹较多，历史文化旅游资源丰富。再者，河南省旅游景观地域组合良好，在空间分布上多靠近交通沿线，旅游景区的可进入性较强[12]。整体而言，依托良好自然资源和社会经济环境，在政策扶持和小城镇建设的基础上，拓宽旅游发展思路，推进旅游业发展，融合发展基础良好。

三、融合发展原则

旅游业发展与特色小镇建设进行融合发展，不仅仅涉及旅游要素（吃、住、行、游、购、娱）和旅游市场，更重要的是旅游产业发展与特色小镇培育之间的有机结合。当前，随着旅游业的快速发展，旅游要素涵盖内容更为宽泛，激发游客旅游动机的要素更趋复杂，“商、养、学、闲、情、奇”已逐渐成为新的旅游要素[13]。基于这一发展态势和上述融合发展条件，将旅游业与特色小镇建设进行融合发展显得尤为重要。同时，二者的融合发展也应遵循如下的原则。

（一）政府牵引，社会参与

旅游业，作为现代服务业的重要组成部分，其发展离不开政府的支持和引导。截至目前，国家及各地政府已陆续出台多项政策法规，通过逐步落实带薪休假制度、加快基础设施建设、多方资金支持等措施，全力推动旅游产业发展[14]。在旅游业发展过程中，政府所起的作用是由多方面因素共同决定的[15]，譬如，旅游业本身的特征、不同地区旅游业发展所有的社会经济背景、自然资源状况及旅游业发展所属阶段等。在诸多因素的影响下，旅游业发展与特色小镇建设之间的融合发展亟须政府的积极引导。在社会经济发展过程中，各级政府要加大旅游业的扶持力度，随着地区经济水平的提高逐步增加旅游业发展的资金投入，并营造出政府参与、市场主导、分工明确、政企有效合作的良好氛围。

特色小镇的建设和地区旅游业的发展，不仅是政府的行政行为，而是以政府为引导、以市场为导向、民众共同参与的发展模式。在政府的引导下和相关政策法规的实施过程中，通过顶层设计、法治法规建设、政府管理等推动特色小镇的培育和旅游产业的有序发展，这一方面可以带动地区的经济发展，逐步提高地区的城镇化水平；另一方面也是定向精准扶贫的有效手段。根据特色小镇建设的指导思想和培育要求，将旅游业与特色小镇相融合，在快速城镇化发展的背景下，也需要民众的广泛参与。一方面，特色小镇建设，尤其是特色小镇发展规划的实施，小镇基础设施的建设和完善，都离不开当地居民的广泛参与。另一方面，特色小镇的开发，是突破原有城镇格局，通过科学规划进行高标准建设，而城镇建设需要大量资金，结合市场需求，依靠市场的力量和民众的支持对小镇进行开发和建设。

（二）找准特色，张扬个性

地区旅游业发展和特色小镇培育，重在“特色”。有别于一般小镇，特色小镇的发展要求更为明确，特色更为鲜明，使特色小镇四季均有游客，淡季、旺季均能吸引游客。旅游特色，进一步强调旅游景观的独特，与传统的常规旅游形式相比，特色旅游是一种更高形式的特色旅游活动产品，更侧重于自主性、个性化和目的性。旅游业与特色小镇融合发展，一定程度上是特色产业与特色旅游的融合发展，二者融合发展过程中，应结合地区自然生态环境、人文历史环境、社会发展环境，明确该地区有别于其他区域的独特之处，找准特色，并以此作为立足点和出发点，发挥比较优势，通过资源开发和基础设施建设，塑造地区品牌，借助于旅游宣传，逐步树立具有鲜明地方特色的品牌形象。

（三）因地制宜，绿色生态

本色之美，在于自然，特色小镇的发展更应该根植于自然才会具有活力，依托地区的自然、历史、人文、非物质文化遗产等资源，按照地区自然资源禀赋和历史文化内涵进行特色小镇建设。地区自然资源环境的不同，使得旅游资源禀赋存在着较大的差异。杭州特色小镇发展的成功经验，并不能被其他地区完全地进行复制。无论是旅游业发展，抑或是特色小镇建设，理应结合区域特色，因地制宜，适时适度，选择符合当地旅游资源的方式，充分挖掘当地的资源禀赋，形成独具特色的旅游品牌。地区旅游品牌和城市品牌的打造，不仅对于地区旅游产业具有显著的推动作用，同时也利于通过品牌效应吸引外资入驻，且当地独特的历史文化传统、秀美的自然资源风光、历史悠久的古代建筑等也可以激发本地居民对文物保护、自然保护和文化传承的积极性，将地区资源优势逐渐转化为经济优势，探寻旅游发展的新思路。

保护生态环境，改善生态环境，是维护生态安全和可持续发展的重要前提。地区生态环境资源是大自然的馈赠，独特的山水风光也是地区旅游业和特色小镇建设的一个发展优势。旅游业是一种资源导向型产业，应遵循绿色发展的原则，将地区经济增长与自然、环境、文化的协调发展相结合，从本地发展的实际出发，在充分考虑地区生态承载能力的基础上，实现地区旅游产业的可持续发展；且绿色发展也是发挥小城镇自然生态优势的内在要求，重视小镇生态环境保护，坚持绿色发展理念，依据特色小镇培育要求，努力营造特色小镇“和谐宜居的美丽环境”和“便捷完善的设施服务”，努力让山更绿，让水更清，让环境更整洁，让乡村更具魅力。

（四）促进民生，宜居宜游

民生，国之根本。改善民生，一直是地方政府和各级政府开展工作的出发点和落脚点。加快旅游业发展，在促进地区经济发展的同时，也能有效地改善民生。譬如，贫困地区乡村旅游的发展，作为扶贫攻坚的重要抓手，可以发挥旅游扶贫的增收功能，依托贫困地区的自然资源优势，促进脱贫致富；旅游发展和城镇建设，既需要大量人才，旅游产业发展可以促进就业；也需要便捷的交通网络、完备的游乐设施、优美的居住休憩环境等，以满足游客需求。与此同时，促进城乡人居环境协调发展，是建设特色小镇和美丽乡村的重要内容之一，旅游与特色小镇融合发展应遵循宜居宜游这一原则，居住是小镇建设的基本功能，宜居是小镇发展的根本目标，经济发展为实现宜居提供必要的物质保障和经济基础，旅游资源则为小镇宜居锦上添花，宜居和宜游之间相辅相成，应当坚持宜居宜游的原则，培育和发展特色小镇。

四、融合发展路径

当前，我国旅游业发展迅速，旅游产业与其他产业融合发展是大势所趋。结合目前我国特色小镇建设情况，将旅游业与特色小镇建设相融合，也具有重要的现实意义。二者的融合发展路径主要体现在以下几个方面。

（一）挖掘灵魂，找准文化制高点

旅游产业融合是指旅游产业内部或者旅游产业与其他产业之间发生的相互联系、相互渗透的关系，最终形成一个新的产业形态[16]。随着我国产业结构的调整，旅游业快速发展也适逢处于一个发展机遇期，生态文化旅游也逐渐成为旅游产品开发的一个新方向，旅游者对探索未知的需求、追寻精神世界的丰富，认识外界事物，体验国家和民族的文化生活、风土人情及民族传统习俗等，也进一步促使文化旅游的逐渐兴起。从党的十六大到十八大，党中央一直强调发展文化旅游，促进文化与旅游的融合发展，二者融合发展，是推动旅游产业和文化产业的转型升级提质升效的重要途径[17]。我国的文化旅游主要是以文物、史记、遗址、古建筑等为代表的历史文化层，以现代文化、艺术、技术成果为代表的现代文化层，以居民日常生活习俗、节日庆典、祭祀、婚丧、体育活动和衣着服饰等为代表的民俗文化层，以人际交流为表象的道德伦理文化层，四个层面相互交织，相互联系。开展文化旅游，以文化作为小镇旅游开发的着力点，通过文化找“魂”，然后将其规划、梳理成为极具地区特色的体验产品；以文化的独特性，增强旅游产品的吸引力，在弘扬地区文化的同时，提高区域经济效益。

（二）强健体魄，注入产业支撑点

旅游业与特色小镇的融合发展，亟须必要的产业支撑。有别于普通小镇的建设，特色小镇一般都具有明确的产业定位、文化内涵、旅游和一定的社区功能。旅游业是我国社会经济发展的综合性产业，是国民经济和现代服务业的重要组成部分，旅游业的开放性、综合性、关联性也使其成为当前产业融合发展的前沿领域。在融合发展过程中，既需要文化产业、农业、工业、房地产业等融入到发展进程中，形成生态文化旅游产业、观光农业、工业旅游、景观房产等诸多与旅游产业相互渗透、相互交织的综合性产业形态。特色小镇发展的产业基础，应结合区域特色，因地制宜，逐渐适应市场需求，寻求产业转型、促进资源整合，走可持续发展的路子，使小镇建设既有自身特色，又能长期持续稳定发展。在当前国家经济发展的新常态下，以互联网为载体，在“互联网+”的发展背景下，推动科技创新，培育新的经济增长点，加快互联网与旅游产业的融合发展，以互联网为支撑，推动以商贸物流、教育科技、现代制造等为主的特色小镇发展。

（三）塑造形象，打造品牌新亮点

社会经济的发展，人们生活水平的提高、消费意识的提升，使得旅游市场日益火爆。同时，杭州特色小镇培育的成功经验，使人们看到城镇化发展的新方向，公众对城镇特色发展也更为关注。然而，如何避免城镇发展中的千镇一面和“空城计”现象，一直是一个焦点和热点问题。特色小镇建设和发展，不是政绩工程。在融合发展过程中，对融合发展条件较好的乡镇，在坚持融合发展原则的前提下，应当结合地区旅游发展现状，找准自身的定位，突出区域发展特色，以特色为核心，聚焦特色产业、前沿技术，发展小城镇的比较优势，防止一哄而上、防止千镇一面、防止空城计，杜绝高楼大厦、杜绝水泥森林。与此同时，城镇建设要建立在科学规划的基础上，根据地区资源优势，充分考虑小城镇的资源环境承载能力和未来的可持续发展潜力，找准特色，张扬个性，通过大众宣传平台，塑造旅游品牌形象，借助于品牌效应，逐步推进融合发展进程。

（四）持续发展，把握融合着力点

旅游业发展的“动力效应”，会使游客在旅游目的地观光、休憩、游玩的同时，产生餐饮、住宿、购物、会议等相关消费，进而促使整个旅游目的地形成消费经济链及相关产业集聚，进而带动地区经济的发展。区域发展，重在可持续，深化旅游业改革，实现旅游业可持续发展，对于推动国家经济发展、扩大地区就业、促进经济结构战略性调整具有重要的现实意义。绿色可持续发展，是发挥小城镇自然生态优势的内在要求，也是生态旅游业发展的内在要求。实现旅游业的可持续发展是促进发展方式转变、推动低碳经济发展的重要推动力之一。加快旅游业发展，逐步实现传统的依靠资源消耗而促进地区经济增长的发展模式向低能耗、高收益的可持续发展模式转变，进一步使自然文化资源与城镇生态环境和谐统一，实现协调发展。

特色小镇发展，不仅要宜业，也应当宜居。国家住房和城乡建设部、国家发展改革委、财政部发布的《关于开展特色小镇培育工作的通知》中，在特色小镇的培育要求中明确提出“和谐宜居的美丽环境”“便捷完善的设施服务”，小镇建设与周边自然环境相协调、自来水符合卫生标准、垃圾无害化处理等内容，均与环境保护密切相关。因此，注重融合发展的可持续性，找准着力点，稳步推动旅游业和特色小镇建设的绿色发展，把改善群众生活作为打造特色小镇的出发点和落脚点，才能体现小镇建设的真正价值。

第三节　河南旅游业与特色小镇建设的创新发展

一、指导思想

为深入贯彻落实习近平总书记、李克强总理等党中央、国务院领导同志关于特色小镇、小城镇建设的重要批示精神，同时，根据《住房城乡建设部 国家发展改革委 财政部关于开展特色小镇培育工作的通知》（建村〔2016〕147 号）、住房城乡建设部村镇建设司《关于做好 2016 年特色小镇推荐工作的通知》（建村建函〔2016〕71 号）的要求以及全国和河南省住房城乡建设工作会议的精神，以小城镇建设为平台，聚焦特色产业和新兴产业，以改善小镇人居环境、经济发展环境为目标，选取具有鲜明特色的产业形态、和谐宜居的美丽环境、彰显特色的传统文化、便捷完善的设施服务、充满活力的体制机制的小镇将其建设成为特色小镇。在 2017 年《政府工作报告》中，李克强总理在“扎实推进新型城镇化”中也特别提出要“支持中小城市和特色小城镇发展”。

河南省省委省政府明确提出，对具有特色资源、区位优势的小城镇，通过规划引导、市场运作，培育成为文化旅游、商贸物流、资源加工、交通节点等专业特色镇。河南省省政府办公厅印发的《河南省重点镇建设示范工程实施方案》再次明确指出："推动小城镇发展与特色产业发展相结合，与服务'三农'相结合，发展成为专业特色镇。"目前，全省已经形成了上下衔接、共同支持特色小城镇发展的政策合力。"十二五"期间，河南省小城镇建成区面积增长了24.8%，户籍人口增长了14.3%，人口超过5万的建制镇达到7个，超过10万的有2个①。目前，河南省特色小镇发展态势较好，相关政府政策的实施对于特色小镇的培育和发展提供了必要的政策支持和保障。

同时，河南省旅游业发展的指导思想是贯彻落实《中华人民共和国旅游法》、《国务院关于加快发展旅游业的意见》（国发〔2009〕41号）和《国务院办公厅关于印发国民旅游休闲纲要（2013—2020）的通知》（国办发〔2013〕10号），以市场需求为导向，以改革创新为驱动，优化产业要素、丰富产品体系、壮大产业主体、提升服务水平，促进河南省旅游业由单一观光型向观光与休闲度假型转变、由门票经济型向产业经济型转变、由点线布局向集聚发展转变、由量的扩张向规模与质量并重转变，全面提升旅游产业规模化、品牌化、市场化水平，为建设富强河南、文明河南、平安河南、美丽河南作出积极贡献。

二、河南省旅游业与特色小镇创新发展思路

目前，我国住建部公布的第一批127个和第二批276个全国特色小镇名单中河南省先后有15个小镇入选，作为中华民族文化的主要发祥地之一，河南地处中原腹地，历史悠久，旅游资源丰富，既有历史文化资源（譬如，新郑的黄帝故里，洛阳的龙门石窟，登封的少林寺，温县的陈式太极拳等），也有秀美的自然景观（譬如，焦作的云台山，安阳的太行山大峡谷，驻马店的嵖岈山，济源的王屋山等）。结合区域旅游资源，培育省级特色小镇，仍有较大的发展空间。

旅游业发展方面，在城镇化快速发展的背景下，《河南省新型城镇化规

① 河南省人民政府网站：《全国将培育1000个特色小镇 河南有4个镇入选》，2016年10月24日，http://www.henan.gov.cn/jrhn/system/2016/10/24/010678374.html. 访问时间：2017年4月12日。

划》中指出："到2020年河南省常住人口城镇化率将达到56%左右"，而2015年底河南省城镇化率为46.85%，在未来的五年时间内河南省城镇化率将会提高9.15%。这对于旅游业发展而言，是一个巨大的发展机遇，随着城镇居民增加，居民消费结构的升级、消费潜力的释放均会带动旅游业发展[18]。在这一背景下，以旅游业为引擎，依托小城镇建设和特色小镇培育要求，发展具有特色的旅游产业，逐步完善特色小镇的基础设施建设，打造特色化城镇体系，是河南省旅游业发展的一个契机，也是旅游业发展亟须努力的一个方向。同时，"十三五"时期，河南省旅游业发展的预期目标是："全省游客接待量、旅游总收入年均增长分别达到11%、13%左右，旅游业增加值占国内生产总值的比重超过全国平均水平"，这对当前河南省旅游业的发展提出了明确要求。

（一）制定政策，加强组织领导

特色小镇的培育和旅游业的融合创新发展，均是依托当地独特的自然资源环境、历史文化传统，以基础设施为条件，向消费者提供服务。在发展过程中，政府应积极引导，加强旅游规划与旅游地的土地利用总体规划，并注重地区总体规划与城乡规划之间的协调和衔接，注重城镇规划与旅游规划之间的对接，制定相关政策对小镇建设用地和旅游发展用地提供必要的保障。与此同时，对于条件适宜的小城镇，应积极进行培育，鼓励体制机制创新，发展特色产业，完善地区基础设施建设，统筹协调，在产业选择、发展定位、项目设计等方面进行科学规划。

（二）培育特色产业，积极引入资金

特色小镇的培育，既需要良好的产业基础、丰富的自然资源和历史文化资源，也需要适当的土地支撑、配套的基础设施服务。旅游业的发展，在丰富旅游产品体系的同时，也亟须推进旅游重大项目的建设。这些基础设施和重大旅游服务项目的建设，在政府引导的前提下，不可避免的需要大量的资金支持。因此，积极引入资金，以市场为导向，发挥企业的主体作用，充分发挥市场在资源配置中的决定性作用，明确产业发展定位，通过政策优惠、配套设施供应、区位优势条件等引进项目建设。

（三）宜居宜游，做好统筹规划

小城镇是优化城乡资源配置的重要载体，是城乡协调发展的“平衡杆”[19]。特色小镇建设，既对西部边疆地区城镇化发展具有重要影响，对中部平原地区河南省的城镇化发展亦具有重要的推动作用。特色小镇的产业升级和产业链延伸必然会推动小城镇的产业转型升级[20]。河南省特色小镇的培育和旅游业的发展，应立足于以人为本的原则，结合区域资源特色，统筹规划，从小城镇可持续发展的角度，整合区域资源，合理配置区域间的资源要素，挖掘自身优势条件和资源价值，从总体发展规划、特色产业发展规划、旅游发展规划、配套设施规划等方面着手，循序渐进，逐步构建小镇整体发展框架。同时，经过实地考察和调研，进一步完善小镇发展规划，明确区域旅游发展模式。

（四）注重文化创意，创新人才培养

特色小镇建设的目的是进一步推进产业的升级转型，而技术创新是产业转型升级的基础，技术创新的关键是人才[21]。在新时代背景下，互联网+、创客、众筹等新的理念作用于旅游，将会产生新的效应，且有别于传统模式，旅游资源开发模式的创新对旅游业的可持续发展也具有重要的影响。在观光型旅游逐渐向知识型旅游发展转变的“旅游新时代”[22]，创新对于旅游业发展至关重要。创新意味着改变，改变固有思维方式，改变传统旅游开发模式，改变产业结构，而创新的前提是人才，培养具备专业知识和技能的高科技人才在未来特色小镇培育和旅游业发展中具有重要意义。

三、河南省旅游业与特色小镇创新发展模式

（一）我国特色小镇发展模式

2016 年住建部公布中国第一批 127 个特色小镇名单，其培育目标为将入选小镇建设成为各具地方特色、富有活力的休闲旅游、商贸物流、现代制造、教育科技、传统文化、美丽宜居等特色小镇。这一培育目标明确地指出了特色小镇培育与发展的方向，有别于一般小镇，特色小镇的发展应发挥其自身比较优势，结合区域特色，因地制宜，发挥地域优势，释放小镇发展活力。

目前，我国的特色小镇建设正在逐步的推进过程中，浙江省、云南省的特色小镇建设发展相对较快，且各具特色，并取得一定的进展。在此对这两个省份特色小镇的发展模式、发展现状进行梳理。

1. 浙江省特色小镇发展：产业和政策支撑

2015 年 5 月 4 日，浙江省政府办公厅出台《浙江省人民政府关于加快特色小镇规划建设的指导意见》（浙政发〔2015〕8 号）（以下简称《意见》），明确指出特色小镇要聚焦信息经济、环保、健康、旅游、时尚、金融、高端装备制造等支撑我省未来发展的七大产业，兼顾茶叶、丝绸、黄酒、中药、青瓷、木雕、根雕、石雕、文房等历史经典产业，坚持产业、文化、旅游“三位一体”和生产、生活、生态融合发展。每个历史经典产业原则上只规划建设一个特色小镇。目前，浙江省内有 79 个特色小镇入选省级创建名单。在 2016 年中国第一批特色小镇名单中，浙江省有 8 个，分别是杭州市桐庐县分水镇、温州市乐清市柳市镇、嘉兴市桐乡市濮院镇、湖州市德清县莫干山镇、绍兴市诸暨市大唐镇、金华市东阳市横店镇、丽水市莲都区大港头镇、丽水市龙泉市上垟镇。

与中国特色小镇的培育目标相比，浙江省提出的特色小镇，是指相对独立于市区，具有明确产业定位、文化内涵、旅游和一定社区功能的发展空间平台，区别于行政区划单元和产业园区。特色小镇建设是提升区域竞争力和可持续发展能力的重要支撑[23]。同样的，浙江省特色小镇的发展具有较为完备的支撑体系[1]：

①产业支撑。产业发展是特色小镇建设的核心支撑，也是产业转型升级的新路径[24]。绍兴市诸暨市大唐镇的袜业是其支柱产业，镇域拥有轻纺原料市场、袜业市场等六个专业市场，由传统的劳动密集型产业逐步转型，通过创建高新技术产业园区以社会化合作、专业化分工促使产业发展。

②人才支撑。区域发展需要优秀的人才参与，创意产业、研发产业对人才的需求更大，它是特色小镇持久发展的基石。

③土地支撑。土地是特色小镇建设的基础支撑，《意见》中对特色小镇建设进行规划引领，要求特色小镇规划面积一般控制在 3 平方公里左右，建设面积一般控制在 1 平方公里左右。在规划明确建设范围的同时，浙江省政府

也出台相关的配套政策鼓励各个主体建设单位充分利用低丘缓坡、滩涂资源和存量建设用地。

④政策支撑。特色小镇建设必然离不开政府政策的支持，相关政策的提出与实施为小镇建设提供了制度保障。譬如，浙江省林业厅为推进森林特色小镇建设，将森林特色小镇和森林人家建设进行明确产业定位，并提供必要的政策措施支持①；浙江省工商局为支持省级特色小镇建设试行全程电子化登记、设立工商事务服务室和会商协调机制、加快推进“五证合一”登记制度等②；浙江省科技厅为服务和助力特色小镇建设，实施支持特色小镇建设科技企业孵化器、在特色小镇布局建设技术市场、把特色小镇作为集聚科技创新创业人才的重要载体等举措③；为加快推进特色小镇建设，浙江省人民政府鼓励开展“比学赶超”活动、敦促加强统计监测分析、调整完善动态机制等④。

浙江省特色小镇发展相对开始较早，且具有不同于其他省市培育特色小镇的思路，依靠产业经济发展、传统的文化历史底蕴、稳妥的政府举措支持，其特色小镇建设取得了很大成效，它是政策、市场和文化三者有机结合、互相交织融合后发展的必然结果。各省市的自然资源环境、地域历史文化、政府政策基础等存在着差异，借鉴特色小镇发展的成功案例，摸索符合区域自身发展的小镇发展路径，是保证特色小镇建设的重要前提。

2. 云南省特色小镇：古镇保护和民众参与

云南的束河古镇，距离丽江县城 4 公里，历史悠久，镇域内有保存完好的古道、集市，是“世界文化遗产”丽江古城的重要组成部分。2003 年，云

---

① 浙江省林业厅：《关于推进森林特色小镇和森林人家建设的指导意见》浙林产〔2015〕66 号，2015 年 11 月 6 日，http://zfxxgk.zj.gov.cn/xxgk/jcms_files/jcms1/web31/site/art/2015/11/6/art_5125_80521.html. 访问时间：2017 年 4 月 7 日。

② 浙江省工商局：《浙江省工商局关于发挥职能作用支持省级特色小镇加快建设的若干意见》浙工商企〔2015〕8 号，2015 年 7 月 14 日，http://zfxxgk.zj.gov.cn/xxgk/jcms_files/jcms1/web5/site/art/2015/7/14/art_5144_121506.html. 访问时间：2017 年 4 月 7 日。

③ 浙江省科技厅：《浙江省科学技术厅关于发挥科技创新作用推进浙江特色小镇建设的意见》浙科发高〔2016〕90 号，2016 年 5 月 11 日，http://zfxxgk.zj.gov.cn/xxgk/jcms_files/jcms1/web38/site/art/2016/5/11/art_5048_112962.html. 访问时间：2017 年 4 月 7 日。

④ 浙江省政府办公厅：《浙江省人民政府办公厅关于高质量加快推进特色小镇建设的通知》浙政办发〔2016〕30 号，2016 年 3 月 22 日，http://www.zj.gov.cn/art/2016/3/25/art_12461_267565.html. 访问时间：2017 年 4 月 7 日。

南已启动对束河古镇的保护和规划开发建设，依托当地独特的传统文化、自然资源环境，借助于世界遗产的品牌效应和影响力，推动建设旅游小城镇，逐渐使束河古镇从高山下的边陲小镇发展成为现今人们所熟知的特色国家级4A旅游景区。

作为珍贵的传统文化遗产，对束河古镇的开发，居于首位的是保护。同样作为具有且延续着浓郁民族特色的古镇，它的保护离不开当地居民的参与[25]。民众的参与，可以更好地进行文化的保护传承。古镇的规划和引导，则直接决定着小镇的开发建设水平。2006年云南省施行的《云南省丽江古城保护管理条例》、丽江市政府编制的《世界文化遗产丽江古城保护规划》等，均在保护古镇的前提下，对其进行规划开发，将科学保护与特色小镇建设相结合，探索出一条适用于束河古镇遗产文化保护与旅游产业协调发展的新路子[10]。束河茶马古镇保护与开发项目的实施，在纳西文化、纳西人参与的同时，也亟须有经济实力的企业参与，通过政府主导，企业投资，民众参与，促进居民收入的提高，古镇的保护和开发也得以有序推进，镇域内的交通条件、市政设施、卫生环境等也具有明显改善。传统古村镇发展旅游产业，很大程度上是伴随着历史发展而自然形成的。小镇特有的文化传统可作为“品牌个性”来带动地区旅游产业的可持续发展[26]。在束河旅游小镇的发展过程中，始终坚持以独特的茶马文化、农耕文化、纳西文化作为小镇旅游开发的核心竞争力资源，打造极具特色的束河古镇旅游品牌，鼓励小镇居民称为旅游小镇的建设者、参与者及文化传承者，使古镇旅游发展在具备传统个性的同时，更具有鲜活的生命力。

“束河模式”的成功并不是一蹴而就的。束河古镇以旅游开发促进古镇保护和发展，以特色旅游小镇建设统筹城乡协调发展，依托独有的文化遗产资源和秀美的生态环境，将古镇保护与特色小镇建设相结合，将政府主导、民众参与和企业开发相结合，将旅游开发与传统历史文化传承相结合，大力发展旅游产业，建设特色休闲旅游小镇。2015年，束河古镇接待游客人数高达

463.9 万多人次，而在 2002 年这一人数还不足 3 万人次①，十余年间，游客人数骤增。目前，古镇已然成为中国魅力名镇、最佳人居环境名镇，更是未来丽江休闲旅游度假的中心和高端客户接待中心。

3. 特色小镇发展中可能存在的问题

作为小城镇建设的重要组成部分，部分地区的特色小镇建设取得了一定的成绩。由于我国幅员辽阔，区域发展存在较大的地区间差异，经济发展水平的不同、资源环境状况的不同、要素配置效率的不同等，均使得不同地区间在小城镇建设过程所遇到的问题也有所不同。现阶段，我国的新型城镇化建设是区域经济发展的新的增长点，特色小镇则是推进新型城镇化和供给侧结构性改革的创新载体[27]，特色小镇建设的成功与否对于促进农村经济发展、激活城镇市场活力、解决农村劳动力就业、促使乡镇企业转型等均具有重要的作用[28]。

截至目前，特色小镇的建设，在取得一定成就的同时，其发展过程中不可避免的也存在一些问题。第一，部分小镇建设急于求成，盲目跟风，“特色小镇”急剧升温，当地政府行政干预不当，阻碍市场主体发展[29]。第二，产业发展是特色小镇建设的内在动力，以劳动密集型产业或低端制造业发展小镇经济的现象依然存在，产城互动、产城融合发展的后劲不足。第三，特色小镇发展，重在“特色”，而不同区域资源禀赋差异的存在，小镇的“特色”也会有很大不同，照搬照抄特色小镇建设的成功模式，可能会适得其反，“千镇一面”的特色小镇建设，在很大程度上会阻碍小城镇的可持续发展[30]。第四，部分小镇的基础设施建设较为滞后，在生活环境美化、生产环境绿化、生产产业特色化等方面尚显不足，这对于居民生活、人口在城镇集聚、特色产业的引进等具有消极的影响。

特色小镇的建设和发展，对推进新发展理念、全面建成小康社会和促进国家可持续发展具有十分重要的战略意义。目前，特色小镇培育尚处于起步阶段，部分地方存在不注重特色的问题。因此，针对特色小镇发展中所存在

① 丽江市旅游发展委员会：《“腾飞”的束河古镇》，2016 年 9 月 26 日，http：//www.ljta.gov.cn/html/news/ljdt/14006.html. 访问时间：2017 年 4 月 8 日。

的上述问题，在后续建设过程中，应注重小镇已有格局、保护传统街区，注重保护小镇的宜居环境、避免大厦高楼的现代建筑，注重传统文化的保护和传承。

（二）河南省特色小镇创新发展模式

特色小镇的发展模式和路径选择，既有基于特色资源发展的小镇建设模式，譬如，山西省晋中市灵石县静升镇，该镇传统文化底蕴深厚，积极发挥王家大院、红庙、何氏宗祠、石牌坊等资源优势，带动乡村旅游的发展；也有基于特色产业发展的小镇建设模式，譬如，北京市怀柔区雁栖镇，通过会展产业的集聚效应，在带动地区经济发展的同时，北京雁栖生态发展示范区主打的“国际会都”项目整体预计在5年内建成。对于河南省而言，作为中华民族和华夏文明的发源地，历史悠久，文物古迹众多，且旅游资源丰富。因此，将旅游业与特色小镇建设发展方面，在借鉴浙江、云南特色小镇发展的基础上，可以有所创新，发挥区域特色，提升旅游吸引力。

1. 传承传统文化，打造特色人文休闲旅游

历史文化、文物古迹、民居建筑等具有一定的时代印记，是地方特色文化内容的重要组成部分。河南省各类历史文化资源丰富，如十三朝古都洛阳、八朝古都开封、七朝古都安阳等，有被誉为“三彩之乡”的洛阳市孟津县朝阳镇、有“杂技之乡”美誉之称的濮阳市华龙区岳村镇等。因此，以小镇历史文化资源为基础，依托于民俗文化、民族文化、历史遗迹、古民居建筑等，通过挖掘文化内涵，融入新型文化旅游业态，打造旅游目的地。将特色文化研究与小镇建设充分结合，发展文化产业，加强区域旅游开发力度，使旅游体验方式多元化，通过打造富有特色的小镇空间形态，提升镇区风貌。同时，在历史文化资源开发的同时，注重传统文化的保护，保护小镇的传统格局、历史风貌，修复修缮历史古迹和历史建筑，通过新技术的运用在保护遗迹的同时向游客展示古镇全貌和历史过往。

2. 发展特色产业，延伸产业链

产业是经济发展的根基，基于特色产业而繁荣的小镇通常以发达的产业为基础，并不断强化其产业优势，通过提升服务功能、优化发展环境、深化

改革、必要的政策支撑等手段集聚发展要素，优化区域间的资源配置，打造特色小镇发展的核心竞争力。河南省特色小镇发展，应明确小镇特色产业的发展基础、发展规模、发展思路，通过创新运营模式，改善传统产业运营模式，逐渐形成以服务业为主导、高端制造业为支撑的新业态，通过主导优势产业的发展壮大，带动相关产业的发展。以巩义市竹林镇为例，该镇在改革开放初期的主导产业为医药、耐火材料，经过技术创新，竹林镇也在不断地改造和提升传统产业，发展高新技术产业，不断延伸产业链，全镇现有工商企业 82 家，产业涵盖制药、电子、软件开发、机械、化工、洗涤、耐火材料、机械加工、新型建材、服装、食品、房地产开发等诸多系列，囊括上百个品种。

3. 坚持“特而精”，注重创意创新

创新是推动一个民族进步和国家社会发展的不竭动力。对于特色小镇建设而言，坚持小镇的特色之处，打造小镇的特色旅游品牌和形象，增强小镇的旅游吸引力，并以此作为推进创新创业的一个载体，借助于“互联网+”网络信息平台进行推广和宣传，推动特色小镇的创意产业发展，打造小镇发展的特有的竞争力。与此同时，创意产业发展的同时，创意人才的集聚、创新人才的引入，对于小镇未来长期的发展提供了必要的人才支撑，且创新、创意思维的汇入，将会成为小镇长远发展的新增长点。

4. 保护生态，构建和谐宜居环境

特色小镇建设、美丽乡村建设的实施，为河南的乡村发展提供了契机，对寻求解决农村复兴和乡村的可持续发展提供了机遇。对于生态环境条件较好的小镇，应该把特色小镇建设与国家级旅游景区、国家级自然保护区、特色景观旅游名镇等进行有机结合，通过顶层设计，统筹兼顾生态环境、产业发展、人居环境，注重环境综合整治，在发展生态旅游的同时，提高旅游接待水平，通过建造特色民居、保护古朴的石板街、便捷的生活设施等为游客提供休闲休憩之所。同时，小镇应当注重完善基础设施建设，对街道进行规整，改造饮水工程，建设污水处理工程、垃圾处理工程等绿化美化工程，吸引游客的同时，提倡游客保护当地的生态环境，使游客可以边走边看风景，且行且观赏。

参考文献

[1] 宋为，陈安华. 浅析浙江省特色小镇支撑体系 [J]. 小城镇建设，2016，(3)：38-41.

[2] 秦牧. 辩证规律在艺术创造上的运用——《艺海拾贝》之四 [J]. 上海文学，1961 (7) .

[3] 王小章. 特色小镇的“特色”与“一般” [J]. 浙江社会科学，2016，(3)：46-47.

[4] 周旭霞. 特色小镇的建构路径 [J]. 浙江经济，2015，(6)：25-26.

[5] 海贝贝，李小建，许家伟. 巩义市农村居民点空间格局演变及其影响因素 [J]. 地理研究，2013，32 (12)：2257-2269.

[6] 马晓冬，李全林，沈一. 江苏省乡村聚落的形态分异及地域类型 [J]. 地理学报，2012，67 (4)：516-525.

[7] 中华人民共和国中央人民政府. 国务院关于中原城市群发展规划的批复 [R]. 国函〔2016〕210 号，2016-12-30.

[8] 陈丽. 利川市旅游型小城镇景观特色研究 [D]. 华中农业大学硕士论文，2007，26-27.

[9] 筑梦乡村实践. 旅游小镇概念及特征 [J/OL]. http://www.sohu.com/a/119615121_319326，2016-11-22/2017-04-20.

[10] 罗明义. 束河模式：以特色旅游小镇建设统筹城乡发展 [J]. 城乡建设，2009，(12)：6-13.

[11] 中国乡村旅游网 乡旅文化专刊. 特色小镇和旅游小镇是两码事儿 [J/OL]. http://www.crttrip.com/showinfo-79-1799-0.html，2016-12-12/2017-04-11.

[12] 王庆生，许韶立. 河南省旅游业发展的问题与对策 [J]. 经济地理，1996，(3)：102-107.

[13] 赵珊. 新六大要素构成旅游新业态 [N]. 人民日报-人民日报海外版，2015-02-05/2017-04-25.

[14] 旅游规划考察．近年来国家关于促进旅游行业发展的政策汇总 [EB/OL]. 中国投资指南-经济新闻，2015-08-07/2017-04-25.

[15] 田晴．关于政府在旅游业发展中的定位探讨——从政府主导到政府引导的转变 [J]. 社科纵横（新理论版），2013，(4)：96-97.

[16] 朱海艳．旅游产业融合发展的路径选择 [N]. 光明日报第 07 版：理论·实践，2013-07-21/2017-04-25.

[17] 殷贤华．文化与旅游深度融合发展路径——以重庆市荣昌区为例 [J]. 重庆行政：公共论坛，2016，17（5）：13-16.

[18] 河南省旅游局．河南省“十三五”旅游业发展战略研究 [N]. 中国旅游报（数字报），201-10-14/2017-04-14.

[19] 罗应光．特色小镇建设：西南边疆地区推进城镇化的主要载体 [J]. 中国党政干部论坛，2010，(11)：43-44.

[20] 陈安华，江琴，张歆等．“特色小镇”影响下的小城镇建设模式反思——以永康市龙山运动小镇为例 [J]. 小城镇建设，2016，(3)：54-61.

[21] 徐剑锋．特色小镇要集聚“创新”功能 [J]. 浙江社会科学，2016，(3)：42-43.

[22] 梁留科，曹新向，吴次芳．新经济时代河南旅游业发展的创新研究 [J]. 人文地理，2002，17（3）：50-52.

[23] 盛世豪，张伟明．特色小镇：一种产业空间组织形式 [J]. 浙江社会科学，2016，(3)：36-38.

[24] 马斌．特色小镇：浙江经济转型升级的大战略 [J]. 浙江社会科学，2016，(3)：39-42.

[25] 年继伟．束河古镇的保护与发展——云南历史文化旅游古镇开发经验分享 [J]. 小城镇建设，2009，(6)：42-47.

[26] 唐小飞，黄兴，夏秋馨等．中国传统古村镇品牌个性特征对游客重游意愿的影响研究——以束河古镇、周庄古镇、阆中古镇和平遥古镇为例 [J]. 旅游学刊，2011，26（9）：53-59.

[27] 牟盛辰．产城融合视域下特色小镇的培育对策研究——以台州游艇小镇为例 [J]. 特区经济，2017，(1)：98-100.

[28] 高树军. 特色小城镇建设发展研究——以青岛海清茶园小镇为例[J]. 农业经济问题（月刊），2017，(3)：40-44.

[29] 筑梦乡村实践. 特色小镇“3大病”与特色小镇“3要诀”[J/OL]. http：//www. sohu. com/a/130477756_ 319326，2017-03-27/2017-04-28.

[30] 中机院产业规划网. 1000个“特色小镇”发展模式面临哪些问题？[EB/OL]. 搜狐网，http：//mt. sohu. com/20160930/n469437510. shtml，2016-09-30/2017-0410.

第九章　河南旅游业与城市发展的融合与创新发展

第一节　旅游与城市

一、城市的相关概念

（一）城市的概念

在中国，“城”最早有一种大规模永久性防御设施，主要用于防御野兽侵袭，后来演变为防御敌方侵袭。最早的“城”还不具备宗庙、宫室、商业市场、手工业工场等一般城市所应该具备的物质要素。中国古代的城市常有城墙，护墙对于古代的城市和乡村都是需要的[1]。

“市”是商品交易的场所。最早的市没有固定的位置，后常在居民点的井旁，故有“市井”之称。人们在特定的地点按特定的时间相互交易，形成集市。随着商品经济的发展，为了经营上的方便，市逐渐吸引到人口比较集中，又是奴隶主贵族居住的城中，并有固定的位置，真正意义上的城市方才产生。到近现代，“市”引申为一级城镇聚落性质的行政建制单元。

正因为“城”“市”和“城市”具有发生学上的密切联系，现在，城、市都成了乡村的反义词而作为城市的简称。因此，狭义的城市概念是指经国家批准设有市建制的城镇，不够设市条件的建制镇成为镇。广义的城市概念是指包括乡村以为的一切城市型聚落。

（二）城市化的概念

在城市化各种各样的定义中有一种较为主要的提法：人口向城市集中的

过程即为城市化。由于人口向城市集中或迁移的过程包含了社会、人口、空间、经济转换等多方面的内容，加上可以采用比较简单易行、有一定可比性的以城市地区人口占全地区总人口的百分比这一指标衡量城市化水平，故这一城市化定义为人口学、地理学、社会学和经济学界普遍接受[2]。

人类学研究城市以社会规范为中心，城市化意味着人类生活方式的转变过程，即由乡村生活方式转为城市生活方式。由于社会规范的概念十分抽象，难以度量，所以少量人类学家为使其探讨有实用价值，曾采用文盲率、语言统一率及大众传播普及率作为两种生活方式的度量方法。

经济学认为城市是人类从事非农业生产活动的中心，城市化是指不同等级地区的经济结构转换过程，即农业活动向非农业活动得转换，特别重视生产要素流动，即资本流、劳动流在城市化过程中的作用，同时也注重从世界经济体系的角度探讨一国一地区的城市化问题。

地理学主要研究地域与人类活动之间的关系，非常注重经济、社会、政治和文化等人文因素在地域上的分布状况，其研究具有综合性。地理学除了认识到城市化过程中的人口与经济的转换与集中外，特别强调城市化是一个地域空间过程，包括区域范围内城市数量的增加和每一个城市地域的扩大两个方面[3]。

综上所述，城市化的四个内涵是：一是城市对农村影响的传播过程；二是全社会人口接受城市文化的过程；三是人口集中的过程，包括集中点的增加和每个集中点的扩大；四是城市人口占全社会人口比例提高的过程。

（三）城市的基本类型

不同城市之间存在着较大的差异，城市之间的贸易使得城市发展趋向于专业化，从而导致了城市规模的差异，城市的比较优势决定了城市的类型，而城市的类型又决定了城市的规模（表9-1）。

表 9-1 我国城市基本职能类型表

<table>
<tr><td rowspan="2">地域主导作用</td><td colspan="2">城市基本职能</td></tr>
<tr><td colspan="2">类型</td></tr>
<tr><td rowspan="3">以行政职能为主的中心城市</td><td rowspan="3">行政中心城市</td><td>全国性中心城市</td></tr>
<tr><td>区域性中心城市</td></tr>
<tr><td>地方性中心城市</td></tr>
<tr><td rowspan="5">以交通职能为主的城市</td><td rowspan="2">综合交通枢纽城市</td><td>水陆运输枢纽城市</td></tr>
<tr><td>陆运枢纽城市</td></tr>
<tr><td rowspan="3">部门交通性城市</td><td>铁路枢纽城市</td></tr>
<tr><td>港口城市</td></tr>
<tr><td>公路枢纽城市</td></tr>
<tr><td rowspan="12">以经济职能为主的城市</td><td rowspan="4">矿业城市</td><td>煤矿城市</td></tr>
<tr><td>石油工业城市</td></tr>
<tr><td>有色金属矿业城市</td></tr>
<tr><td>非金属矿业城市</td></tr>
<tr><td rowspan="8">工业城市</td><td>钢铁工业城市</td></tr>
<tr><td>化学工业城市</td></tr>
<tr><td>建材工业城市</td></tr>
<tr><td>机械工业城市</td></tr>
<tr><td>食品工业城市</td></tr>
<tr><td>纺织工业城市</td></tr>
<tr><td>林业城市</td></tr>
<tr><td>轻工业城市</td></tr>
<tr><td rowspan="3">以流通职能为主的城市</td><td rowspan="3">贸易中心城市</td><td>地方贸易中心城市</td></tr>
<tr><td>对外贸易中心城市</td></tr>
<tr><td>边境口岸城市</td></tr>
<tr><td rowspan="2">以文化职能为主的城市</td><td colspan="2">旅游城市</td></tr>
<tr><td colspan="2">科学城市</td></tr>
</table>

二、城市化过程中的问题

伴随着社会主义市场经济的快速发展，我国城市化进程逐步加快，城市化水平日益提高。我国的城市化水平以每年 1% 的速度提升，1978—2016 年城市人口从 1.72 亿人增加到 7.9 亿人，城镇化率从 17.92% 增长到 52.57%。尽管如此中国的城市化进程中仍然存在诸多的问题。

（一）城市体系发展不协调

大城市人口过度集中，资源环境承载力受到严重考验，小城市过度密集，城市重复建设问题突出，广大农村地区建设滞后。

（二）城市化速度与产业结构不协调

产业与居住配套不合理，各类产业园区、工业园区建设无序，既浪费土地资源，又对环境造成破坏，同时园区缺少生活配套，功能布局不合理。

（三）城市化速度过快

城市化速度过快，使得新增城市人口的社会保障、教育、医疗、养老等配套措施不健全，失地农民的补偿安置问题尚需改进。

三、旅游城市化

（一）旅游城市化的概念

国外最早提出旅游城市化相关概念的澳大利亚学者 Mullins 和 Page 指出，在后工业社会里，城市化演替，城市综合实力和质量的提高，使得旅游开始“城市化”。旅游城市化最初是为了消费而建立的，是一种崭新的城市化类型。旅游作为城市化的动力之一，既可以在城市化中、后期发生作用，使城市经济转型或城市功能多元化，也可以作为城市化的原动力，使城市从无到有，从小到大，使其发生质的飞跃。陈鹏认为旅游城市化的内涵包括城市的景区化和景区的城市化。城市化的景区化，是指由于城市的发展，各种基础设施配套逐渐完善，包括各种景区及休闲设施，同时城市的环境也不断美化，城市成为重要的旅游目的地；所谓景区的城市化，是指由于旅游的发展，带动景区及周边地区出现的城市化现象，包括旅游的配套设施如酒店、商业区、休闲区等[4]。Qian 等以中国广东省的闸坡镇为例，认为在外资缺乏的情况下，旅游给中国小城镇城市化发展注入新动力，推动了城市景观的快速扩张、土地开发利用模式的创新、第三产业发展和灵活用工体制出现，影响经济社会空间的重构。

旅游城市化的概念在我国尚处于构建之中，还未形成较完善的旅游城市化概念体系[5]。有学者借鉴国外的概念，提出了中国的旅游城市化是旅游极其关联产业为主导动力的新型城市化模式。健康的旅游城市化，应该是旅游催生城市，城市成就旅游；旅游促进城市，城市壮大旅游；旅游提升城市功能，城市功能彰显旅游特色[6]。

（二）旅游城市化的特点

1. 解决农民的身份问题

旅游引导的城市化是以旅游为前提，以游客为基础，以旅游消费支撑延伸出来的城市化[7]。由于游客聚集形成了休闲消费聚集，促使旅游区农民实现从纯农业从业者转换为服务人员、加工人员等多重产业身份的转型，同时收益能力提高。

2. 美化城市环境

随着以工业为依托的城市化进程加快，能源和矿产资源消耗水平快速提升，环境污染问题严重。以环境污染和资源超耗为代价的工业型城市化，不符合未来的发展方向。而旅游业不仅是低污染、低能耗的产业，其发展还必然改善和美化环境。因此，旅游引导的新型城镇化符合国家对生态文明的要求。

3. 有利于城乡统筹

旅游开发大幅度提升了基础设施建设和公共服务设施建设，从而与城市化一起发展，降低生活成本，美化城市环境，且提高了居民的生活水平，并以此为基础，城乡基于美丽产业获得统筹发展。

第二节　河南旅游业与城市发展融合的 SWOT 分析

一、旅游业与城市发展融合的意义

改革开发 40 年来，中国城市在经历了快速扩张后，发展失衡的问题越来越严重。“城市让生活更美好”是世界发展的主题，在新型城市化转型升级的背景下，旅游在推动城市建设的机理与价值取向上，拥有明显的动力性和未来性，即旅游能够引导消费、形成聚集、改善环境、提高幸福值，具有新型城市化推进产业的典型特征。随着信息时代、休闲时代的来临，旅游作为一种综合经济现象，其发展对城市经济、社会发展具有显著的推动作用已成为共识，旅游作为城市化的一种动力已显示出巨大的作用。地区辐射效应和产业关联效应逐渐凸显，旅游已逐渐成为促进我国城市化的一种重要动力。因此，旅游业与城市发展的融合具有重要的意义。

二、河南旅游业与城市发展融合的 SWOT 分析

（一）优势（Strengths）

1. 地处中原，交通便利

目前，河南有 18 个地级市 117 个县，地级市分别为郑州、开封、洛阳、南阳、漯河、许昌、三门峡、平顶山、周口、驻马店、新乡、鹤壁、焦作、濮阳、安阳、商丘、信阳、济源。河南省地处中原，18 个地市与全国各地之间的交通便利，有着发展城市旅游业的优势交通条件。

2. 中原经济区建设的战略支持

2012 年 11 月，国务院正式批复《中原经济区规划》（2012—2020）。中原经济区（CPER）是以郑汴洛都市区为核心、中原城市群为支撑、涵盖河南全省延及周边地区的经济区域，地处中国中心地带，全国主体功能区明确的重点开发区域，地理位置重要、交通发达、市场潜力巨大、文化底蕴深厚，在全国改革发展大局中具有重要战略地位。

中原经济区建设战略定位为：国家重要的粮食生产和现代农业基地，全国工业化、城镇化、信息化和农业现代化协调发展示范区，全国重要的经济增长板块，全国区域协调发展的战略支点和重要的现代综合交通枢纽，华夏历史文明传承创新区。中原经济区范围包括河南 18 个地级市，10 个省直管县市及山东、河北、安徽、山西 12 个地级市，3 个区、县，总面积 28.9 万平方公里、总人口 1.5 亿人，经济总量仅次于长三角、珠三角及京津冀，列全国第四位。中原经济区是中国首个内陆经济改革和对外开放经济区，于 2012 年

批准设立，是中国新一轮改革的重要标志。规划指出提升郑州国家区域性中心城市地位，建设郑州都市区及郑州航空经济综合实验区，将郑州定位为立足中原、服务全国、连通世界的国际化航空大都市。

（二）劣势（Weakness）

1. 城市旅游发展缺乏品牌意识

尽管河南历史悠久，旅游资源丰富。但城市旅游的发展相对滞后，旅游业与城市建设融合有限，各自寻求发展，并未形成合力。城市旅游缺乏品牌意识，并未对城市原生形象进行提炼，城市缺乏个性，城市旅游的吸引力相对有限。如郑州作为河南省的省会，有着便利的交通条件，享誉中外的少林寺及少林文化，但郑州城市旅游的品牌并未在城市建设中体现出来，缺乏品牌意识。

2. 城市文明环境有待提升

河南人口众多，尽管城市建设投入力度较大，但城市文明环境有待提升。比如公共场所随地吐痰、宠物粪便不清理、随意攀爬树木、破坏公物等城市不文明现象会直接影响外地游客对该城市的印象与评价，继而影响游客重游率。因此，城市文明环境的现状是河南旅游业与城市建设融合发展的主要劣势。

（三）机会（Opportunity）

1. 国家加快旅游业发展的政策背景

（1）2009 年 12 月，国务院召开了常务会议专题研究旅游工作并随后出台了《国务院关于加快发展旅游业的意见》（国发〔2009〕41 号），提出“要把旅游业培育成为国民经济的战略性支柱产业和人民群众更加满意的现代服务业”。

（2）2014 年 8 月 9 日，国务院印发《关于促进旅游业改革发展的若干意见》（以下简称《若干意见》），对当前和今后一个时期旅游业改革发展工作做出了部署，并在附件中对其中较为紧迫的 23 项重点工作直接明确了责任部门和进度要求。意见指出旅游业是现代服务业的重要组成部分，带动作用大。加快旅游业改革发展，是适应人民群众消费升级和产业结构调整的必然要求，对于扩就业、增收入，推动中西部发展和贫困地区脱贫致富，促进经济平稳增长和生态环境改善意义重大，对于提高人民生活质量、培育和践行社会主义核心价值观也具有重要作用。意见从树立科学旅游观、增强旅游发展动力、拓展旅游发展空间、优化旅游发展环境、完善旅游发展政策五大类 20 个方面，提出进一步促进旅游业改革发展的各项要求，并公布了重点任务分工及进度安排表。

（3）12 月 26 日，国务院正式印发《“十三五”旅游业发展规划》（以下简称《规划》），确定了“十三五”时期旅游业发展的总体思路、基本目标、主要任务和保障措施，是未来五年我国旅游业发展的行动纲领。

2. 关于加快城市建设方面的政策

（1）2013 年中央城镇化会议。会议规划的“新型城镇化”将成为未来一段时间中国经济发展的强大引擎。习近平在会上发表重要讲话，分析城镇化发展形势，明确推进城镇化的指导思想、主要目标、基本原则、重点任务。李克强在讲话中论述了当前城镇化工作的着力点，提出了推进城镇化的具体部署，并作了总结讲话。本次会议对城镇化总体布局做了安排，提出了“两横三纵”（即构建以陆桥通道、沿长江通道为两条横轴，以沿海、京哈京广、包昆通道为三条纵轴，形成若干新的大城市群和区域性的城市群）的城市化战略格局。本次会议提出了包括推进农业转移人口市民化、提高城镇建设用地利用效率、建立多元可持续的资金保障机制、优化城镇化布局和形态、保护生态环境等六项任务。

（2）2015 年中央城市工作会议。会议指出，我国城市发展已经进入新的发展时期。改革开放以来，我国经历了世界历史上规模最大、速度最快的城镇化进程，城市发展波澜壮阔，取得了举世瞩目的成就。城市发展带动了整个经济社会发展，城市建设成为现代化建设的重要引擎。城市是我国经济、政治、文化、社会等方面活动的中心，在党和国家工作全局中具有举足轻重的地位。我们要深刻认识城市在我国经济社会发展、民生改善中的重要作用。会议提出了尊重城市发展规律；统筹空间、规模、产业三大结构，提高城市工作全局性；统筹规划、建设、管理三大环节，提高城市工作的系统性；统筹改革、科技、文化三大动力，提高城市发展持续性；统筹生产、生活、生态三大布局，提高城市发展的宜居性；统筹政府、社会、市民三大主体，提高各方推动城市发展的积极性等六项任务。

（3）国家发改委发布《关于支持郑州建设国家中心城市的指导意见》。2016 年 12 月 26 日，国家发改委正式发布《促进中部地区崛起“十三五”规划》，明确提出支持郑州建设国家中心城市。2017 年 1 月 24 日，国家发改委发布《关于支持郑州建设国家中心城市的指导意见》，从夯实产业基础、突出改革创新、打造交通与物流中枢、搭建内陆开放型经济高地、建设国际化现代都市等方面提出了要求，这对郑州建设国家中心城市提供了方向和指引。

（四）挑战（Threats）

1. 中原城市群的竞争压力

中原城市群位于中国中东部，涵盖河南省的郑州、洛阳、开封、南阳、安阳、商丘、新乡、平顶山、许昌、焦作、周口、信阳、驻马店、鹤壁、濮阳、漯河、三门峡、济源，山西省的长治、晋城、运城，河北省的邯郸、邢台，山东省的聊城、菏泽，安徽省的宿州、淮北、阜阳、亳州、蚌埠五省 30 座地级市所构成的具有高度紧密社会经济联系的城市群，中国七大国家级城市群之一，支撑中部崛起的核心增长地带。中原城市群涵盖的城市体系对河南旅游业与城市建设融合发展形成了巨大的竞争压力，这就要求城市旅游的发展必须找准定位，确定特色，形成品牌，同质化的城市旅游产品已无法取得市场的认可。

2. 游客对城市旅游文化特色的要求日渐提高

城市文脉是受自然环境、建成环境和人文环境共同作用、影响而形成的一个有机的整体。城市文脉作为一个有机的整体，也是城市发展的综合背景，它制约着城市性质的演变和城市空间的演进。城市文脉必须用系统的观点来看待和研究，在研究城市旅游空间结构演变的过程中不仅要关注城市自然地理基础和城市建成环境的优化、开发，也要侧重对城市文脉深层内涵的综合思考，对当地的历史文化进行挖掘和开发，从而开发出体现其地方特色的旅游产品。

随着城市空间体量的扩张，城市功能的集聚，在对城市既有建成环境要素保护性开发的基础上，基于原有的城市文脉，进行符合城市功能需要的城市文脉再造和创新也是城市发展必经阶段。随着游客对城市旅游文化特色的要求日渐提高，河南各城市文脉的确定成为旅游业与城市建设融合发展的关键因素。城市文脉的发展根据其不同性质、表现形式和特征，对城市旅游空间的演变也将产生较大的影响。

三、新型城市化要求下城市发展升级的原则

（一）以人为本为前提

从“经济发展”向“民生福祉”转型，以满足居住者、商务者、旅游者的各种生活、就业、商务交流和旅游需求为前提，是城市质量提高的推动因素，是建设和谐社会的根基。

（二）生态宜居的建设

将生态文明建设融入经济、政治、文化、社会建设各方面，建设资源友好型、环境友好型的宜居城市，是城市可持续发展的肌理。

（三）城乡共荣发展

改变以“城市为中心”和“先城市后乡村”的发展思维，发挥城市的辐射带动作用，产业支撑，产城互动，实现城乡一体化发展。

（四）城市文化的繁盛

尊重城市历史延续，创新文化产业，表现城市性格与生活方式，塑造城市品牌，形成城市的差异化，推动社会主义文化大发展、大繁荣。

（五）城市综合服务的提升

提高生活型、生产型服务职能，完善公共设施、服务设施、科技设施，增强集聚与扩散程度，增加城市对内对外的服务功能。

（六）管理制度的转型

建设与管理并重，转变粗放型管理观念，组建系统的城市运营管理构架。

第三节　河南旅游业与城市建设融合发展的重点

一、河南旅游业与城市建设融合发展的关系

河南地处中原，连接南北，有着便利的交通条件，加之河南历史悠久，旅游资源丰富，故河南具备旅游业与城市建设融合发展的有利条件。但目前，河南城市发展缺乏与旅游的互动，存在诸多问题，因此，旅游业与城市建设的融合发展显得较为迫切。

（一）城市是旅游者空间移动的重要节点

旅游的定义决定了旅游者须离开惯常居住地，即必须要发生位移，因此旅游者通过各种交通方式首先到达人口的集聚区即城市，之后以城市为节点游览城市内部或城市周边的景区。城市与旅游之间关系极为密切，也是旅游者出行空间移动的重要节点。

（二）城市建设为旅游业的发展提供服务保障

城市的交通、酒店、餐厅、体育休闲设施、商业娱乐中心等是城市建设的核心人文，也是旅游业发展的基础，涵盖了旅游业发展的“食住行游购娱”六要素，为旅游业的发展提供服务保障[8][9]。

（三）城市旅游与城市发展的协调统一

城市旅游与城市发展的协调发展是城市化进程中政府和市场两种力量共同作用的结果[10]。首先，经济全球和产业升级推动着城市发展，形成良好的交通区位、环境、配套设施，为城市旅游发展提供硬件保障。城市第二产业的发展为城市旅游发展提供充实的经济基础。城市旅游快速发展的动力来源于两个方面：①旅游资源开发和产业专业化分工为城市旅游发展提供重要的内部动力；②城市旅游的外部动力主要包括城市工业转型的需要、旅游市场需求的不断扩大、科技技术发展带来旅游产品的不断深化。其次，政策和市场两方面的外部力量宏观上引导和调控城市旅游业发展次序和空间结构。外部力量体现在三个方面：①城市产业发展战略对第三产业的重视；②政府组

织旅游规划对旅游资源开发，空间格局架构，引导旅游企业、旅游资金注入，影响城市旅游发展速度。③市场经济条件下，产业融合、产品营销等新业态不断的推动旅游业与服务业的共同发展。再次，城市第三产业深化，推动着城市旅游和城市的良性发展，对城市文化、城市生态、城市形象建设起到重要作用。城市旅游通过城市滨水区开发、城市景区建设拓展城市空间。

二、河南旅游业与城市建设融合发展的重点

要达到河南旅游业与城市建设融合共生发展，应注重以下方面。

（一）城市公共设施的建设

1. 城市交通体系的完善与升级

交通体系不仅是城市建设的重点，也是游客出行中最为重要的环节，河南旅游业与城市建设的融合发展中应关注游客出行的需求，对现有交通体系进行完善与升级。

城市交通体系包括城市内部交通与城市外部交通两部分。城市内部交通，如地铁、公共汽车和共享单车等核心的功能是为了满足城市居民的出行需求，随着旅游业的快速发展，城市内部交通须充分关注游客的需求，开设城市旅游专线，满足游客需求[11~13]。以郑州为例，郑州的主要景区有嵩山少林寺、黄河游览区、康百万庄园、世界欢乐园、方特欢乐世界等，应开设到达这些核心景区的地铁线路，公共汽车旅游专线，并开设这些核心景区到达交通枢纽如郑州火车站、机场、汽车站的专线。另外，城市应充分鼓励共享交通体系的建设与完善，如共享单车、共享汽车等，为游客出行提供最大的便利。

城市外部交通，包括城市与外部空间的连接，城市与本省其他城市，城市与外省其他城市之间的交通，其绝大部分由国家交通规划的宏观战略与省市交通规划的具体措施决定。故城市外部交通的融合不多做分析。

2. 城市环境的建设与升级

2013 年首次中央城镇化工作会议提出：提高城镇建设水平，“让城市融入大自然，让居民望得见山、看得见水、记得住乡愁”。其中“记得住乡愁”是颇为文艺气的表述，但又最生动贴切，表达了人们对过往城市建设的反思，

对新城镇建设的美好期待和设想。“乡愁”是地方感的一种表现形式，是一种对故土眷恋的感情和思念，也是一种对新居住地的情感期许与渴望，是人类共同而永恒的地方情感。城市环境的建设要以“乡愁”为切入点，打造青山绿水生态环境和谐的城市[14~16]。如郑州东区的城市环境建设是在原有规划的基础上，打造了浑然天成的城市水系和城市绿化体系，以成为城市旅游的典型区域。

3. 城市公园的改造与升级

城市公园是城市建设的主要内容之一，是城市生态系统、城市景观的重要组成部分，是满足城市居民的休闲需要，提供休息、游览、锻炼、交往，以及举办各种集体文化活动的场所。城市公园也是旅游业与城市建设融合的重点，因为城市公园不仅是城市居民的休闲之所，也可以反映出一个城市的气质，成为城市名片。目前，河南省各地市的城市公园数量较少，未来城市公园的建设将成为河南旅游与城市建设发展融合的重点。2014 年，郑州市开建了 21 个“城市公园”项目，总占地约 5323 亩。在郑州市各县（市）、区中，登封市、中原区、二七区、金水区、管城区、惠济区将各建设 3 个城市公园，高新区将新建两个城市公园，经开区将新建一个城市公园。郑州市生态水系建设工作也正在进行中，象湖、官渡湖、圃田泽等连通生态水系的湖泊已经或即将开挖。郑州还在中牟规划建设 2. 3 平方公里的绿博文化产业园区核心区水系项目。据了解，中牟绿博文化产业园区规划面积 36 平方公里，紧邻郑州航空港经济综合实验区。

4. 城市公共厕所的建设与升级

2015 年 2 月 26 日，全国旅游厕所建设和管理工作会在桂林召开，奏响中国旅游“厕所革命”集结号。国家旅游局局长李金早强调，旅游厕所建设与管理行动是一场深刻的革命，关乎广大游客的切身利益，关乎中国旅游整体素质和形象。一定要拿出“硬措施”、拿出“真金白银”来，轰轰烈烈地打赢这场战役。

厕所虽小，却是一个国家和民族给世人的第一印象，是文明的窗口。一个国家可以给人很多印象，但是最直接的第一印象，或者能够划入第一印象之列的，理应包括厕所。国家之文明，公民之素质，很大程度上由此体现。

在许多发达国家，不管你走到哪里，厕所都是很干净的，这是一个国家文明的第一印象。厕所不仅为人们日常生活和旅游所必需，厕所建设和管理的好坏，还是一个城市和国家文明程度的标志，是生活水平质量和国民文明素养的标志，甚至是价值取向的一个标志。从这一角度看，“厕所革命”是一项国家文明工程。通过有效的厕所建设和管理，为游客创造优美环境，以环境温馨人、以环境影响人、以环境教化人。

2017 年，全国厕所革命工作现场会上，河南省南阳市、洛阳市、郑州市、信阳市、焦作市被国家旅游局表彰为 2016 年度全国旅游厕所革命先进市。2015 年，全国旅游厕所革命启动以来，在省委、省政府的正确领导和国家旅游局的精心指导下，在相关部门的大力支持和全省各级旅游部门的共同努力下，多措并举，强力推进，全省旅游厕所建设管理工作成绩显著，共建设旅游厕所 2578 座，其中新建 1776 座、改扩建旅游厕所 802 座。

为保证旅游厕所建设管理工作顺利推进，强化对旅游厕所建设管理情况的督导。2015 年以来河南省先后下发了《关于全省旅游厕所建设情况通报》《关于开展全省旅游厕所建设管理检查工作的通知》，对完成任务好的地市提出了表扬，对差的提出了批评，并对下步工作提出了具体要求。各地为确保任务的顺利完成，也采取了一些切实可行的办法。如洛阳市旅游委通过给各县（市）区一把手下发工作提示函，引起领导重视旅游厕所工作，督促各县（市）区尽快部署，采取措施，确保年底完成年初下达的目标任务；安阳市旅游局通过报纸、网络等渠道大力宣传旅游厕所建设工作的重要性，并将旅游厕所建设进度进行全市通报；新乡市旅游局建立通报制度，每周检查各单位进展情况，并以市政府名义进行督查通报，对连续三次排名靠后的单位，市领导约谈当地主管领导。这些举措均为河南厕所革命的推进做出巨大的贡献。

（二）城市公共服务体系的构建与提升

1. 城市信息服务体系

城市旅游信息服务体系，是政府为游客城市旅游信息的相关服务，具体包括交通信息、餐饮信息、旅游目的地景区的介绍、住宿信息、银行金融服务信息、人身财产安全信息、应急设施信息等信息的相关服务。河南的城市旅游信息服务体系有待提高，特别是在游客数量相对集中的郑州市、洛阳市、开封市和焦作市增加城市旅游信息服务点，可以在人流量密集的二七区商场附近，郑东新区会展中心附近、火车站、机场等设置旅游信息咨询处，提供旅游信息的免费服务；另外，通过信息平台如微博、微信等建立河南旅游信息服务平台，增强与游客之间的互动交流，并适时提供河南旅游信息服务。同时，还应准备不同语种的旅游信息服务手册，以满足入境旅游游客的需要。城市旅游公共服务信息的建设，主要是为了满足旅游对旅游者对旅游目的一些基本情况的了解，提前做好准备，确保旅游的顺利，尽可能地避免紧急事件的发生。建立良好的城市旅游信息服务体系能够为城市旅游者提供更便捷的信息服务，同时促进城市旅游的发展。

2. 城市安全服务体系

游客安全保障是游客出行中最重要的保障体系。旅游公共安全服务体系，通常是指为了确保旅游者在城市旅游活动中能够安全的进行而提供的一系列公共服务，这是城市旅游业健康持续发展的基本保障。城市旅游公共服务主要包括安全制度、安全设备、安全预警、紧急救援等方面。除了维持城市治安秩序，严厉制止偷盗、抢劫等攻击游客，造成游客人身和财产安全受到威胁的行为之外，政府部门还需要对景区和旅游公司进行管理，制定和实施具体的保障旅游者人身财产安全的规章制度；对城市特别是景区的安全设施，例如消防和应急通道，要经常进行安全检查；对景区的码头、船舶、旅游观光车、电梯、过山车等可能存在安全隐患的设施进行检查；在节假日旅游数量激增的时期，要提前做好安全预警工作，增加维持治安秩序的警察力量，防止骚乱和踩踏事件的发生。

3. 城市管理服务体系

旅游企业的主体包括了旅游公司和个体经营者，旅行社、酒店、餐厅、出租车等，因为主体类型纷杂，涉及人员众多，若不进行规范管理，必会损害游客的利益，例如包团旅游重点的随意加价、强迫游客购物等。城市旅游公共管理服务体系，通常是指政府的相关部门通过行政、法律、经济的手段对城市旅游进行协调、监督、管理等的职能。其主要内容有管理机构、资格认定、投诉处理机制、游客满意度测评等方面。对旅游市场的经营主体进行管理，主要是成立专门的行政机构进行管理，制定一系列旅市场管理条例，对经营主体采取资格认定的方式，定期进行检查评估，淘汰不合格者。政府还要建立旅游投诉服务中心，积极回应游客的投诉与建议，维护游客的利益，严惩不良商家。

4. 城市公共环境服务体系

河南旅游业与城市建设的融合发展应注重城市公共环境服务体系的建设与提升。城市公共环境服务包括：第一，城市生态环境，如城市绿化、垃圾清理、环境保护等方面；第二，打造城市良好的文化氛围环境，适时举办城市文化展览、文化节等活动，建造和完善博物馆、图书馆等文化基础设施；第三，提供居民整体素质，完善城市公共环境服务体系。旅游业与城市建设融合中公共环境服务体系的提升备受关注，其主要原因是旅游的公共环境是城市的整体形象的展现，良好的城市旅游公共环境更有利于提高旅游者对该旅游城市的兴趣，同时也更有利于旅游活动的开展，使得城市旅游得到更好的发展。

（三）城市形象的塑造

1. 城市文化品牌的塑造

旅游具有充分挖掘历史文化、创新现代文化、弘扬先进文化、展现时代特色，突出城市性格特征，其对文化的强调与极强的表现力，可以促进城市“国际化”与传统民居、生活习俗等原真城市特色的融合，甚至可以利用旅游特色重新定位城市形象，通过旅游营销与推介提升城市知名度。

2. 城市品质提升

新型城镇化的一个重要转型，即由提高城市化水平向提高城市质量转变。旅游与城市建设的融合，应以人为本，在满足城市基本功能的基础上，注入旅游元素，带动城市的基础设施建设，促进服务环境，人文环境的规范和打造，推动城市软硬件系统升级。

3. 旅游业与城市生态文明建设

原生态自然与文化资源，是旅游的基本要素；景观、绿化体系的搭建，是旅游的重要内容。通过对生态的保护与开发，把城市发展与资源合理利用、环境保护有机协调起来，积极倡导和发展低碳旅游、生态旅游，探索绿色系统方式，按照建设资源节约型、环境友好型社会的要求，全面贯彻生态文明理念，促进城市生态的内涵发展。

（四）城市商娱中心的建设与完善

1. 发展商娱产业是复兴城市中心的有效手段

“由文化和娱乐引导的城市再生”思想是20世纪70年代首先在欧洲倡导并付诸于实践的。20世纪90年代“朝着24小时城市发展”的理念是将“文化和娱乐引导城市再生”的思想引向全球的标志。城市之间对于投资竞争日益激烈，许多城市都试图通过21世纪议程战略与促进城市发展的措施来实现城市物质环境的复兴，这种做法的实质是对外宣传与营销，以提升城市形象作为先导。因此，促进城市物质环境的改善通常以城市形象的工程形式出现，以期最大限度地提高城市形象的影响力。然而，近年来这种城市复兴策略的本质发生了变化，关注的焦点问题转移到了以娱乐和运动来促进城市复兴计划方面，这种计划也包括发挥游憩和旅游的形象作用[17]。

2. 发展商娱产业可有效地提高城市居民生活质量

“生活质量”广义上指那些让生活变得更好的因素，对空间而言，它要求社会和公共基础设施不仅具有可获性，而且具有可接近性。城市的可持续性要求城市具有充满活力的、创新型的城市空间，因此，它应当具有与其自然环境同等质量的社会环境[18~20]。城市社会环境的功能之一就是为人们提供文化和娱乐资源的集聚地，这就使他成为衡量一个城市生活质量及是否为“一个美好居住地”的众多指标之一。

3. 发展“24小时城市”

“24小时城市”是发达国家城市可持续发展的路径之一。“24小时城市”首先正式出现于1993年的英国[21]，当时城市“中心复兴”是城市再生的关键问题，随后英国又举行了多次以“24小时”为主题的会议，讨论并肯定夜晚经济在城市再生过程中可能起到的作用。

“24小时社会”是发达国家城市消费发展的微观可持续社会过程。“24小时城市”可以看成“24小时社会”发展的一部分，后者是一种更为广泛的社会现象。后工业社会的居民在大多数人有足够的收入对其生活进行真正选择的情况下，希望晚间所能享受的各种服务的时间也越来越晚。“消费自身成了一种社会消费的目的。”正是这种消费推动着“24 小时社会”，并使城市成了娱乐场所的地域体系。

从“24 小时城市”到“24 小时社会”已引起城市生活及方式的一个主要变化方向，它代表着一种新文化产业——夜生活产业的出现与繁荣，这种新文化工业必然在影响城市空间结构重构和重塑。

第四节　河南旅游业与城市建设融合发展的模式

一、以郑州为代表的旅游+城市游憩商业区（RBD）模式

（一）郑州概况

1. 行政区划

截至 2013 年 9 月底，郑州市辖 6 个市辖区、5 个县级市、1 个县：中原区、二七区、金水区、惠济区、管城区、上街区，巩义市、新郑市、登封市、新密市、荥阳市，中牟县，另设省级新区郑州新区（含郑东新区）、1 个国家级高新技术产业开发区、1 个国家级经济技术开发区、1 个国家级综合保税区、1 个国家级航空经济综合实验区。其中郑州都市区规划面积 1700 平方公里、郑州市区面积 1010.3 平方公里，郑州中心城区规划面积 980 平方公里、建成区面积 373 平方公里。郑州各区、市、县辖 153 个街道乡镇，其中 76 个街道办事处、65 个镇、12 个乡。人口密度居全国省会城市第二位，仅次于广州。

郑州设有 8 个管委会（郑州航空港经济综合实验区（郑州新郑综合保税区）管委会（正厅级）、郑州新区管委会（正厅级）、郑东新区管委会、郑州高新区管委会、郑州经济开发区管委会、郑州出口加工区管委会、郑州火车站地区管委会、郑州黄河生态区管委会）。

2. 旅游资源的特色

郑州地处十三朝古都洛阳和七朝古都开封之间，文物资源众多，拥有商

城遗址、裴李岗遗址、北宋皇陵、轩辕黄帝故里、杜甫故里、潘安故里在内的遗址遗迹达10000余处，世界文化遗产1处，国家级重点文物保护单位共38处43项，省级重点文物保护单位128处，市级重点文物保护单位269处，文物数量和规模居中国城市前列。其中天地之中历史建筑群是世界文化遗产，共八处11项：观星台（最早的天文建筑）、中岳庙（最大的道教建筑群）、东汉三阙（太室阙、启母阙、少室阙）、会善寺、嵩阳书院（宋代四大书院之一）、嵩岳寺塔、嵩山少林寺建筑（少林寺常住院、塔林、初祖庵、十方禅院），威震海内外的中国功夫从这里走向世界。

（二）模式分析

郑州庞大的人口数量和城市框架及旅游资源的现状，决定了郑州旅游业与城市建设融合以旅游+城市游憩商业区（RBD）模式。游憩商业区RBD是城市文化的集中表现载体，表括步行街、娱乐场所、休闲商务场所、会展区等。郑州未来旅游+RBD发展的重心是，以“二七纪念塔”为中心的城市RBD，以“郑东会展中心”为中心的城市RBD和以“中牟文化创意园产业园”为中心的城市RBD。其中，以“二七纪念塔”为中心的城市RBD，以“郑东会展中心”为中心的城市RBD基本成熟，以“中牟文化创意园产业园”为中心的城市RBD仍在建设中。

1. 以“二七纪念塔”为中心的城市游憩商业区（RBD）

“二七纪念塔”全称郑州二七大罢工纪念塔，为了纪念发生于1923年2月7日的二七大罢工而修建，位于郑州市二七广场，建于1971年，钢筋混凝土结构，是中国建筑独特的仿古联体双塔，它是为纪念京汉铁路工人大罢工而修建的纪念性建筑物。2006年被列为全国重点文物保护单位，中国最年轻的全国重点文物保护单位。以“二七纪念塔”为文脉建立起来的二七商娱区是郑州市建立最早、规模最大、发展最为成熟的城市游憩商业区（RBD），是郑州城市旅游接待的核心区域。

2. 以“郑东会展中心”为中心的城市游憩商业区（RBD）

以“郑东会展中心”为中心的城市游憩商业区（RBD）不仅是郑东新区的核心，也是未来郑州市的核心，城市建设将以共生城市和新陈代谢城市为基础，形成以中原文化与自然环境为背景，集办公、科研、教育、文化、商业、居住等多种功能的新型城区。内有“郑州国际会议展览中心”“河南省艺术中心”和五星级宾馆及近30栋高层建筑。郑州国际会展中心总建筑面积30万平方米，按大型国际会展中心标准建设；河南省艺术中心，首期工程建筑面积3万平方米，设3000人戏剧场、影视中心、艺术馆、美术馆、音乐厅、排演厅等。以郑州国际会议展览中心和河南省艺术中心形成的独特的商娱场所已成为郑州城市旅游休闲的标志区域。

（三）模式总结

城市游憩商业区（RBD）是城市文化集中表现的载体。包括步行街、娱乐场所、休闲商务场所、会展区等。业态的聚集是休闲商务区的一个典型特征，通过旅游产业联动形成休闲、娱乐、旅游、会议会展、住宿等业态集中区；挖掘城市文脉，增强休闲商务区的独特性，在老城区内追溯历史记忆，在新区展现历史、现代与未来文化，在新城展示优势文化产业文化，可形成休闲商务区鲜明的文化特征；发挥景观特征，设计地标性建筑、景观，提升城市形象，对城市起到引擎作用[22~28]。

二、以开封为代表的城市景区休闲化开发模式

（一）开封概况

1. 行政区划

开封是河南省省辖市，地处中原腹地、黄河之滨，是我国著名的八朝古都，中国八大古都之一、中国历史文化名城、中国优秀旅游城市、中国菊花名城、中国书法名城、中国收藏文化名城、中国成语典故名城，河南省新兴副中心城市、中原经济区核心区城市、郑州航空港经济综合实验区主体城市之一、郑汴一体化发展的重要一翼。开封具有“文物遗存丰富、城市格局悠久、古城风貌浓郁、北方水城独特”四大特色。开封辖杞县、通许县、尉氏县、兰考县、祥符区、龙亭区、顺河回族区、鼓楼区、禹王台区和开封市城乡一体化示范区共四县六区，其中兰考县系省直管县。全市总面积6266平方公里，总人口550万人，共有91个乡镇（场）、27个街道办事处、2162个村

委会、367 个社区居民委员会。

开封已有 2700 多年的历史，是首批中国历史文化名城，中国八大古都之一，历史上的开封有着“琪树明霞五凤楼，夷门自古帝王州”、“汴京富丽天下无”的美誉，北宋东京开封更是当时世界第一大城市。开封是世界上唯一一座城市中轴线从未变动的都城，城摞城遗址在世界考古史和都城史上少有。开封亦是清明上河图的原创地，有“东京梦华”之美誉，是中国优秀旅游城市、全国双拥模范城市、全国创建文明城市工作先进城市。

2. 旅游资源的特色

开封有众多的文物古迹、包括国家级文物保护单位 13 处，省级 38 处，市级 26 处，县级 136 处。闻名遐迩的铁塔、相国寺、包公祠、延庆观、禹王台、繁塔等，具有较高的历史文化价值。作为河南三大石刻集中地之一，开封馆藏和各名胜古迹中保存着上自汉代、下至民国的各类石刻珍品 1000 余件，是研究历史、科学技术和书法艺术的宝贵资料。截至 2014 年年底，全市共有 4A 级旅游景区（点）7 处，5A 级旅游景区（点）1 处（表 9-2）。星级宾馆酒店 22 个，旅行社 54 家。

表 9-2　开封主要的景区

名称	简介
龙亭公园	龙亭公园位于开封城内西北隅，是国家 AAAA 级旅游景区。占地面积 1300 多亩。全园包括午门、玉带桥、朝门、照壁、朝房、龙亭、北宋皇宫宸拱门遗址、碑亭、北门及东门等清朝万寿宫建筑群体，还有潘杨二湖、春园、盆景园、号称中原一绝的植物造型园及长廊水榭等园林景观。整个景区建在宋、金皇宫和明代周王府遗址上。龙亭大殿高 26.7 米，基高 13 米，坐北朝南；东西两侧各有八间朝房，与大殿组成完整的宫殿院落，其内建有中国首座大型宋代蜡像馆。午门至大殿为御道，御道两侧为杨家湖和潘家湖
清明上河园	清明上河园位于开封城西北隅，是以宋代张择端的名《清明上河图》为蓝本，集中再现原图风物景观的大型宋代民俗风情游乐园，是国家 AAAAA 级景区。占地面积 510 亩，主要建筑有城门楼、虹桥、街景、店铺、河道、码头、船坊等。园区按《清明上河图》的原始布局，集中展现宋代诸如酒楼、茶肆、当铺、汴绣、官瓷、年画等现场制作；荟集民间游艺、杂耍、盘鼓表演；神课算命、博彩、斗鸡、斗狗等京都风情，并根据宋氏历史故事表演“文包武杨”及宋代婚礼习俗等节目

续表

名称	简介
宋都御街	宋都御街位于开封市中山路北段，是为再现宋代御街风貌，于1988年建成的一条仿宋商业街
铁塔公园	铁塔公园位于开封市城区的东北隅，占地面积51.24公顷，是中国100家名园之一，国家AAAA级景区。铁塔位于铁塔公园的东半部，是园内重要的文物，也是主要的景点，建于公元1049年，是1961年我国首批公布的国家重点保护文物之一，素有“天下第一塔”的美称。铁塔高55.88米，八角十三层，因此地曾为开宝寺，有称“开宝寺塔”，又因遍体通彻褐色琉璃砖，混似铁铸，从元代起民间称其为“铁塔”。建成九百多年来，历经战火、水患、地震等灾害，至今巍然屹立
开封府	开封府位于包公湖-包公东湖、包公西湖北岸，是国家AAAA级景区。许多历史名人如寇准、范仲淹、包拯、欧阳修等都曾任“开封府”尹。特别是包拯任“开封府”尹时，铁面无私，执法如山，包龙图扶正祛邪、刚直不阿、美名传于古今
大宋御河	大宋御河从2006年开始投资兴建，2013年5月开始运行，投资约6亿元，全长1.9公里，贯通开封市龙亭湖、包公湖两大主要景区，包含西司、包公祠、龙亭湖三个码头。风光秀丽，文化底蕴深厚，在开封水系中地位举足轻重
朱仙镇岳飞庙	朱仙镇岳飞庙位于开封城南22公里，相传朱仙镇是战国时魏国义士朱亥的故里，明、清时更是成为全国四大名镇之一。南宋初年，抗金英雄岳飞曾率兵在此大败金兀术。岳飞庙始建于明成化十四年，是明代全国四大岳庙之一

（二）模式分析

开封重要的旅游资源主要分布在市区内，加之清明上河园、铁塔公园、大宋御河等景区营造出的宋文化底蕴和绿树红花、湖光旖旎的城市生态环境，使开封旅游业与城市建设融合的最佳模式选择为城市景区休闲化开发模式。该模式对城市旅游资源的品味及分布有特殊的要求，将景区城市化，将城市景区化，两者的和谐统一是该模式发展追求的目标。

（三）模式总结

景区休闲化是城市旅游的核心吸引物，其具体做法有：在产业联动中寻求城市旅游发展的最佳方案；用实证的科学手段，深度研究细分市场；以人为本，设计游憩模式；追求独创奇异，形成独特性卖点；深度挖掘地脉文脉人脉，用情景化体验化设计产品；遵循“品牌整合营销传播技术”，创新旅游营销；遵循产业特性，再造管理流程，实现效率提升；以投资商和银行为导向，包装产品，实现融资。

三、以洛阳为代表的旅游+老街休闲街区模式

（一）洛阳概况

1. 行政区划

洛阳位于河南西部、黄河中游，因地处洛河之阳而得名，是国务院首批公布的历史文化名城和著名古都，省域副中心城市，也是中部地区重要的工业城市。现辖1市6区8县，1个正厅级规格的洛阳市城乡一体化示范区、1个国家级高新技术开发区、1个国家级经济技术开发区、2个省级开发区、18个省级产业集聚区。总面积1.52万平方公里，其中市区面积803平方公里；总人口700.3万，其中市区人口215.8万，常住人口城镇化率52.65%。

2. 旅游资源的特色

洛阳是一座底蕴深厚、名重古今的历史文化圣城。作为华夏文明的重要发祥地、丝绸之路的东方起点，历史上先后有13个王朝在洛阳建都，是我国建都最早、历时最长、朝代最多的都城。现有全国文物保护单位43处，馆藏文物40余万件。沿洛河一字排开的夏都二里头、偃师商城、东周王城、汉魏故城、隋唐洛阳城五大都城遗址举世罕见。龙门石窟、汉函谷关、含嘉仓等三项六处世界文化遗产，中国第一座官办寺院白马寺，武圣关羽陵寝关林，武则天坐朝听政、朝拜礼佛的明堂、天堂，以及定鼎门博物馆、天子驾六博物馆等数十家博物馆，无不彰显着洛阳厚重的文化底蕴。洛阳是儒学的奠基地、道学的产生地、佛学的首传地、玄学的形成地、理学的渊源地，各类文化思想在此相融共生，以“河图洛书”为代表的河洛文化是海内外炎黄子孙的祖根文源。洛阳还是全球华人的文化之根、祖脉所系，全球1亿客家人祖籍于此，中国70%的宗族大姓起源于此。作为丝绸之路的东方起点和隋唐大运河的中心，洛阳先后有6次进入世界大城市之列。

洛阳是一座风光秀美、独具魅力的优秀旅游名城。现有5A级景区5家、4A级景区16家、3A级景区15家。“北方千岛湖”黄河小浪底风景旅游区、世界地质公园黛眉山、国家森林公园白云山、“北国第一溶洞”鸡冠洞、“山

岳经典·十里画屏”老君山、“北国水乡”重渡沟，以及龙峪湾、天池山、西泰山、神灵寨等风景名胜，兼具南北风光之神韵。市区及周边分布着周山、龙门山、小浪底、上清宫等四大森林公园和隋唐城遗址公园，伊、洛、瀍、涧、黄五条河流纵横其间，长达20余公里的洛浦公园穿城而过。洛阳牡丹始植于隋，盛于唐，甲天下于宋，雍容华贵，国色天香，已有1500多年的栽培史，形成九大色系、10种花型、1200多个品种。一年一度的牡丹文化节已经成为蜚声中外的国家级文化盛会，跻身全国四大名会之一，入选国家非物质文化遗产名录，成为洛阳扩大对外开放、展示城市形象的重要平台。洛阳市被命名为“中国牡丹花都”。

（二）模式分析

老街文化是在隋唐东都的东城旧址上兴建的，距今已有3050多年的历史。有悠久的历史、独特的文化资源，但是，由于长期以来缺乏修整，功能不全、交通不畅、设施落后呈衰落迹象。经过市政府开始对该区域进行滚动式整体改造后，该区域以唐文化为依托，对老街进行建筑更新、立体整合、民居改善的整体规划中，注重保持传统风貌，支持和恢复老字号店铺，对街景小品、休闲广场进行重新设计和建设，将其打造为洛阳著名的城市旅游核心区，吸引了众多中外游客前来游览。目前，洛阳老街也更多地保存着原始的面貌，往来的人群、吆喝叫卖的小贩和两旁林立的商铺，处处充满了生活的味道。在这里可以体验到老洛阳现在的繁华场面，可以吃到洛阳当地各色美味，其中最多的便是洛阳水席。

（三）模式总结

城市休闲街区成为输出城市文化和价值的城市名片。文化区、景区化、休闲化，是商业街打造的三大利器。从文脉地脉中遴选，渗透到街区肌理之中，激发街区活动；以景区基于美景的要求和外向型服务理念，提升街区附加值；强调休闲业态的引入，原有业态的休闲化升级，提升整体休闲氛围和环境的营造[29][30]。

第五节　河南旅游业与城市建设融合发展的路径

一、河南旅游业与城市建设融合发展的路径

河南旅游业与城市建设融合发展涉及政府、企业与当地居民的三方需求，在实施过程中，应全面采用市场化的运作模式，最大限度地实现资源的优化配置，发挥政府、企业、居民三方面优势和资源，采取“政府引导，社会投资，居民参与”的运营模式，建立良性的互动机制，充分调动三方面的积极性。

（一）政府引导，实现城市运营

政府在资源整合、规划保护、招商引资、投资建设、营销、管理中，应处于主导地位，承担主力运营商的角色。以城市运营为着力点，政府不再是投资的主体，而是在城市产业体系发展、完善的过程中，统一领导、统一规划、统一招商，发挥投资的引导和带动作用，其主要职责是规划、监管和引导，同时完善社会投资服务体系，为社会投资营造公平竞争的环境。

在新型城市化的过程中，充分发挥政府的统一执行力，政府主导统一搭建的平台，撬动和带动民间的投资力量、经营能力，使资金流涌入，开发经营者受益，政府也将在税收、就业、投资等方面获得社会、政治、经济效益[31][32]。

（二）社会投资，理顺利益共生链

在政府的引导下，通过“主体运营”和“多家参与”的模式，培育社会投资主体，推进投资主体多元化。

“主体运营”即引入一家大型专业投资商，相对垄断核心资源，进行总体目的地商业化运作，筑巢引凤，启动项目，做出人气。开发企业在开发过程中成为产品的管理者、资源管理者、营销管理者和服务管理者，充当一级运营商的角色，对其他投资企业进行招商，对更多的项目进行开发，发动广大中小投资人，最大限度地调动社会资金，形成三个层次全面推进的社会资金进入。

“多家参与”，即“多家主体运营+多家次级运营”相结合的投资结构。“主体运营”是开发运营的主体，负责核心项目的投资，他们主导核心区域开发的投资运营运作；“次级运营”的参与是重点，应面向市场整合次级开发商进来共同推进项目的整体开发，以此避免市场垄断。

（三）居民参与，奠定全面发展基础

在城市发展及城市旅游化的过程中，相关利益民众参股是核心，要全面兼顾居民利益，促进城乡统筹发展，确保在产业开发过程中实现社区居民利益最大化。

以广泛认同的商业规则和价值观念为行为准则，以整合资源、虚拟经营为目标，旅游开发应挖掘民间的经营潜质和投资力量，带动他们以小型投资者、加工业和服务业等多种形式参与进来，协同发展，进而在产业联盟、业态互动、彼此接力过程中赢取众多利益群体的支持。

二、河南旅游业与城市建设融合发展的具体措施

政府与企业作为主要开发主体，由于其机制与目标不同，运作的侧重点、方式也不相同。政府应在“引导、把控、基础配套与招商”四个方面发挥主导功能，而企业则应以市场为导向，注重项目的运作。

（一）政府运作的具体措施

1. 把握大局

政府应发挥宏观把控作用，明确大格局、大思路，把握产业结构调整、人口调整、战略调整，制定城市总体规划、城市旅游规划、城市风貌规划，实现城市旅游化的提升、转型。政府应明确旅游业与城市建设融合发展的核心，并响应国家“全域旅游”发展的号召，在“城市即旅游，旅游即城市”的发展理念下，将城市建设成为富有地方文化特色的优秀旅游目的地，将旅游业培育成为城市发展的核心动力，最终实现城市与旅游的资源共享、产品共通、环境共进、服务互补和品牌共精的目标。

2. 把控核心资源

政府应对直接参与开发的核心资源极其开发结构进行管理与监控，避免

资源破坏或开发不到位。从旅游业发展的阶段来看，随着居民生活水平的提高和旅游意识的提升，中国旅游发展已从观光阶段逐渐向休闲和度假阶段转变，并形成了三者的有机结合、相互补充的局面。河南旅游业与城市建设的发展融合要突破传统的盈利模式，要以“吃、住、行、游、购、娱”六要素为主要盈利点，开发建设中以产业融合为大方向，以满足游客的个性化需求为导向，以开放式的生活化的旅游区为活动空间的“大旅游”模式。

3. 设施与服务

做好基础设施建设、公共服务提供、环境保护和社会保障，承担公共投资、服务与管理职能，做好前期配套工作，提升城市价值。通过政府部门设施与服务的建设来完成旅游功能与城市功能的融合。居住、饮食、交通、游玩、购物和娱乐，不仅是旅游活动的六要素，是游客旅游的必备条件，同时这些也是本地居民的日常生活需求。通过对国内外城市旅游发展历程的梳理，不难发现，越是发达的城市，城市功能与旅游功能的融合越明显。

4. 招商引资

制定优惠政策，鼓励旅游企业投资，以旅游产业发展带动区域经济发展，并制定相关行业标准，对他们的开发过程进行管理和监控。依托城市发展的核心，开辟城市旅游发展板块，拓展旅游发展的空间，通过招商引资引进旅游知名企业，打造拳头产品，创造旅游品牌，带动旅游业与城市建设的融合。

（二）企业运作的具体措施

1. 选定资源

选择具有区位价值、资源价值、升值潜力的土地资源、旅游资源，在区域协调、统一发展的基础上，编制运营策划方案，获得资源的使用权。企业需更注重旅游体验与城市生活的融合叠加。现代游客越来越不满足走马观花式的旅游，希望更多地融入当地的生活，体验生动鲜活的市井民生，从旅游者凝视的角度来看，正如“你站在桥上看风景，看风景的人在楼上看你”，当地居民的生活空间也是旅游景区的组成部分。同时，游客进入城市后，也会给当地带来新的变化，这些变化亦成为当地居民生活的新场景。此外，城市居民对外来旅游者的友善度和好客度，直接影响城市形象和美誉度。

2. 确定思路

充分考虑市场需求，挖掘资源潜力，对接区域发展策略与政策，明确开发思路与步骤，明晰商业业态，创新开发新产品、新业态。对企业来说，旅游业与城市建设的融合主要体现在旅游产业与城市产业的融合。旅游业的关联带动性强，有能力作为龙头产业和黏合剂，与其他三产服务业相互融合，形成各具特色的复合型服务产业。旅游业除了“吃、住、行、游、购、娱”六大要素相关的产业外，还可以与农业、制造业、手工业、商贸服务业、文化、创意、科技、教育、体育、会展等产业相融合，一方面可以促进旅游业自身的发展，形成新的旅游热点和附加值，提升综合效益；另一方面可以推动城市产业结构的调整，完善城市产业体系。

3. 规划建设

作为区域运营商或开发商，多渠道融资，在总体规划基础上，进行详细规划、景观及建筑设计，减少投资风险，提高企业品牌。编制具有河南文化特色的“旅游与城市建设发展融合示范区”规划和技术标准，创建任务大纲和三年行动加护，收集整理城市文化旅游资源目录，通过公共交通和慢行系统规划、公共服务规划、产品体系等进行重点研究，并深化优化现有规划。

4. 投入运营

包括项目融资、与政府合作的系统营销、项目的销售、部分招商，以及人才队伍建设、日常经营管理等内容。通过优化标识标牌、旅游咨询服务中心并依托城市建设中旅游厕所、公共自行车的布点建设，实现官方网站、移动互联网终端等智慧旅游设施多种类、全覆盖、全天候服务，提升区域游览便捷度。

参考文献

[1] 徐学强．城市地理学［M］．北京：高等教育出版社，2009.

[2] 陆林，葛敬炳．旅游城市化研究进展及启示［J］，地理研究，2006，25（4）：741-750.

[3] 古诗韵，保继刚．城市旅游研究进展［J］．旅游学刊，1999，（2）：

15-20.

[4] 陈鹏．珠江三角洲地区物流产业与城市群竞争力关系研究［D］. 长安大学博士毕业论文，12-25.

[5] 陆林，朱付彪．旅游城市化研究进展及启示［J］. 地理研究，2006，(7)：855-858.

[6] 陈鹏．当代中国城市业主的法权抗争——关于业主维权活动的一个分析框架［J］. 社会学研究，2010，(1)：34-63.

[7] 郑嬗婷，陆林，章锦河等．近十年来国外城市旅游研究进展［J］. 经济地理．2006，26 (4)：686-692.

[8] 许峰．旅游城市休闲服务业协调发展研究［J］. 旅游学刊，2001，16 (5)：70-74.

[9] 侯兵，陈肖静，许俊．城市旅游与休闲服务业协调发展研究——以扬州为例［J］. 华东经济管理，2009，23 (3)：28-32.

[10] Junxi Qian，Dan Feng ，Hong Zhu. Tourism-driven urbanization in China’s small town development：A case study of Zhapo Town，1986-2003［J］. Habitat International，2011，(9)：1-9.

[11] 陈晓．城市交通与旅游协调发展定量评价——以大连市为例［D］. 辽宁师范大学，2008.

[12] 陈新哲，熊黑钢．新疆交通与旅游协调发展的定量评价及时序分析［J］. 地域研究与开发，2009，28 (6)：118-121.

[13] 王永明，马耀峰．城市旅游经济与交通发展耦合协调度分析——以西安市为例［J］. 陕西师范大学学报（自然科学版），2011，39 (1)：86-90.

[14] 崔峰．上海市旅游经济与生态环境协调发展度研究［J］. 中国人口·资源与环境，2008，18 (5)：64-69.

[15] 翁钢民，鲁超．旅游经济与城市环境协调发展评价研究——以秦皇岛市为例［J］，生态经济，2010，(3)：28-31.

[16] 李锋．基于协调发展度的城市旅游环境质量测评研究——以开封市和洛阳市为例［J］. 地域研究与开发，2011，30 (1)：90-94.

[17] McCarthy J. Entertainment-led regeneration：the case of Detroit. Cities，

2002, 19 (2): 105-111.

[18] Coslor E. Nightlife report: work hard, play hard-the role of nightlife in creating dynamic cities. Chicago: The university of Chicago, 2001, 3-15.

[19] Christian M. Rogerson. Urban tourism in the developing world-the case of Johannesburg [J]. Development Southern Africa, 2002, 19 (1): 169-190.

[20] Jansen-Verbeke. Leisure, Recreation and Tourism in Inner Cities: Explorative Case Studies. Netherlads Geographical Studies, 1985.

[21] Sameer Hosany, Yuksel Ekinci, Muzaffer Uysal. Destination image and destination personality: An application of branding theories to tourismplaces [J]. Journal of Business Research, 2006, (35): 638-642.

[22] 刘定惠，杨永春．区域经济—旅游—生态环境耦合协调度研究——以安徽省为例 [J]. 长江流域资源与环境，2011，20 (7)：892-896.

[23] 罗文斌，汪友结，吴一洲等．基于 TOPSIS 法的城市旅游与城市发展协调性评价研究——以杭州市为例 [J]. 旅游学刊，2008，23 (12)：13-17.

[24] 栾坤．基于区域经济差异和协调发展理论的城市旅游圈竞合发展研究——以广西北部湾经济区城市为例 [J]. 城市发展研究，2011，18 (9)：37-41.

[25] 李雪，董锁成，张广海，金贤锋．山东半岛城市群旅游竞争力动态仿真与评价 [J]. 地理研究，2008，27 (6)：1466-1477.

[26] 刘易斯·芒福德著，宋俊岭，倪文彦译．城市发展史——起源、演变和前景 [M]. 中国建筑工业出版社．2005：46-51.

[27] 宁越敏．新城市化进程 ——90 年代中国城市化动力机制的特点探讨 [J]. 地理学报，1998，53 (5)：470-477.

[28] 俞晟．城市旅游与城市游憩学 [M]．上海：华东师范大学出版社，2003：15.

[29] 朱竑，戴光全．经济驱动型城市的旅游发展模式研究 [J]，旅游学刊，2005，20 (2)：41-46.

[30] 王京传．城市旅游发展中的文化开发 [N]. 中国旅游报，2005-

06-10.

［31］刘红梅．长株潭两型社会区域旅游竞合研究［J］．求索，2010，(2)：71-72.

［32］倪鹤琴．审美视野中的城市风景［M］．北京：中国社会科学出版社，2001.10（1）．

第十章　河南旅游业与生态文明建设的融合与创新发展

第一节　生态文明与生态旅游

一、生态文明的内涵

生态文明的学术概念由我国权威生态学家叶谦吉先生于 1987 年首次提出[1]。他从生态学以及生态哲学的角度出发对生态文明的概念作了界定，认为人类于自然生态环境中获利，又对自然生态环境施利，在对自然改造的同时又对自然进行人为的保护，人与自然之间始终保持着既和谐又统一的不可分割的关系[2]。而 1995 年，罗伊·莫里森这个美国有名的作家和评论家在他的著述《生态民主》中也对其进行了著名的阐述[3]，他认为生态文明是不同于工业文明的新的更进步的一种文明形态[4]。这两位的定义，一是从文明的构成成分上，认为生态文明是与物质文明、精神文明以及政治文明并列的一种新的人类文明成分，并且它们都是在同一个历史角度下。二是基于不同历史角度所得到的生态文明是继农业文明、工业文明出现之后的一种新的人类历史性文明形态。姬振海认为，社会成员较强的环保意识、社会经济的可持续发展趋势，社会制度的公正合理性是生态文明最重要的三个特征，意识文明、行为文明、制度文明和工业文明是生态文明建设的主要层次[5]。党的十八大报告指出：加强生态文明建设，要重点推进各相关产业绿色、循环、低碳发展，努力形成资源节约型和环境保护型的空间格局、产业结构、生产生活方式。笔者认为，生态文明建设的前提是意识文明，行为文明是重要形式，必要措施是制度文明，产业文明是重要保证。

生态文明体现着人与自然之间关系的进步程度，它是人类从改造自然中获利的进程中为了实现人与自然协调统一和谐发展所付出的所有努力和所得到的所有成果[6]。它代表着人类社会和生产力的进补状态，是历史上某一阶段的重要产物。截至目前，生态文明是出现在原始文明、农业文明、工业文明形成之后的更高级形态的一种人类文明。它是由人与人、自然环境、社会等各种关系组成，是人类在基于充分了解生态环境和充分尊重生态环境的基础上，在利用大自然为人类带来福利和构建人与自然统筹兼顾和谐统一发展的过程中，所获得的所有文明成果的总体体现。生态文明的含义主要包括以下几个主要方面[7]：

从词源学的角度来看，生态文明是野蛮的对立面，其被人们普遍认为的含义主要是指基于工业文明取得的显著成果的前提下，更文明更积极地看待自然，不对自然进行粗暴开发，不用原始野蛮的方法对待，致力于人与自然之间和谐统一关系的建立，努力创造和积极建设日渐良好稳定的自然生态环境，这也是其最初的形态。

从文化价值观的角度来看，生态文明对生态环境的价值有着客观的认识，通过认识，逐步确立符合自然规律的价值要求、价值规范和价值目标，使得生态文明所建立的文化意识能够为大众所广泛接受并学习，所树立的生态道德标准能够对集体产生深远的影响。

从生产方式的角度来看，生态文明对于经济增长具有较大的影响力，通过对“三高”（高生产、高消费、高污染）的工业产业化生产方式的改变，基于生态技术达到社会生产生态化，使得生态产业逐步成为主导产业，成为经济增长的主要源泉。通过对生态技术的充分运用，对传统的工业生产产业进行改革，使社会生产自身具备节约合理利用自然资源、净化自然生态环境能力，逐步形成综合化生态化的产业链条，使社会生产沿着人与自然和谐统一的目标前进。

从生活方式的角度，在生态文明出现的今天，人们不应该只追求过度依赖或者索取物质财富，而应该主动寻求一种在满足自己的需求的同时又能不破坏生态环境的生活方式。人类的生活方式应该是一种既不会破坏生物群体的自然生存环境，又不会影响其他生物种类的种族延续，也不会对子孙后代产生不可磨灭的消极影响。这就要求我们要端正我们的消费观念，让绿色消费渗透到我们生活的方方面面，使之成为人们日常生活新的标准，一种新的时尚。

从社会结构角度来看，生态化已经渗透到其中，但这仅仅影响到了社会的某些方面却没有影响到整个的社会结构，比如思考怎么从国家政策方面出发整改社会经济，以便协调人类与自然之间的关系；对于社会决策的拟定上，对于可能会产生巨大影响的社会生产发展战略要进行生态价值评价，根据效益评估来尽量避免人类生产生活对生态环境的破坏并能够对生态环境进行一定的建设和维护。这些都是对生态文明在社会文明建设方面的理解，也是其更高层次的形态。

二、生态旅游的内涵

较多的学者认为，生态旅游（Ecotourism）这个词语是 1983 年由谢贝洛斯·拉斯喀瑞（H. Ceballos Lascurain）最先提出并使用的[8~10]，他是一位墨西哥专家，在国际自然保护联盟组织（IUCN）任职特别顾问。而从 1990 年开始，生态旅游在全球范围内的各种研究越来越深入。

生态旅游近年来被广泛地作为一种产品品牌、发展理念和宣传主题进行国际上的推广和宣传，早已家喻户晓，被大家逐渐接受。但是现在对于生态文明和生态旅游的各个方面的研究还不是很多，对于产业结构的调整、生产生活方式的转变以及社会经济驱动机制的形成的相关研究更是缺乏。全世界的专家学者以及各种级别的旅游机构和相关企业也开始从各自本身的角度出发寻求对生态旅游的深入研究，但目前对其定义尚未统一。然而却有一个有大部分人所认可的观点，即“生态旅游是一种基于生存的自然环境，可以以满足旅游者对生态景观的观览和地方文明的探索需求，并且对自然生态环境和本地社会文化最大限度地降低负面影响为目标的一种旅游方式，其特征表现为自然生态环境保护的观念教育[11]”，也正如韦弗所说，这一提法是“软生态旅游”而并非“硬生态旅游”[12]，生态旅游的功能表现在自然生态环境保护、观赏游览景观、保护自然教育和助力地方和谐发展的各个方面[9]。

近年来，生态旅游发展势头日盛，在全球范围内正处在高速成长阶段，其成长速度早已赶超全球各方旅游业的平均水平[13]。生态旅游的提出、成长及应用，特别是对于自然生态的治理和管理方式等方面，西方经济发达国家累积出的经验我们难以望其项背，是值得我们借鉴和学习的。根据生态文明理念的要求，生态文明旅游的审美特征表现为“无为”和“倾听”[14]，鼓励游客遵循自己的思想和心意，在自然环境中行走，静静地感受周围环境，不做过多的活动。具体特征如下：

1. 旅游规划的科学化

现如今，科学化成为了规划和发展生态文明旅游时候更要考虑到的内在要求。在规划时加倍重视规划所能带来的实际价值，也更为关注如何维护当地自然环境，把维护自然生态环境和社会人文环境原生态作为首要原则，同时把生态文明理论同目标地区的地理位置、风情民俗、社会经济等合理结合，做出有实践价值的规划。在发展生态旅游时则收集并正视生态旅游利益的相关人员的各种看法和提议，努力协调人与自然的和谐关系，更加重视保护自然生态环境资源的原生态，以科学化的手段来协调规划与实际发展时的困难与冲突。

2. 景区管理的人性化

在生态文明旅游的成长进程中，若旅游区的规划与开发被看作是开启新的旅游市场的问山石，那么能够确保旅游市场的大门经久不闭的总开关便是旅游地区的管理工作了，它是能够维持旅游景区源源不断接受旅游者的营养液，而这个营养液的质量如何则取决于旅游区的管理方式是够选取恰当。在作为生态文明旅游的区域管理过程中，呆板、机械的管理模式早就不能完全符合目前灵活多变的旅游市场要求，若想求得发展，只能尽快调整管理模式，提高管理方式的创新化、灵活化、人性化，努力平衡旅游区与当地居民的和谐关系，培养旅游区域居民较强的主人翁意识，努力提高其参与管理的力度与积极性，形成旅游区与当地居民共同管理的合理的管理模式[15]。

3. 旅游消费的低碳化

生态文明旅游要求有关的旅游企业部门首先要遵循生态文明理念，在理论的指导下选择低碳的社会生产生活方式，着力发展低碳环保的各类旅游产品，并从这些产品所展现出的生态文化理念和游客消费的形式上鼓励游客在衣食住行、旅游、购物、娱乐等方面惊醒低碳环保旅游消费活动[16]。加强旅游餐饮业、住宿业、交通运输业和旅游景区的低碳发展模式，设立绿色标准，落实绿色规划，设计绿色产品倡导绿色消费，开展生态旅游。

4. 游客行为的文明化

生态文明旅游在旅游地区的成长和开发模式上比较重视遵循优先保护自然环境，维护自然环境资源的原生态，除此之外，也将更加注重引导游客文明的出行行为。近年来，在社会经济的飞速发展和人民的生活水平日益提高的浪潮下，民众整体的文明素质也随之日益提升，旅游区域内的公共基础设施配置逐渐完善，以前在旅游景区内乱涂乱画、乱扔垃圾等不文明低素质行为慢慢减少甚至消失，旅游者在外出旅游时候开始更加注重规范自己的言行，维护自己的形象，出游行为文明化程度不断提高。

三、生态文明与生态旅游关系

生态文明与农业文明、工业文明出现在不同时期，它有别于它们并且水平更高于它们的一个发展阶段，它的主张是协调人与自然和谐统一的关系，是把促进人与自然协调科学可持续发展作为方向的一种崭新的文明形态，也是合理减缓自然生态的压力、兼顾人与自然和谐统一共同发展的政治策略。生态文明旅游是一种新型的旅游主张和方式，它是建立在健康和谐的自然生态环境和良好特色的人文生态环境，采用生态和谐友善的形式，展开关于生态的认知、体验、教育同时能够使自己得到身心愉悦的一种旅游形式。因此，生态旅游是体现生态文明意识形态的一种重要的方式，而生态文明是支撑生态旅游能够朝着科学可持续方向健康发展的重要因素（图 10-1）。

生态旅游是体现生态文明意识形态的一种重要的方式。十八大指出，建设社会主义生态文明，使得社会经济能够向更好更快的方向成长，这就要求我们要尽快改变社会经济的发展模式，最终能够创建减少自然资源浪费、维护生态系统平衡稳定的产业结构和消费增长模式。众所周知，旅游业作为第三产业，其面向的对象是普通大众，它的产业特点是综合管理技术性比较强、与各行各业的关联度比较大、涉及的行业领域比较广泛等，而其优势也源自于它的特点，具有能够有力带动其相关产业、容纳较多剩余劳动力就业、基于本地自然环境成本较为低廉等优点，探索开发旅游资源，发展旅游业可以积极促进当地社会产业结构的优化和社会经济发展方式的快速转变。同时，目前的旅游业以其健康和谐的自然生态环境和特色明显的人文生态环境为基础得以成长和扩张，这就产生了尊重自然、保护环境、节约资源的普遍共鸣，并且已经渐渐开始影响各个相关行业进行自发践行，所以我们把旅游产业看作是资源节约型、环境友好型的社会产业。而生态旅游更是以重视生态、保护自然、协调人与自然和谐统一而闻名于世，其比较重视游客和行业有关人员的责任，包括环境方面、社会方面和文化方面，也更加注重资源节约型和环境友好型产业模式和消费旅游消费模式的形成[14]。生态旅游具有维护生态平衡、观赏游览景观、自然教育和助力地方协调发展的功能，若能充分发挥则对于构造减少资源浪费和协调人与自然和谐的空间格局、社会产业结构以及生活生产方式等都会产生积极的促进作用。

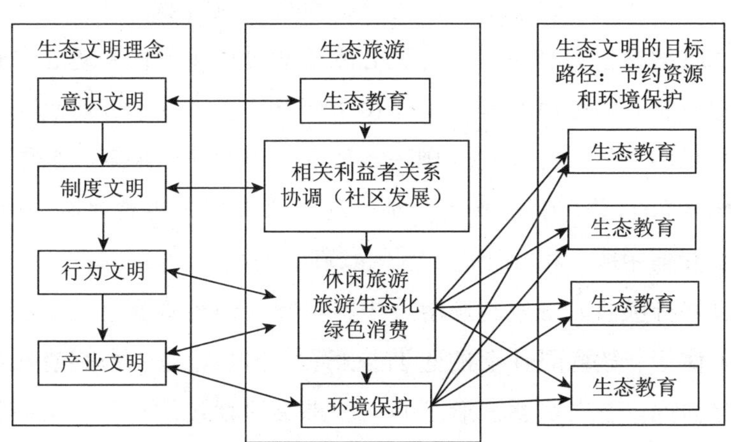

图 10-1　生态文明与生态旅游关系[14]

生态文明建设是大力推广生态旅游发展的重要目标，同时亦是生态旅游持续健康发展的首要目标和宗旨。结合欠发达地区所蕴涵的生态资源分布的特征，根据社会市场某些特定的需要，开发生态旅游是增加该地区和该产业相关行业的经济效益的手段，与此同时，生态旅游在某些方面会依赖科学技术来改变所在环境的产业模式，在科学技术不断发展的今天，有限的自然资源和可被利用的能源的节俭、再循环再利用可以从源头方面就大大降低企业生产成本，这样就间接地增加了有关企业部门的纯利润，提高了旅游企业部门的核心竞争力；从另一个角度来说，生态旅游的开发与在某些方面有助于保护自然生态环境，有利于对旅游参与者进行宣传教育，鼓励有关部门改变管理方式，提升有关科学技术水平，呼吁健康良好的生态旅游方式，增强当地居民和旅游者的文明旅游意识，规范自己的行为，同时也达到了解决当地就业问题、维护当地文化的原生态和提供旅游目的地选择的目的。

总而言之，生态文明有别于其他文明的是它扭转了人们普遍的刻板的机械分析思维和一味强调整体之内的某些部分的哲学世界观，而认为人类、所有的生命以及大自然都是世界的主体，是系统的相互联系的生态文明哲学观和方法论，这种文明冲破了人类是世界的主宰，可以凌驾于自然生态之上的传统思想的桎梏，努力促进人与自然的和谐统一，实现社会、经济、生态环境的协调统一的平等关系，生态旅游的有关发展模式就充分丰富并表现了生态文明理念。生态文明理念与建设的提出为生态旅游业的开发和成长指点了方向，注入了指导思想和灵魂，为生态旅游业提供了发展机遇，开拓了需求市场，而生态旅游的迅速发展又反作用于生态文明的建设，有利于人们对生态文明的认可和接纳，从而提高国民素质和生态意识，同时，旅游业的发展为其带来了经济效益，提供支持，是实现生态文明的重要途径。由此可见，二者之间是相辅相成、相互促进、互为条件的关系。

生态文明被吸收、融入到旅游业中，呼吁人们进行生态文明旅游，这一举措不但有利于我国生态文明的建设与发展，而且也是一条促进国民进行文明旅游的新道路。生态文明旅游从属于生态文明建设的一种，与其拥有一致的指导思想、内在含义、发展方式等[17]，生态文明旅游的大力倡导和发展将有助于我国的生态文化健康体现、丰富生态文明的内在含义、提高生态发展模式、开启我国的生态文明建设新篇章。

第二节　河南旅游业与生态文明建设融合的重要性

一、生态文明建设在河南省的必要性

（一）生态文明建设是新时期中国社会经济发展的新趋势

党的十八大报告中，习近平同志指出："生态文明建设，是与人民福祉、民族未来息息相关的长远大计。"建设生态文明作为创建和谐社会的条件与根基，是当今社会不可逆转的发展趋势。从新中国成立之初提出的"四个现代化"的构想，到改革开放以来提出的"两手都要抓，两手都要硬"、"三个文明"、"四位一体"，再到十八大提出的"五位一体"（经济建设、政治建设、文化建设、社会建设、生态文明建设）的总布局，如此变化并不是由简单的考量因素的叠加得来的，而是人们对社会主义现状的认知与实际的发展状况的同时推进的认识而得出的深思熟虑的发展战略。"五位一体"的总体布局中的五个因素不是相互孤立，单独作用的，其中经济建设是根本，政治建设是保障，文化建设是灵魂，社会建设是条件，生态文明建设是基础，生态文明建设不能单方向突进，而是要恰当合适地与其他四个要素融为一体，体现在社会主义建设的全过程中。这五个要素是一个有机整体，"五位一体"的提出充分体现了平等兼顾，协调发展的科学要求。

河南省作为生态大省，生态文明建设十分重要。随着我们党的十八大会议的结束，河南省委立即作出了批示，提出要把建设"四个河南"（富强河南、文明河南、平安河南、美丽河南）作为河南省的奋斗目标，其中的美丽河南的目标就响应了"十八大"大力提倡的生态文明建设政策。随后《河南生态省建设规划纲要》明确了我省的奋斗目标和主要任务，河南生态省建设会建成以下几个体系：构建绿色高效的生态经济体系，努力加快转变社会经济发展方式，形成具有河南特色的生态经济体系；构建可持续科学利用的资源支撑体系，增强各类资源对河南省社会经济可持续发展的保障能力；构建全防全治的环境安全体系，加强环境监管力度，制定环境总量预算管理制度，建立健全跨流域、跨区域的污染联防联控、跨界防治机制；构建山青水秀的自然生态环境体系，形成多层次、网络化的自然生态安全格局；构建环境友好的生态人居体系，为当地居民提供方便、舒适、优美和有益于身心健康的城乡人居环境体系；构建健康文明的生态文化体系，努力构建健康文明的生态文化体系，努力构建资源节约、环境友好的生产方式、生活方式和消费模式，建立人与自然之间和谐统一、良性互动的关系。《纲要》提出河南生态省的建设进程会经过三个时期进行："十二五"时期是进行全面建设全面启动的阶段；"十三五"是步入正轨并且深入推进时期，社会经济与自然生态环境的关系也已经保持和谐统一，生态省的建设的奋斗目标和主要任务也会逐步完成；2021—2030 年是完善提高时期，社会经济与当地人口、资源能源、自然生态环境和谐统一发展，生态省建设的奋斗目标和主要任务全部完成。由此可以看出生态文明建设在河南省社会经济发展中占有重要地位和作用。

（二）河南省生态文明发展出现的问题亟待解决

河南生态省的建设目前遇到的亟须解决的制约就是发展与人口、资源能源、生态环境之间的矛盾问题。新中国成立以来，特别是实行了改革开放以后，河南省的社会主义现代化建设获得了瞩目的成绩，人民的生活水平随之逐渐提高，但是同时河南省的自然生态环境却付出了巨大的代价，河南省的生态环境遭受到了破坏，生态文明建设远远落后于社会经济现代化建设，这些都突出表现在资源能源总量告急从而导致约束变多、企业忽略环境问题而导致的环境污染问题更为严峻以及自然环境遭受严重破坏导致的生态系统不稳定等问题。如何应对环境污染严重，气候变化压力不断增大，发展与人口、资源能源、生态环境之间的矛盾愈见激化已成为当下科学统筹社会经济与生态环境进行河南生态省建设的亟待解决的问题。主要问题如下：

1. 自然生态环境因素

就目前而言，河南省自然生态环境面临着一系列棘手的问题：①自然资源的缺乏制约了社会经济的发展。河南省自然资源类型较多，资源种类丰富，但由于人口基数大，人均资源很小，不足以形成强有力的支撑，自然资源分布不均衡，在某些地区某些资源严重匮乏。如淡水资源，河南省人均、亩均淡水拥有量只有全国平均水平的不到1/60。②城市生态基础设施落后，给社会经济的健康有序发展带来的较大的后顾之忧。随着城市规模的不断扩大，各种设施的处理能力已远远不能适应城市发展的要求。如今河南省大部分下辖城市的垃圾处理能力早已不能满足工业和社会生活生产的要求，并且处理方式依旧只能是择地掩埋和不顾后果的焚烧；而污水处理体系不完善，并且监管不严致使其处理效率低下，回收利用率低，不能有效地实现排污分流再利用。除此之外，河南还存在较大面积的水土流失，这些地区由于没有及时获得行之有效的治理而存在着很大的安全性和生态性隐患。③河南省人口众多，社会、经济、资源、能源和生态环境压力非常大。大概到2030年，河南省总人数达到12000万~13000万人时，才可以不再增长，但人口老龄化又将是一大难题。

2. 社会环境因素

（1）环保意识较弱。因为河南省的社会经济发展水平在全国来说并不算靠前，所以人们更在意与自己切身相关的衣食住行方面的发展，而对生存的自然环境的保护愿望不强，生态环保意识薄弱。这些实时地反映在社会经济结构方面，人们重视的是资源消耗性的经济结构，而有关生态方面的产业经济发展缓慢而且薄弱。当前河南省还是主要依靠农业和重工业带动地区经济发展，其增加值的比重超过了50%，产业所耗费的资源和能源总量与利用率成反比，导致许多不必要的浪费。

（2）生态建设方面虽然有设想和要求，但是缺乏系统的计划和指导标准。十八大以后，我国许多城市都开始将可持续发展作为战略指导来规划和发展社会经济，把建设生态城市作为主要建设目的，如上海、大连、天津、杭州、昆明、成都、日照等30多个城市。北京作为我国的首都，已经把建成国际一流“生态城市”作为其发展方向，上海也已经把“生态城市”作为近些年来的发展目标，大连也立志发展成“全国产业环境最适宜，居民生活环境最优美的生态城市”。河南省虽然提出了建设生态城市的思路，但缺乏具体统一的规划和指导标准，已经在原有的生态条件上对其他城市难以望其项背了。

（3）生态建设的保障机制不健全。生态城市的建设不是一项简单的工作，它涉及的部门有土地、市容、城建、规划、工商、市政公用、环保等，是一项要求各方紧密合作、协调统一的庞大工程。生态城市的建设其实还处于“摸着石头过河”阶段，其涉及的范围很广，反映的问题也很切实，在实际的发展过程中，依旧存在着某些无法忽视的困难。

(4) 媒体宣传力度不够。在某些方面，媒体对于生态城市的建设有着正面积极的推动作用，可以督促人们提升自身生态意识，对民众自身素质的提高存在着监督的作用。

严重的环境污染、失衡的生态、落后的建设机制迫使我们不得不重新定位人与自然的关系，生态文明建设更显得迫在眉睫。

二、促进河南社会经济发展的战略选择

随着全球旅游业的高速发展，旅游业在国民经济中的地位举足轻重。大力发展旅游业是全面推进国家现代化的重大任务，对如期全面建成小康社会，具有重要意义。“十三五”阶段，旅游业作为一个新兴产业，是近年来重点行业转型模式下经济新常态的升级换代，是全面推进小康社会的重要工程，是生态文明建设的首要带头产业，是在国际舞台上体现国家综合实力的重要表现，也是体现我们党和国家提出的五大发展理念（“创新、协调、绿色、开放、共享”）的践行产业。旅游业的优劣发展已经开始切实影响人们的生活，同时也影响着社会经济的发展，成为经济发展的“加速器”、社会和谐的“润滑油”、生态文明建设的“催化剂”、对外合作交流的“压舱石”。因此，发展旅游产业是有利于当前经济发展并且积极影响长远社会经济发展的能够一举多得的正确选择。

（一）旅游业与生态文明建设创新融合是经济新常态下升级换代的重要推动力

着力于生态旅游业的开发有利于河南省内部需求的发掘，寻求和挖掘推动经济发展的新动力，切实贯彻创新驱动发展战略。生态旅游业的开发与消费、投资和出口有紧密的联系，生态旅游消费是终端消费、多层次多样化消费和可持续消费，拥有拉动经济增长的较大潜能，已经是河南省人们消费的主力和促使消费升级的主要动力。同时，生态旅游业对于增加交通等基础设

施和公共服务设施、扩大全省投资起着重要作用。生态旅游业还是增加出口、发展开放型经济的重要平台，对于促进“一带一路”、沿边开放、自贸区建设具有重要的引领性作用。

河南旅游产业发展最凸显的优势有三个：第一，区位交通优势。以郑州为中心的“米”字形高铁网加速构建，国家八大枢纽机场之一的郑州航空港建成，以高速公路为主骨架，以国道干线、省道干线为依托，以县级乡级公路为支线的复杂交错的公路旅游交通线路网络已经形成，河南省成为空地对接、涵括多种交通方式的现代化、国际化枢纽区域。第二，旅游资源优势。河南旅游资源丰富数量多，品位高，拥有五大世界文化遗产、8 座国家级历史文化名城、4 处世界地质公园、国家 5A 级旅游景区有 13 处、国家生态旅游示范区有 5 处、一处国家级旅游度假区等精品旅游资源，为打造多样化、个性化、创新性的生态旅游产品提供了良好条件。第三，旺盛的市场需求。河南省人口数量众多，相对来说市场需求较大，这就打开了旅游业的成长空间，以郑州航空港经济综合试验区为中心的“2 小时航空经济圈”和以郑州为中心的“米”字形高铁、城铁形成的“两个半小时旅游圈”，将为河南旅游发展带来巨大的客源，由此更是反映了旅游业在我省社会经济方式转变升级时期的重要作用。

生态旅游业的开发及其推动有利于减缓全省经济新常态下的巨大压力、调整产业发展方式、促使社会经济转变升级，是河南省经济是否能够持续中高速增长，产业水准是否达到中高端的枢纽。进一步发挥生态旅游作为发展新引擎作用，使生态旅游业真正成为优化河南省产业结构的润滑剂和提升产业发展质量的催化剂。

（二）旅游与生态文明的创新融合是提升全省综合实力的重要载体

发展生态旅游不仅对全省经济建设、生态建设和改善民生具有重要作用，而且对于促进经济、社会、文化协调全面发展，建设经济强省、文化强省、现代化强省，实现全省又快又好奋斗目标具有独特作用。“十二五”期间，河南旅游产业保持了健康快速发展的态势，为调结构、促转型、惠民生做出了重要贡献。只 2015 年一年，河南省迎接的来自海内外的旅游者就超过了 5 亿人次，通过旅游业获得的营业额超过 5000 亿元，近五年来经济增长年均速度高达 14.7% 和 17.0%，远远超过同时期河南省的 GDP 的增长速度。

同时，随着全省推出“老家河南”的全新国内旅游形象，并以“河南·中国历史开始的地方”的国际旅游形象面向国际市场，顺利加入国家旅游局丝绸之路的整体开发计划和系统的宣传，并且持续数年承办世界旅游城市市长论坛，先后赴欧美、日韩、南亚、东南亚和中国港台地区等国家和地区进行旅游推介，拉动了河南入境游市场。中国（三门峡）国际黄河旅游节、“同根同源”豫台旅游高峰论坛、内地七省游学联盟、南水北调中线“5+13”区域旅游合作联盟会议等活动，进一步提升了河南旅游知名度，成为河南对接国际、沟通世界的重要平台。河南省旅游业的宣传形式也实现了新的转变升级，通过利用目前比较流行的新媒体进行宣传，采取以互联网为主要渠道的崭新旅游形象树立和推广，在市场上取得了较大的影响和成果。“心灵故乡老家河南”于 2013 年度参与网络评选，被评为“中国十佳旅游口号”，“老家河南”已成为我国旅游业最具文化价值和市场影响力的特色品牌之一。这些成果就给河南省的经济发展博得了优势的市场环境。

（三）旅游业与生态文明建设创新融合是扶贫攻坚的重要生力军

生态旅游业既是全省经济持续增长的重要拉动力，又是社会就业、扶贫、环保等重大民生力量。生态旅游产业具有对其他产业较强的带动性、对当地居民较大的帮扶性、对各个行业部门较宽的施益性。它能够带动当地经济发展，提高当地居民生活水平，是典型的资源节约型、环境友好型产业，大力推动其开发和发展在某些方面非常有利于改善国家和地区的自然生态环境。生态旅游业的开发和推动会有助于完善社会公共服务设施，提高人们的生活质量和参与感。由此可见，生态旅游也是社会经济增速和人民生活水平增质的不可忽视的重要因素。发展生态旅游业有助于提高全社会资源配置效率，发展生态旅游业有助于推动大众创业、万众创新，让人民共享改革发展成果。扩大生态旅游供给，发挥提高人民生活质量的福祉作用。随着全面建成小康社会进程的逐步推进，人们的生态旅游呼声渐渐高涨。丰富生态旅游供给，改善社会公共服务设施，创造优美的生态旅游的自然和人文环境，满足人们日趋强烈的生态旅游要求，是符合社会发展的必然选择。

全面建成小康社会，关键在于全国贫困人口如期脱贫。河南省的扶贫工作目前进入最后的冲刺阶段，在“十二五”阶段，河南省旅游业做出了许多不可忽视的成果，有 11 个国家级休闲农业与乡村旅游示范县、21 个国家级休闲农业与乡村旅游示范点、37 个全国乡村旅游模范村、40 个中国乡村旅游模范户、400 个中国乡村旅游金牌农家乐、评选出中国乡村旅游致富带头人 400 人。积极落实国家旅游扶贫试点政策，以“三山一滩”（大别山、伏牛山、太行山、黄河滩）区域为核心，以促进旅游业的连片扶贫开发，实现跨村、跨镇、跨地域发展，支持以强带弱、以富带贫，走以城镇为中心辐射周边、以景区为龙头带动当地、以资源能源为基础的道路，“十二五”阶段，河南省大力开发生态旅游产业使得乡村平均每年脱离贫困超过 20 万人次，占全省脱贫人口总数的 18.2%。与政府扶持等其他扶贫手段相比，发展生态旅游业具有很强的市场优势、新兴产业所特有的强大生命力、强大的市场造血功能，极大的推动作用，在中国目前的扶贫工作中起着不可忽视的重大作用，已经成为我国目前扶贫攻坚的主力军。

通过生态旅游产业进行扶贫攻坚是在拥有某些自然资源和旅游条件、区域位置较为便利和一定的市场基础的穷困地区，进行发展生态旅游业以此来提升当地社会经济水平、带领当地居民脱离贫困的一种手段。通过发展生态旅游来对当地扶贫不是单纯的短期的扶贫，而是利用满足市场需求的手段来进行造血式扶贫，不但成功率高，而且投资成本低，当地居民不仅能够脱离贫困境地，还有可能直接达到小康甚至富裕的生活水平。生态旅游扶贫是“授之以渔”的扶贫，是能够使当地所有居民和政府部门都得到益处的扶贫，带动能力强，受益范围宽。生态旅游扶贫不但在物质方面给予帮扶，还在精神方面给予帮扶，是“双扶贫”，持续时期长，失败率低。生态旅游扶贫是给予民众尊重的扶贫，有助于当地民众通过正当手段发家致富，互相扶持，彼此尊重。生态旅游扶贫能够增进社会和谐，有助于提高居民们的保护环境，维护和谐的意识。生态旅游与扶贫攻坚可以相互补充，相互结合，相辅相成。生态旅游产业能够为河南省的扶贫攻坚的任务贡献自己的力量，而从另一角度来说，在扶贫攻坚的进程中，也相应的给生态旅游创造了更大的成长空间，改善了生态旅游的开发环境，给新世纪新时代的生态旅游产业增加了许多新的机遇。生态旅游扶贫不但是生态文明建设的历史使命，还是旅游业发展的新方向；不但是扶贫攻坚的主力，还是旅游发展的重心；生态旅游最终会发展为扶贫攻坚的中坚力量。

（四）旅游业与生态文明建设相结合是建设“美丽河南”的重要支撑

河南省生态旅游业是美丽经济、美丽产业，同时也是展示“美丽河南”的重要载体，更是建设“美丽河南”的重要行业。生态旅游依靠的就是优美的自然环境、特殊的人文生态环境，“绿水青山”便是最佳的旅游资源。生态旅游、绿色旅游、低碳旅游等绿色旅游开发，直接关乎美丽河南建设。“绿水青山就是金山银山”理念的实践需要我们大力发展旅游产业，对绿色产业的培育，倡导绿色消费，促进全社会培育和践行生态文明理念，建设好、呵护好“美丽河南”。通过大力发展生态旅游产业，同时达到旅游业和生态文明建设的协调统一，极致体现生态文明的引领示范作用。既要利用生态文明建设来激励旅游业，又要通过旅游业的开发来支持生态文明建设。

三、河南旅游业可持续发展的重要途径

旅游与生态文明密切相关。“旅游，是大自然给人类最好的礼物，也是人类对大自然最和平的探索。”这句话出自我国知名的文化学者余秋雨，这是余先生在为《中国旅游文化大辞典》所作的序言中说的一句话，这句话是对“旅游促进人与自然的和谐”精练表达，也促进了旅游产业在生态文明建设中展现其重要的载体作用。旅游业是建设生态文明的重要方式，旅游业的发展是提高社会经济水平的关键因素，理当把生态文明的理念融合进旅游业发展过程中。当今时代的旅游产业是具有代表性的资源节约型、环境友好型新兴产业，其拥有与其他行业部门联系较大、关联的产业链较长、对自然资源能源的利用效率较高、资源损耗和浪费较少、对自然生态环境破坏较小等典型特点，是在国际范围内被承认的“新兴绿色产业”。旅游业与以往的工业产业比较来看，旅游业缺乏基础的生产活动，主要是利用原始的自然生态环境和社会人文环境，其大概是与保护环境、努力建设生态文明最契合的产业类型

之一；旅游业的蓬勃发展体现了人们的社会需求与提高生活水平的迫切愿望，所以保护环境、优化环境就成了当前阶段的奋斗目标。旅游产业与生态环境、旅游开发与生态文明建设在根本上是协调统一的，所以可以达成互惠互利的良性循环。

顺应时代发展需要而产生的旅游可持续发展模式。它不仅是人类文明发展成度的反映，而且是旅游业发展的科学体现，这是旅游业未来发展的主要趋势。发展生态旅游产业要以旅游者、当地居民、有关部门为主体，更为注重他们在产业开发过程中所体现出的生态文明的理念，展现出的生态文明行为，从生态旅游看重的纯粹以节省资源、维护生态平衡的方式转变为生态文明旅游注重的人与自然协调统一，互帮互助的方式。生态旅游的大力开发和推进，不但能够快速提升人民的生活水平，满足人们日益增长的社会需求，加速全面建成小康社会进程的推进，而且能够有助于生态文明的加快建设。旅游产业的多样性和多面性的特征，就注定了旅游产业的发展要各方各业共同支持和配合，这其中就包括政府的有关政策、各企业的配合、民众的参与以及旅游产业有关管理部门的主导和其他部门的配合。

旅游产业在开发过程中的生态问题突出，亟待关注和解决。即使旅游业已经可以称得上是“无烟工业”，也还是会有污染的现象存在。如果存在不适当的旅游开采和发展，就会对自然环境产生有害影响。所以我们主张发展的生态旅游就是基于原始的自然生态环境和观赏景物，对其进行合理的规划和管理的活动。在21世纪的今天，伴随着社会经济的快速增长，科学技术水平的进步和提高，人民生活的质量也在不断的提升，人们开始对生活有了更高的追求，对自然不只利用，还有欣赏，这种对自然景观的向往和对原始自然风光的渴望越来越强烈。

随着十八大建设“美丽中国”的提出，全国各省都开始重视建设生态城市，旅游业也开始注重生态旅游的发展，可是依然存在着许多问题，主要体先在以下几个方面：

（1）旅游资源分布的不均衡性使得在成立旅游区景点的过程中会出现一定程度的偏差，其资源的分配也缺少统一合理的规划，这就导致一些旅游项目缺乏深度考虑，设计简单粗糙，内容重复肤浅，产品质量参差不齐，缺乏明显的个性和特色。如果没有经过深思熟虑，科学合理规划就进行施工布局会变成“掠夺性”和“建设性”开发，也是另一种破坏，这会大大影响该地区的总体开发成果和自然景观的展示效果。

（2）旅游资源不能物尽其用，深度挖掘不够，旅游产品所具有的文化价值不高。第一，观光农业的发展并不尽如人意。其产品都是粗加工，结构类型没有变化、服务水平不高。第二，文化价值不能尽量被挖掘，使得生产的旅游产品批量而廉价，文化价值不高，缺乏市场竞争力和消费吸引力。第三，到目前为止还没有形成具有个性和地方特色的森林旅游网络。

（3）对旅游资源的不节制开采，使得开发旅游业能够保护地方生态环境成了一句空话。这些年来，某些地区在开发生态旅游的过程中无视保护当地生态环境不受破坏的原则而过度开采，使得地方环境遭受到了一定程度的人为破坏，超出了当地自然环境的生态承载能力。如每年的“五一”小长假，“十一”黄金周这些假期，人们都大批地涌入某些名胜古迹游览区，使得当地景区每天的游客流量超过了最佳承载人数，这就导致景区无法承受过多的游客而使得当地生态环境遭到了一定程度的消极影响。

（4）景区管理者过度看重短时间内的收益而不顾长远利益。旅游业非常看重自然生态条件和当地原生态的文化价值，对当地资源进行合理适宜的规划和开发是非常必要的。许多管理者因为只追求眼前短期快速的利益，所以对资源开发常常选择短期规划，没有更加深入地考虑和全面合理的科学评估和计划，就会出现超负荷开采、基础设施不节制使用、一心只追求快速利益、无视环境容量的限制等严重限制旅游业长久发展的现象。

尽管旅游业发展带来的这些环境问题在逐步解决，但是却为我们敲响了警钟。生态文明建设已经是河南省经济建设的重要组成成分。生态文明建设与生态旅游在指导思想、内在含义、实现形式等方面拥有一定的相似之处[18]。生态旅游产业目前作为河南省社会经济提升的主要因素之一，在提倡旅游的同时融入生态文明的理念，倡导生态文明旅游，有利于推动全省的生态文明建设，也是推动河南省生态旅游发展的新方向。生态文明旅游的推进有助于河南省生态文明建设，为河南省树立积极保护环境的良好形象，丰富生态文明的内在含义，积极转变生态开发形式，维护河南省旅游业持续健康稳速发展。

第三节　河南旅游业与生态文明建设融合战略及重点

一、发展战略

秉承保护优先、社区参与、环境干扰最小化等原则，充分发挥河南省“全国交通枢纽”的地理区位优势和毗邻众多全国乃至国际著名景区的旅游区位优势，构建生态旅游建设新格局。依托“国家级自然保护区”的高端品牌以及以森林生态旅游资源为基础来整合全省范围内的各个地区的旅游资源、人文历史价值，以“全国知名生态旅游目的地”为整体定位，以“南太行生态科普宣教和生态休闲旅游目的地核心支撑、伏牛山生态休闲旅游胜地建设重点旅游区、桐柏—大别山热点旅游线路重要节点、豫东平原重要示范保护区”为发展定位，以“紧抓乡村旅游、生态保护区、民族文化区”为开发重点，纳入全省生态旅游建设范围，提出全省生态旅游空间布局和产品体系，实现全省保护事业和区域经济社会可持续发展。

二、目标定位

发挥全省的旅游区位优势和生态资源优势，抓住全国加快发展旅游业重要机遇，依托区域热点旅游线路市场，整合全省区域内的自然资源和人文历史资源，塑造出“生物发源地、科考基地、文化起源地、养生福地”等旅游品牌形象。逐步将河南省塑造为拥有“原生态”的主旨内涵，具有丛林探寻、乡村体验、文化熏陶、山水养生等特点的国内著名的生态旅游首要选择地。

三、区域发展定位

以独有的森林生态系统和资源及国家级自然保护区高端品牌为核心吸引物，通过整合周边旅游资源构建河南省旅游板块，加快南太行生态科普宣教和生态休闲旅游目的地核心支撑、伏牛山生态休闲旅游胜地建设重点旅游区、桐柏—大别山热点旅游线路重要节点、豫东平原重要示范保护区的发展。

四、发展模式

在生态旅游开发的过程中还是出现了许多消极影响自然生态环境的情况。有些地方，生态环境出现污染加剧、生物多样性遭到破坏、生态资源退化等现象，对此，有人认为是“生态旅游变成了生态杀手”；同时社区参与程度很差，所获经济收益有限，甚至被排除在外，引发了许多社会矛盾，影响当地和谐发展；大多数游客停留着简单的回归自然，目前还没有形成生态文明所要求的环境伦理和行为规范，河南省在这种大环境发展中也不例外。因此，势必要探索出一条适合于河南省生态旅游发展之路。河南省循环型生态旅游发展模式，是指在生态文明理念的指导下，在不超过环境最大承载能力的情况下，以提升资源能源利用率、减少废弃物排放等生态化设计为核心，以促进社区关系协调发展、维护和改善自然生态、满足旅游需求、开展生态文明教育为指导方针，以有关战略决策和科学技术为支持，坚持“减量化、再利用、再循环、再修复”循环经济原则，推行保护性开发，利用生态旅游、物质循环再利用、清洁生产、环保包装、绿色消费、采用先进生产工艺等措施，努力建成资源节约型、环境友好型旅游目的地，促进改善生产生活方式和产业结构，从而促使河南省人口、社会经济和自然生态统筹兼顾，各方面协调统一，建成生态文明，如图 10-2 所示。

主要措施有：①建立承载力预警机制：旅游资源和所处的自然生态环境是旅游业得以开发和发展的基石，更是实现生态旅游的重要基础。目前，环境承载力的衡量方法包括面积（长度）衡量法和生态足迹法，但现在旅游目的地总是以接待的旅游者“多多益善”为目的而不是考虑环境的承载力的问题，这才是“执行难”所在的困难之处。所以，发展生态旅游应该基于当地原生自然资源的特点来进行合理的开发和保护，在人文条件和所处的自然生态环境的承载能力之内进行生态优先的保护性开发，与售票系统连接建立绿、黄、橙、红不同等级的预警系统和预警机制，发出红色预警时，要启动预警机制。②及时修复生态环境：在开发新的生态旅游区域和人文景观的过程以

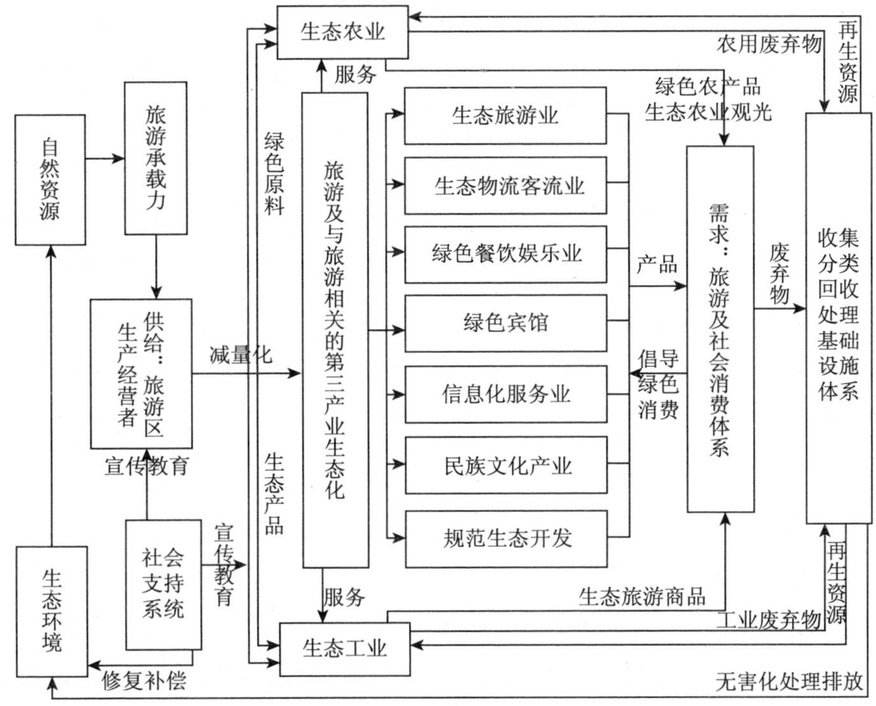

图 10-2　循环型生态旅游发展模式[19]

及难以预料的自然灾害发生时，自然环境和自然资源难免会受到一定程度的破坏，这时就可以利用河南省属于季风性气候的特点，寒冷的冬季是旅游业的“淡季”，也是自然环境进行自我修复和人为修补的最佳时期，实施“轮休制”景区开放方式；另外，在“旺季”期间，应及时修复受损的旅游资源和环境，弥补损失。③供应和推广生态型产品：旅游地区的服务供应需要改变生产模式，严格按照循环经济的概念发展生态产品，开展生态旅游活动，在旅游活动中的食住行、游览、购物、娱乐等方面都要进行生态化、低碳化、绿色化理念的渗透，利用节约能源、资源循环利用、生态绿色生产等科学技术来减少资源能源的浪费和废弃物的污染，对废弃物通过重新利用使其无公害地排放到生态环境中，实现对资源能源的再利用和对自然生态环境的保护。同时，作为经济欠发达地区，工业落后是经济欠发达的主要原因，产业结构处于低级阶段。旅游业涉及面广、对自然环境要求高的特点使其对当地的工农业发展相对较高，这就需要建设生态工业园和生态农业园，从而使当地的生态旅游业能够推动生态工业和生态农业共同发展，带动当地工业、农业和城镇化的发展，优化产业结构。在生态工业园，可以充分利用充满特色的生态农业资源和旅游产品（民俗手工艺品）通过清洁生产和环保包装来进行生态旅游商品的开发，增加地区居民的收入，同时促进农业生态旅游发展；在生态农业区，生态旅游区的有机垃圾可以被循环处理为有机肥料，也可以提供生态旅游区的有机绿色农产品。相应的生态工业园和生态农业园本身就是比较具有吸引力的资源乃至生态旅游本身的生态产品[20]，如表 10-1 所示。④引导洛哈思式旅游："LOHAS"（Iife styles Of Health And Sustainability）旅游是一种从健康可持续为出发点的低碳旅游，这种生活方式从自然生态和身心健康两方面来改变当代人们长久以来的旅游方式，促使人们从健康的角度改变自己的旅游方式，完成现代到后现代的过渡，从而逐渐重构自己的旅游行为方式"[21]。随着现代社会人们面临着食品安全、生活压力、环境压力等诸多问题，对健康追求越来越重视，因此，在需求方面，重点倡导健康绿色的"LOHAS"，培育绿色消费的游客及社会消费体系，转变人们的生活休闲方式，享受生态，赢得健康。⑤对废弃物减量化和无害化处理：在生态旅游区各类企业严格建立收集分类回收处理设施体系，积极利用生物微生物、沼气等科学环保技术对废弃物进行减量化和无害化处理，从而实现资源能源的循环可持续利用。

表 10-1　旅游活动要素生态化、低碳化设计[19]

旅游活动要素	负面效应	生态化、低碳化设计
食、住	洗涤废水、油烟机噪音、人嘈杂油烟废气、锅炉燃料废气、一次性用具、剩余饭菜、建筑节能性差、地方文化特色不明显等	绿色饭店建设、清洁生产、循环型建筑、低碳化设计且地方文化特色明显、减少一次性用品和洗涤次数、广泛使用节能和环保新技术和新产品以及能源管理、太阳能、沼气、风力、生物能、浅层地能等新能源使用等。
行	能源消耗、堵车、道路占用耕地、噪音、尾气、油渍污染	大交通使用低碳绿色环保、排放、噪音达标的运载工具；旅游区内提倡徒步、自行车以及畜力等无排放的交通方式；道路应采用环保的材料建设，做好道路两侧的绿化和排水设施。

续表

旅游活动要素	负面效应	生态化、低碳化设计
游	景区垃圾、生活粪便、其他生活污水、交通污染、环境噪音、生态破坏、能源污染、旅游资源破坏等	生态旅游、垃圾分类、建设垃圾处理厂（蚯蚓等生物分解）、生态厕所、绿色走廊（植树绿化）；使用太阳、风、水电、沼气等清洁能源；景区外住宿、生态补偿、资源建设保护修护、雨水收集系统，采用喷灌、滴灌、管渗等先进灌溉技术解决绿化用水、积极进行碳交易和碳汇储备
购、娱	野生动植物的销售，塑料化包装，绿色标志产品品种数量有限，假冒伪劣产品较多，娱乐表演舞台化、庸俗化、商业化趋势明显，实景演出环境影响较大	鼓励将当地的工业产品、农副产品、土特产品作为旅游购物的对象；杜绝经营、销售野生动物活体、器官、皮毛或标本以及假冒伪劣商品；发觉利用当地民俗文化和生态文化，提供健康、有特色的文华娱乐产品；旅游表演应达到真实性和艺术性的统一，文化性与商业性的平衡；实景演出应以不破坏生态环境为前提，要求通过环境影响评价；杜绝黄赌毒和低俗的文化娱乐形式
旅行社	生态旅游产品少、经营促销能耗、材料消耗大、经济利益优先、对当地人扶持力度有限	努力开发和组织生态旅游产品；在经营和促销中使用生态环保的材料、工具和方式；提示游客保护生态环境，尊重地方文化；每个旅行团按照容量要求游客数量；导游理解和执行生态旅游理念；选择有当地人经营的旅馆，购买对环境有益的纪念品；鼓励旅游者与当地人进行交流

五、空间布局

基于生态文明理念的生态旅游开发与规划、管理与责任对旅游服务水平、设施质量、技术含量都有一定的要求，所以需要实行追求精益求精的精品战略。根据河南省生态旅游资源空间分布状况和《全国主体功能区规划》中“世界文化自然遗产、国家级自然保护区、国家级风景名胜区、国家森林公园和国家地质公园等所标注的禁止开发地区是明确禁止工业开发使其失去原生态的，只提供生态产品和服务产品”的要求，按照分类、功能以及原生地质地貌与后天人为景观的融合、行政区划的合理性，考虑到交通网络、旅游环线的实际情况以及区域发展需要，从不同客源细分市场的需要出发，将河南省生态旅游区空间格局划分为三大精品生态旅游区（如表 10-2 所示），通过三大精品生态旅游区的建设和示范，优化河南的旅游资源和生态环境空间布局。通过河南循环型生态旅游发展模式，进行产品生态化设计，倡导洛哈思旅游，转变传统旅游企业的生产方式和旅游者的生活方式。三大精品生态旅游区的示范建设布局，使河南旅游资源和生态环境空间布局合理，生态功能和示范功能凸显。但良好的发展模式和优化的空间结构还需市场化的运行机制驱动运行，具有可操作性特点才能使理论走向现实。

表 10-2 河南省生态旅游区空间布局

生态旅游区	区域范围	资源特色	重点建设的核心生态旅游景区
南太行生态旅游区	位于豫西北部，西与山西交界，为太行山系的南段，简称“南太行”。总面积为5000平方千米	峡谷、悬崖、名泉、瀑布，蕴藏了丰富多彩的自然山水和生态旅游资源。简称为“雄、壮、古”	云台山—王屋山、林虑山—红旗渠、百泉—八里沟、神农坛、青天河、五龙口、云梦山；其他地文景观类有黄龙洞、五龙洞、水峪溶洞；水域风光类有丹河、沁河、淇河、宝泉湖等；生物类景观太行山国家级猕猴自然保护区、白云山森林公园、黄河湿地国家级自然保护区等
伏牛山生态旅游区	位于豫西西部，地跨南阳、洛阳、平顶山三市，南召、内乡、淅川、西峡、栾川、嵩县、汝阳和鲁山八县，总面 20560 平方千米	我国南北地理分界线的重要组成部分，河南省平均海拔最高、幅员最辽阔、人类活动相对稀少、自然保存相对完好的山区。具有优越的历史文化地理位置	南阳旅游景区：宝天曼、西峡恐龙蛋化石群、丹江口水库、荆紫关、楚长城遗址、内乡县衙、龙潭沟等 洛阳旅游景区：伏牛山、犄角尖、白云山、龙峪湾、老君山、鸡冠洞、重渡沟、养子沟、倒回沟、九龙山温泉、陆浑水库等 平顶山旅游景区：西泰山、上汤温泉度假中心、石人山等
大别山—桐柏生态旅游区	包括信阳市的浉河区、平桥区、罗山、潢川、光山、商城、新县、固始，驻马店市的驿城区、确山、泌阳和南阳市的桐柏，共 3 区、9 县，合计总面积 22891 平方千米	秀美的青山绿水、田园风光，光辉灿烂的红色文化、古楚文化、根文化、民俗与宗教文化为依托	休闲度假类景区：鸡公山、南湾湖、汤泉池、黄柏山、铜山等；生态科考类景区：灵山、董寨、中国南北过渡带生态科普园、金兰山、连康山、金刚台、太白顶；红色教育类景区：新县县城、将军故里、确山竹沟、杨靖宇旧居、邓颖超祖居、尤太忠将军旧居、王大湾、会议旧址、桐柏叶家大庄等；饮食文化类资源：茶文化博览园、净居寺生态茶园、九华山茶园、南湾鱼、信阳鳖、固始鸡、华英鸭、信阳地锅饭、大别山珍；宗教类旅游景区：灵山寺、净居寺、水帘寺、北泉寺等

六、融合重点

（一）把握乡村旅游与生态文明的融合

乡村旅游如今已经日益受到全国旅游者特别是来自大中型城市的游客的普遍喜爱，是一种经济实惠、绿色便利的健康体验。乡村旅游其实并不是横空出现，之前的乡村郊游、农业观光园、农家乐都是乡村旅游的探索，是乡村旅游不同侧重点的尝试。如今更加注重的是旅游过程中的亲自参与和体验，所以参与式乡村旅游渐渐打开了新的市场。这种形式的乡村旅游在提高当地居民的经济收入和生态意识的同时也让游客亲自体验到了真实朴素的乡村生活，让游客更加肯定了生态环境的重要性，当地居民与旅游者文明环保的行为能够形成良性的互相监督，使得旅游者的旅游体验质量和生态文明意识大大提高。

基于生态文明建设所倡导的乡村旅游以其低碳环保、绿色健康的特点践行着生态文明理念，有利于推动全省生态文明建设。《河南省旅游产业十三五规划》中计划到 2020 年，全省建成 400 个乡村旅游模范村以及休闲农业与乡村旅游特色村，预计乡村旅游年接待游客量达到 2.6 亿人，受益农民超过 350 万人。

（二）推进保护区（示范区）与生态文明融合发展

生态保护区（示范区）的目的是保护生态环境和自然资源的原生的形态，其常建立在远离社区和远离人群的地区，保存了自然风景的原始特色，通过亲近环境的生态文明旅游方式开展旅游活动。生态保护区建立的最大优点便是让游客身临其中感受到自然生态环境的难能可贵，在环境中接受生态文明教育，能够明显提高游客的生态环境意识。生态保护区与以前单纯保护或者一味开发的发展模式有很大不同，更加注重的是对原生态的景观的维护和保存，也更加重视旅游者在旅游过程中对环境进行的文明互动，不对周边环境做出破坏性或改观性行为。发展生态保护区是非常契合生态文明的发展内涵的，可以拓展为山地、森林、湿地、水利风景区、草地景观等旅游模式。

（三）确保民族文化区与生态文明融合发展

民族文化区是人类历史发展过程的最好证明，具有非常高的文化价值。基于生态文明理念的民族文化区旅游方式，在提高当地经济效益的同时，使得民族文化得到了发扬和传承，保护了历史遗留的民族文化区特色建筑，保留了民族文化的精华习俗。丽江古城、乌镇、周庄等历史文化名城（镇）就是很好的民族文化区旅游地，较好地保存了当地特色古建筑，使得与其他旅游地区具有鲜明的区分度，促进了当地的社会经济的发展，但同时也遭受到了前所未有的商业文化的过度冲击。在生态文明建设的进程中，这些民族文化区应该摒弃原来的过度商业化的经营方式，保护当地遗留的民族文化精华，使其突出其地方民族特色，增强民族文化区在生态文明旅游中的吸引力和竞争力。民俗生态博物院作为民族文化区的精华展示平台也备受人们的关注和青睐，在各种文化碰撞交流的过程中，民族文化区的地方特色文化非常容易被外来文化所同化，这就需要我们设立民俗生态博物院，对当地的民俗文化取其精华进行记录、保留和传承，在有关技术人员的指导下，以本地民众为主体来参与保护和管理这些民俗文化和特色建筑。

（四）加强生态修复与旅游业融合发展

生态修复是为了恢复生态系统的原生态，停止人们对自然生态的外来干扰，借助生态系统的有限的自我恢复能力对其进行维护，辅以人为帮助，使其进行向良好的方向有序演化，恢复其原始的良好面貌。河南省生态旅游发展存在一定的问题，这些问题需要依靠生态修复来解决。最终实现生活治理的多重功能，实现更大的综合效益。

七、驱动机制

由于生态旅游发展模式中涉及生态环境的外部性、利益相关者众多（尤其社区参与问题）、政府与市场关系等“令人头痛”的问题，往往有“说起容易做起难”的感觉，即缺乏可操作的驱动机制。合理的驱动机制的重中之重是选择正确的以市场为主、政府为辅的市场主导的运行方式，如图 10-3 所示。

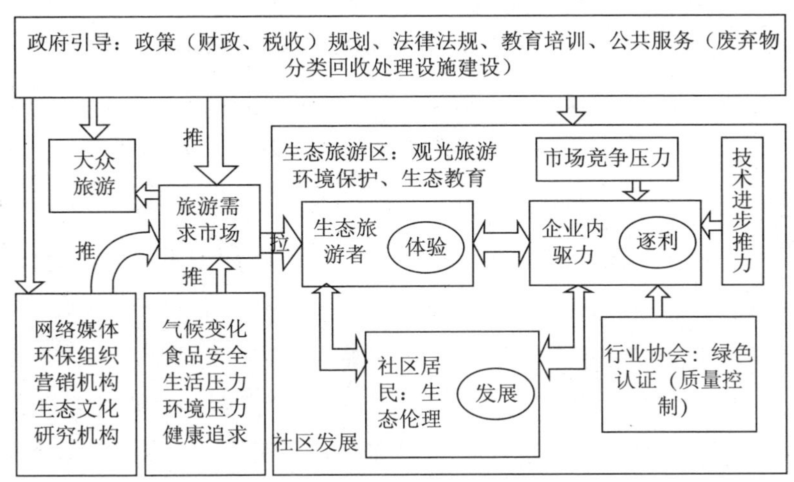

图 10-3 生态旅游驱动机制运行机制图[19]

生态文明的思想意识具有前瞻性和长远性的特点，注重民众福利，对于自然环境的保护和恢复、荒漠化的治理、扶贫攻坚和生态文明建设都有明显的效果，但与此同时其复杂的管理和高度的自觉约束，使得有些旅游企业和旅游者不能够主动去遵守和付诸行动。因此，政府在生态旅游动运行系统中应该在“职责范围内”起引导和调控作用。这里所谓的“职责范围内”即为转变政府在经济发展中的主导地位，而转变为相关企业和当地民众，而政府也尽快转变为服务型政府，尽心尽职地为公众服务，它主要包括政策（金融、税收，例如对生态旅游企业实行税收优惠、政府补贴）规划调控、法律法规完善、开展教育培训、提供公共服务（废弃物分类回收处理设施建设）、营造良好的氛围等。企业是市场的主体，是以逐利为目的的，在市场机制方面，生态旅游企业可以运用“推拉”理论与大众旅游企业分“旅游需求市场蛋糕”。但二者的利润函数不同：

$$\prod(p,\ w) = max\ py - w \cdot x \quad s.t.\ f(x) \geqslant y \tag{10-1}$$

$$\prod(p,\ w) = max(p - p_{污})y - w \cdot x \quad s.t.\ f(x) \geqslant y \quad s.t.\ y \leqslant c_{环境容量} \tag{10-2}$$

这里的式（10-1）代表大众旅游企业利润函数，式（10-2）代表生态旅游企业利润函数，其中 p 是游客消费的价格，y 是游客数量，$w \cdot x$ 是企业投入要素所花费成本，$f(x)$ 代表销售多少产品并且购买多少投入的生产函数。式（10-1）和式（10-2）的主要区别是式（10-2）每位游客增加了处理废弃物的成本价格 p 污，同时游客数量 y 必须小于等于环境容量 c 环境容量。因此，从逐利角度来看，生态旅游企业处于不利的竞争环境。如何实现生态旅游企业市场化运作，在“推”的方面，随着世界部分发达国家先后进入后现代社会和中国逐步进入后工业化阶段，人类正面临着全球气候变暖、生活和环境压力增大，对食品的安全和身体健康追求越来越高，人们的环境意识不断觉醒等现实问题，加之在互联网发达的今天，生态旅游的需求市场受到政府、营销机构、中介媒体等外界宣传影响力的有力“推动”，就转为生态旅游者，保证作为主体的旅游企业拥有充足的游客 y 。

在“拉”的方面，①生态旅游企业按照现代企业制度转变发展方式获“利”：一是作为生态旅游企业，在游客数量上受到环境容量的限制，必须转变发展方式，走提质增效发展之路，也就是生态旅游企业对旅游需求市场的“拉力”，主要有“生态旅游认证（品牌）+科学技术（把科技与当地社区传统生态文化融为一体的产品进行再创造、节省资源能源、减少生产成本和提高利用率）+绿色环保健康（营销）”三大与大众旅游不具有的“法宝”。二是生态旅游企业具有环境正外部性和帮助社区发展和落后地区脱贫致富的社会效益，政府应该给予具有生态旅游认证的企业一定的财政补贴或国家税收优惠等。三是根据《京都议定书》中所述的“市场体制能够解决以二氧化碳为代表的温室气体的较少排放的问题”的新路径，生态旅游景区通过碳排放指标出口交易获利。②正确管理景区与当地居民和旅游者之间的关系，做好公共营销。游客（市场）是企业（甚至包括社区居民）的“上帝”，作为生态旅游区的旅游企业，环境要求十分严格，这为游客深度体验创造了良好的自然环境和空间范围。但是人文环境氛围还得处理好社区居民与旅游企业这对“唇齿相依”的关系。国内外对于生态旅游中鼓励社区参与的研究层出不穷[22~24]。笔者认为，在社区自行开发的生态旅游区，社区参与问题一般处理的较好，如贵州朗德“工分制”，社区参与问题安排很妥当[25~26]，只是发展较为缓慢。但对于外来资本参与开发的生态旅游区，社区居民应以资源要素入股参与收入分配，实现社区和生态旅游企业发展息息相关。至于社区居民到生态旅游企业就业，就得按照企业正常员工招聘程序办理，在同等条件下可以优先社区居民，但必须按照规章制度进行管理，因为企业要实行现代管理，以逐利为目的。当地居民的参与程度和参与能力是政府应该注重的问题，能够很好地处理好社区居民、游客与企业之间的关系也可以称得上很好的"公共关系"营销了。③行业协会以行业可持续发展做好认证保障。行业协会是社会主义市场经济体制建设和完善过程中非常重要的组成成分，它能够推动转变政府职能，承接政府转移职能，构成各行各业和社会经济的综合管理，推动社会经济科学可持续健康发展。因此，行业协会要在政府的引导下，围绕"把协会建成公信力强、功能完备、运作规范、作用显著，符合新时期发展要求的能够适应现阶段社会主义市场经济的新式行业协会"的目标不断改进[22]。对于生态旅游区，重点在八大精品生态旅游区积极引导企业实施绿色环球 21 环境可持续认证工作，对于尚未具备绿色环球 21 标志认证条件的企业，行业协会可以根据软生态旅游标准和国家主体功能区规划要求，做好生态旅游企业准入与认证工作，防止乱贴"生态旅游"标签，为政府补贴和减税做好相应的基础工作，更为旅游行业可持续发展做好保驾护航。

第四节　河南旅游业与生态文明建设融合的途径

旅游业与生态文明建设相结合是顺应时代的正确决定，使得旅游业可以绿色健康可持续发展的最佳模式，是人类历史发展进程的必然选择，也是促使旅游业在未来持续科学化、具有强大吸引力和竞争力的重要表现，是未来旅游发展的主要趋势。生态旅游不同于传统旅游模式的是更加注重旅游者、当地居民、有关部门等这些主体所本身具有的生态文明素质，在旅游业发展中实践生态文明要求，从最初仅仅注重的节约资源能源、维护环境原生态这些单方面的行为模式向人与自然协调统一，统筹兼顾，良好互动的模式进行转变。

生态旅游的发展不但能够增加当地居民的经济收入，提高他们的生活水平，满足他们的物质和精神方面的需求，而且能够有力地加快国家生态文明建设，促进全面建成小康社会的尽快实现。但旅游业的特点是综合性、受面广，它决定了生态旅游的实现需要当地政府、有关企业和当地居民的积极配合和广泛参与，在政府部门主导、其他部门配合下共同来完成。

一、加强政府的引导和调控

保护优先、分类指导。政府要牢固树立“环境就是民生，青山就是美丽，蓝天也是幸福。要像爱护自己的眼睛一样爱护生态环境，像尊重自己的生命一样尊重生态环境”的保护意识。要坚定保护优先，开发服从保护的宗旨，宁肯“荒”，不要“慌”的方针，对于拥有不同资源的待开发景区进行合理的规划，具体问题具体分析。对于拥有传统型资源的地区，应该严格遵循整体规划进行环境保护、节约资源的开发。对核心景区的自然和文化遗产资源要严格加以保护；对规划建设区的项目建设要严格按照规划确定的规模、类型进行控制。对于环境承载力较强、容量较大、自我恢复较快、自然条件较好地一些地区，应该努力开发创新型生态旅游产品，来满足人们日益增长的生态旅游需求。制定《绿色旅游建设指导意见》，深入开展国家级生态旅游示范区的开发建设，构建促进绿色生态旅游的消费制度体系，指导各地区以及各旅游相关行业促成建设生态文明路径。

强化旅游环境影响评价。全国、跨省级、省级以及市级（特指设区的）有关旅游业的政府规划需要明确指出对生态环境影响的评价体系，充分发挥生态环境影响评价制度对旅游相关企业合理合法发展的制约作用。为开发和利用规划所涉及的生态敏感的动物、植物、自然景观以及其他自然资源应当制定专项环境影响评价报告。在生态敏感区域开展旅游项目，或重大旅游项目，依法按照规定提供环境影响评价报告。

推动绿色技术开发应用。绿色生态旅游需要强大的科学技术和基地建设作为支撑，需要重点研究节约能源、资源可循环利用、修复生态环境等有关生态科技，积极推进生态旅游科技成果的研发和应用，打造低碳生态、一体化的旅游产业链。大力宣传高效节水技术和有关产品，对于当地建筑和景区内用房等进行节能和循环利用改造，提高资源利用率。引进国际上先进的厕所无害化处理系统，试点以厕所产物无害化为宗旨的国际人居试点工程。加强在旅游开发过程中合理规划和节能减排的基本要求对旅游开发的管束功能。

实施旅游生态管制。强化顶层规划和科学可持续的发展要求，形成在源头上防患于未然、在过程中节节把控、有所损害就要赔偿、有责任就要追溯的科学管理方式，提升资源节约和可循环再利用的程度，特别是在生态保护区和生态敏感区，要对旅游项目的类型、规划以及开发强度进行强有力的监督管制，对于生态旅游地区实行环境影响评价制度，对于国家公园和国家级保护地区等区域应实行旅游负面清单和生态公益诉讼制度，这样构成旅游业与保护环境和谐统一的互动机制。

二、推动旅游行业贯彻和执行

实施绿色认证制度。遵循资源减量化、循环再利用、资源节约化的方针，对符合开发条件的地区进行生态化开采，形成循环型旅游产业模式，增加旅游资源的产出率。实施旅游节能增效推广计划，开展旅游业有关重点行业节能减排和低碳行动。节约使用旅游区自然资源，减少各有关行业的能源耗损。增强旅游区用水需求规划与管制，普及节水节能型技术。加强构建“低碳城市、绿色饭店、循环型景区、绿色建筑、绿色交通”等为内容的绿色环保体系，大力推广绿色旅游产品以及企业认证制度。

推行旅游业合同能源管理。发挥市场机制作用，鼓励节能服务中介机构与旅游企业开展旅游业合同能源管理。强化旅游企业资源能源供给管理，监督各用能部门依照规定计量，提供合同能源管理项目的基础条件。开发合同能源管理示范项目，充分展示其领导带头作用。

推进节能减排示范点建设。建设旅游循环经济示范区，努力推广旅游循环经济发展方式和有关经验。促进生态文明建设，通过“旅游促进生态文明建设会议”，并促成《旅游促进生态文明建设的指导意见》，推进国家公园、国家风景区、国家生态文明旅游示范区、旅游循环经济示范区的试点工作。

三、创新绿色发展机制

建立健全旅游生态补偿机制。充分评估自然型景区生态系统服务价值和损失，制定可行性强的生态补偿标准，考虑旅游管理者、经营者与游客等利益相关者的保护责任，探索建立旅游生态补偿机制，完善旅游生态环境保护与经济收益相关的鼓励管制机制，促进旅游地区资源节约和生态修复建设。探索旅游碳汇贸易机制。大力践行旅游资源权利归属、旅游资源影响评价和旅游资源产权买卖。依托 2017 年我国开展碳交易的契机，研究建立生态旅游业中碳汇贸易的相关制度和机制，将旅游业对生态文明建设的贡献进行量化，保护旅游业有关企业的生态利益和经济效益，深入挖掘旅游业发展的绿色价值。

建设监督生态旅游环境承载力警告机制。拟定生态旅游环境承载力的评价指标和监测方式，创建生态旅游环境承载力数据库，定期监测并给出有关报告，对于资源能源耗损和环境容量靠近甚至超出环境承载能力的地区，进行警告和强制弱化。明确旅游者客流数量与环境承载力之间的联系，使得旅游区域能够合理管控旅游接待量，加强推广旅游预订制度，正确引领游客合理出游。

健全绿色发展监管制度。实行旅游生态环境影响评价结果公开的制度，实行旅游负面清单和生态公益诉讼制度，使旅游者自觉养成环境保护习惯，民众依法行使监督权力有所保障，引导民众积极参与，强化媒体舆论的监督力度，大力推广政府和社会民众共同监督的绿色发展监管制度。

四、倡导绿色旅游消费

倡导低碳绿色出行。对于不合理的消费和过度的浪费严重抗议，倡导绿色出行。强化绿色低碳的旅游消费意识，鼓励绿色低碳消费方式，指引消费者在“食、住、行、游、购、娱”等方面主动把节能减排、绿色消费作为自身的要求，对于不合理的消费和奢侈无度坚决抵制。鼓励民众绿色出行，在自身安全得到保障的基础上可以组团拼车出行，这样可以减少交通污染和拥堵情况。改善旅游运输方式，增加环保绿色交通工具的出行频率，倡导游客在旅游时首选公共交通、自行车或者徒步等健康环保的出行方式。

建立绿色消费奖励机制。研究创设绿色消费奖励制度，通过倡导“光盘行动”来展开反对食物浪费行动，将旅游活动中对于食品的浪费行为加入到旅游质量投诉的内容里面。引导景区内酒店宾馆实行房价与所耗费资源量相关，从方方面面来提醒消费者注重节约资源，增强环境保护和绿色消费的意识。

五、开展生态文明教育

加强旅游生态文明宣传。将旅游生态文明宣传与推进文明旅游相结合，进一步提升旅游者环保意识和生态意识。发布《绿色旅游消费公约》和《旅游生态文明指南》丛书，利用旅游景区内的导游讲解服务，将生态文明出游进行广泛推广和宣传。

积极开展生态文明教育。在旅游区域内设立生态文明的宣传教育点，培养游客们的生态文明意识，使民众养成自觉绿色消费的良好习惯。实行旅游业有关部门和各行各业的绿色环保教育工作，宣传生态文明理念，实行绿色营销，倡导绿色消费行为。对旅游者进行环保知识培训，建立绿色消费奖惩机制，使游客树立绿色良好的生态价值观，培养绿色出行、绿色消费、绿色旅游的自主意识，引领全社会的低碳生活方式。

开展绿色旅游推广行动。建立就地取材、综合性较强的绿色旅游机制，建立低碳旅游准则，在全社会进行倡导和推广。完善绿色消费奖励机制，创设绿色发展引导资金和政府提供绿色发展教育培训，倡导各相关企业实行低碳准则，实行绿色环保低碳管理，研发绿色低碳环保产品和科学技术，最终实现绿色低碳发展。

参考文献

[1] 刘思华．对建设社会主义生态文明论的若干回忆——兼述我的“马克思主义生态文明观”[J]．中国地质大学学报：社会科学版，2008，8（4）：18-30.

[2] 徐春．生态文明在人类文明中的地位［J］．中国人民大学学报，2010，24（2）：37-45.

[3] Morrison R. Ecological Democracy［M］. Boston：South End Press，1995：3.

[4] 刘仁胜．当代中国马克思主义研究报告［M］．北京：人民出版社，2009：255.

[5] 姬振海．生态文明论［M］．北京：人民出版社，2007：2-10.

[6] 俞可平．科学发展观与生态文明［J］．马克思主义与现实，2005，(4)：4-5.

[7] 谭春丽．那顺平．深刻认识生态文明建设的重要性大力推进西藏生态文明建设．生态文明建设，西藏发展论坛 2013，(5)：62-66.

[8] 杨桂华，钟林生，明庆忠．生态旅游［M］．北京：高等教育出版社，施普林格出版社，2000：1.

[9] 田里，李常林．生态旅游［M］．天津：南开大学出版社，2004：2，38-39.

[10] 卢云亭，王建军．生态旅游学［M］．北京：旅游教育出版社，2001：8.

[11] Weaver D B, Lawton L J. Twenty Years on: The State of Contemporary Ecotourism Research [J]. Tourism Management, 2007, 28 (5): 1168-1179.

[12] 罗明义．生态旅游可持续发展——亚太地区部长级会议述评［J］．旅游学刊，2002，17 (3)：75-78.

[13] Weaver D B. Comprehensive and Minimalist, Dimensions of Ecotourism [J]. Annals of Tourism Research, 2005, 32 (2): 439-455.

[14] 邵琪伟．发展生态旅游促进生态文明——在全国生态旅游发展工作会议上的讲话［N］.

[15] 陈刚．环境美与生态旅游［J］．旅游学刊，1996 (4)：43-45.

[16] 舒小林，黄明刚．基于生态文明理念旅游发展方式的选择研究［J］．生态经济，2015，31 (6)：133-138.

[17] 张玉钧，孙吉亚．发展生态旅游是生态文明建设的重要途径［N］．中国绿色时报，2012-12-05 (004) .

[18] Stronza A, Gordillo J. Community Views of Ecotourism [J]. Annals of Tourism Research, 2008 (2): 448-468.

[19] 舒小林，黄明刚．生态文明视角下欠发达地区生态旅游发展模式及

驱动机制研究——以贵州省为例［J］. 生态经济，2013，274（11）：99-105.

［20］舒小林，明庆忠，李庆雷. 旅游循环经济发展战略初探［J］. 经济问题探索，2006（10）：108-113.

［21］马继刚，宋金平，张瑞红. 从低碳旅游到洛哈思旅游：可持续旅游理念的又一次深化［J］. 人文地理，2012（3）：93-97.

［22］Reimer J K，Walter P. How do You Know it When You See it? Community-Based Ecotourism in the Cardamom Mountains of Southwestern Cambodia［J］. Tourism Management，2013，34（2）：122-132.

［23］蒋艳. 关于欠发达地区社区参与旅游收益分配的探讨［J］. 重庆交通学院学报：社科版，2004，4（3）：49-51.

［24］杨建春，吴建国. 民族村寨旅游管理制度研究［J］. 商业研究，2012（8）：188-193.

［25］李天翼，孙美璆. "工分制"民族村寨旅游开发模式成因的文化生态学探析——以贵州省雷山县上郎德村为个案［J］. 黑龙江民族丛刊，2010（6）：58-62.

［26］王洁平. 城市旅游行业协会改革发展的思考［N］. 中国旅游报，2012-08-31（12）.

第十一章　河南全域旅游发展战略

第一节　全域旅游的概念和内涵

一、全域旅游发展历程

2016 年 1 月 29 日，国家旅游局局长李金早在“2016 年全国旅游工作会议”上表示：进入新的发展时期，贯彻落实五大发展理念，必须转变旅游发展思路，变革旅游发展模式，创新旅游发展战略，加快旅游发展阶段演进，推动我国旅游从“景点旅游”向“全域旅游”转变[1]。由此，中国旅游发展进入一个全新阶段，全域旅游的概念瞬时成为当下旅游发展的热点。

但是，全域旅游这一概念的提出，并不是近两年的事情。往前可以追溯到 2008 年“5・12”汶川特大地震后阿坝州在灾后重建中提出的“全域景区”，以及浙江绍兴提出的“全城旅游”发展战略。2009 年，江苏《昆山市旅游发展总体规划修编》提出“全域旅游，全景昆山”。2010 年，四川大邑县启动全域旅游休闲度假战略规划。2011 年，《杭州市“十二五”旅游休闲业发展规划》提出旅游全域化战略；浙江桐庐提出全域旅游的全新理念。2012 年，四川甘孜州委明确提出实施全域旅游发展战略；山东一些县域将“全域旅游”确立为发展方向，如蓬莱、日照五莲县等，山东沂水县确立“建设全景沂水发展全域旅游”发展战略；湖南资兴市推进旅游业由“区域旅游”向“全域旅游”转变[2]。

在旅游学术研究领域，2009—2012 年也是我国全域旅游研究的起步阶段，期间发表论文仅 6 篇，且以调查报道性文章为主，如杨宇等对都江堰市政协副主席、规划管理局局长屈军的专访中，提到未来都江堰将打造成一个现实与虚拟结合发展的全域旅游城市[3]。王明儒等探讨了大连全域旅游的空间格局[4]。毛溪浩在报道中提出要把浙江桐庐建设成全域旅游目的地[5]。仅有的一篇研究性论文，是常洁和朱创业从罗浮山的地质旅游开发对安县区域旅游影响的角度进行阐述[6]，但文中也仅是提到了全域旅游。这一阶段，作者们只是单纯提到“全域旅游”这个词语，并没有深入探讨和解释“全域旅游”的内涵，全域旅游的概念还处于朦胧期。

总的来讲，2013 年以前“全域旅游”只是出现在各地区规划或调查报道性文章中，但是对于全域旅游是什么，还没有统一的认识[7]。

到了 2013 年，全域旅游进入到地方试点探索阶段。宁夏回族自治区明确提出要“发展全域旅游，创建全域旅游示范区（省），把全区作为一个旅游目的地打造”；桐庐成为浙江省全域旅游专项改革试点县，诸城市列为山东省全域旅游试点市；重庆渝中区启动《全域旅游规划》。2014 年，五莲县、临沂市、莱芜市、滕州市、沂水县成为山东省全域化旅游改革试点。与此同时，学术研究也开始了理论上的系统探索。2013 年 3 月，厉新建、张凌云和崔莉从学术角度提出了全域旅游这个全新的概念，并构建了全域旅游的基本框架，指出要从全要素、全行业、全过程、全方位、全时空、全社会、全部门、全游客等角度推进旅游目的地的发展，在要素利用上要重视当地居民作为吸引力载体的作用[8]。

2015 年，国家旅游局下发了《关于开展“国家全域旅游示范区”创建工作的通知》，全域旅游进入到国家示范推进阶段。李金早局长提出：“在 2000 多个县中，每年以 10% 的规模来创建。今年要推进 200 个县实现全域旅游，3 年 600 个县实现全域旅游。”2016 年 1 月，全域旅游概念在全国旅游工作会议上被正式提出来。2016 年 2 月，国家旅游局公布了首批 262 个“国家全域旅游示范区”创建单位名单。2016 年 7 月 18—21 日，习近平总书记到宁夏视察时明确提出：“发展全域旅游路子是对的，要坚持走下去。”2017 年 3 月 5 日中华人民共和国第十二届全国人民代表大会第五次会议上，李克强总理政府工作报告中也提到了全域旅游。与此同时，对全域旅游开展的规划、学术研究也显著丰富起来。可见，全域旅游不仅成为国家层面提出的一个全新发展理念而备受瞩目，而且已经上升为国家战略得以推进实施。

二、全域旅游的概念和特征

（一）全域旅游的概念

三十多年来，我国的旅游发展主要靠建景点、景区、饭店、宾馆，这种发展方式实际上是一种“景点旅游”模式，造成景点景区内外的设施、环境和服务“两重天”，游客的旅游经历和体验常常被割裂、被破坏。当前旅游业已经进入了以自助游、自驾游为主体的全民旅游新时代、旅游发展新阶段，传统的“景点旅游”模式已经不能满足游客和旅游发展的现实需求。全域旅游由此应运而生。

全域旅游是区域旅游发展的最新理念。从中国旅游发展的历史来看，区域旅游概念形成和提出的时间比较长[10]。早在 20 世纪 80 年代中期，借鉴国际上欧洲、美国夏威夷等区域联动的经验，我国提出了区域旅游的概念。那时的区域旅游是指打破行政区划的界限，由政府和企业共同探索发展方式。全域旅游则是在区域旅游发展的基础上全面优化旅游要素、基础设施、旅游功能和产业布局，实现从单一景点景区建设到目的地整个区域的统筹规划发展。

近年来，不断有人给出全域旅游的概念。目前应用最多的是国家旅游局局长李金早在 2016 年全国旅游工作会议上发表的《全域旅游大有可为》署名文章中的定义：全域旅游是指在一定区域内，以旅游业为优势产业，通过对区域内经济社会资源尤其是旅游资源、相关产业、生态环境、公共服务、体制机制、政策法规、文明素质等进行全方位、系统化的优化提升，实现区域资源有机整合、产业融合发展、社会共建共享，以旅游业带动和促进经济社会协调发展的一种新的区域协调发展理念和模式[14]。

根据此概念，发展全域旅游，就是要通过各部门齐抓共管，各行业积极融入，全社会共同参与，充分利用目的地的全部吸引物要素，为前来旅游的游客提供全过程、全时空的体验产品，从而全面满足游客的全方位体验需求。“全域旅游”所追求的，不再停留在旅游人次的增长上，而是旅游质量的提升，追求的是旅游对人们生活品质提升的意义，追求的是旅游在人们新财富革命中的价值[9]。

（二）全域旅游的特征

1. 全部门齐抓共管

全域旅游是当前区域统筹协调发展的重要模式，其发展不再是旅游部门一家的事，必须从部门行为向党政统筹推进转变，形成综合产业综合抓的局面。必须坚持党政主导、改革创新，努力构建全域大旅游综合协调管理体制。在旅游资源富集、旅游产业优势突出的区域，整个区域的管理体制设计，都应有旅游理念，围绕适应旅游发展“两个综合”需求，即综合产业发展和综合执法需求，创新区域治理体系，提升治理能力，实现区域综合化管理。围绕形成旅游发展合力，通过综合改革，破除制约旅游发展的资源要素分属多头的管理瓶颈和体制障碍。围绕形成旅游市场综合监管格局，创新旅游综合执法模式，消除现有执法手段分割、多头管理又多头都不管的体制弊端[14]。

2. 全资源综合利用

全域旅游具有全新的资源观。旅游资源不仅仅包括传统的自然、人文类型，还包括社会型旅游资源，如特色产业、特色村镇；不仅包括旅游资源自身，还包括其所处的不可分割的环境和居民。旅游目的地的文化不仅体现在建筑、文物上，同时也体现在当地居民的交流语言、生活态度、行为方式、文化取向上，居民对所居城市的记忆和体验是游客感受目的地的重要媒介和信息来源。要充分发挥旅游带动作用，在全域优化配置经济社会发展各类资源，实现既宜居又宜游，处处是风景，处处可旅游。比如，水利建设不仅要满足防洪排涝、灌溉功能，还要有审美游憩价值和休闲度假功能。交通建设和管理，不仅要满足运输和安全，道路还应建成风景道，还需要规划建设厕所等公共服务设施，提供完善的自驾车旅游服务体系和配套标识、营地等。城镇不仅要满足居民居住和生产功能，还要注重特色、注重服务。美丽乡村建设，既要建成当地农民的幸福家园，还应建成城市居民休闲度假的幸福乐园[14]。

3. 全产业融合创新

全域旅游概念中，旅游的发展不是孤军奋战，而是包括各个领域，跨越各个行业，在产业融合中共同发展。有些形成了产业之间的交叉，有些形成了产业之间的互相渗透，有些则通过产业之间的聚变反应创造形成了全新的产业。旅游从封闭的自循环向开放的“旅游+”融合发展方式转变。比如：通过推进旅游+体育，大力发展体育旅游；通过推进旅游+研学，大力发展研学旅游；通过推进旅游+会展，大力发展会展旅游；通过推进旅游+特色村镇，大力发展特色村镇游……由此，使旅游发展从“围景建区、设门收票”向“区景一体、产业一体”转变，促进旅游与其他产业融合，旅游产业辐射带动全域发展。

4. 全社会共享共建

在景点旅游模式下，旅游从业者只是导游、服务员等，而在全域旅游模式下，整个区域的居民都是服务者，都是主人，他们由旁观者、局外人变为参与者和受益者。全域旅游既要让建设方、管理方参与其中，更需要广大游客、居民共同参与。既要考虑让游客游的顺心、放心、开心，也要让居民生活得更方便、更舒心、更美好。要通过旅游发展成果为全民共享，增强居民获得感和实际受益，来促进居民树立人人都是旅游形象，自觉把自己作为旅游环境建设一分子，真正树立主人翁意识，提升整体旅游意识和文明素质[9]。

5. 全时空完美体验

全时，即时间全域，包括全年、全季、全天（昼夜）。推动全域旅游发展，就要打造旅游产品丰富、一年四季可游、白天黑夜可看可玩的旅游目的地，通过全天候旅游体验和全感官项目设计，变“8 小时经济”为“24 小时经济”，提升同一空间不同时间的体验性，延长游客逗留时间，拉长夜间休闲旅游产业链，提高资源设施利用效率，避免忙半年、歇半年，白天看庙、晚上睡觉的落后产业状态。

全空，即空间全域。推动全域旅游发展，就要按景区标准来建设和打造整个区域，使城乡环境更加优美，设施更加完善。要协调好区域内景区、社区（城镇、乡村）、风景道、产业区、生态区、文化区等的关系，发挥各自特色，差异化发展，实现各个空间相互的完美组合。要改变景区内外“两重天”的格局，将一个区域整体作为功能完整的旅游目的地来建设、运作，实现景点景区内外一体化，做到人人是旅游形象，处处是旅游环境，最终实现从小旅游格局向大旅游格局转变。

第二节　河南全域旅游发展现状

全域旅游自提出至今，各省市群策群力，积极探索适合当地的发展路径，全国上下如火如荼推进全域旅游发展。与此同时，河南也在积极探索和稳步推进全域旅游发展。可以划分为两个阶段：

一、2012—2015 年的地方探索阶段

早在 2012 年 2 月，嵩县县委书记李大伟就提出了“5A 嵩县”的旅游发展新概念，是全国首个提出将全域打造成开放式 5A 景区的县。2012 年 12 月，栾川县正式提出打造“全景栾川”新理念，即把整个栾川作为一个大的生态公园来建设，把旅游规划融入县城、小城镇和新农村建设的各个领域，努力打造宜游、宜居、宜业的美丽栾川、幸福栾川。

2014 年 12 月，郑州加快全域旅游发展大会召开，首次明确郑州市“全域旅游”的发展目标，并就旅游产业升级、推进全域旅游发展进行安排部署。2015 年 4 月，郑州市人民政府正式颁布《关于加快全域旅游发展的意见》。同年，郑州市、中牟县等相继完成了全域旅游总体规划。

2015 年，济源市市委、市政府确定以“全域旅游”引领“全域济源”发展为济源未来发展的主攻方向之一，多次组织召开“全域旅游”发展研讨会，并完成了全市全域旅游规划，适时出台了《关于促进“全域旅游”发展的意见》。

二、2016 年至今的示范推进阶段

2016 年 2 月 5 日，国家旅游局公布的首批 262 个“国家全域旅游示范区”创建单位名单中，河南省郑州市、济源市、洛阳市栾川县、洛阳市嵩县、安阳市林州市、焦作市修武县、焦作市博爱县、南阳市西峡县、信阳市新县、信阳市浉河区 10 个市县区入围。同年 11 月，国家旅游局公布第二批创建“国家全域旅游示范区”名单，河南省焦作市，郑州市巩义市，洛阳市洛龙

区、孟津县，平顶山市汝州市、舞钢市、鲁山县，鹤壁市淇县，新乡市辉县，许昌市魏都区、鄢陵县，三门峡市灵宝县、卢氏县，商丘市民权县，南阳市南召县，信阳市商城县共16家单位名列其中。由此，河南的全域旅游发展步伐明显加快，各县市纷纷编制全域旅游规划，改革旅游管理体制，实施全域旅游战略。

2016年12月，河南省全域旅游推进大会暨标准培训班在济源市举行，全省旅游部门探讨推进全域旅游工作。2017年1月，河南省省长陈润儿在河南省第十二届人大七次会议上所作的政府工作报告中提到，要着力扩大服务消费，持续实施"十大扩消费行动"，进一步放宽服务业准入，加快发展全域旅游、健康护理、体育健身、绿色消费等新型消费业态。2017年2月，在河南省旅游工作会议上，河南省旅游局局长寇武江指出，将通过实施全域旅游攻坚，提升旅游供给能力。

2017年8月，《河南省人民政府办公厅关于创建郑汴洛全域旅游示范区的实施意见》《河南省人民政府办公厅关于印发河南省"十三五"旅游产业发展规划的通知》相继颁布。"十三五"旅游产业发展规划提出的重点任务之一就是发展全域旅游，努力推动郑州、开封、洛阳创建国家全域旅游示范区，在满足大众旅游时代旅游消费新需求和推进旅游产业转型升级方面先行先试。鼓励有条件的地方积极创建国家全域旅游示范区，"十三五"期间，力争建成30个国家全域旅游示范区。[15~16]

第三节　河南全域旅游发展战略重点

一、强化全域旅游发展理念

思想决定态度，态度决定行动，行动决定结果。全域旅游发展理念自提出以来，不少政府官员、专家学者对其内涵也进行了或浅或深的解读，思想、行动逐步深入。但毕竟时间不长，很多人对全域旅游的认识还不全面，理解还不深刻。虽然当前河南旅游业规模不断扩大，对经济发展的带动作用越来越强，但是从全域旅游联动融合发展来看，河南旅游业在整体规划、项目开发、城乡建设、产业融合、公共服务、设施配套等方面还有很大的提升空间。要实施全域旅游发展战略，必须要正确理解、深刻认识全域旅游发展理念。

首先要正确理解空间全域。推进全域旅游并不是到处建景点景区、到处建宾馆酒店，而是要“打破独立景点”老式发展思路，将原有独立的、有边界、有围墙的景区景点建设变成为全域性的，多角度的旅游规划开发，将城市、乡村、街道的基础设施、公共服务建设和旅游业发展切实结合起来。在这个过程中，一方面要从游客的角度出发，关注当前游客个性化、多元化的需求，防止简单模仿造成千城一面、千村一面、千景一面；另一方面要兼顾社区关系，努力提升当地居民的居住体验和获得感。在政府、企业和居民的共同努力下，游客不会成为“干扰生活”的侵入者和“待载的羔羊”，而成为当地服务的对象、欢迎的客人。

其次是正确理解全民参与。全域旅游要求的“全民参与”，是将旅游业的发展从“政府知道、投资商明白、从业者服从”拓展到“全民皆知旅游发展特色，全民改变服务思路，全民都可做‘导游’”，一方面杜绝“宰客”现象，另一方面通过全民参与发展真正将本地特色与本地文化做活、做生动，真正提升游客的“体验感与参与感”。对于游客来说，原来的“看景”转变为“体验一种本地生活、观赏一片本地景观、了解一类本地文化”，真正成为“体验旅游、度假旅游”，真正实现“玩得开心、住得舒心、吃得高兴、消费放心”，真正“融入地方、爱上地方”，实现“长停留、多频次、高消费”。

再次是正确认识产业上的全域。即以“旅游+”的融合发展思路去推进旅游发展。一方面，将旅游发展与信息产业、文化产业、工业、农业等不同产业的发展结合起来，通过产业内核丰富“旅游消费”内容，提升旅游的核心竞争力，挖掘旅游的附加值，带动本地区“多元产业”的发展；另一方面，通过旅游业的“宣传、推广”作用，提升地区品牌、提升产业环境，辅助产业招商。对于投资商来说，旅游项目的投资不再是“独木孤舟”，全域范围的旅游形象提升与旅游项目开发，使得单点项目具备更好的投资环境，带来更多的“附带游客”，项目的投资建设也将成本更低、效益更好。对于政府而言，经济活力增强，城市形象不断提升，社会气象发生变化，区域发展步入良性循环。

总体来说，强化和践行全域旅游发展理念，是期望通过旅游发展模式的转变，促进区域经济的转型发展，构建多元化的发展动力，使得“居民舒心、游客开心、商旅动心”。

二、创新全域旅游发展模式

河南要想在全域旅游发展的大潮流中做出成效，要创新全域旅游发展模式，必须顺应旅游消费大众化、旅游需求品质化这些新的趋势，创新发展理念，转变发展思路，加快由传统景点景区模式向全域旅游发展模式转变，促进旅游业发展转型升级。在“第二届全国全域旅游推进会”上，全国多个地方提出要全面践行全域旅游发展理念，以此推动当地旅游业的新一轮发展。其中，五种典型全域旅游发展经验和做法获得了与会代表的充分肯定[12]。

第一种，龙头景区带动型。依托龙头景区作为吸引核和动力源，按照发展全域旅游的要求，围绕龙头景区部署基础设施和公共服务设施，围绕龙头景区配置旅游产品和景区，调整各部门服务旅游、优化环境的职责，形成了“综合产业综合抓”的工作机制，推进“景城一体化发展”。以龙头景区带动地方旅游业一体化发展，以龙头景区推动旅游业与相关产业融合，以龙头景区带动地方经济社会发展。其典型代表有：湖南张家界、四川都江堰。

第二种，城市全域辐射型。以城市旅游目的地为主体，依托旅游城市知名旅游品牌、优越的的旅游产品、便利的旅游交通、完善的配套服务，以都市旅游辐射和带动全域旅游，促进城乡旅游互动和城乡一体化发展，形成城乡互补，优势互动的城乡旅游大市场。按照“旅游引领、融合发展、共建共享、提升价值”的思路，推动旅游规划、城乡规划、土地利用规划、环保规划等“多规合一”，以旅游引领新型城镇化。其典型代表有：辽宁大连、福建厦门等地。

第三种，全域景区发展型。把整个区域看作一个大景区来规划、建设、管理和营销。按照全地域覆盖、全资源整合、全领域互动、全社会参与的原则，深入开展全域旅游建设，推进旅游城镇、旅游村落、风景庭院、风景园区、风景厂矿、风景道等建设，实现“处处是景、时时见景”的城乡旅游风貌。其典型代表有：浙江桐庐、河南栾川、宁夏中卫等地。

第四种，特色资源驱动型。以区域内普遍存在的高品质自然及人文旅游资源为基础，特色鲜明的民族、民俗文化为灵魂，以旅游综合开发为路径，推动自然资源与民族文化资源相结合，与大众健康、文化、科技、体育等相关产业共生共荣，谋划一批健康养生、避暑休闲、度假疗养、山地体育、汽车露营等旅游新业态，带动区域旅游业发展，形成特色旅游目的地。其典型代表有：重庆武隆、云南抚仙湖、贵州花溪等。

第五种，产业深度融合型。以“旅游+”和“+旅游”为途径，大力推进旅游业与一、二、三产业的融合，以及旅游业与文化、商贸、科教、体育、宗教、养生、教育、科研等行业的深度融合，规划开发出一批文化休闲、生态观光、商务会展、休闲度假、乡村旅游等跨界产品，推动全域旅游要素深度整合，进一步提升区域旅游业整体实力和竞争力。其典型代表有：南京江宁区、北京昌平区。

目前，河南郑州市、焦作市、南阳市西峡县、洛阳市嵩县、新乡市辉县等 26 个地市被先后列入国家全域旅游示范区名单，26 个区域在旅游资源、基础设施、经济条件等方面状况不尽相同。河南发展全域旅游要充分考虑各个地区的实际情况，寻找恰当有效的发展模式。

以河南省焦作市为例，它已被列为国家全域旅游示范区，焦作市修武县云台山集全球首批世界地质公园和国家级风景名胜区、首批国家 5A 级旅游景区、国家自然遗产、国家森林公园、国家级猕猴自然保护区、国家水利风景区、国家文化产业示范基地于一身，是国内一流、世界知名的综合型风景名胜区。以云台山现有的优质旅游资源和品牌知名度，完全有能力成为焦作全域旅游发展的龙头。在原有旅游基础设施和服务的基础之上，以云台山为核心，联带青龙峡、青天河、神农山、峰林峡等以自然资源为主的景区，以及陈家沟、嘉应观、焦作影视城等人文资源为主的景区，促进焦作市旅游业和文化产业、新兴服务业、城市建设、生态建设的深度融合发展，从而实现产城融合发展的目标。除了利用云台山的龙头效应之外，焦作还可凭借历史悠久、源远流长、现存丰富的文化遗址，以及 3 个 5A 级景区，4 个 4A 级景区，打破景区和县域界限，在全域范围铺开建设旅游公共服务设施，为全域旅游发展打好坚实基础。

并不是所有地区都有龙头景区可依托，也不是每个全域旅游示范区都有丰富的旅游资源。如县级市巩义，位于郑州和洛阳之间，区位优势明显。1992年以来，综合经济实力连续18年位居河南省首位，连续九届跻身全国百强县（市），是国家级卫生城市、国家级园林城市，中国优秀旅游城市，2010中国十大领军城市（县级）。有如此优越的经济条件和地理位置，巩义旅游业发展可以依托的是城市本身。虽然不像辽宁大连和福建厦门那样有鲜明的城市名片，但是其境内仰韶文化等遗址70多处，康百万庄园等国家、省、市级文物保护单位100多处，身处大黄河旅游线上，拥有“山河四塞、巩固不拔”的美名和“东都锁钥”的称号。在发达的工业产业支撑下，巩义可探索“旅游+工业”之路，将全域旅游作为其发展的新支点、新动能，打造环境优美、功能完善、人文和谐的宜居之城。不仅要当好郑州市民休闲度假的后花园，还要开创全域旅游发展新格局，推出城镇旅游新名片。

全域旅游发展模式并不是单一的，没有固定的套用公式。现阶段全域旅游是在探索和实践中不断前进和发展。河南虽然有某些地区走在了全域旅游发展的前列，摸索出了一条道路，但是距离实现整个省的全域旅游发展还有很长的路要走。全域旅游不是一蹴而就的，各地区在践行全域旅游发展战略的过程中，要遵循河南省旅游发展的宏观导向，结合自身实际，充分利用当地优势产业和资源，借鉴但不拘泥于现有发展范式，创新融合发展模式，打破景区限制，从乡村到县域、到市域甚至跨区域，一点带线、带面逐步推进，最终实现整个河南省的全域旅游。

三、打造全域旅游发展典范

由于资源、区位、交通、经济、文化等各种条件的不同，目前各地区旅游发展参差不齐。面对全域旅游发展新理念，各地的认识水平和行动力也有差别。为了推动旅游业由“景区旅游”向“全域旅游”发展模式转变，构建全域旅游发展新格局，也为了鼓励先进地区更上一步，模范带动、刺激后进地区，2015年，国家旅游局下发了《关于开展“国家全域旅游示范区”创建工作的通知》，并于2016年公布了两批共500家“国家全域旅游示范区”创建单位，其中河南有26个市、县入围。

典型的模范和示范可以为其它地区提供一个具体、形象、可参考的现实标准。比如，旅游用地政策是如何改革创新的，创建后年接待游客数量会是什么情况，生态环境保护过程中需要注意什么问题等，都可以通过考察模范区的实际情况，学习模范区的先进做法，让全域旅游发展有迹可循，有据可依，避免不必要的错误出现，从而加快全域旅游发展步伐。

26县、市入选国家全域旅游示范区名单，为河南打造全域旅游发展典范、引领带动全域旅游工作提供了条件和对象。同时，还应当进一步加大激励和政策扶持力度，让更多有条件的县、市、乡镇、城市带、流域、山域等积极行动起来，争创各级、各地、不同类型的全域旅游示范区或模范区。只有抓好示范带动，才能抓住重点、突破难点、找好着力点、规避错误点，全力推进河南全域旅游发展进程。

打造全域旅游典范，可以按照国家旅游局创建示范区文件和验收标准做好各方面工作。国家旅游局提出8个方面1000分的验收标准，四个基本标准为准入门槛，总分750分通过全域旅游创建验收。其中，8个验收标准分别是：推进全域旅游改革创新的力度与效果（130分）、对全域旅游创建和旅游发展的重视程度（130分）、旅游业对国民经济社会发展的综合贡献（120分）、旅游产品的特色吸引力和市场影响力（120分）、旅游基础设施与公共服务体系完善程度（130分）、旅游服务要素配套及旅游+新业态水平（130分）、旅游安全、文明、有序和游客满意状况（120分）、旅游资源与生态环境保护和整治（120分）。四个基本标准分别为：旅游对当地经济和就业的综合贡献达到一定水平、建立旅游综合管理和执法体系、厕所革命及其他公共服务建设成效明显、建成旅游数据中心[17]。

典型示范的打造不是简单地选择一个发展好的地区。而是需要对区域全局进行充分的了解分析，结合当前发展状况，创新发展理念、发展方式，采取措施使其旅游发展有质的转变。塑造的典范需要特色突出、实力雄厚、竞争力强，才有标树立准、引领趋势、促使创新的号召力，真正起到示范作用。在这个过程中，政府要起关键作用。典型示范立好了，其他地区发展就有了参照，有了学习的对象，在遵循基本要求的基础上，就可以有目的、有方法地进行创新。在政府的鼓励和引导下，各市、县积极性、创新性被调动起来，为全域旅游贡献智慧，整个河南省旅游发展就会生机勃勃。

第四节 河南全域旅游战略措施

一、完善旅游公共服务体系，夯实发展基础

早期，旅游产业的开发一直聚焦在旅游产品上，旅游资源、旅游业态、旅游市场是研究的核心，很少有人关注旅游基础设施与服务设施的建设。这是因为，旅游产品与旅游业态是直接面向市场的收益型结构，具有商业化、市场化特征；而基础设施与公共服务设施具有巨大的外部性、公共性，以及全民服务性特征，并与城市、乡镇的基础设施与公共服务设施有关联与交叉，很少直接产生经济效益。这就造成了多地旅游设施建设的缺失，旅游设施需求的增长与供给不足的矛盾日渐突出，严重阻碍了旅游产业的发展。

近年来，随着旅游市场需求的多样化、服务化、个性化发展，旅游服务理念不断更新。尤其是全域旅游发展，要求旅游交通网、智慧旅游网、公共服务体系网三网合一，构建全域覆盖、全面发展、具有目的地结构体系的全面性服务架构。这对旅游基础设施与公共服务设施建设提出了全新的要求。在 2017 年政府工作报告中，李克强总理在部署重点任务时明确提出要“完善旅游设施和服务，大力发展乡村、休闲、全域旅游”；同年，李金早局长在全国旅游工作会议上进一步指出：“建设世界旅游强国，强国必先强基。没有基础设施和公共服务供给能力持续提升、软硬实力不断增强的经济社会发展基础，就不可能建成世界旅游强国。”巅峰智业根据各地方旅游部门工作实际情况，归纳了现阶段率先创建全域旅游示范区工作的六大重点，其中之一就是推进建设全域旅游的公共服务体系。既要重视基础设施、公共服务、生态环境等硬件的建设，也要重视社会环境、软服务等品质提升。交通全域化、旅游厕所等公共服务设施全域覆盖，智慧旅游设施和服务全域覆盖等是全域旅游发展的基础条件。要结合供给侧改革，整合各种渠道资金，加强对全域旅游的交通、厕所等配套基础设施和旅游公共服务体系的建设，进一步推进旅游厕所革命。

河南省旅游局副局长张凤有在河南省全域旅游推进大会上指出，全域旅游发展，要着力做好与相关产业的融合发展、公共服务体系建设、环境营造、市场综合监管及人才培养等几方面的工作。全域旅游公共服务体系建设对于全域旅游目的地规划意义重大。全域旅游的背景下，旅游公共服务体系需要满足游客一次出行的基本要求，保证信息全域覆盖，交通全域可达，配套全域便利。

（一）信息全域覆盖

旅游信息咨询提供包含食、住、行、游、购、娱等各类要素的咨询服务，在游客整个游览体验中扮演重要角色。在全域旅游背景下，需要发挥旅游信息化覆盖面广的优势，旅游信息咨询服务需达到全域、全时、全地区的实时查询要求。以旅游信息咨询服务点整合建设为基础，网络信息服务平台建设为突破口，统一规范的标识系统建设和自助导游系统建设为保障，扩大信息发布和获取渠道，加强与相关部门的信息沟通，形成统一管理、分级负责、信息共享的机制。河南省各地市要根据实际需要，在3A级以上景区、重点乡村旅游区以及机场、车站等游客集散地建设旅游咨询中心。鼓励依托城市综合客运枢纽和道路客运站点建设布局合理、功能完善的游客集散中心，逐步实现重点旅游景区、旅游城市、旅游线路等咨询服务全覆盖。

（二）交通全域可达

便捷交通服务体系作为全域旅游的重要支撑系统，其构建思路应该以游客服务为核心，方便到达目的地，同时满足城市发展和旅游的双重需求。交通运输部与国家旅游局等联合发布的《关于促进交通运输与旅游融合发展的若干意见》明确提出对“旅游交通基础设施统筹规划”，这是对交通与旅游的有效整合，将使交通系统纳入旅游思维和旅游模式。进入的便捷性、游览的观光性、游乐性、服务性、支持性等是当下自驾、自助等个性化旅游特征。加快推进城市及国道、省道至A级景区连接道路建设。加强城市与景区之间交通设施建设和运输组织，加快实现从机场、车站、码头到主要景区公路交通无缝对接，加大景区和乡村旅游点停车位建设。创新完善快行漫游的自驾车、自行车、自助游服务体系。此外，鼓励建设智慧旅游交通系统、特色旅游交通系统、旅游交通集散中心，完善旅游交通服务体系。

（三）配套全域便利

全域旅游强调在区域发展过程中要为外来游客提供优质的服务，配套设施必须满足需求。尤其对于乡村旅游来讲，旅游基础设施不完善，可进入性差，住宿、餐饮和娱乐方面安全与卫生状况不容乐观，大多仍停留在家庭服务的水平上，很难吸引高端消费人群到乡村进行旅游体验。河南乡村旅游全域化发展要优化道路交通线路，完善进入乡村旅游景区的道路交通标牌体系；注重积极推进乡村的生态创建，实现乡村旅游环境优美、乡土味浓郁；改善乡村街道的硬化、绿化和美化工作；改造农村水电、网络等设施，切实提高农村饮用水的质量；加强乡村厕所、餐厅、购物、娱乐等方面的配套设施建设，以厕所革命为突破口，弥补公共服务短板。全面消除基础服务设施不健全带来的不利影响，以乡村淳朴的民风、独特的自然风光及慢节奏的生活节奏，吸引都市人群走进乡村，以一颗放松的心态去体验返璞归真的生活状态。

二、提升“老家河南”影响力，做好品牌营销

基于旅游产品购买与消费的同步性，旅游消费者对目的地的选择取决于对旅游目的地形象的感知，而旅游目的地的品牌则是旅游者对目的地的感知印象。随着旅游业的持续高速发展，旅游目的地之间的竞争不断加剧，品牌作为产品核心竞争力的重要载体，是区别于竞争对手的重要标志，旅游目的地品牌营销成为全域旅游竞争的制胜途径。

在“互联网+”时代，新媒体营销俨然成为旅游目的地品牌营销新宠，河南省与时俱进，不断探索，借助新媒体，依托河南“老家”文化，营销推广河南旅游，为国内目的地新媒体营销创新实践提供了一些可借鉴之处。2012年，河南省旅游局推出了“老家河南”旅游主题品牌，从根亲、人文、情浓等方面传递着文化胜地、心灵港湾的融融之情。同年推出《让心回家》十二星座微电影，在各种视频网站上播出，以轻松、时尚的风格吸引了众多年轻族群的追捧，在各大社交平台疯狂转发，取得了极好的社会反响。之后，河南旅游的新媒体营销紧随时代脚步，敢于创新尝试，重磅推出“2016 豫见”

系列主题新媒体旅游营销活动，利用不同的主题体验，以创意引爆老家河南主题游、深度游、文化游，吸引不同需求的旅游爱好者，有效促进河南旅游业的发展。

河南历史悠久，文化资源丰富，开展全域旅游有得天独厚的优势。河南省委书记谢伏瞻在第十次党代会提到，要叫响“老家河南”品牌，推动中原文化走向世界。全域旅游营销需要对“老家河南”品牌内涵进行全面解读和渗透，全域旅游是全景、全时、全业、全民的发展模式，全域内任何特色之处皆能成为旅游营销的支撑要素。在互联网和体验经济背景下，河南全域旅游营销需要省市协同联动，线上线下深度整合，实现旅游与各个行业灵活跨界，全面提升“豫见中国，老家河南”品牌影响力。

（一）以文化为核心

河南是中华文化的摇篮，中华民族的灿烂文化与重要发明多源于河南，文字、农耕、周易、儒释道、功夫等，举不胜举。文化是旅游的灵魂，是河南旅游发展的核心竞争力，是河南旅游营销的关键所在。如何将河南丰富的历史文化资源转化成为旅游营销的着力点是旅游品牌塑造是否成功的关键。“英国等你来命名”“世界上最好的工作”等国际上许多成功的营销活动都是以文化为核心依托来支撑旅游品牌的形象。河南通过探索和努力，“老家河南”品牌已经有了一定的知名度和影响力。借助全域旅游发展趋势，对“老家河南”文化内涵进行深入挖掘和宣传，会使河南旅游拥有更持久的吸引力。最终，“老家河南”将会形成一种文化软实力，为河南旅游不断注入新的活力。

（二）以科技为手段

当前科技日新月异，新技术的不断运用，总能带来令人耳目一新的体验，产生意想不到的效果。河南旅游营销要想出奇制胜，必须借助科技来提升“老家河南”品牌影响力。信息时代，大数据的运用可以获取潜在游客对什么感兴趣，通过有目的的推送，实现精准营销。此外，智慧旅游的建设发展，可为游客提供全方位的旅游信息，以便游客充分了解“老家河南”，更好地宣传“老家河南”。在 2015 年的 F8 开发者大会上，扎克伯格为希望去意大利小镇的观光者展示了一段 VR 旅游视频。人们不再是看看静态图片或视频，浏览一些酒店和餐馆的评论，而是能以虚拟方式“实地”考察，如在市场或城市广场上闲庭信步，感受其真实的体验。VR 技术和旅游的结合，可以有效地激发潜在游客前来河南旅游。

（三）以网络为渠道

互联网时代，河南旅游要充分利用网络、微信、微博等平台，推广“老家河南”旅游宣传。对接携程、腾讯、途牛、驴妈妈等专业旅游电商合作，通过网站、微信平台等电子媒体主打全域旅游、四季旅游产品，树立河南旅游形象。同时，与相关公司共同合作开展 OTO 线上线下宣传，组织旅游达人采风活动，通过旅游达人的招募、体验、直播、攻略、旅游论坛推广等综合手段，展开全媒体链条营销，推出原创特色旅游线路及内容，吸引公众媒体新闻聚焦，并引发更多门户网站的推荐及转载。创新旅游宣传推广模式，整合营销力量，运用多种渠道，突出重点市场，进一步提升“老家河南”品牌知名度和影响力。

（四）以市场为导向

不同客源市场的旅游需求不同，能否成功抓住消费者，在于能否准确把握差异实现精准营销，有的放矢。国内市场方面，通过成立南太行旅游推广联盟、豫东南旅游推广联盟，实现跨区域资源共享、客源互动。重点推进“我为‘老家河南’代言”活动、“乘高铁游河南”宣传推广、百家“自媒体”探访“老家河南”活动、中原国际旅游城市博览会和港澳台市场系列主题推广活动。国际市场方面，加强河南省入境游产品提升与渠道拓展，打造特色鲜明、适合国际游客认知习惯的国际品牌和精品线路，完善全球化的目的地营销体系。同时，通过开展重大旅游会展活动，不断提升河南国际旅游目的地形象。针对东亚和东南亚市场，重点推广“体验功夫”“养生太极”“根亲文化”“壮美太行”等旅游产品；针对北美市场，着重推出世界文化遗产游及中国功夫游等旅游产品；针对欧洲市场，重点选择德语区和有实力的旅游批发商开展务实合作，利用网站等宣传平台主攻目标市场。

三、促进“旅游+”创新发展，实现产业融合

推进全域旅游的一条核心途径就是推进“旅游+”，加大旅游与农业、林业、工业、商贸、金融、文化、体育、医药等产业的融合力度，形成旅游新产能，从而增加旅游综合消费，摆脱门票经济，最终实现向产业经济的转变，实现旅游从封闭的自循环向开放的“旅游+”融合发展转变，形成旅游新产能。

（一）积极创造融合条件

全域旅游背景下的产业融合，可以产生多种类型多种层次的业态集合体，这需要有相应的条件作为支撑。首先是人才保障，为产业融合发展提供人才队伍，既能有效利用当地人才，让全域居民融入到“大众创业、万众创新”的氛围中来，扩大受益范围，还可加强河南省旅游人才智库建设，积极培养河南省旅游专业人才，以智库力量为产业融合带来创意和发展。其次是政策支持，不仅是旅游业，还需要争取其他融合产业的支持政策，形成产业合力，共同为全域旅游发展营造良好氛围。鉴于“旅游+”产业融合发展涉及多部门多行业，这就需要创新机制体制，以协调不同产业间合作过程中需克服困难，为产业融合创造便利平台。

（二）努力探索融合模式

旅游业属于综合性产业，具有产业关联度高、综合带动能力明显等特点，涉及交通、文化、生态、农业、工业、金融等多个行业。河南省要顺应“旅游+”产业导向，发挥多产业融合的“拉”力，探索适合河南的融合模式。河南省可以以县域为单位，可根据不同县域内的产业特点，通过规划促进产业高度集合，建立起不同产业之间的联系，形成规模效应。国务院办公厅印发《关于县域创新驱动发展的若干意见》中强调：“实施创新驱动发展战略，基础在县域，活力在县域，难点也在县域。推进县域创新驱动发展，要支持农产品主产区加快发展农业高新技术产业，促进农业与旅游休闲、教育文化、健康养生等产业深度融合，发展观光农业、体验农业、创意农业、电子商务、物流等新业态，推动商业模式创新，走产出高效、产品安全、资源节约、环

境友好的现代农业发展道路，带动农民增收致富。要充分发挥市场主体作用，结合地方特色产业基础和发展潜力，加大对经济发达镇、特色小镇、专业小镇、技术创新专业镇等的支持力度，建设美丽乡村。”依托县域，从县域扩展到市域直至河南省域，全面探索适合不同层级、不同条件的融合发展模式。

（三）创新产业融合维度

在个性化、多元化的时代，旅游者已经不满足于过去单一的旅游形式和旅游目的地。在旅游产业融合过中，产生新兴的旅游业态必然符合旅游者求新的心理。河南要充分利用全域旅游中“旅游+”的平台和导向，将农业、文化、工业等多种产业创新融合，在全域范围内进行产业交叉融合，形成规模。通过全域范围内多产业的交叉融合，深度挖掘旅游市场，开辟具有河南特色的个性化和专业化的旅游新业态，为全域旅游发展提供强劲动力，推动河南全域旅游持续健康发展。要形成产业融合强大的“拉”力，不单单可以是两种产业的简单融合，还可以两种及两种以上多个产业进行跨界融合，形成高度集中的产业集群，进而带动河南全域旅游快速发展。旅游业与文化产业、工业、农业、交通业等产业融合，可形成旅游小镇、工业旅游、旅游综合体、文旅演艺等新型业态，与商、养、学、闲、情、奇旅游发展要素融合形成会展考察、养生康体、游学研学、乡村度假、婚庆宗教、探险游乐等业态创新产品。新型城镇化下背景下的旅文体商美融合的地产创新，是全域综合开发的一种重要开发角度，休闲小镇就是以夜间游客住宿为依托，休闲业态集中，以城镇化建设配套为观光吸引点，既是旅游景区，又是休闲度假区，又是商贸消费产业聚集区，使得全域范围、县域范围内同时综合开发，多产业完美融合。全域产业融合下的业态创新，河南是农业大省，也可充分利用此优势，以旅游来融合农业、林业，形成承载旅游+农业+林业的融合模式。文化、工业、体育等都是河南省在产业融合中可以优先选择的产业，促进优势产业间的多维度融合，将会带来更强的发展动力。

河南旅游资源丰富多元，旅游产业融合创新前景广阔，应积极抢抓机遇，加快发展全域旅游产业融合，形成创新旅游业态，加深“旅游+”在各产业的融入力度，加快构建全产业发展的大旅游格局。

四、加大政策支持，实施旅游扶贫

农村人口基数大，贫困人口多，是河南省全面建成小康社会短板中的短板，也是制约河南全域旅游发展的重要因素。截至 2014 年年底，河南省还有 53 个贫困县、8103 个贫困村、576 万贫困人口，可谓扶贫任务艰巨繁重。河南省委省政府 2016 年出台了《关于打赢脱贫攻坚战的实施意见》，明确到 2020 年，稳定实现农村贫困人口不愁吃、不愁穿，义务教育、基本医疗和住房安全有保障，所有贫困县在 2019 年前实现脱贫。旅游扶贫是一种带动性强、参与性广的扶贫方式，具有持续性强、返贫率低的特点，更具备物质和精神“双扶贫”的优势，对推进产业扶贫、实现贫困群众增收致富，具有其他扶贫方式不可替代的作用。

（一）全域扶贫

要鼓励旅游扶贫就需要对其实行政策倾斜和扶持。各地方可将全域旅游规划最大限度地纳入旅游发展专项规划中来，在宏观上为旅游扶贫提供政策保障。全域旅游为乡村旅游的发展提供了更大的空间和平台，同样，为了更好地发展全域旅游，就要改变乡村贫困的现状，将乡村旅游做起来。全面实现旅游扶贫，可以将河南乡村旅游扶贫重点村作为重点，打造乡村旅游精品线路，从而提高区域内贫困人口的收入。出台劳动力扶持政策，优先安排有劳动力的贫困户，使其参与旅游劳务，实施就业扶贫；出台旅游项目经营政策，鼓励有经营头脑的贫困户开办农家乐、种养特色农产品、开发旅游商品等，使其参与到旅游行业中来；对于剩余的没有劳动能力、不会经营的贫困人口，可利用他们的土地等资产进行入股分红，建立投资入股机制，进行资产性扶贫。通过不同政策的扶持，带动全民参与到旅游产业发展中来，尽快实现全域的脱贫。

（二）精准扶贫

精准扶贫是国家从战略高度提出的重要举措，而全域旅游是站在行业发展的角度提出的创新理念，两者的共同指向是贫困乡村地区的旅游业。因此，可以结合贫困乡村的基础设施、旅游资源和区位条件，将精准扶贫的战略要求与全域旅游的发展理念有机结合，通过发展全域旅游，精准扶持一部分乡村贫困人口。按照《河南省扶贫对象精准识别及管理办法》，精准统计贫困人口、灵活运用现行政策，通过贫困人口参与旅游发展建立长效帮困机制，有效解决实际贫困问题。在帮扶过程中，要精准识别贫困人口和致贫原因，区别对待采取不同扶贫措施，最大限度地把扶贫惠民政策用到困难群众身上。针对贫困地方，应在招商引资中提供更大的优惠政策，提高投融资扶贫力度。

五、提供全域旅游要素保障，营造发展环境

全域旅游因其全域性，在发展过程中会涉及方方面面的要素，这不仅包括传统意义上的“六要素”，社会、环境等其他发展要素也是构成全域旅游发展基础的重要部分。因此，全域旅游的发展是全部要素的共同提升。有了全要素的共同保障，全域旅游才能拥有良好的发展环境。

（一）基本要素

旅游发展的最初 30 多年，主要是围绕“六要素”建景点、景区、饭店和宾馆，这种“食、住、行、游、购、娱”六要素相互分离的“景点旅游”发展模式，是传统旅游业向全域旅游转变过程中的一大问题。全域旅游的思想就是要跳出单一的景点、景区、饭店、宾馆的布局，将整个区域作为功能完整的旅游目的地整体进行规划、建设和运作，把区域内各要素都整合在一起，破除围栏限制，实现景点景区内外一体化。同时，立足基本要素，让游客吃得安心，以“豫菜”饮食文化为基础，结合当地传统习俗，规范化培育一批饮食名店，策划各种形式的餐饮活动，以适应游客多元化需求；让游客住得放心，着重提升住宿条件和服务水平，规范已有经济快捷酒店，鼓励发展特色民宿，支持发展休闲庄园、汽车旅馆等，以多类型的住宿产品应对多元化的需求；让游客行得便捷，健全旅游交通服务体系，完善公共交通，增设旅游专线，提高全域内各个旅游节点的通车率。交通沿线可设置集休闲、摄影、观景为一体的休闲服务节点；让游客游得开心，虽然看景已经不是游客外出的唯一目的，但是，全域旅游发展还是以景区为依托，要规划开发好区域内旅游资源，满足游客游览需求。让游客购得满意，挖掘当地特色，开发独具

一格的旅游纪念品和旅游商品，让游客“有的带、带得好”。让游客娱得尽兴，打造有特色有文化的节庆互动，树立节庆活动品牌，注重活动营销。在区域内发展契合的温泉、健身、游泳等娱乐活动。

（二）其他要素

发展全域旅游，在基本要素完善协调的基础上，要把资源特色、文化特色、地域特色等诸多当地要素纳入其中，才是真正的全域全要素。一方面，要拓宽视野、转变观念，不局限于旅游资源，而是要充分利用目的地全部的吸引物要素，为游客提供全过程、全时空的体验产品。同时，将吸引物自身和吸引物所处环境有机结合起来，如文化氛围、空气质量、森林生态等。因为孤立的吸引物脱离了所处的环境，很容易丧失它鲜活的生命力和吸引力。另一方面，全域旅游中的要素不仅包括吸引物、吸引物所在的环境，还包括吸引物所处环境中的居民。居民由传统旅游中的旁观者转变成全域旅游的参与者，不仅可以为游客带来满意的服务，而且能真正树立居民主人翁意识，促进整个区域内生活更加美好和谐。

第五节　河南全域旅游典范分析

2016 年，国家旅游局公布的首批 262 个“国家全域旅游示范区”创建单位名单中，河南省栾川县榜上有名。栾川以全域理念为核心，提出打造“全景栾川”的发展思路：全区域营造旅游环境，全领域融汇旅游要素，全产业强化旅游引领，全社会参与旅游发展，全民共享旅游成果，通过旅游业的引领发展，努力建设宜游、宜居、宜业的美丽栾川、幸福栾川。“全景栾川”的建设使栾川县旅游业发展取得显著成效，成为河南全域旅游发展的典范。栾川的成功之处在于其远见，在于其涅槃的魄力。

一、栾川之往

栾川县位于河南省西部，地处伏牛山区，古名“鸾川”，相传这里曾经到处可以看到栖息、飞翔、觅食的鸾鸟，场面蔚为壮观。不过，传说中的美好，似乎和现实相差甚远。全县山多地少，素有“四河三山两道川，九山半水半分田”之称。在如此环境下，自然给予栾川居民的只能是闭塞、贫穷和落后。早在1986年国家第一次确定贫困县名单的时候，栾川就“榜上有名”，之后一直戴着贫困县的帽子。20世纪90年代末，贫困县中的贫困村重渡沟人均收入还不到500元，村里许多孩子上不起学，青年男女争先恐后想要逃出这个地方。栾川县城也是脏乱不堪，街道狭窄，交通闭塞，与外界联系十分困难。

不过，大自然虽然阻碍了栾川和外界的来往，却赋予了它丰富的矿产资源。独特的地质构造和地理环境，使栾川拥有50余种矿产，其中钼金属储存量220万吨，位居亚洲第一，世界第三，被誉为“中国钼都”。20世纪80年代始，采矿业的发展，为栾川经济发展带来了契机。随着钼矿价格的翻番，早期从事矿产行业的企业家积累了大量财富，采矿业也为当地的财政收入带来了巨大贡献，但是这种模式最终将贫富差距拉到了极端，真正富起来的人仅占少数。1997—2008年间，钼矿价格的剧烈波动，使栾川依靠矿产的经济也不断波动。资源型城市的发展模式不是长久之计，总有“坐吃山空”的一天。面对如此局面，栾川的决策者开始思索摆脱矿产资源束缚，探索使老百姓共同富裕的道路。

二、栾川之变

面对连绵不绝阻碍交通的山脉和栾川传统产业发展的困境，看到日益活跃的旅游市场和天蓝气清的秀美山川，栾川领导大胆提出发展旅游的决定，由此开始了栾川旅游发展的征程。

栾川旅游以1992年鸡冠洞的开发为起点，序幕拉开之后，1994年龙峪湾景区正式对外开放，1997年重渡沟开始营业。2000年的县委八届三次全会上，栾川旅游发展迎来了重大转折，会议上提出了“旅游强县”战略，出台了《关于进一步加快旅游业发展的决定》，要求“大抓旅游，抓大旅游”。自此之后，栾川县委、县政府将旅游工作纳入到全县各单位、各乡镇的目标考核体系中去，政府每年拿出1000万元资金扶持旅游业发展。那时，旅游还没有走入寻常百姓家，更没有全域旅游的理念，可见栾川旅游发展的高瞻远瞩。事实证明，努力是有回报的。2004年8月，中共河南省委政策研究室和河南省旅游局调研编写的《休闲栾川的崛起之路》引起了高层领导的关注。同年10月，《中国旅游报》发表头版文章《“栾川模式”考》，使栾川这个历史贫困县在业界引起广泛关注。2005年3月，“栾川模式”研讨会的举行，使栾川旅游红遍中国。数据显示，2005年栾川接待游客389万人次，与2000年同期相比翻了4倍，旅游总收入达10.8亿元，同期增长了20倍。旅游业跨越式发展奇迹就这样发生在了栾川大地上。

2005—2010年，栾川旅游业在保持快速发展的同时，积极解决快速发展过程中存在的机制不健全、资金投入不足、旅游服务设施落后等问题。经过10年的蜕变，栾川旅游业已初步形成规模。但是，旅游业迅速发展的背后仍然存在着不少深层次的问题：栾川县精品景区众多，景区间存在竞争关系；产品类型主要是观光类，过于依赖门票经济；在全国旅游业崛起的背景下，栾川单单靠几个精品景区面对全国的竞争是不够的。因此，县领导紧抓机遇，在《河南省旅游业“十二五”规划》中将栾川纳入伏牛山休闲度假区功能板块重点发展，洛阳市提出建设“栾川养生度假区”作为“建设国际文化旅游名城”之际，在“栾川模式”的基础上，2012年12月，确定将打造“全景栾川”作为栾川县域经济发展的目标，在全国率先树立了县域范围内探索全域旅游的范例。

“全景栾川”，就是把整个栾川作为一个大的生态公园来建设，把旅游规划融入县城、小城镇和新农村建设的各个领域，使栾川的城市和乡村、街道和房屋、一山一水、一草一木都成为生态公园的一部分。通过全县旅游业的引领发展，全区域营造旅游环境，全领域融汇旅游要素，全产业强化旅游引领，全社会参与旅游发展，实现全民共享旅游成果，打造宜游、宜居、宜业的美丽栾川、幸福栾川。

2013年3月初，县召开“全景栾川”建设动员会，下发和正式启动《栾川县建设全景栾川实施方案》。

2016年1月，全国首支县级“旅游警察”队伍——栾川县旅游管理警察大队成立。主要职责是维护栾川县旅游市场秩序和旅游治安环境。联合工商、规划、环保、旅游等职能部门开展旅游联合执法。

2016年2月，栾川县成为首批“国家全域旅游示范区”创建单位。

三、栾川之望

2016 年，栾川启动旅游发展规划编制工作，包括《全景栾川旅游目的地发展规划》和《栾川县十三五旅游业发展规划》，规划全域旅游建设的主要载体：包括游客服务集散中心、生态景观廊道、精品度假区、特色庄园（农庄)、风情小镇、旅游新业态、深度游线路等，发展成效也很明显。面对 2016 年经济下行压力贯穿全年的不利局面，栾川县上下紧紧围绕“旅游富县”战略，坚持高位推动，狠抓改革创新，着力塑造品牌，促进多元发展，全县旅游业继续保持了规模扩大、转型加快、品牌彰显、活力增强的强劲势头，实现了“十三五”开门红。

2017 年 3 月 19 日，河南省栾川县召开推进全域旅游示范区创建暨栾川旅游再出发动员大会，提出“到 2020 年，以全景栾川建设为标志，创建国家全域旅游示范区，打造最佳旅游目的地，建设向上向善、旅居福地新栾川”。栾川县委书记董炳麓在动员大会上明确，栾川旅游要分三步走，10 年一个小目标，30 年实现大目标。全域旅游目标实现后，到 2030 年，栾川要建立完善的现代旅游创新体系和更加科学的治理机制，推进旅游业从资源驱动和低水平要素驱动向创新驱动转变，实现旅游质量、综合竞争力显著提升，形成人与自然和谐发展的新格局。

“十三五”期间，根据《全景栾川旅游目的地发展规划》思想，栾川按照全面建成小康社会的总体要求，遵循十八届五中全会提出的“创新、协调、绿色、开放、共享”的发展理念，适应经济新常态，全面贯彻落实洛阳市“9+2”工作布局和“565”现代产业体系的战略部署，围绕“建设向上向善、旅居福地新栾川”总体目标，大力实施“旅游富县战略”，以国家全域旅游示范区和中国国际乡村休闲旅游目的地创建为重要任务，着力开展旅游供给侧改革，培育旅游消费新业态，创造旅游消费新体验，打造旅游消费新场景，从“山地观光”为主导转向“山地生活”为主导转型，以创造全新的“山地生活”为愿景，打造山地观光—山地度假—山地休闲的升级版。从旅游观光转型至生活方式的感受，更多地强调沉浸式体验，围绕“山宿、山养、山农、山飨、山娱、山创、山节”七大要素，发展“山顶—山腰—山下”等多层次、开放性的生活空间，吸引和培育一批“新山民”，形成“新山民”与“旧山民”共生共融的良好态势，为国际山地地区创造一种全新的发展模式。栾川将努力建成生态旅游示范性强、产品创新创异能力强、产业改革创新引领性强、国际品牌影响力强、全域旅游服务意识强、旅游攻坚扶贫成效强的国际一流的“山地生活”旅游目的地。

四、栾川之鉴

栾川从贫困小县，借助资源优势，打造“全景栾川”，创造“栾川模式”，发展成为举国闻名的全域旅游示范县。它的发展无疑是成功的，其成功背后的秘诀值得借鉴。

政府主导。栾川旅游发展是政府主导开发旅游的典范。为了破除陈旧体制的制约，栾川大胆地进行了体制创新，成立旅游工作领导小组和旅游工作委员会。旅游工作领导小组由县委副书记任组长，所有和旅游相关的部门都是旅游工作小组的成员单位。小组主要负责对栾川重大问题进行决策，协调旅游发展过程中各部门及各地区之间的关系。旅游工作委员会相当于旅游局，属于旅游领导小组的办公室，负责日常工作的运转。体制与制度的创新，加强了栾川上下各级领导的重视，各部门齐心协力，形成了强大的工作合力。同时，政府领导一马当先，提供优惠政策、搭建引资平台，想方设法招商引资；亲力亲为，全员出动，引进游客，带动旅游发展；尽心尽力，修路搭桥，改善交通，一切从游客角度出发，立志做服务型政府；狠抓营销，创意点子，借势造势，打造栾川品牌。政府引领下，一系列工作组合拳打出之后，栾川旅游发展起来了。

社区参与。全域旅游中的一个“全”就是全民，社区参与就是全民参与全域旅游发展的体现。栾川在旅游发展过程中，社区参与程度很高，参与效果比较好。参与方式主要是以伏牛山滑雪场社区为代表的景区和社区合作模式，滑雪场从开发到接待，与周围社区居民合作较多；以龙峪湾社区为代表的景区和社区分工模式，龙峪湾主要以知名度起招徕作用，石庙镇的居民负责接待游客；以高山渔村为代表的政府建设、社区租赁模式，政府负责项目的引进和规划实施，项目经营过程中，社区居民可以租赁，也可作为员工受雇；以及知青农家乐为代表其他社区参与模式，属于自负盈亏的"个体农庄"，以家庭为单位，将自家的鱼塘、住宅、茶园等建设成为旅游项目自行经营。

空间整合。为增强栾川旅游业的影响力，应对周边激烈的市场竞争，"全景栾川"发展思路应运而生，"全"的思想更是契合了"区域旅游"的发展理念，为栾川旅游业的发展创造了广阔的前景。为了改善栾川旅游产品"弱、小、散"的状况，提出以发展集生态治理、新农村建设、种植养殖业、民俗旅游业、观光农业为一体的"沟域经济"为总体思路，以精品景区为龙头，互补产品为依托，打造一村一产品，一沟一特色。同时，扩展景区发展空间，将景村合一，景镇合一。通过土地流转置换土地来发展旅游，大规模种植特色农产品和花卉，解决农民就业问题。

"全景栾川"是发展全域旅游的探索性实践，是县域内探索全域旅游的典型。栾川的成功说明：以市县政府为主体统筹推进全域旅游发展，创建全域旅游示范区，在县域范围内整合资源、规划空间、全业融合、全民参与，以全域旅游理念统筹发展县域经济，不失为一种值得借鉴的发展模式。

参考文献

[1]鲁元珍．国家旅游局：推动发展"全域旅游"[EB/OL]. http：//www.sohu.com/a/57357157_ 115423. 2016-01-31.

[2]奇创旅游规划．【全域旅游专题】全域旅游的发展历程及创建标准[EB/OL]. http：//mp.weixin.qq.com/s？_ _ biz=MjM5MjEzMzQ4MA==&mid=404719175&idx=1&sn=17efb160190a0919d0f6169e4f259f38&scene=0#wechat_ redirect. 2016-04-06.

[3]杨宇，付敏，甘森．都江生活将会如歌似水—专访都江堰市政协副主席、规划管理局局长屈军［J］．西部广播电视，2009（4）：78-79.

[4]王明儒，张景胜，李金等．浪漫者大连：锁定全域旅游［J］．城市住宅，2011（10）：44-45.

[5]毛溪浩．以风景桐庐建设为统揽 大力发展全域旅游［J］．政策瞭望，2012（12）：36-38.

[6]常洁，朱创业．浅议绵阳市安县罗浮山砾岩岩溶地貌区的地质旅游开发［J］．资源与人居环境，2009（2）：65-67.

[7]于洁，胡静，朱磊等．国内全域旅游研究进展与展望［J］．旅游研究，2016（6）：86-91.

[8]厉新建，张凌云，崔莉．全域旅游：建设世界一流旅游目的地的理念创新—以北京为例［J］．人文地理，2013（131）：130-134.

[9]新华网．发展全域旅游将推动乡村旅游助脱贫致富［EB/OL］. http：//travel. news. cn/2016-09/07/c_ 1119524022. htm. 2016-09-07.

[10]魏小安．区域旅游的新发展［EB/OL］. http：//weixiaoan. blog. sohu. com/108805080. html. 2009-01-18.

[11]李金早．从景点旅游走向全域旅游，努力开创我国“十三五”旅游发展新局面［EB/OL］. http：//www. dlxzf. gov. cn/dlgovmeta/bmxzgk/gzbm/lyj/zfbgkml/tygkxx/201610/t20161023_ 1674868. html. 2016-01-29.

[12]桂林兴安旅游．【专题】发展全域旅游的五种典型模式［EB/OL］. https：//sanwen. net/a/rntvzoo. html. 2016-09-17.

[13]北青网．厉新建：全域旅游是一种全新的发展模式［EB/OL］. http：//epaper. ynet. com/html/2016-03/01/content_ 184856. htm？div=0. 2016-03-01.

[14]李金早．全域旅游大有可为［EB/OL］. http：//www. dlxzf. gov. cn/dlgovmeta/bmxzgk/gzbm/lyj/zfbgkml/tygkxx/201610/t20161023_ 1674868. html. 2016-01-29.

[15]河南省人民政府门户网站．河南省人民政府办公厅关于创建郑汴洛全域旅游示范区的实施意见，豫政办［2017］89号［EB/OL］. http：//www. henan. gov. cn/zwgk/fgwj/szfbgtwj/2017/. 2017-08-18.

[16]河南省人民政府门户网站．河南省人民政府办公厅关于印发河南省“十三五”旅游产业发展规划的通知，豫政办［2017］94号［EB/OL］. ht-

tp：//www. henan. gov. cn/zwgk/fgwj/szfbgtwj/2017/. 2017-08-20.

[17]360doc. 重磅全域旅游示范区创建的验收标准首次公开［EB/OL］. http：//www. 360doc. com/content/16/0405/18/11216920 _ 548087766. shtml. 2016-04-05.

后　记

从阳春三月到金秋十月，经过学校相关领导和老师的大力支持和辛苦工作，《河南旅游业融合与创新发展研究》一书终于完成，内心感慨颇多。旅游业作为一个现代化朝阳产业，不仅是现代服务业的重要组成部分，还是能够拉动现代服务业快速发展的龙头。因此，作为“河南现代服务业强省建设系列丛书”之一，该书在整个丛书中具有重要地位。该书以河南旅游业融合与创新为主题，围绕着旅游业与农业、工业、文化产业、美丽乡村建设等多领域的融合与创新展开研究，详述了河南旅游业融合与创新的发展方向及对策措施，以期为河南旅游业的发展乃至现代服务业的发展尽绵薄之力。

本书由薛玉莲、吕连琴负责全书的总体设计和统稿工作。本书写作的具体分工如下：第一章由李锋完成，第二章由焦珊珊完成，第三章由陆相林完成，第四、十章由谢燕娜完成，第五、九章由王洁洁完成，第六章由薛玉莲完成，第七章由安磊完成，第八章由杨慧敏完成，第十一章由吕连琴完成。另外，麦嘉瑞、牛冰洁、祝畅在整理资料、文字校对等方面也做了大量工作。在此，衷心感谢各位老师的参与，正是大家的辛苦付出才使得该书顺利完成。

本书由河南财经政法大学现代服务业河南省协同创新中心资助出版，并得到了河南财经政法大学政府经济发展与社会管理创新研究中心、道德与文明研究中心的支持。本书在写作过程中，广泛吸收了国内外相关研究成果和旅游发展实践成果。出版社编审也为本书的出版付出了大量辛劳。在此一并表示感谢！

作　者

2017 年 3 月